中国之治

深化改革　完善制度　推进治理

颜晓峰◎著

浙江人民出版社

图书在版编目（CIP）数据

中国之治 ：深化改革 完善制度 推进治理 / 颜晓峰著. — 杭州 ：浙江人民出版社，2022.10

ISBN 978-7-213-10132-8

Ⅰ. ①中… Ⅱ. ①颜… Ⅲ. ①中国特色社会主义-社会主义建设模式-研究 Ⅳ. ①D616

中国版本图书馆CIP数据核字(2021)第086074号

中国之治:深化改革 完善制度 推进治理

颜晓峰 著

出版发行:浙江人民出版社(杭州市体育场路347号 邮编 310006)
市场部电话:(0571)85061682 85176516
责任编辑:高辰旭 尹晓捷
责任校对:王欢燕
责任印务:陈 峰
封面设计:异一设计
电脑制版:杭州兴邦电子印务有限公司
印 刷:浙江印刷集团有限公司
开 本:710毫米×1000毫米 1/16 印 张:26.25
字 数:370千字 插 页:1
版 次:2022年10月第1版 印 次:2022年10月第1次印刷
书 号:ISBN 978-7-213-10132-8
定 价:78.00元

目 录
CONTENTS

中国改革再出发

全面深化改革的实践逻辑

新时代社会主要矛盾

中国制度和国家治理

弘扬制度优势，坚定制度自信

国家治理现代化

法治是治国理政的基本方式

把制度优势转化为治理效能

国家安全治理

完善和发展中国特色社会主义军事制度

中国改革再出发

改革开放是我们党最鲜明的旗帜※

党的十八届三中全会作出决定，对全面深化改革进行总体部署，这是在新的历史起点上坚持和发展中国特色社会主义的重大战略决策。党的十八大以来，习近平总书记系统总结改革开放的历史经验，准确把握全面深化改革的内在规律，坚定不移地推进全面深化改革，深入探索实现中华民族伟大复兴的中国梦的现实途径，并作出了许多重要论述。习近平总书记特别强调，改革开放是当代中国最鲜明的特色，也是我们党最鲜明的旗帜。这些重要论述是贯彻落实十八届三中全会《中共中央关于全面深化改革若干重大问题的决定》精神、全面推进深化改革的理论武器。

实现中华民族伟大复兴的宏伟蓝图要求全面深化改革

我国改革开放的历史雄辩地证明，改革开放是党在新的时代条件下带领全国各族人民进行的新的伟大革命，是决定当代中国命运的关键抉择，是党和人民事业大踏步赶上时代的重要法宝。十八届三中全会阐明了全面深化改革的重大意义和未来走向。习近平总书记以宽阔的视野深刻阐明了在新的历史起点上改革开放永无止境，只有进行时没有完成时。

实现“两个一百年”奋斗目标和中华民族伟大复兴的中国梦，要求全面深

※ 写于2014年。

化改革。改革开放以来，中华民族的面貌发生历史性变化靠的就是改革开放。党的十八大以来，面对十分复杂的国际形势和艰巨繁重的国内改革发展稳定任务，党中央进行了具有许多新的历史特点的伟大斗争。中国特色社会主义在改革开放中产生，也必将在改革开放中发展壮大。没有改革开放，就没有中国的今天，也不会有中国更加美好的未来。十八届三中全会全面深化改革的宣示表明，全面深化改革是大势所趋、人心所向。虽然我国改革开放取得了巨大成就，但改革开放的历史任务远未完成，在改革开放过程中形成的新的体制性机制性结构性矛盾正在凸显，需要继续新的改革。人民群众是改革开放的受益者和支持者，同时，经济社会发展不平衡带来的社会利益不平衡，促使人民群众呼唤全面深化改革，共享改革发展成果。

应对世界经济形势带来的新挑战，我国努力寻求新的增长动力，要求全面深化改革。中国启动改革开放，重要动因之一就是为适应世界新科技革命以及由此引发的经济社会快速发展的时代潮流，让中国走进世界，让世界走进中国。进入21世纪的第二个10年，世界经济仍然处于深度调整期，既有复苏迹象，也面临基础不稳、动力不足、速度不均的问题。面对世界经济形势带来的新挑战，无论是发达经济体还是发展中经济体，都在努力寻求新的增长动力。增长动力只能从改革中来，从调整中来，从创新中来。当前，中国经济已经进入新的发展阶段，正在进行深刻的方式转变和结构调整。这就要求我们不断爬坡过坎、攻坚克难。这必然伴随着调整的阵痛和成长的烦恼，但这些都是值得付出的代价。全面深化改革是支撑中国经济发展的内生因素，只有全面深化改革才能保持经济持续健康发展，不落入所谓中等收入国家陷阱。

解决我国发展面临的一系列突出矛盾和问题，破除各方面体制机制弊端，要求全面深化改革。突出强调全面深化改革在于我国改革已经进入攻坚期和深水区，攻坚期表明改革的难度加大，深水区表明改革的风险加大。改革开放是利益关系的重塑，30多年来形成了新的利益格局，有的成为固化利益，不利于生产力的发展和人民的利益要求，所以必须勇于突破利益固化的藩篱。改革就是生产关系、上层建筑的变革，改变革除某些落后的经济社会关系及其制度形式。当前,各方面体制机制弊端是发展的严重阻碍,所以必须攻克体制机制上的顽瘴痼疾。习近平总书记强调:“我们中国共产党人干革命、搞建设、抓改革,从来都是为了解决中国的现实问题。可以说,改革是由问题倒逼而产生,又在不断解决问题中得以深化。”①我们用改革的办法解决了党和国家事业发展中的一系列问题。同时,在认识世界和改造世界的过程中,旧的问题解决了,新的问题又会产生,制度总是需要不断完善,因而改革既不可能一蹴而就,也不可能一劳永逸。这就从根本上阐明了在新的历史起点上全面深化改革的必然性和必要性。

加强全面深化改革的顶层设计和整体谋划

改革是一种历史自觉、社会自觉、政党自觉。习近平总书记强调:“全面深化改革是一项复杂的系统工程,需要加强顶层设计和整体谋划,加强各项改革关联性、系统性、可行性研究。我们要在基本确定主要改革举措的基础上,深入研究各领域改革关联性和各项改革举措耦合性,深入论证改革举措可行性,把握好全面深化改革的重大关系,使各项改革举措在政策取向上相互配合、在实施过程中相互促进、在实际成效上相得益彰。”②

深入调查研究,认识内在规律。全面深化改革需要解决的问题十分繁重。调查研究是谋事之基、成事之道。没有调查,就没有发言权,更没有决策权。研究、思考、确定全面深化改革的思路和重大举措,必须进行全面深入的调查研究。调查研究的着力点,一是下大功夫总结和运用我国改革开放的成功经验,从学习历史中发现规律。规律蕴含于历史经验之中,改革开放丰富而深刻的历史经验,愈益清晰地反映出改革开放的客观逻辑。凡是成功经验,就是遵循规律的结果;凡是挫折教训,必然是违背规律的结果。二是下大功夫把

① 《习近平谈治国理政》,外文出版社2014年版,第74页。

② 中共中央文献研究室编:《习近平关于全面深化改革论述摘编》,中央文献出版社2014年版,第38—39页。

握党和国家事业发展对改革开放的客观要求，从洞察趋势中把握规律。规律蕴含于发展趋势之中，中国特色社会主义是当代中国社会基本矛盾运动的产物，生产力的推动力量，人民群众的利益需求，构成了改革开放的不竭动力，引领着大趋势，规定着总规律。三是下大功夫了解党内外对改革开放的各种意见和建议，从集思广益中认识规律。规律蕴含于集体智慧之中，来自于不同位置、不同视角、不同关系、不同感受的改革认知，虽然不尽相同，但包含的共识，比起个人的臆断，更为合理可行，更加贴近规律。四是下大功夫了解地方、基层和群众在改革方面做的有益探索，从改革实践中提炼规律。规律蕴含于切身体验之中，实践出真知，那些改革开放第一线亲历者的成败得失、盈亏沉浮、酸甜苦辣，最能说明改革的实质、关键和症结，最能表明真实的、活生生的规律。

把握重大关系，促进整体协同。要着重处理好五个关系。一是解放思想和实事求是的关系。全面深化改革必须解放思想，勇于冲破思想观念的阻碍，为渡过攻坚期、涉过深水区提供精神力量；必须实事求是，改革的目标、进度、方法等，都不能一厢情愿、脱离实际，而是要科学筹划、循序渐进。二是整体推进和重点突破的关系。全面深化改革，每一项改革都会对其他改革产生重要影响，每一项改革又都需要其他改革协同配合，必须更加注重各项改革的相互促进、良性互动。在不同阶段、不同领域，又要抓住重点、难点、关键点，先行突破、推动全局。三是顶层设计和摸着石头过河的关系。摸着石头过河就是摸规律，从实践中获得真知。摸规律、获真知是顶层设计的认识前提，顶层设计要在推进局部的阶段性改革开放的基础上来谋划。全面深化改革既要摸路探路，也要望路测路，加强宏观思考和顶层设计。四是胆子要大和步子要稳的关系。全面深化改革要有政治勇气，有攻克体制机制上的顽瘴痼疾、突破利益固化的藩篱的改革魄力，否则，改革难以全面、难以深化。全面深化改革又是利益关系的重大调整，会遇到各种阻力和障碍，这就要求改革的步骤、步伐、步速要稳中求进、稳中求变。五是改革发展稳定的关系。全面深化改革要在保持改革发展稳定的均衡点上展开，把改革的力度、发展的速度和社会可承受的程度统一起来。努力做到推进改革的时机把握适当，节奏把握合理，措施把握适度。

研究重大问题，加强宏观筹划。问题是改革的先导，全面深化改革必须抓住关键问题。当前，改革正在向深层次、全方位推进，要解决的重大问题是：既要进一步形成全国统一的市场体系，清除市场壁垒，又要形成公平竞争的发展环境，提高资源配置效率；既要增强经济发展活力，特别是增强经济发展微观基础的活力，又要为实现经济持续健康发展提供不竭动力；既要提高宏观调控水平，处理好政府和市场的关系，又要提高政府效率和效能，加快转变政府职能；既要增强社会发展活力，使全社会创造能量充分释放，又要促进社会和谐稳定，让全体人民各得其所；既要倡导社会公平正义，坚持社会主义原则，又要建立有效制度安排，保障人民群众各方面权益；既要提高党的领导水平和执政能力，充分发挥党总揽全局、协调各方的作用，又要巩固党的执政地位，加强惩治和预防腐败体系建设。解决好这些重大问题，就是全面改革的深化。

以更大的政治勇气和智慧、更有力的措施和办法推进全面深化改革

十八届三中全会把改革开放伟大事业推进到一个新的发展阶段。如何确保全面深化改革进展顺利、收到成效、取得成功，是对党和人民的重大考验。习近平总书记对此作出许多深邃的思考，提出许多重要观点，这些重要论述成为全面深化改革的科学指南。

决不能在根本性问题上出现颠覆性错误。改革开放以来，我们党紧紧把握改革的正确方向，改革不改制、转型不转向，经受了风险挑战，保证了中国特色社会主义的巩固与发展。中国是一个大国，如果在根本性问题上出现颠覆性错误，就会造成无法挽回、无法弥补的损失。这就要求我们始终坚持改革开放的正确方向，根本是坚持中国特色社会主义的道路自信、理论自信、制度自信，决不能按照西方资本主义的模式改造我国的经济、政治和社会，必须保持

头脑清醒、立场坚定。坚持改革开放正确方向的一个重要问题是，不能用改革开放后的历史时期否定改革开放前的历史时期，也不能用改革开放前的历史时期否定改革开放后的历史时期，要在这个认识基础上把改革开放事业继续推向前进。

胆子要大，步子要稳。改革是一场深刻的革命，涉及重大利益关系的调整，涉及各方面体制机制的完善。全面深化改革需要解决的问题都是难啃的硬骨头。这个时候就要一鼓作气，敢于啃硬骨头，敢于涉险滩，敢于向积存多年的顽瘴痼疾开刀。瞻前顾后、畏葸不前不仅不能前进，而且可能前功尽弃。全面深化改革系统性强、风险性大，遇到的复杂矛盾和尖锐问题可能是前所未有的，这要求我们既要大胆探索、勇于开拓，也要稳妥审慎、三思而后行。全面深化改革，就是要积极回应广大人民群众的强烈呼声和殷切期待，聚合起更多的正能量。一些改革之所以难以推行，很重要的原因就是存在着利益冲突，不能形成合力。着眼于凝聚改革共识、集聚改革合力，改革目标的选择、改革方案的设计、改革时机的选择、改革节奏的把握，都要统筹兼顾各个地区、民族、阶层、部门的利益，取得利益的最大公约数，让更多的人受益，让更多的群众受益。

坚持有效的改革路径。在全面深化改革的指导思想上，要尊重实践、尊重创造。一是坚持全局和局部相配套。综合改革是全局性的改革，必须与局部性的改革相协调。这就要求统筹推进经济、政治、文化、社会、生态文明领域的体制改革，推进宏观调控、财税、金融、投资、行政管理等领域的体制改革，深化利率和汇率市场化改革。二是治本和治标相结合。继续完善中国特色社会主义经济、政治基本制度，同时着力改善经济、政治、文化、社会体制等具体制度。三是渐进和突破相促进。注重循序渐进、逐步推进，同时要找准深化改革的突破口，明确深化改革的着力点，不失时机地推进重要领域和关键环节的改革，在制约发展的难题上求突破，在人民群众关注的热点上看分晓，在破除障碍、打破藩篱、革除顽瘴痼疾上见成效。

改革开放开辟了一条人间正道※

自1978年党的十一届三中全会以来，当代中国的人间正道，就是党团结带领人民开辟的中国特色社会主义道路。中国特色社会主义是改革开放以来党的全部理论和实践的主题，改革开放是中国道路的基本内涵、鲜明特征和强劲动力。历经40年的沧桑巨变，改革开放这场新的伟大革命，不断巩固完善中国特色社会主义道路，有力增强着党和人民的道路自信、理论自信、制度自信、文化自信。从十一届三中全会到十九届三中全会，从农村起步的改革到党和国家机构改革，改革仍在进行时，中国道路呈现出蓬勃生机、光明前景。党的十八大以来，以习近平同志为核心的党中央开创新时代中国特色社会主义，是改革开放新的伟大革命的继续和深化，中国特色社会主义道路越走越宽阔。

深刻总结历史经验，改革开放开辟了中国特色社会主义道路

改革开放是中国社会主义发展进程的一次伟大的历史转折，是我们党合乎时代潮流、顺应人民意愿，使中国大踏步赶上时代的一个伟大战略决策。邓小平同志领导我们党，总结新中国成立以来正反两方面的经验，深入回答什么是社会主义、怎样建设社会主义的重大问题，艰辛探索符合中国国情的社会主义道路，从而开辟了中国特色社会主义道路，为中华民族伟大复兴奠定了一条

※ 写于2018年。

康庄大道。

中国特色社会主义是在中华人民共和国成立近70年的持续探索中得来的。中华人民共和国成立后，毛泽东同志领导我们党，完成社会主义革命，确立社会主义基本制度，推进社会主义建设，完成了中华民族有史以来最为广泛而深刻的社会变革，为当代中国的一切发展进步奠定了根本政治前提和制度基础，为探索建设中国特色社会主义道路积累了经验、提供了条件。在中国这样的社会历史条件下建设社会主义，没有先例，需要摸索前进、开通道路。不能否认，毛泽东同志在社会主义建设的探索中走过弯路，包括在“文化大革命”中犯的严重错误。但改革开放后的历史时期与改革开放前的历史时期，两者绝不是彼此割裂的，更不是根本对立的。正如习近平总书记在新进中央委员会委员、候补委员学习贯彻党的十八大精神研讨班上所指出的，“这是两个相互联系又有重大区别的时期，但本质上都是我们党领导人民进行社会主义建设的实践探索”。

改革开放源于思想解放，确立了开辟新道路的思想路线。“文化大革命”结束后，中国向何处去？在这一历史关头，邓小平同志旗帜鲜明地反对“两个凡是”的错误观点，支持和领导开展真理标准问题大讨论。思想解放运动促使党和人民重新思考我国社会主义的前进方向和发展道路。党的十一届三中全会重新确立了解放思想、实事求是的思想路线，党中央坚持真理，修正错误，发扬经验，吸取教训，正确分析党的成功经验和失误错误，推动各方面的拨乱反正，在此基础上开创了中国特色社会主义。

改革开放始于工作重点转移，开始形成“一个中心、两个基本点”的基本路线。社会主义改造基本完成之后，我国社会的主要矛盾是什么，党的工作重点是什么，在这个重大问题上，我们党一度出现了严重失误。党的十一届三中全会停止使用“以阶级斗争为纲”的错误提法，确定把全党工作的重点转移到社会主义现代化建设上来，作出实行改革开放的重大决策，实现了党的历史上具有深远意义的伟大转折。以经济建设为中心，继而提出坚持四项基本原则，坚持改革开放，中国特色社会主义道路呈现出明晰内涵。

改革开放基于人民愿望,人民是中国特色社会主义的主体。贫穷不是社会主义,而我国贫困人口大部分在农村。因此,改革从农村开始,是历史的必然。实行家庭联产承包责任制,是中国农民的伟大创造。党中央积极支持这一试验,几年工夫在全国推开。广大农民获得对土地的经营自主权,从而使农业生产摆脱长期停滞的困境,广大城乡人民得到显著实惠。改革从中国人口最多的地方开始,从贫困人口最多的群体开始,从增长速度最慢的产业开始,表明中国特色社会主义这条人间正道就是人民之道。

改革开放必须解决好重大历史课题,科学评价毛泽东同志和毛泽东思想。改革开放以后,我们党系统总结中华人民共和国成立以来的历史经验,完成了科学评价毛泽东同志的历史地位和毛泽东思想的科学体系、根据新的实际和发展要求确立中国社会主义现代化建设的正确道路这样两个相互联系的重大历史课题,彻底否定了“文化大革命”的错误实践和理论,为党和国家发展确定了正确的方向。只有科学评价毛泽东同志和毛泽东思想,才能确立中国特色社会主义的正确道路。

正确处理重大关系，改革开放拓展了中国特色社会主义道路

“敢问路在何方？路在脚下!”中国特色社会主义是在改革开放40年的伟大实践中得来的。改革开放40年,是中国特色社会主义道路从开辟到拓展、完善、巩固的40年。中国特色社会主义道路,是在中国共产党领导下,创造性地把马克思主义基本原理同中国实际和时代特征相结合,不懈追求、持续探索,开拓创新、不断完善,走出来的自己的道路;是在我国改革破冰除障、不断化解矛盾风险的形势下,顺应世界大势、营造有利态势,勇于改革开放、励志奋勇前进,走出来的奋斗的道路;是把人民赞成不赞成、拥护不拥护、满意不满意,作为衡量路线、方针、政策正确与否的根本准则,作为检验改革开放成败得失的根本标准,最大限度地凝聚人民群众的智慧和力量,走出来的人民的道

路。历史已经证明并将继续证明，中国特色社会主义道路是实现社会主义现代化、创造人民美好生活的必由之路。在坚持和发展中国特色社会主义道路的实践过程中，正确认识和处理改革开放进程中的重大矛盾和关系，是这条道路愈益富于生命力创造力的关键。

正确处理改革开放与社会主义的关系，依靠全面改革开放，巩固中国特色社会主义道路。改革开放首先要明确政治方向问题。我国的改革开放，是与四项基本原则密不可分的改革开放，是坚持社会主义道路和方向的改革开放。改革不转向、开放不变色，既不走封闭僵化的老路，也不走改旗易帜的邪路，是党领导改革开放一以贯之的坚定立场。全面改革开放，破除阻碍国家和民族发展的一切思想和体制障碍，是发展社会主义的必由之路，是中国特色社会主义道路得以巩固强化的基本途径。40年来，坚持全面改革开放不动摇，改革开放始终在路上，中国特色社会主义成为一条新路、一条大路、一条坚实的路、一条成功的路。

正确处理经济制度与经济体制的关系，建立社会主义市场经济体制，完善中国特色社会主义道路。改革是社会主义制度的自我完善和发展，是要建立解放和发展生产力、充满生机活力的体制机制，让一切创造财富的源泉充分迸发。我们党深刻认识到，计划经济不等于社会主义，资本主义也有计划；市场经济不等于资本主义，社会主义也有市场。建立社会主义市场经济体制，是我国经济体制改革的目标模式。社会主义市场经济体制，存在于社会主义基本经济制度之中，构成中国特色社会主义经济发展道路的鲜明特征，有力增强了中国特色社会主义道路的内在力量。

正确处理党的领导与党的建设的关系，推进党的建设新的伟大工程，加强党对中国特色社会主义道路的引领作用。中国特色社会主义能否长治久安，改革开放能否取得成功，关键在党。坚持党的领导，必须加强党的建设，加深对建设什么样的党、怎样建设党的认识，着力保持党的先进性和纯洁性，提高党的战斗力和领导力。建设一个始终走在时代前列、人民衷心拥护、勇于自我革命、经得起各种风浪考验、朝气蓬勃的马克思主义执政党，就能牢固确立中国特色社会主义的领导核心。

正确处理发展速度与发展质量的关系，实现科学发展，贯彻新发展理念，深化中国特色社会主义发展道路。改革开放以来，我们党坚持以经济建设为中心，把发展作为党执政兴国的第一要务，推动我国综合实力进入世界前列。在改革发展的进程中，针对发展中的突出矛盾和问题，深刻认识和回答实现什么样的发展、怎样发展的重大问题，推进以人为本、全面协调可持续发展，推动创新、协调、绿色、开放、共享发展，由高速增长阶段转向高质量发展阶段。转变发展方式，创新发展道路，中国特色社会主义道路与时俱进、不断完善。

正确处理总体布局与战略布局的关系，统筹协调推进“五位一体”总体布局与“四个全面”战略布局，创新中国特色社会主义道路的实践方式。统筹推进“五位一体”总体布局，协调推进“四个全面”战略布局，两者构成一个新的系统布局，成为新时代坚持和发展中国特色社会主义的重大创新，成为中国特色社会主义道路的实践途径。“五位一体”是新时代坚持和发展中国特色社会主义的基本领域，“四个全面”是新时代坚持和发展中国特色社会主义的主要方向。“五位一体”是战略全局，“四个全面”是战略重点。

继续推进伟大社会革命，全面深化改革推动了新时代中国特色社会主义新征程

改革开放永远在路上。党的十八大以来，以习近平同志为核心的党中央，勇于变革、勇于创新，从理论和实践上系统回答了新时代坚持和发展什么样的中国特色社会主义、怎样坚持和发展中国特色社会主义的重大时代课题，推动中国特色社会主义进入了新时代，推动中国特色社会主义道路、理论、制度、文化不断发展，“四个自信”不断增强，让中国特色社会主义展现出更加强大的生命力。新时代中国特色社会主义是党领导人民进行伟大社会革命，特别是改革开放新的伟大革命的成果和继续，而全面深化改革则是新时代伟大社会革命的重要内容，是推动新时代中国特色社会主义新征程的关键一招。

完善制度，推进治理现代化，夯实新时代中国特色社会主义坚实基础。党的十八届三中全会通过《中共中央关于全面深化改革若干重大问题的决定》，标志着我国改革开放进入新的历史阶段。全面深化改革的总目标是完善和发展中国特色社会主义制度、推进国家治理体系和治理能力现代化。制度是道路的法律形态，治理是道路的实践功能，因此，全面深化改革总目标的实质，是巩固和发展中国特色社会主义道路，为新时代中国特色社会主义奠定坚实基础。推进国家治理体系和治理能力现代化，就是要使各方面的制度更加科学、更加完善，实现党、国家、社会各项事务治理制度化、规范化、程序化。全面依法治国是中国特色社会主义的本质要求和重要保障，把法治作为治国理政的基本方式是国家治理领域的一场深刻变革。党的十八届四中全会通过了《中共中央关于全面推进依法治国若干重大问题的决定》，全面依法治国是国家治理方式的深化改革，为党和国家提供根本性、全局性、长期性的制度保障。党的十九大把全面深化改革总目标和全面依法治国总目标，作为习近平新时代中国特色社会主义思想的核心要义，表明了新时代中国特色社会主义的战略着眼。

破除体制机制弊端，改变发展不平衡不充分状况，保证新时代中国特色社会主义行稳致远。经过长期努力，中国特色社会主义进入了新时代，社会主要矛盾已经转化为人民日益增长的美好生活需要和不平衡不充分的发展之间的矛盾。这一变化是关系全局的历史性变化，对党和国家工作提出了许多新要求。解决发展不平衡不充分问题，既要从社会生产能力方面着力，也要从制度供给能力方面着力，这都是全面深化改革的任务。特别是满足人民在民主、法治、公平、正义、安全、环境等方面日益增长的美好生活需要，更要从破除体制机制弊端攻坚，从突破利益固化藩篱下力。党的十九大提出的打破行政性垄断，防止市场垄断，保障人民知情权、参与权、表达权、监督权，完善公共服务体系，推进教育公平，破除妨碍劳动力、人才社会性流动的体制机制弊端，为人民群众提供全方位全周期的健康服务，提供更多优质生态产品满足人民日益增长的优美生态环境需要，等等，都是解决新的社会主要矛盾的积极努力，是新时代中国特色社会主义的长治久安之道。

以党的自我革命推动伟大社会革命，深化党和国家机构改革，增强新时代中国特色社会主义领导力量。全面从严治党，勇于自我革命，是全面深化改革的应有之义，是伟大社会革命的强大动力。党的十九届三中全会通过的《中共中央关于深化党和国家机构改革的决定》，是全面深化改革向纵深发展的重大决策，表明了以习近平同志为核心的党中央推进政治体制改革、进行党的自我革命的坚强决心。党和国家机构的职能体系是中国特色社会主义制度的重要组成部分，在全面深化改革的进程中，必须下决心解决党和国家机构职能体系中存在的障碍和弊端，更好地发挥我国社会主义制度的优越性。深化党和国家机构改革是推进国家治理体系和治理能力现代化的一场深刻变革。从十八届三中全会到十九届三中全会，全面深化改革压茬推进、步步深入，深化党和国家机构改革将这场改革推向一个历史和时代的新高度，从而大大提高了党的执政能力和治理效率，提高了党领导中国特色社会主义的政治能力和工作水平。在实现"两个一百年"奋斗目标、实现中华民族伟大复兴中国梦的伟大进程中，改革开放开启的中国特色社会主义这条人间正道，将继续谱写"天翻地覆慨而慷"的壮丽史诗！

历史辩证法与中国大变革的恢宏交响※

40年砥砺奋进、40年沧桑巨变，中国改革开放不仅是中国历史上的大事件，而且是当代世界中的大事件。40年后改革开放再出发，新时代中国特色社会主义将创造中华民族新的更大奇迹和让世界刮目相看的新的更大奇迹。习近平总书记在庆祝改革开放40周年大会上的重要讲话，全面回顾了改革开放的历史进程，深情讴歌了改革开放的巨大成就，科学总结了改革开放的宝贵经验，正确指明了新时代改革开放的前进方向，是改革开放再出发的前进号角。讲话充满着辩证唯物主义和历史唯物主义的世界观和方法论，特别是运用了马克思主义历史辩证法的眼光审视改革开放的历史、现实和未来，揭示了改革开放的成功"密码"，给人以深刻启迪和精神激励，是用改革开放历史写出的活生生的历史辩证法。

改革开放伟大革命来自于
历史客观性与历史主动性的交相促进

40年前中国大地上兴起的改革开放伟大革命，是中国社会主义发展客观规律的必然要求。可以说，没有以邓小平同志为主要代表的中国共产党人对社会主义建设规律的新认识，没有党和人民开辟新道路、开创新事业的巨大勇

※ 写于2018年。

气,就没有载入史册、成为史诗的中国改革开放。

习近平总书记在讲话中用“四个基于”全面阐述了作出实行改革开放历史性决策的深厚基础。基于对党和国家前途命运的深刻把握,表明了改革开放的现实基础。如果不进行改革开放,中国社会主义就会被葬送。基于对社会主义革命和建设实践的深刻总结,表明了改革开放的历史基础。其他社会主义国家的建设历程,特别是新中国成立后社会主义建设进程的成败是改革开放决策的依据。基于对时代潮流的深刻洞察,表明了改革开放的时代基础。世界经济快速发展,科技进步日新月异,如果不进行改革开放,我国与世界发达国家的差距会拉得更大。基于对人民群众期盼和需要的深刻体悟,表明了改革开放的群众基础。在计划经济时代,人民温饱都成问题,各种票证的实质是物资短缺,这才有了小岗村的一声春雷。

贫困落后不是先天命定、始终不变的。历史发展有其规律,但人在其中不是完全消极被动的。习近平总书记在庆祝改革开放40周年大会上指出:“只要把握住历史发展大势,抓住历史变革时机,奋发有为,锐意进取,人类社会就能更好前进。”改革开放40年来,中国的面貌、中华民族的面貌、中国人民的面貌、中国共产党的面貌发生了极大变化。这个极大变化是我们的国家、民族、人民和党的历史主动精神、创造精神得到高度发扬、充分激发带来的,这种生机勃勃、奋力进取的面貌也正是开创自己前途、改变自身命运的生动写照。40年来,我们解放思想、实事求是,大胆地试、勇敢地改,干出了一片新天地,用几十年时间走完了发达国家几百年走过的工业化历程。中华民族正以崭新姿态屹立于世界的东方,这是在遵循历史规律基础上弘扬主动性创造性,并在弘扬主动性创造性过程中深入认识历史规律的实践成果。历史辩证法作为唯物辩证法的历史展开、作为历史唯物论的科学逻辑,在中国大变革中彰显了它的内在力量,而中国大变革又以其实践的力量丰富和深化了历史辩证法。恩格斯有句名言,即“蔑视辩证法是不能不受惩罚的”。同样我们也可以说,尊重历史辩证法,照历史辩证法办事,是必然要收获硕果的。

站在40年新的起点上,新时代改革开放再起航。40年的宝贵经验弥足珍贯，必须一以贯之，更加自觉有效地将之运用于实现“两个一百年”奋斗目标、实现中华民族伟大复兴的中国梦的新征程中。只有顺应历史潮流，积极应变，主动求变，才能与时代同行。

改革开放伟大征程包含着历史阶段性与历史跨越性的交相递进

40年来，无论是农村改革、对外开放，还是经济体制改革、全面深化改革，都走着一条循序渐进、步步深入，一个台阶一个台阶的上升、一个阶段一个阶段的推进的道路。正是在这样的阶段性发展中，40年间从开启新时期到跨入新世纪，从站上新起点到进入新时代，中华民族迎来了从站起来、富起来到强起来的伟大飞跃，中国特色社会主义迎来了从创立、发展到完善的伟大飞跃，中国人民迎来了从温饱不足到小康富裕的伟大飞跃。在这40年里，我们党清醒地认识到我国处于并将长期处于社会主义初级阶段，同时也敏锐地把握新科技革命推动社会变革的巨大力量，把握创新作为引领发展第一动力的巨大潜力，把握中国人民和中华民族在历史进程中积累的强大能量。改革开放将我国在长期历史磨炼中积聚的力量充分释放，这就造就了在初级阶段内形成若干个具有质变意义阶段的可能，造就了出现伟大飞跃态势的可能。在阶段性发展中包含着历史的伟大飞跃，历史的伟大飞跃依托于阶段性发展。可以说，没有邓小平分三步走实现社会主义现代化的发展战略，就不会有从温饱不足到小康富裕的伟大飞跃。习近平总书记在讲话中明确提出的“三个伟大飞跃”，正是建立在历史辩证法关于历史阶段性与历史跨越性相互包含、相互促进的思想基础上。

社会主要矛盾是历史阶段和历史跨越的基本依据。改革开放以来，我们一心一意搞建设、聚精会神谋发展，促使我国社会主要矛盾发生变化，人民生活需要和社会发展的状况都出现质的转变。党的十九大报告指出，我国更加突出的问题是发展不平衡不充分，习近平总书记进一步要求围绕解决好这个主要矛盾，努力实现更高质量、更有效率、更加公平、更可持续的发展。社会主要矛盾变化标志着社会主义进入新的发展阶段，是“三个伟大飞跃”的产物。解决新的社会主要矛盾，构成了新的历史阶段，又孕育着新的历史飞跃。

在改革开放40年的历史关头，全面建成小康社会胜利在望，全面建设社会主义现代化国家势在必行。习近平总书记在讲话中引用了毛泽东同志在七届二中全会上的报告，意境高远。从历史的长时段来看，万里长征是一步步走出来的，只有完成战略转移，长征才成为伟大长征，但若没有走过万水千山，也就不会有“三军过后尽开颜”。改革开放走过了40年，但改革尚未成功，光明仍在前方。建成社会主义现代化强国，实现中华民族伟大复兴，是一场接力跑。以习近平同志为核心的党中央已经接过了接力棒，决心一棒接着一棒跑下去，每一代人都要为下一代人跑出一个好成绩。

改革开放伟大飞跃体现了
历史实践论与社会认识论的循环上升

恩格斯说，“一切社会变迁和政治变革的终极原因，不应当到人们的头脑中，到人们对永恒的真理和正义的日益增进的认识中去寻找，而应当到生产方式和交换方式的变更中去寻找”[①]。这是历史辩证法的唯物论基石，是解读改革开放40年来理论创新和实践创新相互关系的准则。思想解放、观念变革、认识突破、理论创新，都要到实践的“变更中去寻找”。同时，历史辩证法不是机械的物质决定论或实践决定论，而是承认并高度重视思想引领、理论指导的作用。习近平总书记在讲话中特别引用恩格斯的这段论述，表明了他在理论创新和实践创新关系上的历史辩证法立场。

坚持解放思想和实事求是有机统一。改革开放40年来，解放思想是中国发生巨变的精神原因。解放思想意在实事求是，实事求是就是解放思想。解

① 《马克思恩格斯全集》(第二十六卷)，人民出版社2014年版，第284页。

放思想和实事求是的统一，就是历史认识论和历史实践论的统一。新时代改革开放再出发，坚持解放思想和实事求是的有机统一，一个重大要求就是要在改什么、怎么改的问题上，把全面深化改革总目标作为根本尺度。如同习近平总书记在庆祝改革开放40周年大会上指出的，“该改的、能改的我们坚决改，不该改的、不能改的坚决不改”。这就要求改革既要勇渡“深水区”，又要防止跌入“深陷阱”。决不能以改革之名，将党和国家安身立命的根基改没了，将全体人民当家作主的依托改丢了，将事实证明行之有效的法宝改错了。

推进理论创新和实践创新相互转化。改革开放40年的实践启示我们：创新是改革开放的生命。实践发展永无止境，理论创新永无止境。不断推进实践基础上的理论创新，不断推进理论指导下的实践创新，是改革开放取得成功的重要经验。新时代改革开放再出发，就要坚持问题导向，聚焦我国发展面临的突出矛盾和问题，紧密跟踪亿万人民的创造性实践，及时回答时代之问、人民之问，使得理论创新和实践探索相互促进，不断开辟马克思主义发展新境界，推动新时代改革开放走得更稳、走得更远。

实现理想信念和拼搏实干互相印照。信仰、信念、信心，任何时候都至关重要。习近平总书记在庆祝改革开放40周年大会上深刻指出：“小到一个人、一个集体，大到一个政党、一个民族、一个国家，只要有信仰、信念、信心，就会愈挫愈奋、愈战愈勇，否则就会不战自败、不打自垮。”正因如此，我们要坚定对马克思主义的信仰，对中国特色社会主义的信念，对实现中华民族伟大复兴中国梦的信心，大力弘扬伟大民族精神、伟大梦想精神、伟大改革开放精神，激发伟大复兴的强大精神力量。同时，伟大梦想不是等得来、喊得来的，而是拼出来、干出来的，要拿出踏石留印、抓铁有痕的韧劲，以钉钉子精神抓好落实，确保各项重大改革举措落到实处。

改革开放伟大事业蕴含着历史前进性与社会风险性的交织前行

“前途是光明的，道路是曲折的”，是毛泽东同志的一句名言。这句话精辟概括了历史进程中前进性与曲折性的统一。前途光明反映了历史的必然性，道路曲折反映了历史的复杂性，而历史复杂性的一个重要方面就是风险性。改革开放以来，我们一方面创造了人间奇迹，一方面又经历了应变局、平风波、战洪水、防“非典”、抗地震、化危机，在应对风险挑战中能力不断提高。党的十八大以来，习近平总书记多次强调“四个自信”，同时也多次强调防范风险。高度自信与忧患意识同生并存，将风险看作历史进程之常态，将防范化解风险作为历史前进的应有之义，正是历史辩证法的要义。

站在新的前进道路上，复杂性、不确定性、风险性在增长，并且形成了叠加放大效应，“蝴蝶的翅膀”更具冲击力。面对这一新的历史特点，切切不可动摇对未来的信心，而要更显英雄本色。不仅要防范风险挑战，而且要擒拿住已经飞起来的“黑天鹅”，驾驭已经冲过来的“灰犀牛”。

改革开放再出发，将推动伟大飞跃和防范重大风险统一起来，提高党的执政能力和领导水平，不断提高党把方向、谋大局、定政策、促改革的能力和定力，确保改革开放这艘航船沿着正确航向破浪前行。强化问题意识、时代意识、战略意识，用深邃的历史眼光、宽广的国际视野把握事物发展的本质和内在联系。坚决贯彻创新、协调、绿色、开放、共享的发展理念，统筹推进“五位一体”总体布局、协调推进“四个全面”战略布局，坚决打好防范化解重大风险、精准脱贫、污染防治的攻坚战。既要敢为天下先、敢闯敢试，又要积极稳妥、蹄疾步稳，把改革发展稳定统一起来。

改革开放伟大创造归属于党的领导力与人民主体性的合力成果

中国共产党是中国人民和中华民族的主心骨，中国共产党领导是中国特色社会主义最本质的特征，是中国特色社会主义制度的最大优势。正是因为始终坚持党的集中统一领导，我们才能实现伟大历史转折、开启改革开放新时期和中华民族伟大复兴新征程，才能成功应对一系列重大风险挑战、克服无数艰难险阻。人民是历史的创造者，是决定党和国家前途命运的根本力量，也是中国特色社会主义的根本力量。改革开放的巨大成就证明，在中国人民手里，不可能成了可能。40年来，掌握着自己命运的中国人民焕发出前所未有的积极性、主动性、创造性，在改革开放和社会主义现代化建设中展现出气吞山河的强大力量。党是人民的带头人，党和人民共同构成改革开放和中国特色社会主义的历史主体。党来自人民、服务人民、依靠人民，人民在党的带领下创造着美好生活和美好未来。正如习近平总书记在庆祝改革开放40周年大会上强调的："40年来取得的成就不是天上掉下来的，更不是别人恩赐施舍的，而是全党全国各族人民用勤劳、智慧、勇气干出来的！"

夺取新时代中国特色社会主义伟大胜利，必须坚持将加强党的领导和尊重人民首创精神相结合。从党的领导方面来看，就是要不断提高党的创造力、凝聚力、战斗力，不断增强全党团结统一和创造活力，不断增强党的政治领导力、思想引领力、群众组织力、社会号召力。同时坚定不移推进党的伟大自我革命，敢于清除一切侵蚀党的健康肌体的病毒，使党不断自我净化、自我完善、自我革新、自我提高。从尊重人民首创精神来看，就是要尊重人民主体地位，尊重人民群众在实践活动中所表达的意愿、所创造的经验、所拥有的权利、所发挥的作用，充分激发蕴藏在人民群众中的创造伟力。坚持把人民拥护不拥护、赞成不赞成、高兴不高兴作为制定政策的依据，顺应民心、尊重民意、关注民情、致力民生，既通过提出并贯彻正确的理论和路线方针政策带领人民前进,又从人民实践创造和发展要求中获得前进动力,让人民共享改革开放成果,激励人民更加自觉地投身改革开放和社会主义现代化建设事业。

改革开放40年来,几代中国共产党人接续谱写坚持和发展中国特色社会主义新篇章,接续谱写马克思主义中国化新篇章。从历史观的视野看,历史辩证法与中国大变革的恢宏交响,构成了其中的壮丽篇章。历史辩证法镌刻在中国大变革的画卷上,回响在民族新面貌的乐章中;中国大变革融入历史辩证法的血脉中,彰显着马克思主义的生命力。无论人们承认不承认、遵循不遵循,历史辩证法都在显示出“铁的必然性”。深刻认识、自觉运用历史辩证法,可以使人们在思想上更具洞察力、行动上更具科学性。“四十不惑”,这是一个总结经验、反思历史、升华认识的契机,是为40年后中华民族行稳致远明理强智。习近平总书记在讲话中蕴含的辩证唯物主义和历史唯物主义世界观方法论,特别是提炼概括出的关于历史辩证法的新思想新观点新表述,是改革开放40年历史的“一面镜子”,尤其是新时代实践创新和理论创新的结晶,必将在改革开放新征程中进一步丰富、完善和深化,成为开创历史新篇章的“伟大认识工具”。历史辩证法与中国大变革的和弦交响,将奏出更加美妙动人的乐章。

当代中国人民最鲜明的精神标识※

改革开放40年，我们党引领人民绘就了一幅波澜壮阔、气势恢宏的历史画卷，谱写了一曲感天动地、气壮山河的奋斗赞歌。40年春华秋实，结出了精神硕果。习近平总书记在庆祝改革开放40周年大会上指出："改革开放铸就的伟大改革开放精神，极大丰富了民族精神内涵，成为当代中国人民最鲜明的精神标识！"大力弘扬伟大改革开放精神，是新时代弘扬伟大民族精神的应有之义，是改革开放再出发的强大激励。

伟大改革开放精神极大丰富了民族精神内涵

每个民族都有包含特定内涵、特质和品格的精神世界，构成各自的民族精神。中华民族有着绵延悠久的文明历史，有着美丽辽阔的大好河山，有着丰富多样的民族文化，有着勤劳勇敢的民族品质。与5000多年的中华文明相伴随，与可歌可泣的中国历史相印证，与勤劳智慧的中华儿女相映照的，是中华民族的灵魂——伟大民族精神。在伟大民族精神的丰富内涵中，充满着变革和开放精神。中国人民在广阔的国土上辛勤劳动，自然界气候、地形、物种多种多样，唯有创新劳动工具、变革生产关系，才能生存发展。中华民族是统一的多民族国家，不同宗教传统、文化习俗、语言特征的各族人民，在千百年来持

※ 写于2018年。

续的内部和外部交流交往交融中，消弭冲突、化解隔阂，相互学习、相互帮助，共有的开放禀赋气质熔铸为中华民族精神。

改革开放是中国人民和中华民族发展史上的一次伟大革命，是近代以来实现中华民族伟大复兴的重大里程碑。这是一个体制变革、机制更新、制度完善、社会转型的时代，是一个思想解放、观念转变、精神升华、意识变迁的时代，是一个呼唤改革开放精神并且产生了改革开放精神的时代。改革开放40年所创造的伟大成就、所达到的历史高度，远远超过了中华民族历史上任何一个时期。改革开放精神就是40年历史画卷和奋斗赞歌的主旋律。在中国共产党的历史上，改革开放虽然没有红军长征那样的英雄壮举，但不闻金沙水拍，同样要闯急流险滩，冲破长期“左”的错误的严重束缚，廓清困扰和束缚实践发展的思想迷雾；未见大渡桥横，仍然要敢闯关夺隘，披荆斩棘、啃硬骨头，坚决破除一切妨碍发展的体制机制障碍和利益固化藩篱。改革开放精神就是新时期的伟大民族精神、中国共产党精神、长征精神。

改革开放精神是伟大民族精神的时代标识，同时又极大丰富了民族精神内涵。改革开放精神将中国人民伟大创造精神前所未有地激发出来。改革开放的伟大历史，就是一部开拓创新的伟大历史。中国特色社会主义理论创新持续不断，掌握着自己命运的中国人民焕发出前所未有的积极性、主动性、创造性，创造了人间奇迹，把不可能变为了可能。改革开放精神将中国人民伟大奋斗精神运用于创造人民更加美好生活的宏伟目标之中。40年来，我国国内生产总值由3679亿元增长到2017年的82.7万亿元，全国居民人均可支配收入由171元增加到2.6万元，这正是奋斗精神结出的财富硕果。改革开放精神将中国人民伟大团结精神汇聚在中国特色社会主义旗帜下。坚持以人民为中心，促进社会公平正义，不断促进全体人民共同富裕，构成团结精神的雄厚基础。改革开放精神将中国人民伟大梦想精神凝聚在实现中华民族伟大复兴的中国梦中。改革开放精神就是追梦圆梦精神，中国梦越来越接近，越来越现实，中国人民越来越有能力和信心实现。

伟大改革开放精神是当代中国人民最鲜明的精神标识

伟大改革开放精神有着深远的历史渊源、深厚的文化根基，又有着鲜明的时代气息、创新的实践基础，是当代中国精神的“一面镜子”。

解放思想、实事求是的精神。解放思想、实事求是，是党的思想路线，是引发改革开放的思想闪电，是贯穿改革开放全过程的精神武器。邓小平在党的十一届三中全会上所作的主题报告，标题开头就是“解放思想、实事求是”，习近平总书记在改革开放40周年之际继续强调“坚持解放思想和实事求是有机统一”。没有思想大解放，就不会有改革大突破。解放思想不是脱离国情的异想天开，也不是闭门造车的主观想象，更不是毫无章法的莽撞蛮干。解放思想的目的在于更好地实事求是。

紧跟时代、与时俱进的精神。我们党作出实行改革开放的历史性决策，一个重要根据是基于对时代潮流的深刻洞察。几百年来，中国与经过工业革命的国家之间已经拉大了差距，改革开放正是党的一次伟大觉醒。这个伟大觉醒就是“我们要赶上时代，这是改革要达到的目的”。40年来，中国从赶上时代到引领时代，靠的就是这样一种紧跟时代、与时俱进的精神。实践发展永无止境，只有顺应时代潮流，积极应变，主动求变，才能与时代同行。这就要求用深邃的历史眼光、宽广的国际视野把握时代变化，不断回答时代和实践提出的新的重大课题。

开拓创新、锐意变革的精神。改革开放是伟大创造、伟大革命、伟大飞跃，这就必然要求开拓创新、锐意变革。40年来，勇于思考、勇于探索、勇于创新，大胆地试、大胆地闯，就是全体人民创造自己幸福生活的精神气概。创新是民族进步的灵魂和国家兴旺发达的不竭动力，创新是引领发展的第一动力，创新是改革开放的生命，这些重要论述都将创新放在了改革开放精神的核心位置。敢于推进理论创新、实践创新、制度创新、文化创新以及各方面创新，以改革创新精神加强和完善马克思主义执政党，展现了改革开放时代中国共产党的精神风貌。

走向世界、合作共赢的精神。改革开放实现了由封闭半封闭到全方位开放的历史转变,中华民族以新的视野、新的胸襟、新的气度看待世界,看待中国与世界的关系。中国的发展离不开世界,世界的繁荣也需要中国。中国日益走近世界舞台中央,不打零和博弈的牌,不跌入"修昔底德陷阱",高举和平、发展、合作、共赢的旗帜,共同为建设持久和平、普遍安全、共同繁荣、开放包容、清洁美丽的世界而奋斗。中国积极推动构建人类命运共同体,成为世界和平的建设者、全球发展的贡献者、国际秩序的维护者,塑造出新时代中国特色社会主义的崭新面貌。

不懈奋斗、持续追求的精神。改革开放是新的伟大革命,也是新的伟大奋斗。40年披荆斩棘,40年砥砺奋进,40年奋斗不止。奋斗造就中华民族崭新面貌,奋斗推动"三个伟大飞跃",奋斗开创中国特色社会主义新时代。改革开放已走过千山万水,但仍需跋山涉水,愈进愈难、愈进愈险而又不进则退、非进不可。改革开放40年成就巨大,但更值得骄傲的还在后头,更需要持续奋斗。

伟大改革开放精神是推进新时代改革开放的强大动力

改革开放40年,扬帆远航再出发。习近平总书记在庆祝改革开放40周年大会上的重要讲话,是在新的起点上推进改革开放的前进号角。中华民族"天行健,君子以自强不息""地势坤,君子以厚德载物"的变革和开放精神,使中华文明成为人类历史上唯一一个绵延5000多年至今未曾中断的灿烂文明。伟大改革开放精神是40年来中华民族奋起腾飞的强大能量,更是40年后改革开放再出发的伟大力量。将改革开放进行到底,建设社会主义现代化强国,实现中华民族伟大复兴,使命更光荣、任务更艰巨、挑战更严峻、工作更伟大,更需要将伟大改革开放精神的磅礴力量充分释放。

创新是改革开放的生命,创新精神也是伟大改革开放精神的灵魂。一个民族的兴衰、一个国家的强弱、一个政党的成败,可以从多种原因做出解读,但归根到底，都可以用是否解放和发展了生产力，是否创造了新的科学技术、新的社会关系、新的思想理论，是否激发了广大人民的创造活力，即是否增强了创新力、创新率进行说明。创新是改革开放的生命，指明了新时代改革开放再出发的关键。尊重人民主体地位，尊重人民群众在实践活动中所表达的意愿、所创造的经验、所拥有的权利、所发挥的作用，就是要充分激发蕴藏在人民群众中的创造活力。不断开辟马克思主义发展新境界，就是不断推进实践基础上的理论创新。推动中国特色社会主义制度更加成熟更加定型，是新时代制度创新的根本任务。鼓励大胆试、大胆闯，同时又坚持实事求是、善作善成，既要敢为天下先、敢闯敢试，又要积极稳妥、蹄疾步稳，保证了创新的正确轨道，防止了创新的失误代价。

改革开放以来，我们创造了人间奇迹，又经历了应变局、平风波、战洪水、防“非典”、抗地震、化危机，在应对风险挑战中锻炼提高。在庆祝改革开放40周年大会上，习近平总书记指出：“改革开放每一步都不是轻而易举的，未来必定会面临这样那样的风险挑战，甚至会遇到难以想象的惊涛骇浪。”伟大改革开放精神同样是战胜风险挑战、争创美好未来的精神动力。改革开放再出发，将推动伟大飞跃与防范重大风险统一起来，就要继续解放思想，充分认识新形势下改革开放的时代性、体系性、全局性问题，找准抓住新时代改革开放的突破口和着力点，带动改革全局和全面改革，在更高起点、更高层次、更高目标上推进改革开放，以全面深化改革、全面扩大开放的新进展新成效，及时有效化解风险、成功渡过惊涛骇浪，创造更加美好的未来。

全面深化改革开启新时代改革开放新航程※

十八届三中全会是党的十八大后召开的一次重要会议，也是改革开放以来党中央召开的一次重要会议。这次全会通过的《中共中央关于全面深化改革若干重大问题的决定》，标志着以习近平同志为核心的党中央高举新时代改革开放旗帜，开启了以全面深化改革为基本内涵的改革开放新航程。回顾十八届三中全会召开5年来风云激荡、革故鼎新的历程，总结全面深化改革的重大成就和宝贵经验，对于在新的起点上坚定不移将改革开放进行到底，夺取新时代中国特色社会主义伟大胜利具有重要意义。

改革开放再出发的历史性会议

历史是一个连续性和阶段性相统一的过程，特别体现在具有历史意义的某个时间节点、某个历史事件上。2013年11月召开的十八届三中全会，既是改革开放伟大革命的继续，又是新时代改革开放的起点，是一次重要的历史性会议。

促进"三个伟大飞跃"的历史性会议。在中华民族迎来从站起来、富起来到强起来的伟大飞跃中，十八大后正处于从富到强的发展阶段，迫切需要从体量增大到强筋健骨的体制机制变革。在中国特色社会主义迎来从创立、发展

※ 写于2018年。

到完善的伟大飞跃中，我们形成了中国特色社会主义道路、理论、制度、文化，但改革尚未功成，制度仍需完善，攻克体制机制弊端需要一个过程。在中国人民迎来从温饱不足到小康富裕的伟大飞跃中，全国居民人均可支配收入增加，贫困人口大幅减少，但从充裕生活到美好生活，还有相当一段距离。只有全面深化改革，才能促成从“迎来”到“实现”伟大飞跃的转变。

推进新时代伟大社会革命的历史性会议。新时代中国特色社会主义是党领导的伟大社会革命的成果和继续。可以说，十八届三中全会从全面深化改革破局，拉开了新时代改革开放的大幕。这次全会作出了改革开放以来我们党第一个全面改革的决定，改革不仅是在经济领域展开，而且要在各个领域全面展开；改革不仅是在好改的、容易改的问题上做文章，而且要啃硬骨头、涉险滩，坚决破除一切顽瘴痼疾。改革开放这场新的伟大革命，在新时代向纵深发展，其范围之广、内容之多、程度之深、力度之大，前所未有。党的十八大完成新老交接，习近平同志担任中共中央总书记、中央军委主席，是开创中国特色社会主义新时代的组织标识；十八届三中全会作出全面深化改革决定，则是开创中国特色社会主义新时代的进军号角。

顺应人民愿望要求的历史性会议。党的十一届三中全会，是在我国经济濒临崩溃的边缘、人民温饱都成问题的背景下召开的。我们党作出实行改革开放历史性决策的“四个基于”，其中重要的就是基于对人民群众期盼和需要的深刻体悟。党的十八届三中全会，是在“人民对美好生活的向往，就是我们的奋斗目标”新导向下召开的。人民生活需要领域拓展、层次提升，而发展不平衡不充分的状况制约着人民美好生活需要的满足。全面深化改革，就是以人民为中心的改革。哪里是人心所向，哪里就是改革所推；哪里是人心所背，哪里就是改革所止。

扭住治国理政关键枢纽的历史性会议。党的十八大以来，以习近平同志为核心的党中央坚持统筹推进“五位一体”总体布局、协调推进“四个全面”战略布局，推动党和国家事业发生历史性变革、取得历史性成就。十八届三中全会作出的全面深化改革的决定，为经济、政治、文化、社会、生态文明建设的全面发展进步，提供了体制机制保障。全面深化改革在保证全面建成小康社会战略目标的三大战略举措中居于首位，这既是战略布局在先，也是战略位置在先。全面深化改革，包括紧紧围绕坚持党的领导、人民当家作主、依法治国有机统一深化政治体制改革，紧紧围绕提高科学执政、民主执政、依法执政水平深化党的建设制度改革。在一定意义上说，全面依法治国、全面从严治党，都是全面深化改革的延伸和拓展。

全面深化改革取得重大历史性成就

历史是渐进性与飞跃性相统一的过程。5年的时间放在改革开放40年的时间尺度中不算很长，但推进全面深化改革这5年所取得的重大历史性成就、发生的深刻历史性变革，在改革开放的历史中却是值得大书特书的。

确立全面深化改革总目标。党的十八届三中全会明确提出全面深化改革的总目标，这既是全面深化改革的顶层设计，也是全面深化改革的基本遵循。改什么、怎么改必须以是否符合完善和发展中国特色社会主义制度、推进国家治理体系和治理能力现代化为根本尺度。全面深化改革总目标是在深刻总结改革开放历史经验的基础上得出的，是在系统把握新时代改革开放全局和大势的基础上得出的，对于5年来全面深化改革的顺利推进起到了统领作用。如同中国特色社会主义道路、理论、制度、文化是改革开放40年来的最大成就，全面深化改革总目标也是十八届三中全会之后5年来改革的根本成就。

改革啃下了不少硬骨头，闯过了不少急流险滩。新时代改革开放面临的是一个船到中流浪更急、人到半山路更陡的局面，到了一个愈进愈难、愈进愈险而又不进则退、非进不可的时候。党中央急流勇进、险峰无畏，闯关夺隘、披荆斩棘，坚决破除一切妨碍发展的体制机制障碍和利益固化藩篱，解决了许多长期想解决而没有解决的难题，办成了许多过去想办而没有办成的大事。先后推出了1932个改革方案，用行动宣示了在新时代将改革开放进行到底的坚定决心。确立农村承包地“三权”分置制度、发起“一带一路”倡议、推进国防和军队改革，等等，都是体制机制的重塑重构。

改革呈现全面发力、多点突破、蹄疾步稳、纵深推进局面。坚决消除各方面体制机制弊端，重要领域和关键环节改革取得突破性进展，主要领域改革主体框架基本确立。2018年是改革开放40周年，对改革开放最好的庆祝就是坚定不移深化改革、扩大开放。改革开放再出发，三大攻坚战开局良好，供给侧结构性改革深入推进，改革开放力度加大，稳妥应对中美经贸摩擦，人民生活持续改善，保持了经济持续健康发展和社会大局稳定，朝着实现全面建成小康社会的目标迈出了新的步伐。《宪法》修改顺利完成，党和国家机构改革顺利推进，国家监察体制改革取得重要阶段性成果，支持海南全岛建设自由贸易试验区，逐步探索建立中国特色自由贸易港建设，持续放宽市场准入，主动扩大进口，举办首届中国国际进口博览会。

人民群众获得感、幸福感、安全感大大提升。脱贫攻坚战取得决定性进展，6000多万贫困人口稳定脱贫，中西部和农村教育明显加强，城镇新增就业年均1300万人以上，城乡居民收入增速超过经济增速，中等收入群体持续扩大，覆盖城乡居民的社会保障体系基本建立，国家安全全面加强。人民美好生活需要日益广泛，不仅对物质文化生活提出了更高要求，而且在民主、法治、公平、正义、安全、环境等方面的要求日益增长。

全面深化改革积累宝贵经验

历史是客观规律性与自觉能动性相统一的过程。指导改革开放这场伟大革命，既要遵循社会发展规律，又要充分发挥执政党和人民的主动性、创造性。十八届三中全会召开之后，5年来全面深化改革的宝贵经验，既是改革开放40年宝贵经验的有机构成，又有其鲜明特色和独特贡献。

树牢“四个意识”、做到“两个维护”，强化全面深化改革的根本政治保证。全面深化改革的复杂性、艰巨性、风险性超过以往任何时候，牢牢把握改革开放的前进方向至关重要，决不能在根本性问题上出现颠覆性错误。坚持党对全面深化改革的领导，是改革开放这艘航船沿着正确航向破浪前行的政治保证。党的十八大以来，增强“四个意识”、做到“两个维护”，是坚持党对全面深化改革领导的集中体现。习近平总书记在领导新时代改革开放事业中，总揽全局、协调各方，把方向、谋大局，充分发挥了党中央核心、全党核心的领率作用。

坚持问题导向，确定全面深化改革的推进起点。全面深化改革从哪入手，没有可以奉为金科玉律的教科书，必须聚焦我国发展面临的突出矛盾和问题。哪里是问题所在，哪里就是改革的发力对象；哪里的问题成为“瓶颈”，哪里就是改革的主攻方向。我国经济运行主要矛盾仍然是供给侧结构性的，因此经济改革必须坚持以供给侧结构性改革为主线不动摇，坚持推动高质量发展，坚持深化市场化改革、扩大高水平开放，加快建设现代化经济体系。

着力增强改革系统性、整体性、协同性，保证全面深化改革的总体效果。全面深化改革这项工程极为宏大，零敲碎打调整不行，碎片化修补也不行，必须是系统的改革和改进，是各领域改革和改进的联动和集成。任何一个领域的改革都会牵动其他领域，同时也需要其他领域的改革密切配合，要统筹考虑、全面论证、科学决策。深化党和国家机构改革，是一场系统性、整体性、重构性的变革，力度规模之大、涉及范围之广、触及利益之深前所未有，改革方案既有当下“改”的举措，又有长久“立”的设计，是一个比较全面、比较彻底、比较可行的顶层设计。

踏石留印、抓铁有痕，确保各项重大改革举措落到实处。全面深化改革是由上千个改革方案构成的，关键要靠钉钉子精神抓好落实。否则，再完美的决定也只能是一纸空文，再细致的目标也只能是镜花水月。要真抓实干、埋头苦干，一任接着一任干，一棒接着一棒跑，脚踏实地把改革方案从理论的存在变为实践的存在。2018年，中央全面深化改革委员会部署的78个重点改革任务和其他80个改革任务已基本完成，中央和国家机关有关部门还完成了171个改革任务。

在新的起点上将改革开放进行到底

历史是前进性和螺旋性相统一的过程。70年前，中国共产党以豪迈的气概，号召将革命进行到底；40年前，中国共产党以伟大的觉醒，解放思想、实事求是，实现新中国成立以来党的历史上具有深远意义的伟大转折。党的十八届三中全会召开5周年之际，恰逢改革开放40周年，习近平总书记在庆祝大会上的重要讲话，发出了将改革开放进行到底，在新时代创造中华民族新的更大奇迹的动员令。改革开放40年，中国改革开新篇。

要毫不动摇走中国道路。习近平总书记突出强调必须坚持走中国特色社会主义道路，表明了在新的起点上改革开放再出发的道路指引、航程导向。这条道路，基础坚实、前景广阔，深得党心民心，不因领导人的更替而变换，不因来自不同方向的干扰而放弃，显示出强大的生命力。新时代改革开放再出发，就是要志不改、道不变，咬定青山不放松。来之不易的成果，必须倍加珍惜；实践检验的真理，必须虔诚遵循；党和人民的共识，必须坚定维护。新时代改革开放再出发，“该改的、能改的我们坚决改，不该改的、不能改的坚决不改”。这就要求改革既要勇渡“深水区”，又要防止跌入“深陷阱”。决不能以改革之名，将党和国家安身立命的根基改没了，将全体人民当家作主的依托改丢了，将事实证明行之有效的法宝改错了。

要把创新作为改革开放的生命。改革开放千里奔涌、万壑归流的洪荒伟力从何而来？习近平总书记在庆祝改革开放40周年大会上第一次作出了精辟概括：“改革开放40年的实践启示我们：创新是改革开放的生命。”这是改革开放40年实践的重要启示，是改革开放生生不息、持续不止的生命源泉。在改革开放40周年新的起点上，强调创新是改革开放的生命，不仅总结了宝贵经验，而且为将来指明了前进方向。思想再解放、改革再出发，勇敢推进理论创新、实践创新、制度创新、文化创新以及各方面创新，是让中国人民和中华民族在历史进程中积累的强大能量更加充分爆发，为实现中华民族伟大复兴提供势不可挡磅礴力量的根本途径。创新是改革开放的生命,这就要求以改革开放的眼光看待改革开放的任务。站在新的历史起点、处于新的时代高度、面对新的实践课题,新时代改革开放如何再攀新高峰、再续新篇章、再创新伟业,是改革开放“四十不惑”之际必须深入思考的重大问题。全面深化改革、全面扩大开放,继续解放思想是强大推进器,破除思想障碍是内在动力机。

要勇于应对风险挑战,战胜惊涛骇浪。党的十八大以来,习近平总书记多次强调“四个自信”,同时也多次强调防范风险。在庆祝改革开放40周年大会上,他指出:“改革开放每一步都不是轻而易举的,未来必定会面临这样那样的风险挑战,甚至会遇到难以想象的惊涛骇浪。”高度自信与忧患意识同生并存,将风险看作历史进程之常态,将防范化解风险作为历史前进应有之义,正是历史发展的辩证法。

高举新时代改革开放旗帜再出发※

40年前,党的十一届三中全会胜利召开,邓小平同志的讲话敲响了开启改革开放和社会主义现代化伟大征程的时代之钟。40年来,从开启新时期到跨入新世纪,从站上新起点到进入新时代,我们党引领人民绘就了一幅波澜壮阔、气势恢宏的改革开放历史画卷,谱写了一曲感天动地、气壮山河的中国特色社会主义奋斗赞歌。40年后,习近平总书记在庆祝改革开放40周年大会上坚定宣称:“40年的实践充分说明,改革开放是党和人民大踏步赶上时代的重要法宝,是坚持和发展中国特色社会主义的必由之路,是决定当代中国命运的关键一招,也是决定实现‘两个一百年’奋斗目标、实现中华民族伟大复兴的关键一招。”新时代改革开放再出发,就要走得更稳、走得更远,创造中华民族新的更大奇迹,创造让世界刮目相看的新的更大奇迹。

全面深化改革、全面扩大开放,继续解放思想是强大推进器,破除思想障碍是内在动力机

40年奋进、40年成长,新时代中国特色社会主义扬帆起航、破浪前行。站在新的历史起点、处于新的时代高度、面对新的实践课题,新时代改革开放怎样才能再攀新高峰、再续新篇章、再创新伟业,是改革开放“四十不惑”之际必

※ 写于2018年。

须深入思考的重大问题。

新时代改革开放再出发，首先就要掌握辩证唯物主义和历史唯物主义的方法论，以改革开放的眼光看待改革开放。改革开放40年，创造了中国特色社会主义道路、理论、制度、文化成果，也塑造了改革开放的思想、精神、观念、眼光。马克思主义哲学方法论，是改革开放的哲学基础。改革开放的眼光，是科学世界观和方法论融入新的伟大社会革命所塑造的眼光，是一种解放思想、实事求是、与时俱进、求真务实的眼光，是一种坚持科学标准、实践标准、人民标准、历史标准的眼光。

改革开放40年如同大江东去、汇聚众流，要将改革开放看成一个展开的过程。以邓小平同志为主要代表的中国共产党人开创了改革开放的新道路，一代代中国共产党人接力传承，不断推进中国特色社会主义伟大事业。每一代都在坚持和发展中国特色社会主义，取得新进展、做出新贡献、进入新阶段。这就告诉我们，改革开放的本质是与停滞僵化不相容的，要不断完善、持续创新。同时，改革开放是有原则、有立场的，正如习近平总书记在庆祝改革开放40周年大会上所指出的："改什么、怎么改必须以是否符合完善和发展中国特色社会主义制度、推进国家治理体系和治理能力现代化的总目标为根本尺度，该改的、能改的我们坚决改，不该改的、不能改的坚决不改。"

改革开放40年经历摸石过河、逐步成熟，要将改革开放看成一次探索的实践。改革开放是新的伟大革命，不仅我们党和国家没有经验准备，其他社会主义国家也没有全面改革的成功经验。既然是试验，就既可能出经验，也可能出教训。改革开放的生命力不在于不会失误，而在于及时纠误。改革开放40年后仍要奋勇前行，还将继续在探索中发现和检验真理，在实践中发现和纠正失误。这就要求我们按照习近平总书记所提出的，坚持加强党的领导和尊重人民首创精神相结合，坚持"摸着石头过河"和顶层设计相结合，坚持问题导向和目标导向相统一，坚持试点先行和全面推进相促进，既鼓励大胆试、大胆闯，又坚持实事求是、善作善成，确保改革开放行稳致远。

改革开放40年始终扎根人民、不忘初心，要将改革开放看成一种聚力的

产物。改革开放的目的是人民、依靠是人民、标准是人民，人民眼光是改革开放的最高眼光。党的十八大以来，以习近平同志为核心的党中央，坚持把为人民谋幸福的历史使命化为新时代改革开放旗帜的鲜明亮色，把人民对美好生活的向往作为党的奋斗目标及全面深化改革的目标，把倾听人民呼声、汲取人民智慧作为推进各项改革的基本依据。哪里是人心所向，哪里就是改革所推；哪里是人心所背，哪里就是改革所止。坚持以人民为中心，就能最广泛地凝聚改革力量，最大限度地形成改革共识。新时代改革开放，必须把最广大人民的根本利益作为我们一切工作的根本出发点和落脚点，坚持把人民拥护不拥护、赞成不赞成、高兴不高兴作为制定政策的依据，顺应民心、尊重民意、关注民情、致力民生，既通过提出并贯彻正确的理论和路线方针政策带领人民前进，又从人民实践创造和发展要求中获得前进动力。

解决新的社会主要矛盾，成为新时代改革开放的主攻方向

新时代构成新空间，改革开放再出发大有可为、领域宽阔。要大局着眼、问题着手，从充分认识新形势下改革开放的时代性、体系性、全局性问题出发，找准抓住新时代改革开放的突破口和着力点，带动改革全局和全面改革。

改革开放之初，我们只能追随潮流，尽快缩小与世界发达国家的差距。今天，我们已经实现了从赶上时代到引领时代的伟大跨越，中国的舵盘不仅关乎民族的前程，而且关乎世界的前途。党的十九大开启了全面建设社会主义现代化国家新征程，改革开放的时代性问题，就是新时代改革开放怎样开创新路、另辟蹊径，完善发展中国特色社会主义现代化道路，使我国成为世界上第一个走社会主义道路成功建成现代化强国的国家。这将拓展发展中国家走向现代化的途径，展现中国道路的时代意义。新时代改革开放，既要从盲从西方现代化道路的思维定式中解放出来，还要从与传统发展方式相适应的某些落后观念中解放出来，在全面深化改革、全面扩大开放中创造社会主义现代化的崭新历史。

统筹推进“五位一体”总体布局、协调推进“四个全面”战略布局，是新时代中国特色社会主义的鲜明特征。可以说，“五位一体”越是总体协同，“四个全面”越是战略融合，新时代中国特色社会主义就越是兴旺发达。改革开放的体系性问题，就是怎样克服经济、政治、文化、社会、生态文明体制改革的短板、“瓶颈”，怎样促使战略目标与战略举措构成一个全面的系统。“五位一体”总体布局是在全面深化改革中实现统筹推进的，“四个全面”战略布局是在破除一切顽瘴痼疾中达到协调推进的。新时代改革开放既要重视具体性问题，更要重视体系性问题，解决体系性问题的要求更高、难度更大。全面性体系性问题愈益加剧，就愈益倒逼新时代改革开放更加统筹更加协调，促使转变封闭性狭隘性的思维方式，促使超越小地盘短视界的利益格局。

社会主要矛盾是社会基本矛盾在一个国家一定时期的具体体现，是一个国家一定时期多对矛盾中的主要矛盾。中国特色社会主义进入新时代，我国社会主要矛盾已经转化为人民日益增长的美好生活需要和不平衡不充分的发展之间的矛盾。何以解决新的社会主要矛盾，唯有全面深化改革。新时代改革开放的全局性问题，就是怎样解决新的社会主要矛盾，解决我国城乡、地区之间发展不平衡，解决不同社会群体收入水平不平衡，解决社会基本公共服务资源配置不平衡等问题，让全体人民日益广泛的民主、法治、公平、正义、安全、环境等方面的要求逐步得到满足。矛盾的性质不同，解决矛盾的思路和方法也不同，新矛盾要求新思路新方法。过去曾通行的粗放型增长方式正在转型，但相应的粗放型工作方式和领导方式还留存在不少人身上。这就要求我们正视和重视社会主要矛盾重大变化带来的新要求，改变解决落后的社会生产过程中形成的一些套路和模式，倡导精准思维、实施精准指导、实现精准发展。

新时代改革开放，就要造就有利于高质量发展的体制机制，形成能够把质量与数量、精度与速度、效益与规模有机统一起来的体制机制

实践发展永无止境、解放思想永无止境、改革开放永无止境。在新长征途中，每向新的目的地进发，都是领略新的风景、感受新的境界。40年后改革开放再出发，不是原地踏步、简单重复，而是更上一层楼、再越一座峰，在更高起点、更高层次、更高目标上推进改革开放，呈现新时代改革开放的多彩风光。

改革开放以来，中华民族迎来了从站起来、富起来到强起来的伟大飞跃，中国特色社会主义迎来了从创立、发展到完善的伟大飞跃，中国人民迎来了从温饱不足到小康富裕的伟大飞跃。从富到强，就是新时代改革开放的更高起点。经济强国、科技强国、文化强国、教育强国、体育强国，等等，都是社会主义现代化强国的应有之义。从富起来到强起来，是从财富增长到全面进步、从体量增大到强筋健骨、从充裕生活到美好生活的综合国力增强和文明形态提升。新时代改革开放要着眼于从富到强的机制转型和观念变革。站在这样一个更高起点上，不能满足于以往的巨大成就，不能沉湎于已有的方法经验。从“平原作战”到“高原演兵”，要有新的体能技能和耐力心力。

进入新时代，我国经济要由高速增长阶段转向高质量发展阶段。高质量发展，是创新成为第一动力、协调成为内生特点、绿色成为普遍形态、开放成为必由之路、共享成为根本目的的发展。高质量发展，是遵循经济社会发展规律的必然要求，是解决新的社会主要矛盾的必然要求。从高速度到高质量，就是新时代改革开放的更高层次。改革开放的持续推进，造就了经济增长的高速度；改革开放的层次提升，孕育着经济社会发展的高质量。新时代的发展，不是不要规模速度，而是以高质量统率和保证规模速度。那种把高质量发展的不同维度割裂开来、对立起来的片面性思维，都要在新时代改革开放中经受一

次“高质量”洗礼。同时还要看到，不仅限于经济领域，还要把满足人民美好精神生活需要作为高质量发展的目的和标准，不断满足人民群众个性化、多样化、不断升级的需求，包括精神生活需求。

党的十九大科学筹划了新时代中国特色社会主义发展的战略安排，提出到21世纪中叶把我国建成富强民主文明和谐美丽的社会主义现代化强国，我国物质文明、政治文明、精神文明、社会文明、生态文明将全面提升。从全面小康到全面现代化，就是新时代改革开放的更高目标。在实现“两个一百年”奋斗目标的历史交汇期，回顾毛泽东同志在党的七届二中全会上的讲话，倍感亲切、倍受鼓舞。“夺取全国胜利，这只是万里长征走完了第一步”，“更值得骄傲的还在后头”。改革尚未到底，全党仍需努力；思想还要解放，难题仍需破解。观念创新和实践探索相互促进，新时代改革开放与新时代战略安排相辅相成，“中华号”巨轮在新时代改革开放旗帜的引领下，驶向深蓝、进军远方，开辟着实现中华民族伟大复兴中国梦的美好未来！

全面深化改革的实践逻辑

总结运用成功经验 坚定推进改革开放※

党的十八大向全党全国发出了深化改革开放新的宣言书、新的动员令。历史经验是开拓前行的精神财富、重要启迪和可靠依据。习近平总书记指出，以更大的政治勇气和智慧深化改革，朝着党的十八大指引的改革开放方向奋勇前进，必须认真总结和运用改革开放的成功经验。中国道路孕育出中国经验，中国经验实现着中国梦想。

改革开放是创造积累经验和总结运用经验相统一的过程

经验来自实践、植根实践，是人们为达到一定目的、从事实践活动的途径方法。实践效果有成有败，经验就有成功经验和失败经验之分，失败经验就是教训。经验是经历体验后的产物，是认识思考的结果，因此需要提炼总结。经验形成之后，就在不同程度上为以后的实践提供借鉴、帮助和指导，有助于少交学费、少走弯路、少受挫折。经验是一定条件下实践的结论，把它运用于新的实践，仍然要结合具体实际，因时、因地、因势、因事、因人而用，防止把经验变成教条。中国共产党的历史，就是一部实践探索与总结经验相辅相成、相得益彰的历史。毛泽东说过，“我是靠总结经验吃饭的”。改革开放这一新的伟

※ 写于2013年。

大实践，催生出改革开放新的丰富经验。改革开放的经验着重回答和解决进行什么样的改革开放、怎样改革开放的问题，是改革开放的方法论。改革开放的成功经验，来自艰巨复杂、不断创新的实践，来自党和人民的科学总结，反映了改革开放的规律性，为继续推进改革开放、建设中国特色社会主义提供了正确指导。

改革开放是前所未有的伟大事业。在一个高度集中的计划经济体制中建立充满活力的社会主义市场经济体制，在一个封闭半封闭的状态下实行全方位开放，进而推动中国特色社会主义的全面发展进步，马克思主义经典作家没有给出“标准答案”，其他国家没有现成的经验可供借鉴。领导和指导改革开放，没有先知先觉，没有全知全能，只能摸着石头过河，投石问路、摸索经验。30多年来，党带领人民开拓新道路、探索新规律、创造新经验，经验从无到有、从少到多、从基层到高层、从一个领域到另一个领域。与改革开放的实践不断丰富相对应，党推进改革开放的经验也随之不断丰富。我们不仅创造积累了农村改革的经验，而且创造积累了城市改革乃至全面改革的经验；不仅创造积累了经济体制改革的经验，而且创造积累了政治体制、文化体制、社会体制、国防和军队改革的经验；不仅创造积累了沿海沿边开放的经验，而且创造积累了扩大开放、从“引进来”开放到“走出去”开放的经验。改革开放为民族复兴创造积累了巨大的物质财富，同时创造积累了宝贵的经验财富，物质财富与经验财富密切相关。

经验存在于实践之中，需要经过思维的归纳分析，经过一个认识过程，这就是总结经验。改革开放的实践具有极大的丰富多样性，有时间和空间、对象和任务、条件和可能、主观和客观、特殊与普遍等方面的种种差异，这就提出了正确总结经验、总结出正确经验的要求。改革开放以来，我们党每推进一项重大改革、每经过一个改革阶段，都会及时总结经验，从实践中提炼出真知；从群众中来，集中全党智慧总结经验，党的中央全会、全国代表大会的一项重要任务就是总结经验，保证经验的全面性客观性；遵循马克思主义认识论，从现象到本质，从纷繁到统一，从个别到一般，揭示出改革开放的普遍规律；与时俱进，不断深化认识、完善经验，提高总结经验的科学化水平。更为重要的是，总结经验的目的在于运用经验，把总结经验作为指导改革开放新的实践的关节点，并且在运用经验的过程中，继续丰富发展改革开放经验。

五条成功经验深刻揭示改革开放规律

2012年12月31日，习近平总书记在中央政治局就坚定不移推进改革开放进行第二次集体学习时，认真回顾和深入总结了改革开放的历程，在30多年来全党艰辛探索的基础上，从战略全局的高度，系统概括了改革开放的成功经验，这是关于改革开放规律的重要认识成果，对于坚定不移推进改革开放，具有重要的指导意义。

改革开放是一场深刻革命，必须坚持正确方向，沿着正确道路推进。改革开放以来，我们一直面临着来自不同方面的干扰，既有“要不要改革开放”的论争，也有“要什么样的改革开放”的论争。有人企图借改革之名，把改革变成改向，从根本上改变社会主义方向。我们党始终保持清醒头脑，坚定不移推进改革开放，坚定不移坚持改革的社会主义方向。党的十八大把中国特色社会主义道路的具体模式定位为社会主义市场经济、社会主义民主政治、社会主义先进文化、社会主义和谐社会、社会主义生态文明，鲜明地表明了改革开放的性质和指向。改革开放是一场深刻革命，这场革命不是要革社会主义的命，而是要革不符合社会主义发展规律、不符合广大人民愿望要求的体制机制、利益格局、思想观念的命，是社会主义制度的自我完善和发展。只有改革开放才能发展社会主义，同样，只有社会主义才能保证改革开放的成功。道路问题是关系党的事业兴衰成败第一位的问题，道路就是党的生命。党的十八大后的新一届中央领导集体继任伊始，就大声疾呼“改革不停顿，开放不止步”，同时明确指出必须沿着正确道路推进改革开放，意义重大而深远。

改革开放是前无古人的崭新事业，必须坚持正确的方法论，在不断实践探索中推进。习近平总书记指出，摸着石头过河，是富有中国特色、符合中国国情的改革方法。摸着石头过河就是摸规律，从实践中获得真知。改革开放过程中，出现了这样那样的问题和失误，一些同志归咎于“摸着石头过河”的认识论，认为本来可以明察秋毫，防患于未然。从唯物主义认识论的观点看，人怎样才能“洞察一切”“未卜先知”呢？只能从实践中来，从“摸”开始。为什么计划体制被市场机制取代？实际上，计划与市场不仅属于资源配置的不同方式，而且属于不同的认识模式。市场取向的改革就是放弃了计划体制那种完全信息、完美决策的认识假定。当然，摸着石头过河不等于否定预见和模拟、顶层设计和整体筹划，它们是辩证统一的。摸规律、获真知是顶层设计的认识前提，顶层设计要在推进局部的阶段性改革的基础上来谋划。强调改革的实践方法论表明，我们仍在过河，已经摸着的石头很管用，但还不能一劳永逸，仍然要继续摸门道、摸出路；同时既要摸路探路，也要望路测路，加强宏观思考和顶层设计。

改革开放是一个系统工程，必须坚持全面改革，在各项改革协同配合中推进。我国的改革开放是一个循序渐进、逐步拓展、不断深化的过程，遵循着生产力与生产关系、经济基础与上层建筑相互依赖、相互促进的内在规律，与建设中国特色社会主义总布局相适应。不同领域的改革开放，起步有早有晚、进展有快有慢、效果有大有小，但总体上又是相互适应、相互协调的，因为生产力的力量、人民群众的力量、党的领导的力量，都驱动着改革开放的平衡发展，都推动着系统改革、整体改革、协同改革。党的十八大提出加快完善社会主义市场经济体制，加快推进社会主义民主政治制度化、规范化、程序化，加快完善文化管理体制和文化生产经营机制，加快形成科学有效的社会管理体制，加快建立生态文明制度等，都反映了全面改革的要求，不仅要使体制机制相协调，而且要使步调进度相协调。因为改革开放是一场深刻而全面的社会变革，每一项改革都会对其他改革产生重要影响，每一项改革又都需要其他改革协同配合，必须更加注重各项改革的相互促进、良性互动，整体推进、重点突破，更加注重改革的系统性、整体性、协同性。

稳定是改革发展的前提，必须坚持改革发展稳定的统一。我国的改革开放,始终是在保持改革发展稳定的均衡点上展开的。改革以发展为目的,以稳定为前提。如果处理不当,某些改革的代价会大于发展的收益,某些改革会成为社会不稳定因素;或者当下发展和维护稳定的需要遏制了改革的推进。我们党坚持依靠社会稳定不断推进改革发展,依靠不断推进改革发展为社会稳定提供坚实基础,把改革的力度、发展的速度和社会可承受的程度统一起来。努力做到推进改革的时机把握适当,条件不成熟,很可能使改革夭折或者留下后遗症,坐失良机就会延误改革的进程;努力做到推进改革的节奏把握合理,用主观意志代替客观可能只会欲速而不达,总是拖延迟滞就会把差距拉得更大;努力做到推进改革的措施把握适度,超过社会的承受力会事与愿违,不能达到大多数社会成员的期望,就很难形成改革的群众基础。

改革开放是亿万人民自己的事业,必须坚持尊重人民首创精神,坚持在党的领导下推进。改革开放是人民向往美好生活的必然要求,党推进改革开放正是顺应人民的愿望要求的体现。阻碍生产力发展、妨碍科学发展的体制机制弊端,说到底,都是阻碍人民群众主动性积极性创造性的发挥,妨碍人民对美好生活的追求。改革开放为人民主体地位的强化开拓了新的途径,为人民主体作用的发挥创造了新的机制。改革开放在认识和实践上的每一次突破和发展,改革开放中每一个新生事物的产生和发展,改革开放每一个方面经验的创造和积累,无不来自亿万人民的实践和智慧。从人民伟大实践中汲取智慧和力量,就是改革开放的成功之道。党是中国特色社会主义事业的领导核心,是改革开放的领路人、人民群众的带头人,改革开放必须在党的坚强领导下进行。改革发展稳定任务越繁重,越要加强和改善党的领导,越要保持党同人民群众的血肉联系,善于通过提出和贯彻正确的路线方针政策带领人民前进,善于从人民的实践创造和发展要求中完善政策主张,使改革发展成果更多更公平惠及全体人民,不断为深化改革开放夯实群众基础。

在深化改革开放中运用和发展成功经验

改革开放只有进行时没有完成时，必须一代又一代人接力干下去。党的十八大以后，党中央把深化改革开放作为坚持和发展中国特色社会主义的决定性步骤和显著标志，作为全面建成小康社会的必由之路，积极稳妥推进，深得党心民心。在新的历史起点上坚定不移推进改革开放，必须坚定信心、凝聚共识、统筹谋划、协同推进，自觉运用和不断发展改革开放的成功经验，在改革开放新的实践中不断有所发现、有所创造、有所前进。

攻坚克难，破除思想观念和利益关系的双重障碍。解放思想，改革开放，凝聚力量，攻坚克难，是党的十八大强调的迈向新目标、夺取新胜利必须具有的精神状态。经过30多年的改革开放，我国改革已经进入攻坚期和深水区。改革越是深化，就越是艰难复杂。这种艰难性和复杂性在于，推进改革，既要勇于冲破思想观念的障碍，又要勇于突破利益固化的藩篱。冲破思想观念的障碍要攻坚克难，突破利益固化的藩篱更要攻坚克难。深化改革的实质是现有利益格局、利益关系的调整。因此，要有应对挑战的勇气、战胜困难的士气、破除障碍的锐气、经受压力的底气，敢于啃硬骨头，敢于涉险滩，逢山开路、遇河架桥。不闻金沙水拍，同样要闯激流险滩；未见大渡桥横，同样要敢斩关夺隘。

形成合力，聚合各项相关改革协调推进的正能量。深化改革开放，是在社会矛盾明显增多，社会关系、思想文化日益多样化的环境下展开的，集聚起改革开放的社会合力尤为重要。合力就是动力，有合力就有力量。要促使改革相关要素的和谐互补，统筹各种矛盾，化矛盾为合力，形成坚定推进改革开放的思想合力、制度合力、主体合力。深化改革开放，呼唤健康乐观、积极向上的正能量。“正能量”本是物理学名词，是指激发系统优化升级的活性，而“正能量”一词广为流传源于英国心理学家理查德·怀斯曼的专著《正能量》，作者将人体比作一个能量场，认为通过激发内在潜能，可以使人表现出一个新的自我，从而更加自信、更加充满活力。推进改革开放，就是要积极回应广大人民群众对深化改革开放的强烈呼声和殷切期待，聚合起更多的正能量，用各种正能量替代各种负能量。也就是化消极因素为积极因素，化不利因素为有利因素，造成一种人心思进、生动活泼的政治局面。

身体力行，肩负起对历史、民族和人民的重大责任。我们党是长期执政的马克思主义政党，担负着带领人民实现中华民族伟大复兴的庄严使命。改革开放能不能不断推进，中国特色社会主义能不能长治久安，关键在党，在于党的坚强领导和自身建设。打铁还需自身硬。改革开放的考验不仅是党能否经受改革开放带来的各种冲击，而且是党能否担任好改革开放的带头人，率先垂范、以身作则。改革开放必须要有这样一支担当使命、披荆斩棘、甘愿牺牲的先锋队。保持党的先进性和纯洁性，增强党的创造力、凝聚力、战斗力，反对腐败、建设廉洁政治，意义也正在于此。有了这样一大批先进分子，就有了示范和激励，就会有更多的群众紧随跟上，改革开放事业也必然会蓬勃发展。

形成推进改革开放的强大合力※

改革开放是当代中国发展进步的活力之源,是我们党和人民大踏步赶上时代前进步伐的重要法宝。全面建成小康社会,谱写中国特色社会主义新篇章,必须坚持推进改革开放。党的十八大以后,习近平总书记就坚定不移推进改革开放作出重要论述,强调要形成推进改革开放的强大合力。这是改革开放的成功经验,是深化改革开放,取得新进展、实现新突破的重要条件。

依靠强大合力通过改革的攻坚期和深水区

合力,是系统各种要素内在力量相互作用所形成的整体力,是克服摩擦和阻力之后产生的和谐力,是经济社会健康发展、不断前进的推动力。历史表明,一个民族和国家走向兴旺发达、实现长治久安,必须依靠社会的强大合力,否则只能是一盘散沙、一事无成。社会历史领域的合力,是自发力与自觉力的统一,既是无数个力的平行四边形,是可以看作一个作为整体的、不自觉地和不自主地起着作用的力量的产物,又是社会先进阶级及其政党自觉整合各种意志、利益和关系,凝聚起有利于民族团结进步社会力量的产物。我国的改革开放之所以能够蓬勃开展,取得巨大成效,一个重要原因,就是我们党团结带领最广大人民,激发社会创造活力,最大限度增加和谐因素,减少不和谐因素,

※ 写于2013年。

把亿万人民凝聚在中国特色社会主义旗帜下,形成推动改革开放和现代化建设的强大合力。

形势在发展变化,改革在不断深化。我国改革已经进入攻坚期和深水区,既存在思想观念的障碍,也存在利益固化的藩篱。攻坚期表明改革的艰巨性增加,深水区表明改革的风险性增加。单一突破难以奏效,仅仅依靠少数人的积极性极易夭折,只有形成推进改革的强大合力,才能整体推进、同心协力,共克难关、共渡激流。必须看到,一方面是形成强大合力的迫切要求,一方面是形成强大合力的现实障碍。当前我国发展中不平衡、不协调、不可持续问题依然突出,社会矛盾明显增多。不平衡、不协调较多地体现在利益方面,如城乡发展差距和居民收入分配差距依然较大。社会矛盾很多属于社会利益分化、利益格局固化带来的矛盾,如铺张浪费反映出的资源分配的矛盾。改革开放中的矛盾只能用改革开放的办法来解决。可以说,越是存在着阻碍深化改革、形成合力的因素,越是要增强推进改革勇气,激发筹划改革智慧,越是要凝聚社会共识,集聚推进改革的强大力量。

党的十八大以来,以习近平同志为核心的党中央继往开来,坚持和发展中国特色社会主义,推进改革开放进入新阶段、迈上新台阶,以更大的决心和力度形成推进改革开放的强大合力。从承诺把人民对美好生活的向往作为党的奋斗目标,到强调中国梦是每一个中华儿女的共同期盼;从与河北省阜平县困难群众共勉"只要有信心,黄土变成金",到参加全国政协新年茶话会共话"众人拾柴火焰高";从要求以踏石留印、抓铁有痕的劲头抓改进作风,到提出要努力让人民群众在每一个司法案件中都感受到公平正义;等等。新一届中央领导集体以真诚的言行鼓舞人心、凝聚民心,得到全党和全国各族人民的高度认同和广泛支持。

聚合各项相关改革协调推进的正能量

推进改革开放，就是要积极回应广大人民群众对深化改革开放的强烈呼声和殷切期待，聚合起更多的正能量，用各种正能量替代各种负能量。正能量激发出系统优化升级的活性，合力就是正能量。改革开放的合力越是凝聚、协调、强大，正能量就越大，改革开放的效果就越好。

聚合各项改革相互促进、良性互动的强大合力。改革开放是一个系统工程，必须坚持全面改革，在各项改革协同配合中推进。改革开放是一场深刻而全面的社会变革，每一项改革都会对其他改革产生重要影响，每一项改革又都需要其他改革协同配合。各个领域、各项制度的改革紧密联系、相互制约。只有各项改革相互配合，形成良性互动，才能保证改革成果的扎实有效、持续深化。例如，医疗制度改革是与公共卫生制度、劳动人事制度、户籍制度、社会保障制度、财政制度等密切相关的，每推进一项改革都要其他改革相适应相协调。党的十八大提出构建系统完备、科学规范、运行有效的制度体系，加快完善社会主义市场经济体制，加快推进社会主义民主政治制度化、规范化、程序化，加快完善文化管理体制和文化生产经营机制，加快形成科学有效的社会管理体制，加快建立生态文明制度等，都是为了促进生产关系改革与生产力发展相协调，上层建筑改革与经济基础巩固相协调，社会体制改革与经济社会发展相协调，生态文明制度建设与发展环境需求相协调。各项改革的相互促进、良性互动，是在动态中形成的，既要整体推进，又要重点突破；不能单项独进，也不能左顾右盼。某项改革的突破，往往成为带动、促进、激发其他领域改革的引擎。当前，广大群众对营造公平的社会环境呼声很高，要求保证平等参与、平等发展权利，如农民工子女在父母工作的城市接受教育，异地高考的政策出台等教育体制改革。围绕逐步建立以权利公平、机会公平、规则公平为主要内容的社会公平保障体系，实际上必然会促进很多领域的改革深化，很多制度的创新完善。

聚合全党全社会推进改革的强大合力。党是改革开放的领导核心,我们党8500多万名党员和几百万个党组织对待改革开放的态度、领导改革开放的能力、推进改革开放的力度,极大地影响着改革开放的进展和成效。从社会主体而言,形成推进改革的强大合力,首先要形成全党推进改革的强大合力。改革开放30多年来,正是依靠各级党组织和广大党员紧跟党中央战略部署的一致行动,改革开放才能够在不同阶段取得重大成就。同时也要看到,一些领导干部和党员同志,在深化改革的问题上,还有不同看法,行动不够有力。特别是在涉及触及自身利益的改革举措时,有的采取消极、拖延、抵制的态度。因此,全党同志必须从大局出发,对民族、人民和历史负责,抛弃个人某些得失的羁绊,当好推进改革的促进派,以全党的合力带动全社会的合力。改革开放是亿万人民的事业,没有全社会的共同参与、各阶层的同心同力,任何改革都是不能成功的。在社会利益格局复杂、利益取向分化的情况下,形成全社会的改革合力更加艰难,也更加迫切。一些改革之所以难以推行,很重要的原因就是存在着利益冲突,不能形成合力。要着眼于凝聚改革共识、集聚改革合力,改革目标的设定、改革方案的设计、改革时机的选择、改革节奏的把握,都要统筹兼顾各个地区、民族、阶层、部门的利益,取得利益的最大公约数,让更多的人受益,让更多的群众受益。如果借"改革"之名,行部门利益膨胀、利益差距扩大、群众利益受损之实,则是背离改革初衷,增大改革阻力。形成改革合力,首先要形成利益合力。改革开放在认识和实践上的每一次突破和发展,改革开放中每一个新生事物的产生和发展,改革开放每一个方面经验的创造和积累,无不来自亿万人民的实践和智慧。改革发展稳定任务越繁重,越要加强和改善党的领导,越要保持党同人民群众的血肉联系,善于通过提出和贯彻正确的路线方针政策带领人民前进,善于从人民的实践创造和发展要求中完善政策主张,从人民的创造性智慧中汲取力量,把党的正确领导和人民的首创精神统一起来,聚合党和人民的协同合力。

聚合改革发展稳定相统一的强大合力。改革发展稳定,构成了一种三维关系,相互支撑、相互制约、相互促进。改革发展稳定处于一种均衡关系,改革促进发展,发展维护稳定,稳定保障改革,就能使改革处于一种良性循环状态,生成了和谐正能量。改革发展稳定处于一种失衡关系,一种取向的发展是以其他取向的丧失为代价,一种价值的缺失连带了其他价值的生长,就会造成经济社会的停滞或混乱状态。改革开放以来,我们党始终全面把握改革发展稳定相统一的关系,改革以发展为目的、以稳定为条件,发展以改革为动力、以稳定为基础,稳定以改革为机制、以发展为支持,改革循序渐进,发展持续上升,稳定张弛有度,中国特色社会主义事业兴旺发达。要坚持把改革的力度、发展的速度和社会可承受的程度统一起来,把改善人民生活作为正确处理改革发展稳定关系的结合点。正确处理改革发展稳定的关系,就能聚合推进改革的机制合力。

更加注重改革的系统性整体性协同性

改革是一种历史自觉、社会自觉、政党自觉,改革的合力很大程度上来自主导改革者的正确引导、科学运筹、整体驾驭。形成推进改革的强大合力,必须更加注重改革的系统性整体性协同性。改革的系统性整体性协同性增强,同时也是改革的合力增强。

顶层设计与局部的阶段性改革的系统协调。一个国家的改革,不能没有顶层设计;一个国家国情的复杂多样,又使得改革的探索、自发的局部改革是必需的。习近平总书记指出,摸着石头过河,是富有中国特色、符合中国国情的改革方法。摸着石头过河就是摸规律,从实践中获得真知。摸着石头过河和加强顶层设计是辩证统一的,推进局部的阶段性改革要在加强顶层设计的前提下进行,加强顶层设计要在推进局部的阶段性改革的基础上来谋划。要加强宏观思考和顶层设计,更加注重改革的系统性、整体性、协同性,同时也要继续鼓励大胆试验、大胆突破,不断把改革引向深入。实现顶层设计与局部的阶段性改革的系统协调,就能够把中央和地方、政府和基层、组织与个人的积极性结合起来,把各种力量、各种资源、各种要素推进改革的强大合力汇聚起来。

重要领域改革与制度体系构建的系统协调。党的十八大提出了全面深化改革的目标任务，要求以更大的政治勇气和智慧，不失时机深化重要领域改革，坚决破除一切妨碍科学发展的思想观念和体制机制弊端，构建系统完备、科学规范、运行有效的制度体系，使各方面制度更加成熟更加定型。这就保证了重要领域改革与制度体系构建相协调。重要领域改革关系改革发展大局，必须率先突破、有所作为，同时又要依靠相应的制度体系来支持、保障和巩固，否则难以成功。只有生产关系的改革与上层建筑的改革相协调，与经济、政治、文化、社会、生态等领域的制度建设相协调，才能形成推进改革的制度合力。

转变思想观念与突破利益固化的系统协调。习近平总书记在广东考察时强调，我们要坚持改革开放正确方向，敢于啃硬骨头，敢于涉险滩，既勇于冲破思想观念的障碍，又勇于突破利益固化的藩篱。深化改革，首先要继续解放思想，以思想解放为先导，以观念变革为前提，在解放思想中统一思想、达成共识，形成推进改革的思想合力。深化改革，更重要的是利益关系的调整、利益格局的改变，更艰巨的是突破利益固化的藩篱，改变损害社会公平正义、阻碍生产力发展、降低资源配置效益、影响广大党员群众理想信念的某些利益分配状况。因此，思想观念的障碍和利益固化的藩篱必须同时突破。冲破思想观念障碍要着眼于、聚焦于突破利益固化格局，围绕突破利益固化格局解放思想；突破利益固化藩篱要从制度变革与观念更新入手，树立与社会主义本质要求、马克思主义执政理念、人民根本利益要求、社会历史进步趋势相适应的先进思想观念。转变思想观念的动力与改变利益格局的动力相统一，就能够大大增强深化改革、全面改革、持续改革的强大合力。

增强政治定力　坚持正确方向※

方向涉及根本、关系全局、决定长远。我国改革开放的成功实践，为全面深化改革提供了重要经验，其中首要的就是坚定走中国特色社会主义道路，始终确保改革方向的正确性。抉择方向要靠战略判断，坚持方向更靠战略定力特别是政治定力。党的十八大以来，习近平总书记在指导推进全面深化改革的过程中，对坚持改革正确方向作出许多重要论述，阐述了以政治定力保证根本方向的精辟观点，为全面深化改革取得成功提供了基本遵循。

政治定力是坚持改革正确方向的核心能力

朝着什么方向改革，一直是贯穿改革开放进程的根本原则问题。习近平总书记在省部级主要领导干部学习贯彻十八届三中全会精神全面深化改革专题研讨班上的重要讲话中强调：我们的方向就是中国特色社会主义道路。这就是坚持党的领导，贯彻党的基本路线，不走封闭僵化的老路，不走改旗易帜的邪路，推进中国特色社会主义制度自我完善和发展，实现好维护好发展好最广大人民根本利益的改革正确方向。中国改革是在国际两大制度体系长期较量的背景下展开的，是在国内各种思想观念和利益诉求相互激荡的环境下进行的，多个力量角逐、多种矛盾交织、多重压力叠加，没有坚强的政治定力作支

※ 写于2014年。

撑，就会左右摇摆、失去方向，甚至误入歧途，在根本性问题上出现颠覆性错误。坚持改革正确方向，第一位的要求是增强全党特别是各级领导干部的政治定力。

保持政治定力，有助于增强在改革根本方向上的政治自信。政治定力表现为政治自信，也就是中国特色社会主义道路自信、理论自信、制度自信。有了“三个自信”，才能够坚持中国特色社会主义道路这个改革根本方向坚定不移，“千磨万击还坚劲，任尔东西南北风”。当前，我国发展进入新阶段，改革进入攻坚期和深水区。国内国外有一些人提出，要把西方的国家治理体系，如多党轮流执政、三权分立、两院制等等，作为中国改革的发展方向。习近平总书记在中央全面深化改革领导小组第一次会议上明确指出：“要牢牢把握改革正确方向，在涉及道路、理论、制度等根本性问题上，在大是大非面前，必须立场坚定、旗帜鲜明。”改革无论改什么、怎么改，都不能离开我们的根本方向，都不能变换我们的根本基石。进一步解放思想、解放和发展社会生产力、解放和增强社会活力，是紧紧围绕坚持和发展中国特色社会主义的“三个解放”，是激发增强中国特色社会主义内在能量的“三个解放”；冲破思想观念束缚，突破利益固化藩篱，破除体制机制弊端，是完善发展中国特色社会主义制度的革故鼎新，是充分展现中国特色社会主义先进性时代性的改革实践。这种政治定力，具有深厚的历史渊源和广泛的现实基础，富于科学性和真理性的品格，是坚持改革根本方向的政治前提。

保持政治定力，有助于保持在改革政策选择上的政治清醒。政治定力表现为政治清醒，政治清醒才能把握方向、明辨大势、坚持原则。在中国这样一个拥有13亿多人口的国家深化改革，绝非易事，同过去相比，中国改革的广度和深度都大大拓展了。这对改革的顶层设计、驾驭全局、科学筹划、有序推进提出了很高的要求，要从纷繁复杂的事物表象中把准改革脉搏，在众说纷纭中开好改革药方。有了这样的政治清醒，就能全面把握改革的基本方针，防止以偏概全、偏离方向的倾向。例如，深化改革要让社会活力竞相迸发、充分涌流，同时也要处理好活力和有序的关系，社会发展需要充满活力，但这种活力又必须是有序活动的。死水一潭不行，暗流汹涌也不行。处理好政府和市场的关系这个经济体制改革的核心问题，需要把使市场在资源配置中起决定性作用和更好发挥政府作用统一起来把握和贯彻，不能只讲市场的决定性作用，不讲政府的调控性作用。这种政治定力，是“见微而知著”的识别能力，是“蹄疾而步稳”的平衡能力，是“知其可而为之”的实践能力。

保持政治定力，有助于恪守在改革利益取向上的政治立场。政治定力表现为政治立场，立场坚定才能坚持正确方向。改革是为了人民、依靠人民的改革，习近平总书记在十八届三中全会上的讲话中强调指出：“推进任何一项重大改革，都要站在人民立场上把握和处理好涉及改革的重大问题，都要从人民利益出发谋划改革思路、制定改革举措。”人民立场就是改革的政治立场，增强政治定力就是站稳人民立场。在改革实践中，不同思想认识的人，不同阶层的人，利益诉求也不同。站在人民立场上，就能统筹兼顾各个地区、民族、阶层、行业、部门的利益，取得利益的最大公约数，让更多的人受益，让更多的群众受益。只有坚持人民立场，把最广大人民群众的根本利益作为改革的根本标准、根本导向，才能凝聚改革的最大共识、形成改革的强大合力、获取改革的巨大红利。这种政治定力，不谋求一己之利，体现了对人民群众“一枝一叶总关情”的深情厚爱。

坚定不移在中国特色社会主义道路指引下全面深化改革

党的十八届三中全会规定了全面深化改革的总目标，这就是完善和发展中国特色社会主义制度，推进国家治理体系和治理能力现代化。总目标明确了改革的根本方向和鲜明指向、制度目标和治理目标，把治国理政的制度自觉与治理自觉统一起来，把发挥制度优势与提高治理效能统一起来，把制度对治理的指引与治理对制度的促进统一起来，表明了推进国家治理体系和治理能力现代化，必须坚持中国特色社会主义道路的根本方向，必须回答和解决在什么制度模式下实现治理现代化的问题，这正是增强政治定力的要害和关键。

积极推动中国特色社会主义制度更加成熟更加稳固。中国特色社会主义制度，是党和人民90多年奋斗、创造、积累的根本制度成就，也是世界社会主义500年发展历史的最新制度成果，必须倍加珍惜、始终坚持、不断发展。1992年邓小平就提出再用30年的时间，在各方面形成一整套更加成熟更加定型制度的发展目标。国家治理体系和治理能力是一个国家的制度能力的集中体现。提出解决好事关党和国家长治久安的制度现代化目标，实际上就是提出了社会主义国家的治理现代化目标。我们党矢志不渝在中国建立、建设和发展社会主义制度，增强政治定力，就是要把完善和发展中国特色社会主义制度作为主要历史任务，为人民幸福安康、为社会和谐稳定、为国家长治久安提供一整套更完备、更稳定、更管用的制度体系，为国家治理体系构建坚实的制度基础。从世界历史看，形成比较完备的一整套制度往往需要较长甚至很长的历史时期，这就更加需要党和人民"咬定青山不放松"，担当起、完成好制度建设的历史使命。

明确规定推进国家治理体系和治理能力现代化的根本方向。任何国家都有政治、经济、文化、社会等领域的治理职能，都有国家、地区、基层、组织等层面的治理类型，国家治理是自有国家以来就存在的国家行为。国家治理现代化是近代以来世界现代化潮流的重要方面，是各个国家依据基本制度框架、历史文化传统、社会发展需要，着眼提高治理质量、效能、水准，促进国家有序、协调、稳定运行的治理变革与创新，是对治理的"治理"。治理从属于制度，没有超越社会制度的"治理现代化"。我们党提出的推进国家治理体系和治理能力现代化，有着明确的制度前提，这就是中国特色社会主义制度。我们所说的国家治理体系和治理能力现代化，依据的是中国特色社会主义制度模式，其内涵就是中国特色社会主义制度体系和治理能力现代化。增强政治定力，就是要既借鉴人类政治文明有益成果，兼容并蓄、海纳百川，又绝不照搬西方政治制度模式，绝不接受任何外国颐指气使的说教，不以西方政治制度模式作为推进治理现代化的通用标准，不以西方价值观念作为评价治理现代化的普遍准则。我国国家治理体系需要改进和完善，但怎么改、怎么完善，要有主张、有定力。

充分发挥中国特色社会主义制度的优势、韧性、活力、潜能。推进国家治理体系和治理能力现代化，从根本上说，就是充分发挥中国特色社会主义制度功能的过程。改革开放以来的实践表明，我国不仅走出了一条不同于西方国家的成功发展道路，而且形成了一套不同于西方国家的成功制度体系。增强政治定力，就是要发挥人民当家作主的制度优势，保证人民的治理主体地位；强化自我更新完善的制度韧性，促进治理体系更加科学、治理能力更加有效；激发解放和发展社会生产力的制度活力，破除治理体系的陈规陋习；发掘维护社会公正的制度潜能，保证最大多数人共享治理利益。应当承认，我们在国家治理体系和治理能力方面还有许多亟待改进的地方，我们的制度还没有达到更加成熟更加定型的要求，提高运用中国特色社会主义制度有效治理国家的能力任重道远。

在全面深化改革进程中
做理想信念的坚定信仰者和忠实践行者

政治定力说到底是一种价值定力。坚持改革的正确方向，其价值底蕴就是坚守社会主义核心价值体系和核心价值观。对各级领导干部来说，坚持中国特色社会主义方向不动摇，根本在于坚定对马克思主义的信仰，对社会主义和共产主义的信念，坚守共产党人的价值追求。只有用坚定理想信念练就“金刚不坏之身”，才能在大是大非面前旗帜鲜明，在风浪考验面前无所畏惧，在各种诱惑面前立场坚定。

经得起西方制度模式的挑战，坚持改革正确方向不动摇。一些人在改革开放要不要坚持中国特色社会主义的问题上产生困惑、发生动摇，思想认识上的根源就是对西方资本主义国家的制度本质缺乏深刻认识，有的接受了包藏西化分化图谋的心理攻势、舆论宣传，向往西方社会制度和价值观念，对社会主义前途命运丧失信心。这样就不可能理直气壮地坚持中国特色社会主义道路、理论体系和制度，表现出在原则性问题面前态度暧昧、消极躲避、不敢亮剑。因此，增强政治定力就要精神上“补钙”，认真学习领会科学理论，使之成为坚持和发展中国特色社会主义的行动指南和强大力量，成为坚定理想的“主心骨”、牢固信念的“压舱石”，真正做到虔诚而执着、至信而深厚，在全面深化改革中坚持党的基本理论、基本路线、基本纲领、基本经验、基本要求不动摇。

经得起改革长期性艰巨性复杂性的考验，坚定深化改革意志不动摇。改革只有进行时，没有完成时，恰恰说明了改革路途漫长、任务艰难、矛盾复杂。面对改革考验，很多党员干部有理想有担当，知难而进。他们面对大是大非敢于坚持原则，面对矛盾困难敢于较真碰硬，面对重大关头敢于挺身而出，是扛起改革大业的脊梁。但也有一些领导干部经不起改革开放的考验，或是回避矛盾、推卸责任，或是得过且过、隐患后传，或是谋取私利、滑向腐败。“为官避事平生耻”。《习近平谈治国理政》一书中说：“衡量一名共产党员、一名领导干部是否具有共产主义远大理想，是有客观标准的，那就要看他能否坚持全心全意为人民服务的根本宗旨，能否吃苦在前、享受在后，能否勤奋工作、廉洁奉公，能否为理想而奋不顾身去拼搏、去奋斗、去献出自己的全部精力乃至生命。”体现在推进全面深化改革上，就是要敢于担当、锲而不舍，有时不我待的紧迫意识和夙夜在公的责任意识抓实、再抓实，用“钉钉子”精神一项项、一年年、一届届地干下去，不断开创全面深化改革新篇章。

经得起利益格局调整的触动，维护国家根本利益不动摇。改革是制度创新、关系变革、结构变化，核心是利益调整。全面深化改革，剩下的都是难啃的硬骨头，难就难在打破利益关系束缚，硬就硬在破除利益固化藩篱。动别人的奶酪难，动自己的奶酪更难。这是对执政党的重大考验，是对广大党员干部的重要检验。全面深化改革是立足国家整体利益、根本利益、长远利益进行部署的，全体党员和干部无论个人利益是增是减，都要以国家利益、人民利益为重，以改革大局、党的事业为重，以坚守理想、坚守价值为重，不能各取所需、挑三拣四，合意则取、不合意则舍。要把全面深化改革作为践行党的宗旨的生动实践，忠实履行好马克思主义执政党对历史、对人民、对国家和人民的庄严责任，为实现中华民族伟大复兴的中国梦提供更加坚实的制度和治理基础。

按照“四让”标准全面深化改革※

让制度更加成熟定型，让发展更有质量，让治理更有水平，让人民更有获得感，是习近平总书记在2016年“七一”重要讲话中提出的关于全面深化改革的重要标准。坚持不忘初心、继续前进，不断把改革开放推向前进，就要对新的历史条件下改革的目标要求进一步细化实化，对全面深化改革的检验标准进一步丰富拓展。十八届三中全会明确提出全面深化改革的总目标是发展和完善中国特色社会主义制度、推进国家治理体系和治理能力现代化。经过近3年来的改革实践，我们党对改革的认识更加深刻，提出的改革方案更加成熟，推进改革更加有力，确定的改革目标更加明晰。“七一”讲话明确提出“四让”标准，是改革自觉提高、改革理念提升的重要标志。“四让”标准充分体现了党的十八大以来党中央治国理政新理念新思想新战略的核心要义，反映了实现“两个一百年”奋斗目标、实现中华民族伟大复兴的中国梦的内在要求。“四让”标准的提出，将促使全面建成小康社会进入新的境界、达到新的高度。

让制度更加成熟定型，就是要不断发展完善中国特色社会主义根本制度、基本制度和具体制度，包括经济、政治、文化、社会、生态文明和党的建设、军事制度，构建系统完备、科学规范、运行有效的制度体系，为党和国家事业发展、为人民幸福安康、为社会和谐稳定、为国家长治久安提供一整套更完备、更稳定、更管用的制度体系。更完备要求随着社会系统的复杂程度增强，增大制度

※ 写于2016年。

的覆盖面，减少制度的盲区和漏洞，提高制度体系的衔接性和自洽性，克服某些制度之间的不兼容性。更稳定要求随着社会运行的有序程度增强，提高制度的规范性和延续性，让制度内化于社会机体之中，常态化运转、稳态化运作，在改与不改、变与不变、动与不动之间保持恰当的均衡。更管用要求随着社会管理的法治程度增强，充分发挥制度的导向、激励、协调、控制功能，强化制度权威，增强制度效能，减少制度疲软、制度失效现象。

让发展更有质量，就是通过全面深化改革，贯彻落实创新、协调、绿色、开放、共享的新发展理念，实现更有效率、更有质量、更加公平、更可持续的发展。创新发展注重解决发展动力问题，赋予发展新的内涵，这就是重质量讲效益的发展。协调发展注重解决发展不平衡问题，赋予发展新的秩序，这就是整体性平衡性的发展。绿色发展着力推进人与自然和谐共生，赋予发展新的面貌，这就是低碳化环境美的发展。开放发展着力形成对外开放新体制，注重解决发展内外联动问题，赋予发展新的格局，这就是互利型合作式的发展。共享发展着力践行以人民为中心的发展思想，注重解决社会公平正义问题，赋予发展新的高度，这就是能获得保公正的发展。我国发展不平衡、不协调、不可持续问题仍然突出，新发展理念是解决这些发展矛盾的关键锁钥，设置了平衡发展、协调发展、可持续发展的推进器和稳定器。

让治理更有水平，就是实现治理制度化、规范化、程序化。制度是治理之本，治理制度化，最重要的是依法治理，法治中国是治理制度化的至高境界。要提高运用制度进行治理的能力，增强制度治理的权威性。规范是治理之要，治理规范化强调治理科学化、标准化，就是要遵循治理规律，细化治理标准、注重治理控制。现代化进程是一个治理规范化逐步提高的过程，不仅规范科学，而且规范有效。程序是治理之道，程序是治理规律的反映，揭示了解决问题、达到目的、促进发展所必须经过的阶段，遵循实践程序就是遵循治理规律。程序建立了层层制约机制，每设立一道程序就是经过了一道安全阀，能够把治理风险降至最小，把治理效益提至最大。提高治理水平，根本的是以社会主义核心价值观为基本遵循，治理的完善、方式、效果，都要服从服务于核心价值观，围绕核心价值观而推进,以核心价值观作为价值评价准则。

让人民更有获得感,就是要把以人民为中心的发展思想体现在经济社会发展各个环节,做到老百姓关心什么、期盼什么,改革就抓住什么、推进什么,通过改革给人民群众带来更多获得感。习近平总书记强调,改革既要往有利于增添发展新动力方向前进,也要往有利于维护社会公平正义方向前进。只有维护社会公平正义、坚持以人民为中心,发展才能健康持续,否则,大多数人民群众缺少获得感,终究要导致发展停滞、社会矛盾激化。全面小康,就是全面地让人民有获得感。经济更加发展,"两个翻一番"才能达到,人民生活才能更加殷实;民主更加健全,人民政治权利才能得到保障,才能平等参与、平等发展;法治更加完善,人权才能得到切实保障,产权才能得到有效保护;文化更加繁荣,人民精神生活丰富提高,才能有力促进人的全面发展;社会更加和谐,群众才能安居乐业,各族人民才能和睦友善;生态更加改善,才能满足人民对美好生活的重要追求,从而让美丽中国走进寻常百姓的生活之中。

全面深化改革是一个系统工程,改革的目标及标准相应地也是一个系统,"四让"就是在把握全面深化改革的本质要求,反映新形势下党对全面深化改革规律认识的基础上,第一次明确提出的改革标准系统。让制度更加成熟定型,是改革标准的基础。制度具有全局性、根本性、长期性,是长治久安、持续发展的基本框架,全面深化改革,基础性的是制度改革、制度建设。让发展更有质量,是改革标准的重点。全面深化改革是为了进一步解放社会生产力,增强社会活力,这都要通过提高发展的质量体现出来、落实下来。让治理更有水平,是改革标准的高度。国家治理现代化是从制度优势到治理效能的深化,是现代社会对治理的更高要求,坚持全面依法治国,促进提升治理价值。让人民更有获得感,是改革标准的核心。全面深化改革无论改什么、怎么改,都要树立以人民为中心的改革导向,都要把人民的获得感、公正感、幸福感,作为评价检验改革成败得失的根本标准。

改革开放以来,我们党根据改革的阶段进程和主要矛盾,相继提出了实践标准、生产力标准、"三个有利于"标准,表明了对改革内涵的理解不断深化,对改革规律的认识不断系统，对改革标准的把握不断全面。“四让”标准的明确提出，可以说是党对改革标准的新进展新提升。“四让”更加注重从制度标准提高改革的长效性，从发展质量标准突出生产力发展的科学性，从治理标准推进创新的时代性，从人民标准强化改革的目的性。“四让”标准确立的改革的制度导向、质量导向、治理导向、人民导向，是改革方法论的一个重大创新。“四让”标准的提出及其贯彻，必将促使全面深化改革的方向目标更加明确、标准要求更加清晰，确保全面建成小康社会决胜阶段的全面胜利。

改革开放40年“三个伟大飞跃”的实践逻辑※

40年砥砺奋进,40年沧桑巨变。当代中国的这段辉煌历史如何定位？习近平总书记在庆祝改革开放40周年大会上的重要讲话铿锵有力:“中华民族迎来了从站起来、富起来到强起来的伟大飞跃！中国特色社会主义迎来了从创立、发展到完善的伟大飞跃！中国人民迎来了从温饱不足到小康富裕的伟大飞跃!”“三个伟大飞跃”是改革开放40年重大历史意义的高度概括、丰富实践内涵的精辟提炼,揭示了改革开放40年的历史脉络和实践逻辑。

“三个伟大飞跃”谱写中华民族历史、中国共产党历史、中华人民共和国历史的壮丽史诗

改革开放40年,在中华民族历史上,在中国共产党历史上,在中华人民共和国历史上,都必将载入史册、成为史诗。

从中华民族历史看,“三个伟大飞跃”绘就了5000多年文明的新辉煌。自古以来,中国大地上发生了无数变法图强运动,中华文明成为人类历史上唯一一个绵延5000多年至今未曾中断的灿烂文明。改革开放是中华民族变革与开放精神的当代弘扬,是中华文明“盛唐气象”的复兴景象。改革开放40年所创造的伟大成就、所达到的历史高度,远远超过了中华民族历史上任何一个时

※ 写于2018年。

期。改革开放40年来，我们党引领人民绘就了一幅波澜壮阔、气势恢宏的历史画卷，谱写了一曲感天动地、气壮山河的奋斗赞歌，忍饥挨饿、缺吃少穿、生活困顿这些几千年来困扰我国人民的问题总体上一去不复返了。我们前所未有地接近、有信心有能力实现中华民族伟大复兴的目标，中华民族正以崭新姿态屹立于世界东方。

从中国共产党历史看，"三个伟大飞跃"铸造了民族复兴的第三大里程碑。建立中国共产党、成立中华人民共和国、推进改革开放和中国特色社会主义事业，是五四运动以来我国发生的三大历史性事件，是近代以来实现中华民族伟大复兴的三大里程碑。中国共产党的成立，深刻改变了近代以后中华民族发展的方向和进程，深刻改变了中国人民和中华民族的前途和命运，深刻改变了世界发展的趋势和格局。经过长期浴血奋战，完成了新民主主义革命，建立了中华人民共和国，确立了社会主义基本制度，成功实现了中国历史上最深刻最伟大的社会变革。改革开放40年来，我们解放思想、实事求是，大胆地试、大胆地闯，干出了一片新天地。从开启新时期到跨入新世纪，从站上新起点到进入新时代，改革开放成为当代中国最显著的特征、最壮丽的气象，也成为百年中国最为雄壮的乐章。

从中华人民共和国历史看，"三个伟大飞跃"创造了不可能成为可能的人间奇迹。新中国成立后，党在社会主义革命和建设中取得的独创性理论成果和巨大成就，为在新的历史时期开创中国特色社会主义提供了宝贵经验、理论准备、物质基础。改革开放以来，我们用几十年时间走完了发达国家几百年走过的工业化历程。改革开放之初，虽然我们国家大、人口多、底子薄，面对重重困难和挑战，但我们对未来充满信心，设计了用70多年、分三步走基本实现社会主义现代化的宏伟蓝图。40年来，我们咬定青山不放松，风雨无阻朝着这个伟大目标前进。现在，中国人民和中华民族在历史进程中积累的强大能量已经充分爆发出来了，为实现中华民族伟大复兴注入了势不可挡的磅礴力量。

“三个伟大飞跃”铺就改革开放40年的伟大征程

40年春风化雨、春华秋实，改革开放的伟大征程是在“三个伟大飞跃”中展开和前进的。几代中国共产党人继往开来、接力传承，将“三个伟大飞跃”推向新的阶段。

以邓小平同志为主要代表的中国共产党人成功开创中国特色社会主义。中国特色社会主义是改革开放以来党的全部理论和实践的主题。党的十一届三中全会以后，我们党重新确立了解放思想、实事求是的思想路线，彻底否定了“以阶级斗争为纲”的错误理论和实践，以巨大的政治勇气和理论勇气提出进行改革开放，确立社会主义初级阶段基本路线。1982年，邓小平同志在党的十二大上发出响亮的号召：把马克思主义的普遍真理同我国的具体实际结合起来，走自己的道路，建设有中国特色的社会主义。

以江泽民同志为主要代表的中国共产党人成功把中国特色社会主义推向21世纪。党的十三届四中全会以后，我们党在国内外形势十分复杂、世界社会主义出现严重曲折的严峻考验面前捍卫了中国特色社会主义，依据新的实践确立了党的基本纲领、基本经验，确立了社会主义市场经济体制的改革目标和基本框架，确立了社会主义初级阶段的基本经济制度和分配制度，推进党的建设新的伟大工程，开创全面改革开放新局面。

以胡锦涛同志为主要代表的中国共产党人成功在新的历史起点上坚持和发展中国特色社会主义。党的十六大以后，我们党团结带领全国各族人民，根据新的发展要求，深刻认识和回答了新形势下实现什么样的发展、怎样发展等重大问题，形成了科学发展观，抓住重要战略机遇期，在全面建设小康社会进程中推进实践创新、理论创新、制度创新，强调坚持以人为本、全面协调可持续发展，形成中国特色社会主义事业总体布局，着力保障和改善民生，促进社会公平正义，推动建设和谐世界，推进党的执政能力建设和先进性建设。

以习近平同志为核心的党中央推动中国特色社会主义进入新时代。党的十八大以来，党中央团结带领全党全国各族人民，全面审视国际国内新的形势，通过总结实践、展望未来，深刻回答了新时代坚持和发展什么样的中国特色社会主义、怎样坚持和发展中国特色社会主义这个重大时代课题，形成了习近平新时代中国特色社会主义思想，坚持统筹推进“五位一体”总体布局、协调推进“四个全面”战略布局，坚持稳中求进工作总基调，对党和国家各方面工作提出一系列新理念新思想新战略，推动党和国家事业发生历史性变革、取得历史性成就。

“三个伟大飞跃”塑造中华民族、中国特色社会主义、中国人民的崭新面貌

改革开放这场伟大革命推动了中国特色社会主义事业的伟大飞跃。“三个伟大飞跃”从中华民族、中国特色社会主义、中国人民三个维度，全景展现了改革开放的根本成就和发展进程。

中华民族：从站起来、富起来到强起来。40年来，我国国内生产总值由3679亿元增长到2017年的82.7万亿元，年均实际增长9.5%，远高于同期世界经济2.9%左右的年均增速。我国主要农产品产量跃居世界前列，建立了全世界最完整的现代工业体系，科技创新和重大工程捷报频传。我国基础设施建设成就显著，信息畅通，公路成网，铁路密布，高坝矗立，西气东输，南水北调，高铁飞驰，巨轮远航，飞机翱翔，天堑变通途。现在，我国是世界第二大经济体、制造业第一大国、货物贸易第一大国、商品消费第二大国、外资流入第二大国，外汇储备连续多年位居世界第一，中国人民在富起来、强起来的征程上迈出了决定性的步伐。

中国特色社会主义：从创立、发展到完善。40年来，我们坚持马克思主义指导地位不动摇，坚持科学社会主义基本原则不动摇，勇敢推进理论创新、实践创新、制度创新、文化创新以及各方面创新，不断赋予中国特色社会主义以鲜明的实践特色、理论特色、民族特色、时代特色，形成了中国特色社会主义道

路、理论、制度、文化，以无可辩驳的事实彰显了科学社会主义的鲜活生命力，社会主义的伟大旗帜始终在中国大地上高高飘扬。

中国人民：从温饱不足到小康富裕。粮票、布票、肉票、鱼票、油票、豆腐票、副食本、工业券等百姓生活曾经离不开的票证已经进入了历史博物馆。全面推进幼有所育、学有所教、劳有所得、病有所医、老有所养、住有所居、弱有所扶，不断改善人民生活、增进人民福祉。全国居民人均可支配收入由171元增加到2.6万元，中等收入群体持续扩大。我国贫困人口累计减少7.4亿，贫困发生率下降94.4个百分点，谱写了人类反贫困史上的辉煌篇章。教育事业全面发展，九年义务教育巩固率达93.8%。建成了包括养老、医疗、低保、住房在内的世界最大的社会保障体系，基本养老保险覆盖超过9亿人，医疗保险覆盖超过13亿人。常住人口城镇化率达到58.52%，上升了40.6个百分点。居民预期寿命由1981年的67.8岁提高到2017年的76.7岁。

“三个伟大飞跃”指明新时代改革开放再出发的奋斗目标

40年奋进、40年成长，新时代中国特色社会主义扬帆起航、破浪前行。站在新的历史起点、处于新的时代高度、面对新的实践课题，如何推进“三个伟大飞跃”再攀新高峰、再续新篇章、再创新伟业，是改革开放“四十不惑”之际必须深入思考的重大问题。

新时代构成新空间，改革开放再出发大有可为、领域宽广。要从大局着眼、从问题着手，从充分认识新形势下改革开放的时代性、体系性、全局性问题出发，找准抓住新时代改革开放的突破口和着力点，带动改革全局和全面改革。改革开放的时代性问题，就是新时代改革开放怎样开创新路、另辟蹊径，完善发展中国特色社会主义现代化道路，使我国成为世界上第一个走社会主义道路成功建成现代化强国的国家。新时代改革开放的体系性问题，就是怎样克服经济、政治、文化、社会、生态文明体制改革的短板、瓶颈，怎样促使战略目标与战略举措构成一个全面的系统。新时代改革开放的全局性问题，就是怎样解决新的社会主要矛盾，解决我国城乡、地区之间发展不平衡，不同社会群体收入水平不平衡，社会基本公共服务资源配置不平衡等问题，让全体人民日益广泛的民主、法治、公平、正义、安全、环境等方面的要求逐步得到满足。

实践发展永无止境、解放思想永无止境、改革开放永无止境。40年后改革开放再出发，不是原地踏步、简单重复，而是更上一层楼、再越一座峰，在更高起点、更高层次、更高目标上推进改革开放，呈现新时代改革开放的多彩风光。从富到强，就是新时代改革开放的更高起点。从富起来到强起来，是从财富增长到全面进步、从体量增大到强筋健骨、从充裕生活到美好生活的综合国力增强和文明形态提升。从高速度到高质量，就是新时代改革开放的更高层次。改革开放的持续推进，造就了经济增长的高速度；改革开放的层次提升，孕育着经济社会发展的高质量。从全面小康到全面现代化，就是新时代改革开放的更高目标。"中华号"巨轮在新时代改革开放旗帜的引领下，驶向深蓝、进军远方，开辟着实现"三个伟大飞跃"的美好未来！

改革开放开创中国特色社会主义现代化道路※

建设社会主义现代化国家，是中华人民共和国成立后我们党的不懈追求。改革开放开创了中国特色社会主义道路，这条道路就其奋斗目标而言，实质上就是中国特色社会主义现代化道路，即建设社会主义现代化国家的中国道路。改革开放40年来，几代中国共产党人开拓创新、接力攀登，持续探索"建设什么样的社会主义现代化国家，怎样建设社会主义现代化国家"的问题，从"三步走"发展战略到"两个一百年"奋斗目标，从全面建设小康社会到全面建设社会主义现代化国家，中国特色社会主义现代化道路逐步形成完善。党的十九大开启全面建设社会主义现代化国家新征程，在以习近平同志为核心的党中央带领下，中国特色社会主义现代化道路在新的历史起点上必将更加成熟和定型，引领实现中华民族伟大复兴的辉煌征程。

改革开放40年来坚持和发展中国特色社会主义现代化道路的宝贵经验

从中华人民共和国成立到改革开放前，我们党多次提出社会主义现代化的建设目标、主要内容和实现步骤，开始了社会主义现代化道路的艰辛探索，为中国特色社会主义现代化道路奠定了坚实基础。改革开放40年来，从党的

※ 写于2018年。

十一届三中全会决定全党工作重点转移到社会主义现代化建设上来，到党的十九届三中全会号召加快推进社会主义现代化，我们党始终不渝团结带领人民建设社会主义现代化国家，坚定不移走中国特色社会主义现代化道路，取得了丰富和宝贵的经验。

坚持把现代化建设作为党和国家中心工作。在经济文化落后的国家实现现代化，是一个长期艰巨的历史任务。社会主义改造基本完成之后，我们党作出了我国社会主要矛盾的正确论断，由此决定了必须把建立先进的工业国、改造落后的农业国作为党和国家的主要任务。1954年，周恩来同志在第一届全国人民代表大会上，首次提出包括现代化的工业、农业、交通运输业和国防在内的四个现代化目标。1956年，党的八大将这一任务写入了大会通过的党章。但在一段时间里，党和国家工作指导方针出现重大偏差。党的十一届三中全会纠正了“以阶级斗争为纲”的错误方针，开始了一心一意、聚精会神建设现代化的新长征。进入20世纪80年代，邓小平同志强调，我们从八十年代的第一年开始，就必须一天也不耽误，专心致志地、聚精会神地搞四个现代化建设。以经济建设为中心，把发展作为党执政兴国的第一要务，全面建设小康社会等，都是紧紧扭住现代化建设不放松的时代表述和实际步骤。

坚持把改革开放作为实现现代化的强大动力。实现社会主义现代化是一场全方位全领域的伟大革命，不仅要进行生产力革命、科技革命，而且要进行体制机制革命、社会革命。只有改革开放才能发展中国，才能实现现代化，改革开放新的伟大革命与社会主义现代化新的伟大革命，是同一个内容、同一个过程。每一次重大改革都给党和国家发展注入新的活力、给事业前进增添强大动力，党和人民的事业在不断深化改革中持续向前推进。改革开放40年来，解放思想、勇于创新，推进生产力和生产关系、经济基础和上层建筑领域的革命，破除阻碍国家和民族发展的一切思想和体制障碍，中华民族的面貌发生了前所未有的变化。究其实质，就是为现代化建设开道架桥，是社会主义现代化的建设进程。中国进行改革开放，顺应了中国人民要发展、要创新、要美好生活的历史要求，适应了建设社会主义现代化国家的内在要求。

坚持现代化建设的社会主义方向。坚持中国特色社会主义道路，这就从根本上规定了当代中国的现代化是社会主义现代化，而不是资本主义现代化。社会主义现代化，表明现代化的道路是社会主义道路，不走西方道路实现现代化，不照搬西方模式建设现代化；表明现代化建设的成果是社会主义现代化国家，是具有社会主义本质、内涵、优势、特征的现代化国家。这是中国特色社会主义现代化道路的根本，既不走封闭僵化的老路，也不走改旗易帜的邪路。

坚持党对建设社会主义现代化国家的坚强领导。党政军民学，东西南北中，党是领导一切的。没有中国共产党的领导，中国现代化和民族复兴必然是空想。中国共产党是中国特色社会主义事业的坚强领导核心，中国特色社会主义现代化道路的最大优势是中国共产党领导。坚持党对社会主义现代化建设的全面领导，保证了社会主义现代化建设的统筹推进。在实现社会主义现代化的伟大征程上，完成艰巨光荣的历史使命，战胜前进道路上的风险挑战，从根本上要靠党的全面领导，靠党把好方向盘。领导社会主义现代化建设的执政党，只有始终成为时代先锋、民族脊梁，自身始终过硬，才能消除一切损害党的先进性和纯洁性的因素，不断增强政治领导力、思想引领力、群众组织力、社会号召力，才能担当起领导社会主义现代化建设的历史使命。

坚持科学发展的现代化道路。现代化的奋斗目标必须依靠现代化的发展道路。我们党深刻认识到，粗放型增长方式绝不是走向现代化的发展方式，经济增长的资源环境代价过大是难以为继的。发展必须是科学发展，贯彻新发展理念，推进绿色发展，坚持生产发展、生活富裕、生态良好的文明发展道路。必须形成节约资源和保护环境的空间格局、产业结构、生产方式、生活方式，建设创新型国家，转向高质量发展。新发展理念是针对我国发展面临的突出问题和挑战提出的战略指引，创新发展注重解决发展动力问题，协调发展注重解决发展不平衡问题，绿色发展注重解决人与自然和谐共生问题，开放发展注重解决发展内外联动问题，共享发展注重解决社会公平正义问题。

坚持分阶段有步骤的现代化进程。路是一步步走出来的，实现现代化是一个长期的历史过程。我们党把社会主义初级阶段和实现现代化作为一个整体，不因长期处于初级阶段而放弃建设现代化的准备和努力，也不因追求现代化目标而无视初级阶段的实际，而是把进入初级阶段新的发展阶段，进而走出初级阶段，作为现代化建设的必经阶段，循序渐进、扎实推进、稳中求进。邓小平高瞻远瞩地提出"三步走"实现现代化的发展战略，党的十五大提出新的"三步走"发展目标，党的十六大强调进入全面建设小康社会、加快推进社会主义现代化的新的发展阶段，党的十七大强调继续全面建设小康社会、加快推进社会主义现代化，党的十八大对"两个一百年"目标作出进一步阐述，提出实现社会主义现代化和中华民族伟大复兴的总任务，党的十九大明确提出在实现第一个百年奋斗目标基础上，分两个阶段全面建成社会主义现代化强国的战略安排。我们党对实现现代化的进程，认识逐步深化细化，蓝图愈益明晰精准，科学指引着国家的发展进步和现代化进程。

坚持实现社会主义现代化的总体布局。社会主义现代化建设是在各个领域同步展开的系统实践，这就需要构建科学的总体布局。从"一个中心、两个基本点"的基本路线，到"三位一体""四位一体"，再到统筹推进经济建设、政治建设、文化建设、社会建设、生态文明建设的"五位一体"总体布局，中国特色社会主义总体布局逐步完善。"五位一体"总体布局同时也是社会主义现代化建设的总体布局，发展现代化经济体系、治理体系、文化体系、社会体系、生态文明体系等。富强民主文明和谐美丽，构成了经济、政治、文化、社会、生态文明建设的发展目标，也构成了全面建设社会主义现代化强国的价值追求，"五位一体"总体布局与社会主义现代化建设目标一致、价值统一。发展社会主义市场经济，发展社会主义民主政治，发展社会主义先进文化，构建社会主义和谐社会，建设社会主义生态文明，构成了经济、政治、文化、社会、生态文明建设的制度框架，也构成了社会主义现代化国家的体制基础，"五位一体"总体布局与社会主义现代化国家制度一体、体制合一。

新时代拓展中国特色社会主义现代化道路新内涵

中国特色社会主义进入新时代,这个新时代是决胜全面建成小康社会、进而全面建设社会主义现代化强国的时代,是社会主义现代化建设的新阶段。党的十八大以来,以习近平同志为核心的党中央,面对"两个一百年"奋斗目标的历史交汇期,既全力实现第一个百年奋斗目标,又乘势而上开启全面建设社会主义现代化国家新征程,向第二个百年目标进军,为中国特色社会主义现代化道路赋予了新的时代内涵。

夯实中国特色社会主义现代化道路的坚实基础。强基固本,中国特色社会主义现代化道路的基和本是中国特色社会主义。习近平总书记明确提出增强"四个自信",将中国特色社会主义的基本结构拓展为道路、理论、制度、文化。中国特色社会主义道路是实现社会主义现代化、创造人民美好生活的必由之路;中国特色社会主义理论体系是指导党和人民实现中华民族伟大复兴的正确理论,是立于时代前沿、与时俱进的科学理论;中国特色社会主义制度是当代中国发展进步的根本制度保障,是具有鲜明中国特色、明显制度优势、强大自我完善能力的先进制度;中国特色社会主义文化积淀着中华民族最深沉的精神追求,代表着中华民族独特的精神标识,是激励全党全国各族人民奋勇前进的强大精神力量。坚持道路、发展理论、完善制度、弘扬文化,不仅增强了中国特色社会主义的生命力和创造力,而且扩展和厚植了中国特色社会主义现代化道路的根基。文化自信是一个国家、一个民族发展中更基本、更深沉、更持久的力量,包含中华优秀传统文化、革命文化和社会主义先进文化的中国特色社会主义文化,融入中国特色社会主义现代化道路之中,构成了这条道路独特的底蕴和动力。

明确中国特色社会主义现代化道路的战略安排。党的十九大在党关于社会主义现代化建设目标和阶段的认识成果基础上,作出了从全面建成小康社会到基本实现现代化,再到全面建成社会主义现代化强国的战略安排,确定了新时代中国特色社会主义发展的主要任务。第一个阶段，从2020年到2035年，在全面建成小康社会的基础上，再奋斗15年，基本实现社会主义现代化。第二个阶段，从2035年到本世纪中叶，在基本实现现代化的基础上，再奋斗15年，把我国建成富强民主文明和谐美丽的社会主义现代化强国。承前启后、继往开来，以全面建设社会主义现代化国家为新的起点，推进和深化中国特色社会主义现代化道路，更加精确地绘制社会主义现代化建设的路线图和时间表。党的十九大对建设社会主义现代化强国的战略安排，进一步丰富和发展了我国现代化建设的战略思想，符合实现中华民族伟大复兴的现实需要。

完善中国特色社会主义现代化道路的基本内涵。现代化包含国家发展各个领域的现代化，党的十八大以来，在“四个现代化”的基础上，习近平总书记提出了现代化经济体系的目标要求，包括建设创新引领、协同发展的产业体系，建设统一开放、竞争有序的市场体系，建设体现效率、促进公平的收入分配体系，建设彰显优势、协调联动的城乡区域发展体系，建设资源节约、环境友好的绿色发展体系，建设多元平衡、安全高效的全面开放体系，建设充分发挥市场作用、更好发挥政府作用的经济体制。提出了农业农村现代化是实施乡村振兴战略的总目标，坚持农业农村优先发展是总方针，产业兴旺、生态宜居、乡风文明、治理有效、生活富裕是总要求，建立健全城乡融合发展体制机制和政策体系是制度保障。提出了国家治理体系和治理能力现代化的目标要求，强调到2035年基本实现国家治理体系和治理能力现代化，到21世纪中叶实现国家治理体系和治理能力现代化。提出了推进社会治理现代化的目标要求，逐步实现社会治理结构的合理化、治理方式的科学化、治理过程的民主化，打造共建共治共享的社会治理格局。提出了加快推进教育现代化、建设教育强国的重大部署，把培养社会主义建设者和接班人作为教育现代化的方向目标。提出了人与自然和谐共生的现代化的目标要求，环境就是民生，青山就是美丽，蓝天也是幸福，绿水青山就是金山银山。提出了国防和军队现代化具体内涵是军事理论现代化、军队组织形态现代化、军事人员现代化、武器装备现代化，等等。这大大丰富和加深了对中国特色社会主义现代化道路内涵的认识，展现了现代化的新空间、新视角、新领域。

把握中国特色社会主义现代化道路的战略布局。“四个全面”战略布局，是统筹推进“五位一体”总体布局的主攻方向，是以全面建成小康社会为战略目标，以全面深化改革、全面依法治国、全面从严治党为战略举措的重点布局。全面建成小康社会，是我国建设社会主义现代化的必经阶段，是全面建设社会主义现代化国家的必要准备。全面深化改革，总目标是完善和发展中国特色社会主义制度，推进国家治理体系和治理能力现代化。全面依法治国，总目标是建设中国特色社会主义法治体系，建设社会主义法治国家。全面从严治党，增强党自我净化、自我完善、自我革新、自我提高的能力，确保党拥有旺盛的生命力和强大的战斗力。围绕全面建成小康社会的战略布局，本身就是中国特色社会主义现代化道路的重要组成。开启新征程，同样是以全面建设社会主义现代化国家为新的战略目标，坚持和完善中国特色社会主义现代化道路的战略布局。

提供中国特色社会主义现代化道路的精神指引。精神是道路之魂，价值是道路之本。党的十八大以来，习近平总书记强调必须坚持马克思主义，牢固树立共产主义远大理想和中国特色社会主义共同理想，培育和践行社会主义核心价值观，始终发扬伟大民族精神等，都是在加强与社会主义现代化相适应相协调的思想指导、价值准则、精神激励。中国人民在长期奋斗中培育、继承、发展起来的伟大民族精神，为中国发展和人类文明进步提供了强大精神动力。伟大创造精神激励创造一个又一个人间奇迹，伟大奋斗精神激励创造人民更加美好生活的宏伟目标，伟大团结精神激励形成勇往直前、无坚不摧的强大力量，伟大梦想精神激励实现中华民族伟大复兴。这些都构成了中国特色社会主义现代化道路的软实力和鲜明特征。在开启新征程的同时，只有更好构筑中国精神、中国价值、中国力量，才能保证全面建设社会主义现代化国家新的进军行稳致远。

塑造中国特色社会主义现代化道路的安全环境。习近平新时代中国特色社会主义思想，明确党在新时代的强军目标是建设一支听党指挥、能打胜仗、作风优良的人民军队，把人民军队建设成为世界一流军队。国防和军队现代化进程必须同国家现代化进程相适应，军事能力必须同实现中华民族伟大复兴的战略需求相适应，巩固国防和强大人民军队是新时代坚持和发展中国特色社会主义、实现中华民族伟大复兴的战略支撑。明确中国特色大国外交要推动构建新型国际关系，推动构建人类命运共同体。坚持走和平发展道路，建设持久和平、普遍安全、共同繁荣、开放包容、清洁美丽的世界，积极发展全球伙伴关系，推动全球治理体系变革。提出全面贯彻落实总体国家安全观，构建国家安全体系主体框架。坚持统筹发展和安全两件大事，坚持人民安全、政治安全、国家利益至上的有机统一，形成维护国家安全合力。这些都是在着力维护和塑造国家安全，为全面建设社会主义现代化国家提供坚强有力的安全保证，都是中国特色社会主义现代化道路不可缺少的基本要素。

在全面建设社会主义现代化国家伟大实践中
巩固完善中国特色社会主义现代化道路

党的十九大开启了全面建设社会主义现代化国家新征程，这是一次伟大的历史进军。中华巨轮继续劈波斩浪、扬帆远航，胜利驶向富强民主文明和谐美丽社会主义现代化国家的美好明天。社会主义现代化新的征程、新的实践、新的奋进，必将创造新的伟业、产生新的经验、实现新的跃升，不断深化党对社会主义现代化建设规律的认识，不断发展中国特色社会主义现代化道路。

在发展中国家和社会主义国家走向现代化的潮流中完善中国特色社会主义现代化道路。中国特色社会主义现代化道路，从世界历史的坐标看，是在世界现代化几百年的历程中，在主要资本主义国家现代化进程已经完成的基础上，开辟的一条新型现代化道路。世界现代化历史的成就和经验需要充分汲取，教训和代价更要引以为鉴，由此拓宽中国现代化道路的视野和格局。中国特色社会主义现代化道路，从当代世界的坐标看，是在广大发展中国家追求现代化的艰难起飞中，从中国国情出发开辟的一条新路，从而给世界上那些既希望加快发展又希望保持自身独立性的国家和民族提供了全新选择,贡献了中国智慧和中国方案。中国的现代化道路不仅是自己的道路,而且具有世界意义;不仅具有中国特色,而且反映世界趋势。十月革命后的100年来,社会主义国家的现代化进程步履维艰。不通过西方道路、不效法西方模式,走中国特色社会主义道路建成现代化国家,是人类历史的伟大创举,是中国共产党的伟大创造。更为重要的是,社会主义现代化国家在社会主义历史上迄今还没有成功的先例,中国作为世界上最大的社会主义国家,建成社会主义现代化国家,而不是资本主义现代化国家的复制品,必将是人类历史上更为伟大的创举,是中国共产党对科学社会主义的最重大贡献。

在新时代伟大社会革命的进程中创新中国特色社会主义现代化道路。新时代中国特色社会主义是党团结带领人民进行伟大社会革命的成果和继续,全面建设社会主义现代化国家则是新时代伟大社会革命的主要内容。新时代中国特色社会主义的伟大社会革命,集中体现在伟大斗争、伟大工程、伟大事业、伟大梦想中。伟大斗争是伟大社会革命的开路机,伟大工程是伟大社会革命的压舱石,伟大事业是伟大社会革命的驱动轮,伟大梦想是伟大社会革命的导航仪,共同推动新时代伟大社会革命,共同奠基新时代中国特色社会主义现代化道路。

在解决新的社会主要矛盾的过程中深化中国特色社会主义现代化道路。全面建设社会主义现代化国家,必须解决人民日益增长的美好生活需要和不平衡不充分的发展之间的矛盾,这两项任务是统一的。只有解决新的社会主要矛盾,才能全面建成社会主义现代化国家。我国社会主要矛盾的转化,出现了许多新的重大课题,回答和解决这些课题,就是现代化的全面建设过程,就是中国特色社会主义现代化道路的深化过程。主要矛盾转化,标志着人民需要层次的拓展提升和经济社会发展的前进上升,我国社会矛盾形成了新的性质和状况。主要矛盾转化,标志着解决矛盾的方向、重点、途径、机制等都有了新的内涵和要求,解决发展不平衡不充分问题成为主要任务。习近平新时代中国特色社会主义思想,坚持以人民为中心的发展思想,正是解决新的社会主要矛盾的根本原则，也是中国特色社会主义现代化道路的贯通主线。要在继续推动发展的基础上，着力解决好发展不平衡不充分问题，大力提升发展质量和效益，更好满足人民在经济、政治、文化、社会、生态等方面日益增长的需要，更好推动人的全面发展、社会全面进步。

在着力防范各类风险挑战的实践中巩固中国特色社会主义现代化道路。风险是现代化进程的应有之义，社会发展速度越快、社会复杂性质越强、社会联系程度越紧，社会风险可能就越大。新时代的一个显著特征是光明前景与风险挑战并存，这就要求在奋力实现美好未来的同时着力防范化解各种风险，既包括黑天鹅式的小概率重大风险，也包括灰犀牛式的大概率重大风险，防控风险的扩散扩大，化解风险的影响效果，保证光明前景实现。这就要求不让小风险演化为大风险，不让个别风险演化为综合风险，不让局部风险演化为区域性或系统性风险，不让经济风险演化为社会政治风险，不让国际风险演化为国内风险。中国特色社会主义现代化道路，正是在有效应对各类风险挑战内外联动、累积叠加的历练中，愈益稳固和坚韧。

在确保党永葆旺盛生命力和强大战斗力的自我革命中强化中国特色社会主义现代化道路。全面建设社会主义现代化国家，对我们党提出了前所未有的新挑战新要求，“赶考”永远在路上。我们党要担负起新时代的历史使命，始终成为时代先锋、民族脊梁，始终成为马克思主义执政党，自身必须始终过硬。必须勇于进行党的自我革命，把党建设成为始终走在时代前列、人民衷心拥护、勇于自我革命、经得起各种风浪考验、朝气蓬勃的马克思主义执政党，成为全面建设社会主义现代化国家的最高政治领导力量。党始终总揽全局、协调各方，把方向、谋大局，提高领导全面建设社会主义现代化国家的能力本领，中国特色社会主义现代化道路就能够越来越强固，党就能够继续团结带领人民夺取全面建成社会主义现代化强国的伟大胜利、实现中华民族伟大复兴的中国梦。

创新是改革开放的生命※

改革开放40年，不仅在中国历史上载入史册、成为史诗，而且“当惊世界殊”，绘出了世界近现代史的壮丽画卷。改革开放千里奔涌、万壑归流的伟大力量从何而来？习近平总书记在庆祝改革开放40周年大会上的重要讲话中第一次作出精辟概括，创新是改革开放的生命。这是改革开放40年实践的重要启示，是改革开放生生不息、持续不止的生命源泉，是中华民族、中国特色社会主义、中国人民“三个伟大飞跃”的巨大动力。创新是改革开放的生命，表明了在推动改革开放的各种要素和机制中，创新是根本要素、根本机制；所有要素和机制，都会产出创新的功能、激活创新的力量。一个民族的兴衰、一个国家的强弱、一个政党的成败，可以从多种原因作出解读，但归根到底，都可以从是否解放和发展了生产力，是否创造了新的科学技术、新的社会关系、新的思想理论，是否激发了广大人民的创造活力，即是否增强了创新力、创新率中得到说明。创新是改革开放的生命，是辩证唯物主义和历史唯物主义世界观和方法论在改革开放实践中的证明和实现，它既是创新的历史规律，也是改革开放的哲学基础。在改革开放40年新的起点上，强调创新是改革开放的生命，不仅是总结宝贵经验，而且是指明前进方向。思想再解放、改革再出发，勇敢推进理论创新、实践创新、制度创新、文化创新以及各方面创新，让中国人民和中华民族在历史进程中积累的强大能量更加充分爆发，是为实现中华民族伟

※ 写于2018年。

大复兴提供势不可挡磅礴力量的根本途径。

创新是改革开放的生命，反映了40年伟大飞跃的主脉。40年砥砺奋进、40年沧桑巨变、40年焕发新貌，改革开放的伟大历史，就是一部开拓创新的伟大历史。改革开放是我们党的一次伟大觉醒，伟大觉醒是思想的解放、禁锢的破除，开启了创新的闸门；伟大觉醒孕育了我们党从理论到实践的伟大创造，中国特色社会主义理论创新持续不断，掌握着自己命运的中国人民焕发出前所未有的积极性、主动性、创造性，创造了人间奇迹，将不可能变为了可能。改革开放是中国人民和中华民族发展史上一次伟大革命，革命既是破旧也是立新。在中华民族历史上，改革开放极大改变了中国的面貌，中华民族正以崭新姿态屹立于世界的东方，中国继“汉唐盛世”之后再次走近世界舞台的中央，改革开放的最大创新成果，就是一个让世界刮目相看的当代中国。改革开放向世界展示了坚持马克思主义、科学社会主义的中国共产党人，是如何推进当代中国马克思主义理论创新、开创科学社会主义新道路的。在中华人民共和国历史上，改革开放是新中国成立后党领导的第二次革命。以毛泽东同志为主要代表的中国共产党人，成功实现了中国历史上最深刻最伟大的社会变革，改革开放这个伟大革命则推动了中国特色社会主义事业的伟大飞跃，中华民族迎来了从站起来、富起来到强起来的伟大飞跃，改革开放的中国就是一个创新中国。没有以创新为根、为本、为魂的改革开放，就没有这些伟大飞跃。

创新是改革开放的生命，体现了社会历史的规律。发展是社会历史的永恒现象，发展的实质是社会基本矛盾的运动，是生产力的发展引起整个社会关系、社会制度、社会观念的变革，创新就发生于这一过程。中国的改革开放，开创了通过新的伟大社会革命的方式解决社会主义的社会基本矛盾的新道路新途径。这种方式不是急风暴雨式的阶级斗争，不是执政党下台、政权更迭的苏东剧变样式，而是社会主义的自我完善、执政党的自我革命。改革开放何以成功、何以高效？究其实质就是进行新的伟大社会革命，让社会主义始终保持生机活力，就是最大限度激发全党全社会全民族的创新活力，让一切劳动、知识、技术、管理、资本等要素的活力竞相迸发，让一切创造社会财富的源泉充分涌流，塑造新型体制机制。伟大社会革命肯定要进行某些领域、某些方面的重塑重构，但其本质是制度创新、体制创新、机制创新；党的伟大自我革命肯定要以零容忍态度严厉惩治腐败，坚决清除一切腐败分子，清除一切侵蚀党的健康肌体的病毒，目的在于使党不断自我净化、自我完善、自我革新、自我提高，把党建设成为始终走在时代前列的马克思主义执政党。无论是加快形成系统完备、科学规范、运行有效的制度体系，还是推进国家治理体系和治理能力现代化，都是在创新。开放也是创新，开放本身是社会主义发展机制、治国理政方略的重大创新，开放对于国家加快创新形成强大动力，开放塑造了敢于创新、善于创新的精神文化。改革开放铸就的伟大改革开放精神，其精髓就是改革创新精神。

创新是改革开放的生命，指明了新时代改革开放再出发的关键。习近平总书记在讲话中系统阐述了开辟前进道路的基本要求，这些都需要以创新的决心和勇气，依靠全面改革创新来实现。未来必定会面临这样那样的风险挑战，甚至会遇到难以想象的惊涛骇浪，无论是“黑天鹅”事件，还是“灰犀牛”事件，光靠老思路老套路是不够的，必须要有新思路新套路。尊重人民主体地位，尊重人民群众在实践活动中所表达的意愿、所创造的经验、所拥有的权利、所发挥的作用，就是要充分激发蕴藏在人民群众中的创造活力。不断回答时代和实践给我们提出的新的重大时代课题，不断开辟马克思主义发展新境界，就是不断推进实践基础上的理论创新。推动中国特色社会主义制度更加成熟更加定型，是新时代制度创新的根本任务。坚决贯彻新发展理念，推动高质量发展，坚持创新是第一动力，实施创新驱动发展战略，形成绿色发展方式和生活方式，贯通的是创新发展理念。推动构建人类命运共同体，共建“一带一路”，是全面扩大开放的重大创新。不断推进党的新的伟大工程的建设，不断提高党的创造力、凝聚力、战斗力，打造能够引领创新的创新性政党。鼓励大胆试、大胆闯，又坚持实事求是、善作善成，既要敢为天下先、敢闯敢试，又要积极稳妥、蹄疾步稳，保证创新的正确轨道，防止创新的失误代价。

创新是改革开放的生命，提出了以改革开放的眼光看待改革开放的任

务。站在新的历史起点、处于新的时代高度、面对新的实践课题，新时代改革开放怎样才能再攀新高峰、再续新篇章、再创新伟业，是改革开放“四十不惑”之际必须深入思考的重大问题。全面深化改革、全面扩大开放，继续解放思想是强大推进器，破除思想障碍是内在动力机。新时代改革开放再出发，首先就要掌握辩证唯物主义和历史唯物主义的方法论，以改革开放的眼光看待改革开放。改革开放40年，创造了中国特色社会主义道路、理论、制度、文化成果，也塑造了改革开放的思想、精神、观念、眼光。马克思主义哲学方法论，是改革开放的哲学基础。改革开放的眼光，是科学世界观和方法论融入新的伟大社会革命所塑造的眼光，是一种解放思想、实事求是、与时俱进、求真务实的眼光，是一种坚持科学标准、实践标准、人民标准、历史标准的眼光。改革开放40年如同大江东去、汇聚众流，要将改革开放看成一个展开的过程。改革开放的本质是与停滞僵化不相容的，它要求不断完善、持续创新。改革开放40年经历摸石过河、逐步成熟，要将改革开放看成一次探索的实践。改革开放40年后仍要奋勇前行，还将在探索中发现和检验真理，在实践中发现和纠正失误。实践发展永无止境，理论创新永无止境。改革开放的目的是人民、依靠是人民、标准是人民，人民眼光是改革开放的最高眼光。党的十八大以来，以习近平同志为核心的党中央，坚持把为人民谋幸福的历史使命化为新时代改革开放旗帜的鲜明亮色，把人民对美好生活的向往作为党的奋斗目标及其全面深化改革的目标，把倾听人民呼声、汲取人民智慧作为推进各项改革的基本依据。哪里是人心所向，哪里就是改革所推；哪里是人心所背，哪里就是改革所止。

新时代社会
主要矛盾

进一步解放和增强社会活力※

30多年来的中国改革开放，是社会思想的大解放、社会生产力的大解放和社会活力的大解放。党的十八届三中全会审议通过的《中共中央关于全面深化改革若干重大问题的决定》，是在新的历史起点上全面深化改革的宣言书、动员令，是进一步解放和增强社会活力的发动机、推进器。全面深化改革，以解放和增强社会活力为目的和条件。只有蕴藏在全社会的一切活力充分迸发、尽情涌流，才能将我国建设成为富强民主文明和谐的社会主义现代化国家，实现中华民族伟大复兴的中国梦。

全面深化改革呼唤解放和增强社会活力

“九州生气恃风雷”，龚自珍的诗句表达了对社会活力的期盼和呼唤。今天，我国改革开放又到了一个新的重要历史关头，特别需要解放和增强社会活力，而激荡“九州生气”的“风雷”，就是全面深化改革。

推进“三个解放”，强化三大动力。十八届三中全会依据全面深化改革的新要求，明确提出了“三个解放”——进一步解放思想、解放和发展社会生产力、解放和增强社会活力，从而为全面深化改革提供强大的思想动力、制度动力和社会动力。解放和增强社会活力，是解放思想、解放和发展社会生产力的

※ 写于2013年。

结果，同时也是解放思想、解放和发展社会生产力的标志。从根本上说，“三个解放”，都是解放活力。解放思想是解放思想活力，解放生产力是解放生产活力，解放社会活力是在思想活力解放、生产活力解放基础上的社会活力解放。活力来自动力，死水一潭谈何动力；动力蕴含活力，强大的思想动力、制度动力和社会动力，本身就是强大的思想活力、制度活力、社会活力。贯彻《决定》精神，必须在全面深化改革中着力解放和增强社会活力，以解放和增强社会活力促进全面深化改革。

完善制度推进治理，大力激发社会活力。社会活力是历史的产物，也是时代的标识。春秋战国时期，是中国历史上社会大转折、大变革的时代。群雄并起，诸侯争霸，“问天下谁是英雄”。这是一个需要思想活力、经济活力、军事活力、创造活力的时代，并且是产生百家争鸣、造就群星灿烂，社会充满活力的时代。近代欧洲的文艺复兴，如同恩格斯所说：“这是人类以往从来没有经历过的一次最伟大的、进步的变革，是一个需要巨人并且产生了巨人的时代，那是一些在思维能力、激情和性格方面，在多才多艺和学识渊博方面的巨人。”[①]文艺复兴催生了思想的觉醒、才能的爆发、巨人的涌现。十八届三中全会确定，全面深化改革的总目标是完善和发展中国特色社会主义制度，推进国家治理体系和治理能力现代化。完善制度、推进治理，都是解放和增强社会活力的根本途径。实现总目标的过程，同时也是民族的生产热情、创造热情空前高涨的过程，是公民的责任意识、主体能力迅速增强的过程，是每个中国人实现梦想的力量不断强大的过程。

破除体制机制弊端，打破社会活力束缚。社会活力的酝酿和激发，不是一个自然过程，而是一个社会过程，需要积极引导、努力激活。在不同的历史条件下，社会释放创造力的性质与程度有很大的不同。当生产力发展受到生产关系和上层建筑的束缚时，社会的创造热情受到压抑，社会就没有活力，“万马齐喑究可哀”。只有从制度、文化、权利等方面共同创造一个解放和增强社会

① 《马克思恩格斯全集》（第二十六卷），人民出版社2014年版，第466页。

活力的机制环境,社会生产、社会生活的创造活力才会源源不断地涌流、迸发出来,全面深化改革才能获得不竭动力和无穷能量。当前,在现实生活中还是存在着这样那样的障碍,不同程度地抑制了社会活力。面对利益固化的藩篱、体制机制的顽瘴痼疾,要像习近平总书记在党的十八届三中全会上的讲话指出的那样,一定要有自我革新的勇气和胸怀,跳出条条框框限制,克服部门利益掣肘,以积极主动精神研究和提出改革举措。

社会活力的实质是人的活力

社会活力是一个民族、国家生生不息、创新发展的生命力,也就是马克思、恩格斯所说的"每个人的自由发展"与"一切人的自由发展"。社会活力表现为社会生产生活的积极性、发明创造的持续性、追求幸福的主动性、冲破桎梏的强烈性,等等,是一种激发社会系统优化升级活性的正能量。充满活力的社会是蓬勃向上、阳光乐观,鼓励奋斗、百折不挠的社会,激发社会活力就是如同十八届三中全会要求的,让一切劳动、知识、技术、管理、资本的活力竞相迸发,让一切创造社会财富的源泉充分涌流。改革开放取得成功的奥秘,就是把蕴藏于社会的各种资源、各类组织、各个主体中的巨大活力释放出来,百舸争流、千帆竞发。"忽如一夜春风来,千树万树梨花开"。所以,社会活力是一个民族、国家的财富之源、腾飞之基、长久之道。国家的繁荣昌盛、兴旺发达、长治久安,离不开强盛的社会活力;如果封闭保守、停滞僵化,必然走向衰落。

从活力源泉的角度分析,社会活力从生产活动、组织协同、制度运行等方式的活动中产生。生产活动是社会最基本的活动方式,也是社会活力的根本源泉。在生产活动中,生产力和生产关系要素的资源能力组合运动,产生了新的活力,由此制造出新的产品。在组织协同中,组织的特有素质、分工的专业深化、合作的优势互补等,塑造了新的活力,由此增生出新的样式。在制度运行中,依靠规则、规范、契约的激励,既刺激了社会活力向有益方向集中,又限制了社会活力向有害方向发散。从活力主体的角度分析,社会活力从个体主体、群体主体、社会主体的活动中产生，个体、群体、社会的活力是不同层次水平的活力。个体活力是社会活力的微观基础，没有每个个体的活力，很难想象能有强大的社会活力。群体活力是集体、组织等的活力，是按一定纽带连接在一起的聚合活力与协同活力。社会活力既是全社会所有个体、群体活力的总和，更是超乎其上的包含新能量新内涵的整体活力、系统活力。

无论是生产活力、组织活力、制度活力，还是个体活力、群体活力、社会活力，说到底，都是人的活力。人是主体，其他的主体形式，实质上都是人作为主体的特殊形式。人是活力之源，其他的活力源泉，实质上都是人作为活力之源的派生产物。工具、物资等资源的活力，是通过人的活动赋予的；没有人的支配，再精良的工具、再富余的物资只能是闲置物。组织、制度等关系的活力，是依靠人的活力作支撑；没有人的活力发挥，再完善的组织、再完美的制度只能是摆设物。社会有没有活力，关键要看人有没有活力；激发社会活力，根本是要激发人的活力。十八届三中全会推动的全面深化改革，正是要破除束缚人的解放与发展的体制机制，让每个人都能够人生出彩、梦想成真。

推进制度建设、体制改革解放和增强社会活力

十八届三中全会《决定》是解放和增强社会活力的强大推动。《决定》强调，全面深化改革要以促进社会公平正义、增进人民福祉为出发点和落脚点，这就从根本上保证了广大人民的积极性主动性创造性。坚决破除各方面体制机制弊端，这就从制度层面为解放和增强社会活力提供了更加有利条件，开拓了更加广阔空间，创造了更加有力激励。

深化经济体制改革，就是要大幅度减少政府对资源的直接配置，保障公平竞争，着力解决政府干预过多和监管不到位问题，健全归属清晰、权责明确、保护严格、流转顺畅的现代产权制度，保证各种所有制经济依法平等使用生产要素、公开公平公正参与市场竞争、同等受到法律保护，废除对非公有制经济各种形式的不合理规定，消除各种隐性壁垒，加快形成企业自主经营、公平竞争，

消费者自由选择、自主消费,商品和要素自由流动、平等交换的现代市场体系,最大限度减少中央政府对微观事务的管理。

深化政治体制改革,就是要推进协商民主广泛多层制度化发展,深入开展立法协商、行政协商、民主协商、参政协商、社会协商,促进群众在城乡社区治理、基层公共事务和公益事业中依法自我管理、自我服务、自我教育、自我监督。

深化文化体制改革,就是要以激发全民族文化创造活力为中心环节,建立多层次文化产品和要素市场,鼓励金融资本、社会资本、文化资源充分结合,鼓励社会力量、社会资本参与公共文化服务体系建设。

深化社会体制改革,就是要消除城乡、行业、身份、性别等一切影响平等就业的制度障碍和就业歧视,形成政府激励创业、社会支持创业、劳动者勇于创业新机制,健全资本、知识、技术、管理等由要素市场决定的报酬机制。保护投资者尤其是中小投资者的合法权益。

适应经济发展新常态
是加快转变经济发展方式的深化※

经济发展方式是在一定历史时期存在的经济发展态势，转变经济发展方式也不可能一蹴而就，需要很长时间才能完成。改革只有进行时，没有完成时；转变经济发展方式就目前进展来看，也是只有进行时，没有完成时。党的十八大以来，以习近平同志为核心的党中央在领导中国特色社会主义经济建设的过程中，准确判断我国经济所处的发展阶段，加快推进发展方式转变和经济结构调整，促进经济持续健康发展，实现实实在在没有水分的增长。经济发展新常态，是近年来我国经济发展的基本态势和显著特征。主动适应和引领经济发展新常态，是党和国家指导经济工作的重大方针。经济发展新常态与经济发展方式，是一种承接、包含的关系。适应经济发展新常态，无论就其内涵和实质而言，都是加快转变经济发展方式的继续、拓展和深化。经济发展新常态，是新形势下转变经济发展方式的新常态，是中国特色社会主义经济建设的新常态，是经济建设发生质的提升的新常态。研究我们党适应、认识、引领经济发展新常态的理论与实践，是对加快转变经济发展方式研究的深入，也是对中国特色社会主义理论与实践创新研究的深入。

※ 写于2015年。

转变经济发展方式造就经济发展新常态
经济发展新常态与转变经济发展方式密切关联

党的十八大以来，我国仍处于可以大有作为的重要战略机遇期，但机遇期的内涵和条件发生了新的变化，其中之一就是我国正在进入经济发展新常态。2013年7月，习近平总书记指出，我国经济正处于增长速度换挡期、结构调整阵痛期和前期刺激政策消化期叠加的阶段。这“三期叠加”实际上就表明了经济发展的某些重要新特征。2014年5月，习近平总书记提出“新常态”重要判断，要求从当前我国经济发展的阶段性特征出发，适应新常态。2014年11月，在亚太经合组织工商领导人峰会开幕式上的演讲中，习近平总书记分析了中国经济呈现新常态的主要特点：从高速增长转为中高速增长；经济结构不断优化升级；从要素驱动、投资驱动转向创新驱动。他指出，新常态将给中国带来新的发展机遇，这就是新常态下，经济增速放缓，但实际增量却依然可观；经济增长更趋平稳，同时增长动力更加多元；经济结构优化升级，发展前景更加稳定；政府大力简政放权，市场活力进一步释放。①2014年12月召开的中央经济工作会议，指出我国经济运行处于合理区间，经济结构调整变化显著，同时经济运行仍面临着困难和挑战，经济下行的压力较大，结构调整的阵痛显现，企业生产经营的困难增多，部分经济风险开始显现。因此，科学认识经济形势，准确研判经济发展走势，必须全面、历史、辩证地认识我国经济发展阶段性特征，准确把握当前经济发展新常态，遵循我国经济发展大逻辑。

经济发展新常态由多样性特征构成。表现在消费需求上，模仿型排浪式的消费阶段基本结束，个性多样化的消费渐成主流，产品质量安全、创新供给激活需求重要性明显上升，必须保持消费在推动经济发展中继续发挥基础作

① 参见习近平：《谋求持久发展 共筑亚太梦想》，《人民日报》2014年11月10日，第2版。

用。表现在投资需求上，传统产业已相对饱和，但一些新技术和新产品、新业态和新商业模式的投资机会却大量涌现，要求创新投资融资方式，必须保持投资对经济发展继续发挥关键作用。表现在出口和国际收支上，全球的总需求不振，我国低成本优势发生了转化，出口竞争优势仍然存在，必须保持出口对经济发展的支撑作用。表现在生产能力与产业组织方式上，传统产业的供给能力大大超出需求，企业兼并重组和生产相对集中成为大势所趋，新兴产业、服务业和小微企业的作用更加凸显，小型化、智能化、专业化生产成为产业组织的新特征。表现在生产要素的相对优势上，人口老龄化趋势加重，农业的富余劳动力逐步减少，生产要素规模驱动力正在减弱，必须促使创新成为驱动发展的新引擎。表现在市场竞争的特点上，正逐步从数量扩张、价格竞争转向以质量型、差异化竞争为主，要求提高资源配置效率，必须加快形成统一透明和有序规范的市场环境。表现在资源环境约束上，环境承载能力已经达到了或接近上限，必须推动形成绿色、低碳、循环发展的新方式。表现在经济风险积累和化解上，各种隐性风险逐步显性化，总体上风险可控，但化解以高杠杆和泡沫化为表象的各种风险还将持续一段时间，必须建立健全化解各种风险的体制机制。表现在资源配置模式与宏观调控方式上，全面刺激政策的边际效果开始明显递减，要全面化解产能过剩问题，发挥市场机制探索产业发展方向，必须进行科学的宏观调控。

可以看出，经济发展新常态与转变经济发展方式，面临的形势背景总体上说是共同的，都是在世界范围新科技革命的大趋势下，寻找和开发经济发展新的动力、新的增长点；都是在后国际金融危机时代，世界经济尚未走出低迷、普遍增速放缓的环境中，在新的经济节奏、新的经济条件下，形成新的经济发展机制、发展样式、发展路径。经济发展新常态与转变经济发展方式，主题都是一致的，都是如何适应变化了的经济条件，更好遵循新形势下的经济发展规律，走出一条合理、健康、有序、持续的经济发展新路。可以说，加快转变经济发展方式，就是在推动形成经济发展新常态；经济发展新常态的内涵，就是新的经济发展方式形成。

经济发展新常态是转变经济发展方式的延伸拓展

经济发展新常态呈现出的明显特征，显示了一些趋势性变化。这些趋势性变化既标明了经济发展“新”在何处、“常”在何处、是何态势，同时也标明了加快转变经济发展方式“转”在何处、“转”向何方、是何效果。经济发展新常态不仅是经济发展方式转变的继续，而且是经济发展方式转变的内涵延伸、空间拓展、质量提升。

一是经济增长速度正在从以往高速增长转向中高速增长，转变经济发展方式转在经济增长速度更加合理上。改革开放以来，我国经济发展保持年均10%左右的增长速度，在较短时间内就实现了从低收入国家转变为中等收入国家。经过21世纪头10年年均增速达10.48%的高速增长后，从2011年起经济增速开始放缓（2011年9.3%，2012年7.8%，2013年7.7%，2014年7.4%）。从“十二五”开始，我国经济进入中高速增长的阶段。中高速增长，既是对国际金融危机、出口市场压缩的自动反馈，对经济失衡、产能过剩、消费乏力的正常反应，也是主动纠正高度增长带来的高代价等不可持续问题的自觉控制。因此，中高速增长是经济规律作用的自然结果，是恢复经济平衡、实现再平衡的努力结果，是加快转变经济发展方式的积极结果。

二是经济结构正在从以往增量扩能为主的模式转向调整存量与做优增量并存的模式的深度调整，转变经济发展方式转在经济结构更加优化上。过去，大量的投资向某些行业集中，结果造成严重产能过剩，出现恶性的价格竞争，造成企业效益下滑。同时，由于技术水平的落后，不少高端产品或高端环节严重产能不足，依赖进口，如芯片90%要依赖进口，每年的进口额已超过石油。经济结构调整优化的实质是资源要素重新组合利用，是资产的重组调整再配。经济发展新常态下，经济转型升级就意味着经济结构优化。传统产业的企业兼并重组与生产相对集中势在必行，生产的小型化、智能化和专业化已成为产业组织新特征。随着“一带一路”倡议、京津冀协同发展战略、长江经济带战略的推进，区域统筹发展协调性增强，经济发展的空间格局优化，区域间走向协同发展和共同发展。经济结构的深度调整促使经济结构柔性化。

三是经济发展动力正在从以往的传统增长点转向创新驱动的增长点，转变经济发展方式转在经济发展动力更加多元上。长期以来，我国经济增长点和发展动力机制单一。进入经济发展新常态，投资增速放缓，效率有所下降，人口红利消失，只有依靠全要素生产率的提高，即依靠技术进步与创新，使经济增长发掘新的源泉。因此，要建设创新型国家，强化创新驱动，增加研发投入。我国研发投入占GDP的比重，2013年达到2.09%，还要继续提高。我国科技成果的转化率为10%左右，低于发达国家的40%水平。每次重大技术革新后，是经济增长的“换挡提速”，是动力机制从要素驱动、投资驱动向创新驱动的转变，是经济增长的动力从一元向多元的转变。新常态下我国经济增长的动力结构，既不同于以往快速释放后发优势后的模式，也不同于发达国家主要依靠创新驱动与消费主导的模式，而是呈现规模经济与结构变动的释放增长效应正在减弱，同时质量效益提升与全要素生产率的贡献正在增强的特征。我国工业化城镇化还未完成，2.6亿农民工尚需转变为市民，2亿贫困人口尚需脱贫，1亿城市棚户区的住户尚需要新的住宅，这些都包含着巨大需求空间。我国改革的制度红利继续释放，新的增长动力群正在形成。新旧动力与需求潜力的结合，将会释放新的强大动力，支撑新常态下经济中高速增长。新常态是经济增长动力的转型。

四是经济发展形态正在从规模速度型的粗放增长转向质量效率型的集约增长，转变经济发展方式转在经济发展形态更加先进上。经济发展新常态，实质是经济增长形态的跃升，是经济发展方式的先进形态。以往的高速发展，付出了高污染、高耗能、降低民众福利的代价。目前，钢铁、水泥等行业的产能严重过剩，占用大量的生产资源，积聚了很大的经济风险；同时，教育、医疗、养老等行业社会资源进入不足、机制不活，影响经济发展的效率。经济增长表面上看是要素的积累、投入的增长，其实质是资源优化配置、产业结构升级的过程。新常态是增长形态的跨越，从传统增长形态到现代增长形态，从粗放式的增长形态到集约式的增长形态，从初级形态到更高级形态。经济转型难免阵痛，会有企业淘汰，但转型成功就会增强资产质量，就能升级产业结构，创造新的工作岗位、更多的价值。一些传统产业面临转产调整，但一些新技术、新业态和新需求大量涌现，供给创造需求空间巨大。出口需求增长放缓，但可以利用装备能力、产业的配套能力和资金输出的优势，向产业链的高端迈进。治理污染、保护环境看上去会增加成本，但能够满足人民更迫切的生态需求，低碳发展、绿色发展等会带来许多新的增长动力。新经济要借鉴世界先进的生产技术、生产模式，把物联网、服务网和信息物理系统等融入制造环境，在世界生产方式变革中抓住机遇。在推进高新技术产业同时，推进传统产业技术改造，促进向产业中高端延伸，推动制造业的转型升级。在新常态中，生产要素从低效率的部门向高效率的部门转移，经济整体的效益和竞争力增强。

适应经济发展新常态是加快转变经济发展方式的新方略

党的十八大特别是2014年以来，面对全球经济复苏乏力，国内经济下行的压力持续加大。面对我国经济正在向形态更加高级、分工更加复杂、结构更加合理阶段演化的趋势性变化，以习近平同志为核心的党中央适时提出认识、适应和引领新常态的经济发展新战略，作为我国当前和今后一个时期的经济发展大逻辑。这一经济发展的新战略、大逻辑，同时也是加快转变经济发展方式的新方略、大逻辑。

主动适应和引领我国经济发展新常态，继续加快转变经济发展方式，党和政府科学把握大势，做到稳中求进，创新宏观调控的思路和方式，统筹稳增长、促改革、调结构、惠民生、防风险各项任务，全面完成了经济社会发展的主要目标任务，全面深化改革实现了良好开局，全面依法治国开启了新征程，全面实现小康迈出坚实步伐。我国经济社会的发展总体平稳，而且稳中有进，宏观经济运行处在合理区间，总体经济结构发生新的变化，经济发展质量有了新的提升，扩大对外开放有了新的突破，保障人民生活有了新的进展，可以看出发展的协调性与可持续性得到增强。这些发展成效，既是适应经济发展新常态的新成效，也是加快转变经济发展方式的新成效。

认识、适应和引领经济发展新常态，就要坚持把提高经济发展质量与效益作为中心，把转方式、调结构放在各项任务更加重要的位置，改革攻坚，创新驱动，风险防控，保障民生，促进经济平稳和健康发展，保持社会和谐稳定。关键是要稳和进实现相互促进，着眼实现经济发展中高速增长与走向中高端水平，稳政策稳预期，激励大众创业和万众创新，增加公共产品和公共服务，保持经济发展调速而不减势、量增而质更优。引领新常态离不开经济杠杆的使用，要稳定完善宏观经济政策，实施积极的财政政策与稳健货币政策，注重预调、微调与定向调控。深入推进投融资、财税、金融、价格等体制改革，构建开放型的经济新体制。适应经济发展新常态，不仅没有改变经济发展方式转变的方向、趋势和进度，而且进一步增强加快经济发展方式转变的自觉性主动性，是加快转变经济发展方式的有利契机。

适应经济发展新常态，保证了我国经济发展是在遵循经济规律基础上的科学发展，是在遵循自然规律基础上的可持续发展，是在遵循社会规律基础上的包容性发展。这样的经济发展，正是加快转变经济发展方式所要达到的目的。

实现经济发展新常态与转变经济发展方式的统一

适应经济发展新常态是在加快转变经济发展方式的过程中实现的，加快转变经济发展方式是在适应经济发展新常态的过程中深化的，两者统一于中国特色社会主义经济建设和发展的实践。把加快转变经济发展方式与适应经济发展新常态有机统一起来，是中国特色社会主义的创新。认识、适应、引领经济发展新常态，就是寻找两者有机统一的途径和方法。

保持稳增长与调结构之间的平衡性

努力保持经济的稳定增长，需要解决好稳增长和调结构的关系，使其相互促进，而不是因稳增长就不去积极调结构，因调结构而造成增长速度的大幅下落。关键是要保持稳增长与调结构之间的平衡性，保持宏观政策的稳定、微观政策的灵活、社会政策托底的总体思路。

实现稳增长，就要保持宏观政策的连续性稳定性。宏观政策对经济增长影响最为重要，只有宏观政策保持稳定，经济增长才能保持稳定。这就要继续实施积极财政政策和稳健货币政策。积极财政政策要有一定力度，通过有力的财政杠杆遏制经济的下滑，刺激经济的增长。稳健货币政策要进一步把握好宽松与紧缩的尺度，做到松紧适度，通过有效的货币政策调控增长的速度。拉动经济增长的投资、消费、出口“三驾马车”，不可偏废，只有“三驾马车”协调用力，才能更加均衡地拉动经济增长。

稳增长为调结构创造有利条件。主动适应和引领经济发展新常态，就要切实把经济工作着力点进一步放到转方式、调结构上来。实现发展方式转变、经济结构调整，是保持经济稳步增长的基本条件。新型的工业化、信息化、城镇化和农业现代化，是转方式、调结构的主攻方向。要推进这“新四化”同步发展，以工业化推动信息化、城镇化和农业现代化，以信息化牵引工业化、城镇化和农业现代化，以城镇化和农业现代化支撑工业化和信息化。调结构的重点是逐步增强信息、生物等战略性新兴产业和与其相关的服务业的支撑作用，下大力气推动传统产业向中高端迈进。

经济运行存在着不确定因素，存在着各种风险可能，稳增长、调结构就要增强风险意识，高度关注经济风险发生发展的趋势，采取有效对策加以防范与化解，始终保持经济发展的有序性。

积极发现和培育新的经济增长点

适应经济发展新常态，加快转变经济发展方式，都是要积极发现和培育新的经济增长点。新的经济增长点，是在转变发展方式条件下保证经济稳步增长的支撑点，是把稳增长与调结构统一起来的结合点，是在新的增长点基础上稳增长、调结构。要看到，我国人口、市场、发展的优势很大，存在着大量新的经济增长点，开发潜力巨大。

发现和培育新的经济增长点，一是市场要活。市场在资源配置中起着决定性作用，新的经济增长点也必须主要依靠市场发现和培育。我国现实经济生活中，仍然存在着这样那样的束缚市场主体创造活力、阻碍市场经济规律特别是价值规律发挥决定性作用的弊端，这就妨碍了新的经济增长点的生成，也妨碍了发展方式转变、经济结构调整。市场要活，就要像习近平总书记指出的那样，从广度和深度上推进市场化改革，减少政府对资源的直接配置，减少政府对微观经济活动的直接干预，加快建设统一开放、竞争有序的市场体系，建立公平开放透明的市场规则，把市场机制能有效调节的经济活动交给市场，把政府不该管的事交给市场，让市场在所有能够发挥作用的领域都充分发挥作用，推动资源配置实现效益最大化和效率最优化，让企业和个人有更多活力和更大空间去发展经济、创造财富。[①]

二是创新要实。发现和培育新的经济增长点，依靠创新、需要创新，更多地依靠产业化创新来形成和培育新的经济增长点。创新必须落实到实实在在的创造新的经济增长点上，从而把科技创新的成果变成创造产品、利润和财富的产业活动。多年来，我们一直存在着科技创新成果向现实的生产力转化不力、转化不顺、转化不畅的痼疾，一个重要症结是在科技创新的链条上还存在着诸多的体制机制关卡，从创新到转化的各个环节衔接还不够紧密。这就要实现从科学研究到实验开发、再到推广应用的跨越，推动科技创新与经济社会发展实现深度融合，开拓从科技强到产业强、从产业强到经济强的快速通道，把创新驱动的这个新引擎高速全速发动起来。

三是政策要宽。培育新的经济增长点需要宽松的政策和制度环境，营造

---

① 参见《习近平谈治国理政》，外文出版社2014年版，第117页。

有利于促进大众创业、促进市场主体创新的政策和制度环境。各级政府要创造更好的市场竞争环境，培育市场化的创新机制，保护产权，完善金融支持制度，强化激励机制，集聚优秀人才。十八届三中全会通过的《中共中央关于全面深化改革若干重大问题的决定》释放出有利于新的增长点生长的信号。例如，鼓励国有资本、集体资本、非公有资本等交叉持股、相互融合的混合所有制经济发展。

走出现代农业发展道路

2015年初，中共中央、国务院出台1号文件(《关于加大改革创新力度 加快农业现代化建设的若干意见》)，聚焦加大改革创新力度，加快农业现代化建设。进入经济发展新常态，如何在经济增速已经放缓的背景下，继续强化农业的基础地位、促进农民保持持续增收，是我们必须破解的重大课题；国内农业的生产成本出现快速攀升，我国大宗农产品的价格普遍比国际市场高，如何在这"双重挤压"下能够创新对农业的支持保护政策、进而提高农业竞争力，是我们必须面对的重大考验；我国农业面临资源短缺、开发过度、污染加重问题，如何在资源环境的硬约束下有效保障农产品的有效供给与质量安全、从而提升农业的可持续发展能力，是我们必须应对的重大挑战；城乡资源要素的流动加速，城乡互动的联系增强，如何在我国城镇化深入发展的背景下加快建设新农村步伐、实现城乡的共同繁荣，是我们必须解决好的重大问题。破解这些难题，是"三农"工作的重大任务。因此，解决好"三农"问题，始终是全党工作的重中之重。必须继续夯实保持农业稳定发展的基础，继续稳住农村保持持续向好的局势，继续稳定粮食与主要农产品的产量，继续保证持续增加农民收入，加快推动中国特色农业现代化。

中国的强盛，离不开强大的农业。首先要加快转变农业发展方式，从主要追求产量、依赖资源消耗那种粗放经营方式，转到数量与质量效益并重，提高农业竞争力，促进农业科技创新，保持可持续的集约式发展上来，走出一条产出高效和产品安全的现代农业发展道路。人民的富裕，离不开富裕的农民。

让农民富裕，就要进一步挖掘农业内部的增收潜力，开发农村第二产业、第三产业的增收空间，拓宽农村外部的增收渠道，加大政策的助农增收力度，在经济发展新常态下继续保持城乡居民的收入差距不断缩小的势头。美丽中国离不开农村的美。繁荣农村，就要坚持不懈地推进建设社会主义新农村，推进城乡一体化，从根本上改变城乡二元结构。要加快提升农村的基础设施水平，实现城乡基本公共服务的均等化，让农村成为亿万农民安居乐业的幸福家园。全面深化改革，要把农村改革放在更加突出位置，完善强农惠农的政策，完善农产品价格的形成机制，完善农业补贴的办法，完善农村土地的经营权流转政策，激发农村经济社会的发展活力。全面依法治国，农村属于法治建设相对薄弱的领域，要加快完善关于农业农村的法律体系，一体化推进城乡法治建设，提高农村的基层法治水平。

优化经济发展的空间格局

经济发展是在一定区域空间内进行的，不同区域空间的气候、地形、矿藏、植被、水源等自然禀赋不同，由此造成了不同区域空间的人口、经济、社会、文化、历史、科技、人文等社会禀赋的不同，形成了在一个民族、国家内部具有多样性的经济发展空间格局。由于自然和历史等因素，我国经济发展空间具有不一致性、不平衡性，并不是所有的区域空间都适宜大规模、高强度的工业化城市建设开发，只能因地制宜、合理开发；我国国土辽阔，但人口众多，人均面积少，不可能走大面积开发、粗放式开发的城市化道路，只能节约土地、集约开发。因此，就要区分不同经济发展空间的功能，分类发展，将某些区域定位为优先开发或重点开发的城市化地区，在这些区域集聚国家主要的经济活动和大部分人口，为农产品和生态产品留出更多发展空间；将某些区域限定为有限制开发或禁止开发的重点生态功能区，把这些区域作为保障生态安全的生态空间；将某些区域作为保障农产品安全的农业空间。

优化经济发展的空间格局，就是要通过优化空间结构，提高空间利用效率。首先要促进我国各地区的协调发展、协同发展和共同发展。东西南北中，都要根据区域特点，发挥区域优势，制定出科学的区域发展战略。总体上说，就是要推进东部率先、东北振兴、西部开发、中部崛起的总体战略。各个地区都要找准自己主体功能区的定位与自身优势。这就要通过改革创新，打破阻碍区域协调发展的地区封锁与利益藩篱。还要逐步扩大绿色生态空间、城市居住空间、公共设施空间，保持农业生产空间，适当压缩工矿建设空间和农村居住空间。要陆海统筹，把陆地经济发展空间与海洋经济发展空间的开发协调起来，沿海地区集聚人口和经济的规模要与海洋环境的承载能力相适应，海洋主体功能区要与陆地主体功能区相协调。

更加注重保障和改善民生

适应经济发展新常态和加快转变经济发展方式，根本目的都是为了维护好、实现好、保障好广大人民群众的根本利益。更加注重保障和改善民生，是中国特色社会主义经济建设和社会建设的鲜明特征，是以习近平同志为核心的党中央的工作重点。2012年11月15日，习近平总书记在新一届中央政治局常委集体亮相时，就明确指出："我们的人民热爱生活，期盼有更好的教育、更稳定的工作、更满意的收入、更可靠的社会保障、更高水平的医疗卫生服务、更舒适的居住条件、更优美的环境，期盼孩子们能成长得更好、工作得更好、生活得更好。人民对美好生活的向往，就是我们的奋斗目标。"①这同时也应该是适应经济发展新常态和加快转变经济发展方式的奋斗目标。经济发展是改善民生的大前提，没有经济发展去谈改善民生是无源之水；民生改善又能释放群众的消费潜力，拉动内需，推动形成新的经济增长点，为经济发展方式转型升级提供强大的内生动力。

注重保障和改善民生，特别是要多一些雪中送炭，更加注重保障好基本民生，更加关注那些低收入群众的生活。对贫困地区、困难群众，更要着力推动

---

① 中共中央文献研究室编：《十八大以来重要文献选编》(上)，中央文献出版社2014年版，第70页。

脱贫致富，格外关注、关爱、关心。抓民生就要抓住与人民利益最直接、人民群众最关心的问题，多去谋求民生之利，多去解决民生之忧。“家贫子读书”，要把贫困地区的义务教育搞好，让贫困家庭的子女都能受到公平的、有质量的教育，不能让他们从小就输在了起跑线上。就业乃民生之本，要通过稳增长和调结构，扶持小微企业与服务业更好发展，增加更多就业岗位，鼓励用创业带动就业，缓解因调整经济结构带来的失业问题。收入分配为民生之源，是人民共享改革发展成果最直接最重要的方式，要努力实现劳动报酬的增长与劳动生产率的提高相同步，完善通过税收、转移支付、社会保障等主要手段实现的再分配调节的机制。住房问题是民生问题，也是发展问题，要加快推进住房保障与供应体系建设，实现广大人民住有所居的目标，为困难群众提供好基本住房保障，到2015年，全国保障性住房的覆盖面要达到20%左右。人民健康是全面小康的重要内涵，要进一步深化医疗保障和医疗服务、公共卫生和药品供应，以及监管体制的综合改革，解决好医改这一世界性的难题，着力解决群众看病难、看病贵问题，实现基本医疗卫生资源的均衡配置。

提高转变经济发展方式的水平和效果

在适应经济发展新常态的过程中加快转变经济发展方式，是我们党科学认识和指导经济发展的崭新实践。在这一实践中我们党积累了宝贵经验，加深了对中国特色社会主义经济建设规律的认识，进一步增强了加快转变经济发展方式的自觉性和主动性。

推动经济发展提质、增效、升级

加快转变经济发展方式，是一个内涵不断丰富、层次不断提升、阶段不断前进的过程。在经济发展新常态中，我国经济正在向形态更加高级、分工更加复杂、结构更加合理的阶段演化。转变经济发展方式，也要适应这一趋势性变化，与这一趋势性变化相吻合。经济发展的形态更加高级，表明由生产方式、经济体制、经济发展方式等方面构成的经济发展形态，已具有许多新的阶段性特征，迈向了中高级水平，转变经济发展方式也要从初中级水平向中高级水平迈进。经济发展的分工更加复杂，表明经济结构、产业模式、企业组织等发展得更加精细，集约化生产不仅表现在宏观和中观层面，而且表现在微观层面，转变经济发展方式也要从宏观和中观层面向微观层面拓展。经济发展的结构更加合理，表明产业结构、需求结构、消费结构等已发生重要变化，转变经济发展方式成效显著，要按照结构合理的要求继续推进调整结构。

经济形态更加高级、经济分工更加复杂、经济结构更加合理，为我国经济发展提供了极为有利的条件。以此为契机，2014年12月举行的中央经济工作会议要求坚持不懈地推动经济发展的提质增效升级，这也是转变经济发展方式迈上新台阶的具体要求。经济发展提质，就是要求在以往纠正片面追求数量、速度、规模偏向的基础上，继续把提高质量放在更加重要的位置。我国传统制造业特别是高耗能、高排放的行业，如粗钢和水泥、电解铝和平板玻璃等行业，产能的利用率普遍较低，浪费十分严重，必须标本兼治、多管齐下，消化、转移、整合、淘汰。没有壮士断腕的决心和勇气，瞻前顾后，就很难实现提质。经济发展增效，就是要求坚定不移走内涵式发展的路子，增加经济发展的效益、效率、效能，不能一味地在增长率上搞攀比，在GDP排名上比高低。我国经济发展具有巨大的韧性、潜力与回旋余地，完全有条件、有能力实现经济发展增效，做到调速而不减势、调量而质更优。经济发展升级，就是要求顺应经济形态更高级的趋势，继续推动经济发展的提档优化，改造和提升传统的制造业，培育和发展新兴产业，加速发展服务业，加强新能源与可再生能源建设，发展综合运输体系，加大城乡公共基础设施的建设力度，构建起现代产业发展的新体系。

遵循经济发展的大逻辑

适应经济发展新常态与加快转变经济发展方式相辅相成、相互促进，表明了我们党对经济发展规律的自觉遵循和主动运用，也就是对我国经济发展大逻辑的科学认识与把握。遵循经济发展的大逻辑，不仅表现为认识、适应和引领经济发展新常态，而且表现为在中国特色社会主义经济建设的各领域和全过程，都能够发现和遵循这一大逻辑。遵循生产关系适应生产力发展要求、上层建筑适应经济基础发展要求的大逻辑，我们党毅然决然地作出改革开放的战略决策，我国面貌发生历史性变化；遵循社会化大生产条件下资源配置的大逻辑，我们党创造性地建立社会主义市场经济体制，激发出极大的经济活力和社会活力；遵循经济发展方式演进的大逻辑，我们党及时推进转变经济发展方式，为我国经济有序、健康、可持续发展奠定良好基础；遵循社会主义社会发展动力的大逻辑，我们党推进改革没有完成时，全面深化改革，为全面建成小康社会、实现中华民族伟大复兴的中国梦打下坚实的制度基础。遵循经济发展的大逻辑，我国经济建设就能够又好又快持续发展。

遵循经济发展的大逻辑，既是遵循经济规律，又是遵循自然规律和社会规律。加快转变经济发展方式，不仅是经济规律的体现，而且是自然规律和社会规律的体现，是经济规律、自然规律和社会规律相统一的认识成果。经济发展是在一定自然条件下进行的，首先要解决人与自然的关系。由于人的生产活动违背自然规律，导致生态系统患上“重病”，必须走科学发展道路。科学发展就是要以科学的态度和方式对待自然，要尊重自然规律。经济发展从来离不开社会，经济发展更要遵循社会规律，人怎样对待自然实质上是社会问题，经济规律要在符合社会规律的前提下才能发挥作用。转变经济发展方式，内含着社会发展方式的转变。经济的核心是利益，加快转变经济发展方式，重点和难点都在于改变利益格局，因为体制结构的背后是利益格局，这就涉及社会关系的调整和变革。转变经济发展方式，要推动经济政治、文化社会的整体转型，才能深入下去、取得成效。比如，城乡发展的不平衡问题，不只是经济问题，而且是城乡二元结构的社会问题，只有改变这种二元结构，促进公共资源、公共服务在城乡才能得到均衡配置，促成城乡经济社会发展的一体化新格局，才能从根本上解决。因此，加快转变经济发展方式要求全面深化改革，只有全面深化改革才能加快转变经济发展方式。

实现党推进经济发展的观念、体制、方式方法的与时俱进

中国共产党是中国特色社会主义经济建设和发展的领导核心。适应经济发展新常态，加快转变经济发展方式，都是在党的领导下顺利进行的，都是党依据我国国情的阶段性特征，依据中国特色社会主义经济规律，依据人民利益的迫切要求，作出的重大战略举措。适应经济发展新常态的科学性，加快转变经济发展方式的合理性，实际上反映了党领导经济工作的正确性，反映了党引领经济发展的新水平。

经济规律是共同的，但在不同发展阶段、不同发展态势、不同矛盾问题时，经济规律的表现形式是不同的。新的形势需要与时俱进的观念来把握，新的问题需要体制的与时俱进来适应，新的要求需要新的方式方法来推进。因此，中央及时提出，经济发展进入新常态，党领导经济工作的观念、体制、方式方法也要与时俱进。只有实现党推进经济发展的观念、体制和方式方法的与时俱进，才能保证经济发展新常态的有序运行，保证加快转变经济发展方式的顺利实现。

党的十八届四中全会作出全面推进依法治国的决定。全面推进依法治国，包括推进经济发展和建设在法治化轨道上运行，包括提高党领导经济工作的法治化水平。党引领经济发展的观念、体制和方式方法的与时俱进，一个重要方面，就是要提高领导经济工作的法治观念，强化领导经济工作体制的法制基础，掌握领导经济工作的法治方式。这就要求加快建设职能科学、权责法定、执法严明、公开公正、廉洁高效、守法诚信的法治政府，对财政资金分配使用、国有资产监管、政府投资、政府采购、公共资源转让、公共工程建设等权力集中的部门和岗位，实行分事行权、分岗设权、分级授权，强化内部流程控制，全面推进政务公开，重点推进财政预算、公共资源配置、重大建设项目批准和实施、社会公益事业建设等领域的政府信息公开，等等。法治为中国特色社会主义经济发展提供可靠制度保障，把转变经济发展方式纳入法治轨道，必将增强党领导经济工作的法治能力，促使经济发展方式的成功转变，促使我国经济建设和发展进入新阶段、达到新高度。

坚持新发展理念是关系我国发展全局的一场深刻变革※

“十三五”时期在党和国家的历史进程中具有重要的历史意义，要求党的十八届五中全会确立新的发展理念，用新的发展理念引领发展行动。全会强调，实现“十三五”时期发展目标，破解发展难题，厚植发展优势，必须牢固树立创新、协调、绿色、开放、共享的发展理念。坚持创新发展、协调发展、绿色发展、开放发展、共享发展，是关系我国发展全局的一场深刻变革。

推动发展的目标指向变革

实现什么样的发展，怎样发展，是中国特色社会主义的基本问题，也是发展观、发展理念的基本问题。发展实践伴随着关于发展的认识过程，产生了关于发展的思考、思想、观点、观念、理论等认识成果。其中，关乎发展思路、发展方向、发展着力点认识成果的集中体现，就是发展理念。2015年9月，习近平主席在联合国发展峰会上的讲话中强调指出：争取公平的发展，让发展机会更加均等；坚持开放的发展，让发展成果惠及各方；追求全面的发展，让发展基础更加坚实；促进创新的发展，让发展潜力充分释放。[①]这实质上就是为全球发展

※ 写于2016年。

① 参见习近平：《谋共同永续发展 做合作共赢伙伴——在联合国发展峰会上的讲话》，载《人民日报》2015年9月27日。

提出的共同价值观念、共同发展理念。进入全面建成小康社会决胜阶段，我国发展的环境、条件、任务、要求等都发生了新的变化，重要战略机遇期与严峻挑战并存。诸多矛盾叠加要求我们统筹化解，风险隐患增多需要我们未雨绸缪。提高发展的平衡性、包容性、可持续性，在协调发展中拓宽发展空间，在加强薄弱领域中增强发展后劲，是对党把握规律水平、领导发展能力的检验。新的发展理念为全面建成小康社会决胜阶段提供了有力思想武器，引导党和国家开创新的发展实践，推动我国发展全局的深刻变革。

理念指引方向，发展理念表明朝着什么方向发展，决定着发展的目标指向。马克思关于未来社会的发展理念，是联合起来的生产者“靠消耗最小的力量，在最无愧于和最适合于他们的人类本性的条件下来进行这种物质变换”①，也就是经济发展规律与人的发展规律的统一。马克思主义这一发展理念，指明了社会主义建设和发展的目标指向。中国特色社会主义建设与发展，坚持以人民为中心的发展思想，把增进人民福祉、促进人的全面发展作为发展的出发点和落脚点，正是遵循马克思主义发展理念的当代实现。

新发展理念是我们党探索实现什么样的发展、怎样发展的最新认识成果，昭示着在新的历史条件下我国发展的目标指向。“十三五”规划建议第一次明确地将创新、协调、绿色、开放、共享综合一体，作为发展理念整体提出，勾画了中国新发展的五个维度，规定了新发展的大方向。创新指明了发展动力的转变方向，协调指明了发展矛盾的解决方向，绿色指明了发展环境的保持方向，开放指明了发展空间的拓展方向，共享指明了发展成果的分配方向。同时，新发展理念有机统一、相辅相成，“一个都不能少”，共同构成了“十三五”乃至更长时期的目标体系。正如习近平总书记所指出的：“发展理念是发展行动的先导，是管全局、管根本、管方向、管长远的东西，是发展思路、发展方向、发展着力点的集中体现。发展理念搞对了，目标任务就好定了，政策举措也就跟着好

① 《马克思恩格斯文集》（第七卷），人民出版社2009年版，第928—929页。

定了。”[①]“十三五”规划建议就是以新发展理念为主线进行谋篇布局的。

目标转向、全局变动，新的目标指向引发发展全局变革。推进新发展理念，从主要依靠资源和低成本劳动力等要素投入转向创新驱动，把创新摆在国家发展全局的核心位置，让创新贯穿党和国家一切工作。从发展不平衡、不协调、不可持续状态转向发展结构、关系、阶段的协调发展，不断增强发展整体性，区域协同、城乡一体、物质文明精神文明并重、经济建设国防建设融合。从生态环境恶化趋势转向留住绿水青山，生产方式和生活方式绿色、低碳水平上升，形成人与自然和谐发展现代化建设新格局。从贸易大国转向投资大国、产品输出转向产业输出，发展更高层次的开放型经济，促进国内国际要素有序流动、资源高效配置、市场深度融合。从收入差距较大转向全体人民有更多获得感，打赢脱贫攻坚战，实现全体人民共同迈入全面小康社会。

推动发展的价值观念变革

理念既是关于世界本来面目的认知结果，也是世界应当如何的价值目标。发展理念表明什么样的发展是合乎发展规律的，也表明什么样的发展是合乎主体需要的。以人为本、全面协调可持续、统筹兼顾的发展观，既是新世纪新阶段发展的规律要求，也是中国特色社会主义发展的价值准则，是广大人民群众的所愿所想。因此，发展理念同时也是价值观念。“十三五”时期是全面建成小康社会的决胜阶段，全面小康本身就是包含价值追求的更加美好的社会发展阶段，并且根据当今世界和中国的大局与大势，根据社会主义核心价值观与发展理念的统一性，根据13亿多中国人民的新的利益要求，具有新的更高的价值目标。新发展理念内在地包含着为“十三五”乃至更长时期确定价值观念的使命。

新发展理念确立了新的价值观念，也就是倡导新发展的五个价值准则。

---

① 习近平：《关于〈中共中央关于制定国民经济和社会发展第十三个五年规划的建议〉的说明》，载《人民日报》2015年11月4日。

创新价值观在引领发展的系统动力中,将创新作为第一动力,既是动力排序,也是价值排序;在国家发展全局的各种机制中,将创新列为核心位置,既是重要程度的凸显,也是价值理念的凸显。倡导创新,就是敢于试验、勇于探索,反对因循守旧、停滞不前。协调价值观强调持续健康的发展,这本身就是确立发展新的关系、形成发展新的秩序、主张发展新的价值。协调发展就是追求发展布局、发展关系、发展空间、发展要素、发展进程的平衡性整体性,防止和遏制孤立发展、片面发展、畸形发展、隐患发展。绿色价值观具有鲜明的发展导向,绿色是永续发展的必要条件和人民对美好生活追求的重要体现。人民的价值追求不断提升,要求保证生态价值、生态权利、生态安全。绿色的陆地、蓝色的海洋和天空都是美好生活的空间颜色,而带来严重污染的黄色沙尘暴、灰色雾霾、黑色河流,都是人民所不愿面对的。开放价值观表明封闭是停滞、僵化、衰败之道,开放是活力、进化、兴旺之道。国家繁荣富强,开放是必由之路。在世界多极化、经济全球化、文化多样化、社会信息化深入发展的时代潮流中,顺应我国经济深度融入世界经济的趋势,开放才能发展、发展必须开放,发展更高层次的开放型经济是必然选择。开放发展就是倡导互利合作的价值观,而不是零和博弈的价值观。共享价值观确立发展的根本价值,反映中国特色社会主义本质要求的发展价值。坚持发展为了人民、发展依靠人民、发展成果由人民共享,才能使全体人民有更多获得感、公正感、主体感,从而增强人民的积极性主动性创造性,促进社会更加和谐、人民更加团结,在财富和收入分配的层面上保持经济社会持续健康发展,推动发展迈向新的高度。

以新的发展理念为价值标准,是开拓和提升发展境界的起点和基础。农村贫困人口脱贫是全面建成小康社会最艰巨的任务。习近平总书记强调:“我们不能一边宣布实现了全面建成小康社会目标,另一边还有几千万人口生活在扶贫标准线以下。如果是那样,就既影响人民群众对全面建成小康社会的满意度,也影响国际社会对全面建成小康社会的认可度。”[①]十八届五中之后,

① 中共中央文献研究室编:《习近平关于协调推进“四个全面”战略布局论述摘编》,中央文献出版社2015年版,第47页。

中央扶贫开发工作会议召开，要求坚决打赢脱贫攻坚战，实施“五个一批”工程。以更大的决心、更明确的思路、更精准的举措、超常规的力度，众志成城实现脱贫攻坚目标，决不能落下一个贫困地区、一个贫困群众。贫困人口脱贫事关全局，从打赢脱贫攻坚战到决胜全面建成小康社会，都将使新的发展理念和价值观念成为全面小康的价值实现，成为我国社会的深刻变革。

推动发展的动力机制变革

理念源于实践，又作用于实践、促进实践。1978年的真理标准大讨论，确立了实践作为检验真理唯一标准的基本理念，推动了思想解放和改革开放，成为巨大的思想动力。理念作为软实力，具有内在的潜在的力量，又有转化为现实的实践的力量，理念具有发展动力机制的功能。发展理念对于人类社会发展具有重要的、而且是越来越重要的历史作用。发展理念作为发展原则，构成发展的指导方针。发展无理念则盲，随着人类社会发展的自觉性和主体性日益增强，发展理念的指导性越来越重要，对发展理念的科学性要求越来越高。发展理念作为发展规范，指示发展的道路方法。在发展的过程中，有多条可能路径，有多种方法可选，但选择什么道路、采用哪种方法，要受到发展理念的制约。发展理念指出应该走什么发展道路、使用什么发展方法，并给出该种选择的根据。发展理念作为发展导向，塑造发展的未来结果。发展理念引导着发展方向，配置着发展资源，改变着发展模式，调整着发展机制，控制着发展速度，因而也将影响和改变发展的历史，未来的发展结果不能不和过去的、现在的发展理念以及发展行动相联系。

理念转化动力，新发展理念强化了新发展的多重动力。创新提升为引领发展的第一动力，准确把握创新在当今世界的经济社会功能，是对发展动力认识的深化。我国发展不平衡、不协调、不可持续的问题依然突出，诸多矛盾叠加很大程度上也是发展不协调造成的，协调在有序融洽发展中增添了发展动力。绿色通过减少发展代价、降低发展成本上无形地扩大了发展动力，绿色发展是自然规律、经济规律、社会规律的共同要求，三类规律的协调就是良性的动力机制。开放是从外部世界吸收资源、技术、信息、文化来充实发展动力，“一带一路”将使我国同各国经济相互合作更加紧密，发展空间更加广阔。共享则是集聚激发了人民中蕴藏的无穷动力，人人参与、人人尽力、人人享有。

新发展理念蕴含着巨大的思想力、导向力、驱动力。以新理念为牵引，就要加快推进有利于引领经济发展新常态的体制机制创新，加快推进有利于创新发展、协调发展、绿色发展、开放发展、共享发展的体制机制创新，加快推进有利于提高资源配置效率、提高发展质量和效益的体制机制创新，加快推进有利于充分调动各方面积极性的体制机制创新。以深化国防和军队改革为例，“十三五”规划建议强调，同全面建成小康社会相一致，全面推进国防和军队建设。中央军委改革工作会议明确提出，深化国防和军队改革是一场整体性、革命性变革。根据改革总体方案确定的时间表，2020年前要在领导管理体制、联合作战指挥体制改革上取得突破性进展，在优化规模结构、完善政策制度、推动军民融合发展等方面改革上取得重要成果，努力构建能够打赢信息化战争、有效履行使命任务的中国特色现代军事力量体系，完善中国特色社会主义军事制度。①这次军队改革，推进力度之大、涉及程度之深、变革范围之广前所未有，从国防和军队这一极为重要领域的深刻变革，昭示出我国发展全局正在展开的深刻变革。

推动发展的结构布局变革

理念是以思维的方式对现实世界的建构。理念表现为按照客观规律和主体需要相统一的要求，是对实践目标、途径、方法、效果等方面的自觉设计，理念就是一种实践设想。发展理念是发展实践的总则，将其展开落实，就要体现

---

① 参见习近平：《全面实施改革强军战略 坚定不移走中国特色强军之路》，载《人民日报》2015年11月27日。

到发展的阶段过程中，体现到发展的结构布局中。发展是在一定的经济社会结构布局中实现的，不同的发展形态具有不同的结构布局，或者说不同的结构布局表征着不同的发展阶段。产业结构、城乡结构、区域结构、动力结构、体制结构等构成了经济结构的主要内容，工业布局、农业布局、能源布局、交通布局、人口布局等构成了经济布局的重点要素。因此，发展全局变革必然要通过结构布局变革来实现。

新发展理念筹划了新发展的结构布局，新格局呈现新风貌。新发展理念构成“十三五”规划的总纲，“十三五”规划按照新发展理念整体设计，新发展本身就是新发展的总体结构布局。落实到结构布局变革上，就是要使发展空间格局得到优化。在发展动力结构上，发挥消费对增长的基础作用，投资对增长的关键作用，出口对增长的促进作用。在发展空间结构上，拓展区域发展空间，形成沿海沿江沿线经济带为主的纵向横向经济轴带；拓展产业发展空间，支持节能环保、生物技术、信息技术、智能制造、高端装备、新能源等战略性新兴产业发展；拓展基础设施建设空间，加快完善水利、铁路、公路、水运、民航、通用航空、管道、邮政等基础设施网络；拓展网络经济空间，推进产业组织、商业模式、供应链、物流链创新；拓展蓝色经济空间，科学开发海洋资源。在农业发展结构上，推动粮经饲统筹、农林牧渔结合、种养加一体、一二三产业融合发展，优化农业生产结构和区域布局，形成平衡发展结构。在产业体系结构上，实施工业强基工程，支持战略性新兴产业发展，实施智能制造工程，开展加快发展现代服务业行动。在发展体制结构上，加快形成有利于创新发展的市场环境、产权制度、投融资体制、分配制度、人才培养引进使用机制，形成统一开放、竞争有序的市场体系。

当前和今后一个时期我国经济发展的大逻辑，就是要认识、适应和引领新常态。一方面我国在深化改革中经济结构优化，另一方面结构性产能过剩比较严重，成为绕不过的历史关头。新常态的特点之一是结构优化，经济结构调整从增量扩能为主转向调整存量、做优增量并举。新发展理念正是促进经济结构柔性化、更加优化的发展理念。2015 年 12 月召开的中央经济工作会议，要求按照新发展理念，加大结构性改革力度，推进供给侧结构性改革，2016年作为推进结构性改革的攻坚之年，矫正要素配置扭曲，去产能、去库存、去杠杆、降成本、补短板，提高供给体系质量和效益，提高投资有效性。要看到，经济结构与经济体制密切联系、相互作用。经济结构不合理既有历史原因，也有现实原因；既有技术性原因，也有体制性原因。加大结构性改革，不仅以体制变革为条件，而且以体制变革为内容。推进结构性改革，必须依靠全面深化改革。体制的背后是利益，核心问题是要对造成结构性产能过剩的各种利益关系进行调整，要以结构性改革带动体制机制、利益关系的整体变革。

推动发展的总体方式变革

发展理念表明发展的总体方式，即发展方式。发展既表现为发展的成果，即以不同形式积累的物质财富，也表现为发展的方式，即以不同形式推动的过程。发展方式是发展的途径、手段、机制的总和，发展方式通过对不同生产要素的不同使用方式，对不同经济结构的不同依赖程度，对不同消费方式的不同激励机制，而产生了不同的经济发展结果、效益和代价。发展方式是由多种因素综合作用而形成的，主要有生产要素的稀缺程度，科学技术的发展阶段，经济关系的社会属性，政治体制的引导能力，发展理念的价值导向等。我国经济发展进入新常态，发展方式要从规模速度型转向质量效益型，表明了新的发展理念的导向。发展方式转变，是指发展的主要模式发生了根本性变革。发展方式从资源依赖型、投资驱动型向创新驱动型为主转变，区分了历史上几种主要发展方式，是根据发展的主导要素和主要动力的变化，抓住了发展方式转变的根本。发展方式转变是在发展的某种要素成长为主导要素时，因生产力的变革力量所导致的发展方式转型；是在发展主要矛盾发展到一定阶段时，为解决矛盾回应挑战而推动的革故鼎新；是在经济发展出现特定形势态势时，抓住契机、因势利导、顺势而为，创新发展方式的战略筹划；是在发展的内在趋势和主体理念达到一致时，执政主体自觉主动、有力有效地引领变革，将发展纳入新的轨道。

理念拓展思路，新发展理念展现了新发展的总体方式，引领发展方式变革。以新的发展理念为引领，“十三五”时期我国发展，既要看速度，也要看增量，更要看质量，要着力实现有质量、有效益、没水分、可持续的增长，着力在转变经济发展方式、优化经济结构、改善生态环境、提高发展质量和效益中实现经济增长。我国科技对经济社会发展的支撑能力不足，科技对经济增长的贡献率远低于发达国家水平。如果科技创新搞不上去，发展动力就无法实现转换，我们在全球经济竞争中就会处于下风。我国发展不协调是一个长期存在的问题，如果这个问题长期得不到有效解决，一系列社会矛盾会不断加深。必须牢牢把握“五位一体”总体布局和“四个全面”战略布局，正确处理发展中的重大关系，不断增强发展整体性。我国资源约束趋紧、环境污染严重、生态系统退化的问题十分严峻，人民群众对清新空气、干净饮水、安全食品、优美环境的要求越来越强烈。必须坚定走生产发展、生活富裕、生态良好的文明发展道路，加快建设资源节约型、环境友好型社会。我国对外开放水平总体上还不够高，用好国际国内两个市场、两种资源的能力还不够强。必须坚持内外需协调、进出口平衡、引进来和走出去并重、引资和引技引智并举，发展更高层次的开放型经济。我国基本公共服务供给不足，收入差距较大，到2014年末全国还有7017万农村贫困人口。必须作出更有效的制度安排，使全体人民在共建共享发展中有更多利益增长，朝着共同富裕方向稳步前进。

农村是发展的基础，城市是发展的龙头。城市发展带动了整个经济社会的发展，城市建设成为现代化建设的重要引擎。发展方式转变，城市走在前列。2015年12月召开的中央城市工作会议指出，转变城市发展方式，完善城市治理体系，提高城市治理能力，着力解决城市病等突出问题，不断提升城市环境质量、人民生活质量、城市竞争力，建设和谐宜居、富有活力、各具特色的现代化城市，提高新型城镇化水平，走出一条中国特色城市发展道路。[①]这就

---

①《中央城市工作会议在北京举行 习近平李克强作重要讲话》，载《人民日报》2015年12月23日。

要统筹空间、规模、产业三大结构,提高城市工作全局性;统筹规划、建设、管理三大环节,提高城市工作的系统性;统筹改革、科技、文化三大动力,提高城市发展持续性;统筹生产、生活、生态三大布局,提高城市发展的宜居性;统筹政府、社会、市民三大主体,提高各方推动城市发展的积极性。

推动发展的评价体系变革

发展理念包含发展目标,也包含发展评价,是关于发展成败得失、优劣好坏的评价准则。我们所说的实践标准,是指对认识和事物的是与非作出检验。判断包含价值的事物是与非,就要有一套评价标准,依据一定的理念基础。邓小平1992年南方谈话提出的“三个有利于”标准,就是改革开放各种体制、各项政策的评价标准。评价标准是一个逐步丰富全面的形成过程,从单一标准到复合标准,从经济标准到人文标准,从物质标准到心理标准,从数量标准到质量标准,从速度标准到效益标准。发展标准评价着发展效果,同时又牵引着发展进程,新的评价标准建立新的发展指向。

新发展理念建立了新发展的评价准则,是经济社会、行业地区、领导政绩新的评价体系、各项工作的有力导向。创新发展要求重质量讲效益的发展,赋予发展标准新的内涵。党的十八届五中全会准确把握创新在当今世界的经济社会功能,是对发展动力标准的提升。协调发展要求整体性平衡性的发展,赋予发展标准新的维度。我国发展不平衡属于发展结构的不协调,不可持续属于发展阶段的不协调,都要依据协调发展的评价准则来调整。绿色发展要求低碳化环境美的发展,赋予发展标准新的视野。党的十八大把生态文明建设纳入五位一体总布局,党的十八届五中全会进一步把绿色发展列入发展评价体系,表明了发展评价准则的开阔和长远、发展评价境界的拓展和提升。开放发展要求互利型合作式的发展,赋予发展标准新的格局。开放不仅是基本国策,而且是基本标准;不仅与改革并列,而且在评价标准中单列。共享发展要求能获得保公正的发展,赋予发展标准新的高度。我们追求的发展是造福人民的发展，我们追求的富裕是全体人民共同富裕。改革发展搞得成功不成功，最终的判断标准是人民是不是共享了改革发展成果。

新的评价体系牵引发展全局变革。新的评价体系坚持目标导向和问题导向相统一，决定了新发展理念是遵循规律、顺应趋势的，又是脚踏实地、有的放矢的；坚持立足国内和全球视野相统筹，决定了新发展理念指导中国发展、符合时代要求，融合全球治理新理念；坚持全面规划和突出重点相协调，决定了新发展理念不是囿于一隅的，也不是大而无当的；坚持战略性和操作性相结合，决定了新发展理念宏微一体、虚实互补、知行合一。新的评价体系针对突出矛盾和问题，在解决发展动力、发展不平衡、人与自然和谐、发展内外联动、社会公平正义等方面，出实招、破难题、建机制。新的评价体系指向需下大气力破解制约如期全面建成小康社会的重点难点问题，包括进一步“转方式”，着力解决好发展质量和效益问题；进一步“补短板”，着力解决好发展不平衡问题；进一步“防风险”，有效防范和化解各种风险。

推动发展的社会环境变革

党的十八大以来，以习近平同志为核心的党中央毫不动摇坚持和发展中国特色社会主义，勇于实践、善于创新，形成习近平新时代中国特色社会主义思想，并引领经济发展新常态、政治生态新变化、国内国际新变化。在全面推进中国特色社会主义新发展的进程中，确立中国新发展的战略布局，构建中国新发展的基本框架，保持中国新发展的基本框架，提出中国新发展基本理念，形成了习近平新时代中国特色社会主义思想，为实现“两个一百年”奋斗目标和中国梦提供了科学理论指导和行动指南。理念影响深远，新发展理念塑造当代中国，促进全方位的社会变革。全面建成小康社会决胜阶段，是贯彻新理念、落实新理念、实践新理念的过程，是“新坚持”转化为“新现实”的过程。创新发展的中国、协调发展的中国、绿色发展的中国、开放发展的中国、共享发展的中国，就是全面建成小康社会的中国，就是奠定社会主义现代化国家坚实基础的中国。

新发展理念丰富深化科学发展的内涵，决定中国发展道路的方向，把握发展方式转变的实质，构成我国发展规律的核心，推动发展全局的深刻变革。新发展理念的提出，是在影响当代发展的各种因素中，抓住最为紧要和关键之点，作为引领发展的枢纽；是在已有的多种发展理念基础上，经过精心比较筛选、科学排列组合，将新要点提升出来组成新的发展理念体系，形成系统发展理念，作为推动发展的总纲；是在系统发展、整体发展，防止片面发展、畸形发展的要求下，构建相互贯通、相互促进的发展理念集合体，作为统领发展的大逻辑。新发展理念实际上也是五位一体的发展路径和转型模式，把“三个自信”建立在对我国发展规律深刻认识的基础上，把“四个全面”战略布局积聚起的发展力量转化为落实新发展理念的系统动力，把新发展理念展开为新发展战略，把转型跨越发展与决胜全面小康统一于同一个过程。这既是世界范围发展方式转变的中国实验，又是发展中国家向现代化国家迈进的中国路径。

新发展理念推动发展的社会环境变革，其可能性可行性的根基在于中国发展的特有优势。新的发展理念汲取了各国发展理念的有益成分，但归根结底是中国发展道路的认识结晶。“十三五”规划建议要求必须遵循六个基本原则，实质就是中国迅速发展的优势所在，就是新发展理念何以可能的根据所在，六个原则确保新理念牢固树立并贯彻落实。坚持人民主体地位，始终以人民为中心谋发展，充分调动人民积极性主动性创造性，是中国新变革的力量源泉。坚持科学发展，实现更高质量、更有效率、更加公平、更可持续的发展，是我们党对发展经验的历史总结，是中国新变革的总体原则。坚持深化改革，使各方面制度更加成熟更加定型，奏响改革与发展的“双重奏”，是中国新变革的持续动力。坚持依法治国，为国家稳定发展提供坚实基础，为国家有序发展提供规范框架，为国家持续发展提供确定空间，是中国新变革的可靠保障。坚持统筹国内国际两个大局，推动互利共赢、共同发展，在谋求自身发展时促进各国共同发展，是中国新变革的大国战略。坚持党的领导，发挥中国特色社会主义制度的最大优势，确保我国发展航船沿着正确航道破浪前进，是中国新变革的根本政治保证。

新时代中国特色社会主义的基本依据和主要任务※

习近平总书记在党的十九大报告中，从新中国成立特别是改革开放以来我国经济社会发展的重大成就和显著进步出发，做出了中国特色社会主义进入新时代，我国社会主要矛盾已经转化为人民日益增长的美好生活需要和不平衡不充分的发展之间的矛盾这一重大政治论断。社会主要矛盾变化，是我国发展新的历史方位的基本依据，是习近平总书记准确把握社会主义初级阶段发展变化的科学认识，是习近平新时代中国特色社会主义思想的重大观点。

社会主要矛盾的理论逻辑和历史逻辑

理解社会主要矛盾，首先要理解社会基本矛盾与社会主要矛盾的关系，从社会基本矛盾出发来理解社会主要矛盾。社会主要矛盾来自社会基本矛盾，生产力和生产关系的矛盾、经济基础和上层建筑的矛盾，决定社会的基本性质。生产力和生产关系、经济基础和上层建筑的矛盾是历史的发展的具体的，这就使得社会基本矛盾在不同社会形态、不同民族国家、不同发展阶段的表现是不同的。不同社会基本矛盾在一定社会形态或发展阶段的具体表现，构成社会主要矛盾。可以说，社会基本矛盾是社会主要矛盾的深层结构，社会主要

※ 写于2019年。

矛盾是社会基本矛盾的表层结构。社会主要矛盾是一个国家在一定历史时期或发展阶段的多种矛盾中起着支配性作用的矛盾,是影响和制约一定时期一个国家发展的决定性矛盾。正确认识和把握社会主要矛盾,并按照社会发展进步的方向推动解决主要矛盾,使社会主要矛盾进入更新阶段更高水平,是代表先进生产力和先进生产关系的社会集团和政党的根本任务,也是一种社会形态向新的社会形态转变,一个时代向新的时代演化的根本原因。解决社会主要矛盾的过程,实质上也是解决社会基本矛盾的过程,二者不可分割。生产力发展永无止境,这就使得社会基本矛盾永无终结,社会主要矛盾不会始终停止在同一种状态、同一个水平。

人类社会迄今为止大体上经历了原始社会、奴隶社会、封建社会、资本主义社会、社会主义社会等几种社会形态。在原始公有制社会中,没有形成阶级,原始社会的社会基本矛盾,表现为原始的低级的生产不能满足人基本生存需要的社会主要矛盾。进入阶级社会后,阶级成为社会基本矛盾的人格化代表,劳动人民是生产力的主体,统治阶级是生产关系、上层建筑的主体,这就使得阶级社会中社会基本矛盾是通过阶级矛盾表现出来的。奴隶社会的社会主要矛盾是奴隶阶级和奴隶主阶级的矛盾,封建社会的社会主要矛盾是农民阶级和地主阶级的矛盾,资本主义社会的主要矛盾是工人阶级和资产阶级的矛盾。阶级矛盾构成阶级社会的社会主要矛盾,既符合社会主要矛盾的理论逻辑,也符合社会主要矛盾的历史逻辑。社会主要矛盾表现为阶级矛盾,是剩余产品出现、私有制形成,阶级斗争成为历史发展动力的必然结果,是社会生产力得到高度发展、阶级消灭之前的必经阶段。只有到了社会主义社会和共产主义社会,社会主要矛盾才能不以阶级矛盾的方式体现出来。

社会主义社会作为人类社会一种崭新的社会形态,人民当家作主,成为公有制的主人,成为国家的主人,人民不仅是生产力的主体,而且是生产关系和上层建筑的主体。因此,社会主义社会的社会基本矛盾,就不再是对抗性的矛盾,社会主义社会的社会主要矛盾,就不再表现为阶级矛盾。这就使得社会主要矛盾的构建逻辑,不能再按照阶级社会的构建逻辑,必须使用新的构建逻辑。社会主义在中国建立后，党中央关于我国社会主要矛盾的判断，从党的八大到党的十一届六中全会，再到党的十九大，都有权威的表述。这些表述在矛盾两方面的内涵上各有不同，但都不同于阶级社会主要矛盾的构建逻辑，都是使用了社会主要矛盾新的构建逻辑。这就是把人民作为社会主要矛盾的主体，把人民的需要状况与人民需要的满足状况作为社会主要矛盾的两个方面。这样的构建逻辑，使得社会基本矛盾与社会主要矛盾在社会主义社会得到了贯通，既符合马克思主义基本原理，又反映了社会主义社会的特殊规律；这样的构建逻辑，使得解决社会主要矛盾的方式，不必通过激烈阶级斗争的方式，而是通过解放和发展生产力的方式，以生产力不断发展来满足人民日益增长的生活需要；这样的构建逻辑，确立了以人民为中心的社会主要矛盾，而不是在人民之外再确定一个对立阶级，以两大阶级关系作为中心的社会主要矛盾。

中国共产党认识社会主要矛盾的发展过程及重要经验

正确认识社会主要矛盾，是一个政党制定路线、开辟道路、形成战略的基本依据。在我们党的历史上，凡是党的事业取得胜利、党的航船顺利前行，都与党对不同时期或阶段我国社会主要矛盾作出正确判断密切相关；凡是党的事业遭遇挫折、党的航船放缓停滞，都与党对某个时期或某个阶段我国社会主要矛盾的判断失误紧密相连。能否正确认识社会主要矛盾，关系党和国家的前途命运。

新民主主义革命时期，我们党准确认识中国半殖民地半封建社会的性质，作出了近代中国社会的主要矛盾是帝国主义和中华民族的矛盾、封建主义和人民大众的矛盾的正确判断，“伟大的近代和现代的中国革命，是在这些基本矛盾的基础之上发生和发展起来的”①。新民主主义革命的道路和纲领，都是

①《毛泽东选集》(第二卷)，人民出版社1991年版，第631页。

以此为依据确立的。

社会主义改造基本完成后，革命时期大规模的急风暴雨式的群众阶级斗争基本结束，党的八大正确作出了“我们国内的主要矛盾，已经是人民对于建立先进的工业国的要求同落后的农业国的现实之间的矛盾，已经是人民对于经济文化迅速发展的需要同当前经济文化不能满足人民需要的状况之间的矛盾”的判断”[①]。由此毛泽东同志明确提出我们的根本任务已经由解放生产力变为在新的生产关系下面保护和发展生产力，要把正确处理人民内部矛盾作为国家政治生活的主题。

党的八大后，我们党在社会主义条件下社会主要矛盾的认识上出现了偏差。1962年9月召开的党的八届十中全会明确提出，“在无产阶级革命和无产阶级专政的整个历史时期，在由资本主义过渡到共产主义的整个历史时期(这个时期需要几十年，甚至更多的时间)存在着无产阶级和资产阶级之间的阶级斗争，存在着社会主义和资本主义这两条道路的斗争”[②]，仍把无产阶级和资产阶级的矛盾作为贯穿整个社会主义历史时期的主要矛盾，到“文化大革命”期间发展为“资产阶级就在共产党内”的错误认识。这一错误判断导致了“以阶级斗争为纲”的错误方针，给我国社会主义事业带来了严重损害。

党的十一届三中全会实现了党和国家工作重点的转移，从“以阶级斗争为纲”到以经济建设为中心的根本性转折。改革开放后，党带领人民拨乱反正，包括在社会主要矛盾问题上的拨乱反正。党的十一届六中全会在党的八大认识的基础上，将我国社会主要矛盾进一步表述为“在社会主义改造基本完成以后，我国所要解决的主要矛盾，是人民日益增长的物质文化需要同落后的社会

---

①《中国共产党第八次全国代表大会关于政治报告的决议》，人民出版社1956年版，第2页。

②《中国共产党第八届中央委员会第十次全体会议的公报》，载《人民日报》1962年9月29日。

生产之间的矛盾”[①]。由此,党和国家的重点必须转移到以经济建设为中心的社会主义现代化建设上来。

中国特色社会主义进入了新时代,这是我国发展新的历史方位。习近平总书记在党的十九大报告中明确提出“我国社会主要矛盾已经转化为人民日益增长的美好生活需要和不平衡不充分的发展之间的矛盾”这一重大政治论断。社会主要矛盾变化,是中国特色社会主义进入新时代的基本依据,是中国特色社会主义理论体系的重大创新。社会主要矛盾变化,要求我们认识社会主义初级阶段要有新的框架、新的尺度,规定了新时代中国特色社会主义的主要任务。

中国共产党成立近百年来认识和把握中国社会主要矛盾的历程,形成了宝贵的经验,这就是认识社会主要矛盾,一是必须把马克思主义关于社会基本矛盾的理论同中国社会的具体实际相结合,抓住生产力与生产关系、经济基础与上层建筑矛盾在中国社会的典型表现,既不能脱离社会基本矛盾的理论框架去确定社会主要矛盾,也不能脱离中国社会基本矛盾的发展阶段和发展状况来确定社会主要矛盾。二是必须明确区分阶级社会和社会主义社会的社会主要矛盾不同性质,从而构建起符合社会主义社会本质属性和特殊性质的社会主要矛盾的逻辑,既不能将社会主义社会与阶级社会的社会主要矛盾不加分析地混为一谈,也不能忽视社会主义社会的社会主要矛盾存在。三是必须及时根据社会关系的重大变革和社会发展的重大变化,在社会主要矛盾的判断上坚持与时俱进,既不能使认识落后于实践,社会主要矛盾变化了但仍然固守于原有的判断,也不能让认识超前于现实,社会主要矛盾没有发生根本性变化却做出不符合实际的判断。

---

① 中共中央文献研究室编:《三中全会以来重要文献选编》(下),人民出版社 1982 年版,第 839 页。

新时代我国社会主要矛盾变化的基本依据、主要表现和显著特征

新时代我国社会主要矛盾变化这一重大判断，是习近平总书记依据新中国成立特别是改革开放以来我国社会发展的重大进步做出的，是综合人民需要的历史性变化和发展的根本性变化得出的，有其坚实的实践基础。

新时代我国社会主要矛盾变化的基本依据。党的十九大报告指出："我国稳定解决了十几亿人的温饱问题，总体上实现小康，不久将全面建成小康社会，人民美好生活需要日益广泛，不仅对物质文化生活提出了更高要求，而且在民主、法治、公平、正义、安全、环境等方面的要求日益增长。同时，我国社会生产力水平总体上显著提高，社会生产能力在很多方面进入世界前列，更加突出的问题是发展不平衡不充分，这已经成为满足人民日益增长的美好生活需要的主要制约因素。"这就明确了新时代我国社会主要矛盾变化的基本依据。从人民需要的变化看，人民日益增长的物质文化需要已经转化为人民日益增长的美好生活需要，人民生活需要领域拓展、层次提升。人民生活需要覆盖各个领域，除了物质文化生活需要之外，还有政治生活、社会生活、生态文明生活等领域的需要。在政治生活领域要求享用社会主义民主政治、社会主义法治国家建设的成果，在社会生活领域要求进一步维护社会公平正义，增强包括人身、财产安全在内的多方面安全感，在生态文明生活领域要求享用美丽中国建设的成果。人民生活需要从不停止在同一个水准上，而是"水涨船高"，不断提升生活的"美好度"，不断增强生活中的获得感、幸福感、安全感。从社会生产力和发展的变化看，落后的社会生产已经转化为不平衡不充分的发展。贫困已经基本摆脱，匮乏已经普遍消除，人民美好生活需要一部分得到满足、一部分还不能得到满足，美好生活需要在一部分人中得到满足、在一部分人中还不能得到满足。这样一种人民生活需要与社会发展的现状及其关系，构成了新时代我国社会主要矛盾变化的基本依据。

新时代我国社会主要矛盾变化的主要表现。改革开放以来，我国人民的物质文化生活得到极大改善，物质文化生活需要得到充分满足。随着社会生产的迅速发展，为满足人民更高物质文化需要创造了物质条件和社会条件，同时生产也促进消费，供给也创造需求，人民在物质生活方面不再满足于有饭吃、有衣穿、有房住、有车坐等，而是要求吃得健康、穿得得体、住得宽敞、坐得舒适等。人是多重属性的人，人的需要是展开的过程，人的全面发展是人的本质要求。在满足物质文化生活基本需要基础上，人民要求平等参与、平等发展权利得到充分保障，依法享有广泛权利和自由，保障知情权、参与权、表达权、监督权等；要求享有更加完善的社会保障体系、更加高效的社会治理体系、更加可靠的社会安全体系等；要求享有明媚的阳光、新鲜的空气、清洁的水源、健康的食品、绿色的植被等。人民对美好生活的追求无止境，期盼更加有尊严、有品位、有快乐的生活，充分体验美好精神生活。人民日益增长的美好生活需要，要求社会不断发展加以满足。新时代的发展不平衡，主要表现在城乡区域发展不平衡、居民生活水平不平衡、基本公共服务提供不平衡上。从近年来各地房价的差距就可以看出城乡区域发展的差距，从城乡区域之间人口流动的走向就可以看出各地的发展状况。由于人们收入水平、财产状况的差距很大，购买力、消费能力、闲暇时间差别很大，即使是在北上广深，不同群体对美好生活的标准、预期、体现、实现也是大不相同的。基本公共服务的原则是均等化，但基本公共服务与各级政府的财力物力密切相关，与基本公共服务的政策制度密切相关，造成了不同地方和不同人们享用基本公共服务的程度也不尽相同。新时代的发展不充分既表现为发展总体水平的不充分，也表现为以发展不平衡表现出来的部分地区、行业的发展不充分，还表现为发展质量不高、效益不好的发展不充分。

新时代我国社会主要矛盾变化的显著特征。一是新时代社会主要矛盾是历史变革的结果。从20世纪50年代到21世纪第2个10年，从改革开放之始“未发展起来”到改革开放30多年后“发展起来以后”，党带领人民进行社会主义建设和改革开放，持续不断地解决我国落后的社会生产问题，从量变到质变,推动了社会主义初级阶段历史时期的社会主要矛盾转化。二是新时代社会主要矛盾是事关全局的转变。主要矛盾变了,意味着社会生产力的性质和水平、社会生产关系的内涵和状况、社会上层建筑的特点和任务,都已经发生了相应的变化;意味着人民的需要内容和层次、发展的进展和方向,都已经发生了深刻的变化。三是新时代社会主要矛盾是关系方向的问题。新时代改革开放不停步,改革往哪里改、开放往哪里开,都要依据社会主要矛盾变化,着眼解决新的社会主要矛盾,作出科学的战略安排,保证新时代中国特色社会主义行稳致远。四是新时代社会主要矛盾是逐步解决的过程。认识矛盾、判断矛盾只是解决矛盾的开始,历史表明,解决社会主要矛盾不是一蹴而就的事情,不少国家需要一个较长的历史时期。而且旧的矛盾解决了,新的矛盾又出现了,即使是解决新的社会主要矛盾,也有一个不断向纵深发展、不断朝向更高标准要求的问题。

社会主要矛盾变化与社会主义初级阶段

党的十三大作出我国正处在社会主义的初级阶段的重大论断,指出这个初级阶段至少需要上百年时间,所面临的主要矛盾是人民日益增长的物质文化需要同落后的社会生产之间的矛盾。[①]几十年来,尽管中国的面貌发生极大改变,中华民族迎来了从站起来、富起来到强起来的伟大飞跃,但我们党始终保持清醒的头脑和客观的判断,我国社会主义所处历史阶段的判断始终没有变。党的十九大作出我国社会主要矛盾变化的重大论断,同时也强调“两个没有变”“三个牢牢”。这就要求我们深入领会社会主要矛盾变化与社会主义初级阶段的关系,在新的历史方位基础上把握社会主义初级阶段,并且在解决新的社会主要矛盾过程中走出社会主义初级阶段。

---

① 中共中央文献研究室编:《十三大以来重要文献选编》(上),人民出版社1991年版,第12页。

在社会主要矛盾变化的基础上把握我国社会主义所处的历史阶段没有变。党的十九大报告指出：必须认识到，我国社会主要矛盾的变化，没有改变我们对我国社会主义所处历史阶段的判断，我国仍处于并将长期处于社会主义初级阶段的基本国情没有变，我国是世界最大发展中国家的国际地位没有变。社会主义初级阶段所要经历的上百年时间，如果是放在古代社会，变化是极其缓慢的。但从20世纪50年代到21世纪中叶的100年，无论是当代世界还是当代中国，变化都是天翻地覆的。这样一个历史特点，就要求我们不能用同一个尺度、同一个标准来看待社会主义初级阶段，这样就会出现在这100年间不是只有一个社会主要矛盾，而是会有两个或两个以上社会主要矛盾的情况。正是基于改革开放以来我国社会的面貌巨变和伟大飞跃，以习近平同志为核心的党中央在社会主义初级阶段社会主要矛盾的判断问题上，坚持解放思想、与时俱进，转变了社会主义初级阶段只能有一个社会主要矛盾的观念，使得党对我国社会主要矛盾的认识反映了变化了的实际，这就更有利于明确主要任务、制定发展战略、解决新的问题、促进社会进步。社会主要矛盾变了，而社会主义初级阶段的基本国情没有变，这就是一方面要承认，变化前和变化后的初级阶段，属于初级阶段的不同发展阶段。与之前我们对社会主义初级阶段的内涵特征的界定相比，确实有很大不同了。否认两者的区别，就会淡化这一重大变化的意义。另一方面，即使现在我国是世界第二大经济体、制造业第一大国、货物贸易第一大国、商品消费第二大国、外资流入第二大国，但“两个没有变”仍然是一个基本事实。从总体上看，人民日益增长的美好生活需要还不能得到普遍满足，人民生活的水平、质量和层次还有很大差距，特别是低收入人口还占人口多数，发展不平衡不充分成为重大掣肘因素。因此，还不能说我国已经走出社会主义初级阶段，只能说向走出初级阶段迈出了决定性的一步。

在社会主要矛盾变化的基础上把握社会主义初级阶段基本国情。党的十三大对社会主义初级阶段的特征作出了“三个同时存在”[①]的论断，党的十五大对社会主义初级阶段的内涵和特征作出了“九个历史阶段”[②]的描述，这些都是理解把握初级阶段的基本依据。党的十九大作出“两个没有变”的结论，是以改革开放以来党对社会主义初级阶段科学认识的全部成果为理论依据的，是对改革开放30多年后我国社会发展情况作出全面分析后得出的，是从社会主义发展阶段的根本性质、全局状况、整体水平出发得出的正确结论。同时，社会主义初级阶段不是一成不变的，我们对社会主义初级阶段的认识也不是一成不变的。社会主要矛盾的变化，要求我们根据新的主要矛盾来理解基本国情的基本面，掌握最大实际的“实际情”。改革开放40年来，中华民族迎来了从站起来、富起来到强起来的伟大飞跃。从站起来到富起来，这个转折已经基本完成，我国国内生产总值由3679亿元增长到2017年的82.7万亿元。从富起来到强起来，正是现在和今后几十年的奋斗目标。富的水准不高、富的面积不大，富而不硬、富而不强，是这一阶段的现状，反映了我国社会生产力发展水平，意味着我国还没有走出社会主义初级阶段。改革开放40年来，中国特色社会主义迎来了从创立、发展到完善的伟大飞跃。我们形成了中国特色社会主义道路、理论、制度、文化，形成了党的基本理论、基本路线、基本方略。而完善和发展中国特色社会主义制度、推进国家治理体系和治理能力现代化作为全面深化改革总目标，则是一项长期的任务。改革尚未功成，制度仍需完善，攻坚体制机制弊端需要一个过程，发展不平衡不充分包括制度供给的不平衡不充分。改革开放40年来，中国人民迎来了从温饱不足到小康富裕的伟大飞跃。全国居民人均可支配收入由171元增加到2.6万元，我国贫困人口累计减少7.4亿人。但距离基本实现全体人民共同富裕，我国人民享有更加幸福安康的生活，仍然是任重道远。

---

① 中共中央文献研究室编：《十三大以来重要文献选编》（上），人民出版社1991年版，第10—11页。

② 中共中央文献研究室编：《十五大以来重要文献选编》（上），人民出版社2000年版，第15—16页。

在社会主要矛盾变化的基础上坚持党在社会主义初级阶段的基本路线。改革开放初期，我们党形成了社会主义初级阶段的基本路线。这条基本路线建立在对我国基本国情的认识基础上，基本国情的高度凝练就是我国社会主要矛盾。基本路线贯穿于整个初级阶段，是党和国家的生命线、人民的幸福线。正如习近平总书记在庆祝改革开放40周年大会上的讲话中强调的："我们要坚持党的基本路线，把以经济建设为中心同坚持四项基本原则、坚持改革开放这两个基本点统一于新时代中国特色社会主义伟大实践，长期坚持，决不动摇。"我国社会主要矛盾发生变化，社会主义初级阶段没有变，这就决定了坚持党的基本路线不能变。同时要看到，矛盾变化了，解决矛盾的方式方法也要变化。基本路线没有变，但社会主要矛盾变了，坚持基本路线的着重点就要变化，使之更加适应社会主要矛盾的变化。以经济建设为中心，这个中心始终不能偏离，这是完成社会主义初级阶段向更高级阶段过渡的基础。新时代以经济建设为中心，要和以人民为中心统一起来，不断实现人民对美好生活的向往，让人民共享经济、政治、文化、社会、生态等方面发展成果，有更多、更直接、更实在的获得感、幸福感、安全感，这实质上就是着眼于解决新的社会主要矛盾。新时代坚持四项基本原则，在坚持社会主义道路上，要围绕新时代坚持和发展什么样的中国特色社会主义、怎样坚持和发展中国特色社会主义这个重大时代课题。这个重大时代课题，核心问题就是怎样看待和解决新的社会主要矛盾。在坚持共产党的领导上，要充分发挥这个中国特色社会主义制度的最大优势，不断提高党把方向、谋大局、定政策、促改革的能力和定力。新的社会主要矛盾，并不意味着矛盾小了、问题少了、任务轻了，而是具有新的复杂性和艰巨性。解决落后的社会生产问题是伟大社会革命，解决不平衡不充分的发展问题同样是新的伟大社会革命，没有党对一切工作的领导是绝对做不好的。在坚持马列主义、毛泽东思想的基础上，要坚持习近平新时代中国特色社会主义思想作为马克思主义中国化、中国特色社会主义理论体系最新成果，作为新时代的科学指导。新时代以新的社会主要矛盾为基本依据，习近平新时代中国特色社会主义思想的一个重要着眼，就是如何通过解决新的社会主要矛盾,全面建设社会主义现代化国家。

社会主要矛盾变化对党和国家工作提出的新要求

党的十九大报告指出:“我国社会主要矛盾的变化是关系全局的历史性变化,对党和国家工作提出了许多新要求”。社会主要矛盾是战略之基、方针之据、工作之向,党和国家工作无论是制定法律、谋划蓝图,还是建设布局、工作部署,都要立足于以社会主要矛盾为基石的基本国情,都要受到社会主要矛盾状况的影响和制约,都要有计划有步骤有针对性地促进社会主要矛盾的解决。

我国社会主要矛盾的变化是20世纪50年代特别是改革开放以来,社会生产力持续发展、人民生活水平不断提高的结果。导致这种变化的因素是全局性历史性的,其影响也是全局性历史性的。社会主要矛盾体现在社会生活各个领域,贯穿于一个历史时期,是关系全局的矛盾,辐射其他社会矛盾;是关系长远的矛盾,制约同时期各种矛盾。社会主要矛盾的性质和状况,决定着解决社会主要矛盾的重点和方式。社会主要矛盾的变化特点,要求从全局和历史的高度看待把握党和国家工作的新要求。党和国家工作要从以解决落后的社会生产为主要任务,转变到以解决不平衡不充分发展为主要任务;从以满足人民物质文化需要为奋斗目标,转变到以满足人民美好生活需要为奋斗目标;从全面建成小康社会的战略目标,转变到全面建设社会主义现代化国家的战略目标;从高速增长阶段,转变到高质量发展阶段;从推进重点领域和迫切问题改革,转变到推进全面深化改革、全面扩大开放,等等。

发展是解决我国一切问题的基础和关键,无论任何时候、在任何情况下,我们都不能放弃发展、放松发展,都要在继续推动发展的基础上解决新的社会主要矛盾。必须清醒地认识到,解决了落后的社会生产问题表明了我国的发展前进了一大步,但并不等于发展已经不成问题、不是问题了,发展的不平衡不充分说到底,仍然是发展问题没有从根本上得到解决,发展水平与人民需要仍然不相适应。要按照习近平总书记在庆祝改革开放40周年大会上重要讲话的要求，坚持以发展为第一要务，牢牢扭住经济建设这个中心，毫不动摇坚持发展是硬道理、发展应该是科学发展和高质量发展的战略思想，推动经济社会持续健康发展，为解决新的社会主要矛盾、推动社会全面发展进步奠定雄厚物质基础。

矛盾有主要矛盾和次要矛盾之分，还有矛盾的主要方面和次要方面之别。我国社会主要矛盾的主要方面还是在生产方面、发展方面、供给方面，是由于生产不够发达、发展不够充分、供给不够丰裕，使得人民日益增长的美好生活需要不能得到及时和完全的满足。因此，要把矛盾的主要方面作为工作的主攻方向，着力解决好发展不平衡不充分问题，以此推动新的社会主要矛盾的逐步解决。要在坚决贯彻新发展理念中着力解决发展不平衡不充分问题，依靠创新发展解决发展动力问题，依靠协调发展解决发展不平衡问题，依靠绿色发展解决人与自然和谐问题，依靠开放发展解决发展内外联动问题，依靠共享发展解决社会公平正义问题。要在统筹推进“五位一体”总体布局、协调推进“四个战略布局”中着力解决发展不平衡不充分问题，推动经济、政治、文化、社会、生态文明建设全面发展，推动全面建成小康社会如期实现。

人民美好生活需要的增长不仅有数量的要求，更重要的是质量、品位、层次的要求；发展不平衡不充分既有数量上的不足，更有质量上的不足。党的十九大提出我国经济转向高质量发展阶段，要求坚持质量第一、效益优先，实质上都是社会主要矛盾变化后带来的必然变化和内在要求，不平衡不充分的发展就是发展质量不高的表现。解决我国社会主要矛盾，必须推动高质量发展，大力提升发展质量和效益，就是从“有没有”转向“好不好”。通过高质量发展，实现产业体系更加完整，生产组织方式网络化、智能化，创新力、需求捕捉力、品牌影响力、核心竞争力不断增强，产品和服务质量不断提高，更好地满足人民群众个性化、多样化、不断升级的需求。

把人民对美好生活的向往作为党和国家的奋斗目标，作为党和国家工作的基本准则，就要紧密依据人民生活需要的重大变化，更好地满足人民在经济、政治、文化、社会、生态等方面日益增长的需要。建设现代化经济体系，建设体现效率、促进公平的收入分配体系，逐步缩小收入分配差距，以满足人民富裕经济生活的需要。确保人民依法享有广泛充分、真实具体、有效管用的民主权利，尊重人民群众在实践活动中所表达的意愿、所创造的经验、所拥有的权利、所发挥的作用，不让保证和支持人民当家作主成为一句口号、一句空话，以满足人民民主政治生活的需要。培育和践行社会主义核心价值观，坚持以人民为中心的文艺创作导向，提供人民美好精神生活所需的文化产品，以满足人民丰富文化生活的需要。保证改革发展成果更多更公平惠及全体人民，解决人民最关心最直接最现实的利益问题，打造共建共享共治的社会治理格局，以满足人民公正社会生活的需要。形成绿色发展方式和生活方式，提供更多优质生态产品，让人民生活在天更蓝、山更绿、水更清的优美环境之中，以满足人民优美生态文明生活的需要。

人的全面发展是马克思主义社会理想的精髓，社会全面进步的创造者是人民，享用者也是人民。不断满足人民日益增长的美好生活需要，实质上就是更好推动人的全面发展。马克思、恩格斯坚信，未来社会“将是这样一个联合体，在那里，每个人的自由发展是一切人的自由发展的条件”[①]。正如习近平总书记在纪念马克思诞辰200周年大会上的重要讲话中指出的：“马克思主义第一次站在人民的立场探求人类自由解放的道路，以科学的理论为最终建立一个没有压迫、没有剥削、人人平等、人人自由的理想社会指明了方向。”[②]因此，要从共产主义理想、科学社会主义基本原则的高度，看待解决我国社会主要矛盾的深远意义，把更好推动人的全面发展作为满足人民美好生活需要的主旨，而不是仅仅当作一个民生问题。人的全面发展依赖社会全面进步，社会全面进步促进人的全面发展，两者统一于着力解决我国社会主要矛盾的长期实践中，统一于不断满足人民日益增长的美好生活需要的前进道路上。

---

① 《马克思恩格斯选集》(第一卷)，人民出版社2012年版，第422页。

② 习近平：《在纪念马克思诞辰200周年大会上的讲话》，载《人民日报》2018年5月5日。

社会主要矛盾变化与全面建设社会主义现代化国家※

正确判断我国社会主要矛盾，以此为依据制定党和国家的发展战略，是党的事业不断取得胜利的认识基础。准确把握社会发展趋势和人民利益要求，提出党和国家的奋斗目标，并全力推动实现，是新中国成立特别是改革开放以来中华民族发生伟大飞跃的重要机制。党的十九大明确提出我国社会主要矛盾已经转化为人民日益增长的美好生活需要和不平衡不充分的发展之间的矛盾，明确提出开启全面建设社会主义现代化国家新征程，同时作出了社会主要矛盾变化的政治论断和全面建设社会主义现代化国家的战略部署。深入领会这两者之间的内在相关性，在实践中使其相辅相成、相互促进，是理解新时代中国特色社会主义的关键枢纽，是理解习近平新时代中国特色社会主义思想的重要之点。

政治判断与战略安排的一体化

党的十八大以来，以习近平同志为核心的党中央带领人民开创中国特色社会主义新时代。新时代从基本依据看，新就新在社会主要矛盾转化；从奋斗目标看，新就新在社会主义现代化进入全面建设新阶段。更为根本的是，新时

※ 写于2019年。

代是解决新的社会主要矛盾与全面建设社会主义现代化国家一体化的过程。

社会主要矛盾变化的重大意义

社会主要矛盾是社会基本矛盾在一定社会形态或一定发展阶段的具体体现，是社会发展前进的关键，是制定战略、路线、方针的基本依据。党的十一届六中全会提出我国社会主要矛盾是人民日益增长的物质文化需要同落后的社会生产之间的矛盾，经过改革开放30多年的发展进步，社会主要矛盾发生转变，党的十九大及时作出我国社会主要矛盾变化的重大政治判断，意义非同一般。

我国社会发展取得历史性进步。社会主要矛盾变化的实质，是生产力与生产关系、经济基础与上层建筑的矛盾发生了变化。从社会主要矛盾的变化，就可以看出社会是否前进、是否进步。从人民日益增长的物质文化需要到美好生活需要，表明了人民需要的领域拓展、层次提升。党的十九大报告指出，"人民美好生活需要日益广泛，不仅对物质文化生活提出了更高要求，而且在民主、法治、公平、正义、安全、环境等方面的要求日益增长"。人民美好生活需要既是生产力发展、人民生活水平提高、社会发展进步的产物，也是人民对美好生活追求不断提高的标志。从落后的社会生产到不平衡不充分的发展，表明了我国社会生产力总体上显著提高，社会生产能力在很多方面进入世界前列，但还有部分领域相对滞后，总的来说是"发展起来以后"的问题，是满足中的不满足、美好中的不美好。

社会主义初级阶段进入新的发展阶段。社会主义初级阶段，从我国社会主义改造基本结束，到全面建成社会主义现代化强国，需要经历100年的时间。这100年对于当代中国而言，是快速发展、伟大飞跃的100年，不会停留在同一个水准，不能使用同一个尺度衡量，会出现若干个发展阶段，属于量变中的质变。因此，社会主义初级阶段期间的社会主要矛盾，也不是始终不变的，会形成新的社会主要矛盾。新时代社会主要矛盾的变化，是中国特色社会主义进入新时代的基本依据，同时也意味着社会主义初级阶段进入更高发展阶段，与改革开放前和改革开放初期的初级阶段不可同日而语。社会主要矛盾变化，使得我们对走出初级阶段充满自信，目标更加接近。

提出党和国家新的主要任务和新的工作要求。主要矛盾决定主要任务，主要任务是对主要矛盾的回应，是解决主要矛盾的途径和目标。改革开放之后，为了摆脱贫困、解决生产力落后的问题，我们党提出了从解决温饱到总体小康、再到全面建设小康社会、全面建成小康社会的奋斗目标和主要任务。社会主要矛盾转变，党和国家的主要任务也随之转变，也就是决胜全面建成小康社会、进而全面建设社会主义现代化强国。矛盾性质不同，解决矛盾的方法也不同。我国社会主要矛盾的变化是关系全局的历史性变化，解决新的社会主要矛盾，对党和国家工作提出了许多新要求。这些新要求，是对党和国家工作的促进，要求党的执政能力和领导水平相应提高和增强。

全面建设社会主义现代化国家的重大意义

建设社会主义现代化，是我们党的不懈追求。改革开放后，邓小平指出："我们党在现阶段的政治路线，概括地说，就是一心一意地搞四个现代化。"[①]改革开放的历史进程，就是社会主义现代化的建设进程；中国特色社会主义从创立、发展到完善，就是社会主义现代化从成为中心、展开深化到全面建设。党的十九大作出新时代中国特色社会主义发展的战略安排，开启全面建设社会主义现代化国家新征程，是社会主义现代化建设新的里程碑。

社会主义现代化全面建设新征程。新中国成立后，我们党逐步形成了工业、农业、国防、科技现代化的"四个现代化"布局。改革开放特别是党的十八大以来，我们党逐步形成了社会主义现代化的系统布局，现代化建设不仅包括"四个现代化"，而且包括更加广阔和更加深层的领域。习近平总书记进一步明确提出了现代化经济体系、农业农村现代化、国家治理体系和治理能力现代化、乡村治理体系和治理能力现代化、社会治理现代化、教育现代化、人与自然和谐共生的现代化、国防和军队现代化、人的现代化等现代化领域。全面建设

① 《邓小平文选》(第二卷)，人民出版社1994年版，第276页。

社会主义现代化的提出，标志着我国现代化建设，向着全领域全方位迈进，进入新境界、追求新高度。

从全面小康到全面现代化的新飞跃。从党的十九大到即将召开的党的二十大，是“两个一百年”奋斗目标的历史交汇期。“两个一百年”奋斗目标，时间衔接，都要“全面”，但具有不同内涵。全面建成小康社会，是领域、人口、区域全面覆盖的小康，是发展具有平衡性、协调性、可持续性的全面小康。全面建设社会主义现代化国家，把我国建成富强民主文明和谐美丽的社会主义现代化强国，中华民族将以更加昂扬的姿态屹立于世界民族之林。从全面小康到全面现代化，是发展阶段的新飞跃，标志着我国在世界历史进程中走在时代前列；是发展内涵的新飞跃，标志着我国社会主义走出初级阶段、达到现代化阶段；是民族复兴的新飞跃，标志着伟大复兴中国梦的实现。

我国有近14亿人口，坚持中国特色社会主义道路建成现代化国家，是中国对人类作出新的更大贡献的最重要贡献。习近平总书记指出：“中国实现现代化，是人类历史上前所未有的大变革。中国实现了现代化，意味着比现在所有发达国家人口总和还要多的中国人民将进入现代化行列。”[①]目前，世界上的现代化国家，都是走资本主义道路实现的。我国是世界上最大的社会主义国家，当我国成为世界上第一个不是走资本主义道路而是走社会主义道路成功建成的现代化强国时，我们党领导人民在中国进行的伟大社会革命将更加充分地展示出其历史意义。

把握社会主要矛盾变化和推进全面建设社会主义现代化国家是新时代中国特色社会主义的鲜明特色

中国特色社会主义进入新时代，新时代的意义体现在“三个意味着”，这“三个意味着”都是以社会主要矛盾变化和推进全面建设社会主义现代化国家

---

① 习近平：《为建设世界科技强国而奋斗——在全国科技创新大会、两院院士大会、中国科协第九次全国代表大会上的讲话》，载《人民日报》2016年6月1日。

为底蕴的。中华民族迎来了从站起来、富起来到强起来的伟大飞跃，富而不强、大而不强正是发展不平衡不充分的表现，从富起来到强起来必须全面建设社会主义现代化国家。科学社会主义在21世纪的中国焕发出强大生机活力，从经济发展的状况和水平看，社会主义中国改变了经济落后的状态，在社会主义发展进程中具有重大意义，在经济文化落后的国家里建立起来的社会主义国家，主要任务不再是摆脱贫困，解决落后的社会生产问题，而是解决发展不平衡不充分问题，全面建设社会主义现代化国家，满足人民美好生活需要。拓展了发展中国家走向现代化的途径，中国现代化建设不是走了资本主义道路，而是走中国特色社会主义道路，逐步解决社会主要矛盾，推动现代化建设进入新的阶段。

中国特色社会主义进入新时代，新时代的内涵体现为“五个时代”，这“五个时代”都是以解决新时代社会主要矛盾和推进全面建设社会主义现代化国家为指向的。新时代是在新的历史条件下继续夺取中国特色社会主义伟大胜利的时代，中国特色社会主义就是坚持解放和发展社会生产力，持续推进社会主义现代化建设的过程。新时代是实现“两个一百年”奋斗目标的新时代，“两个一百年”特别是第二个百年，构成了新时代的主要时段和主要任务。新时代是不断创造美好生活的新时代，解决新的社会主要矛盾正是为满足人民美好生活需要创造条件。新时代是中华民族为美好未来共同奋斗的时代，全面建成富强民主文明和谐美丽的社会主义现代化强国，是凝聚全民族全社会意志和力量的最大公约数。新时代是为人类作出新的更大贡献的时代，在人类历史上建成第一个社会主义现代化国家，是不亚于十月革命的伟大历史创举，是中国共产党人对科学社会主义的最大贡献。

解决新的社会主要矛盾与全面建设社会主义现代化国家相辅相成

矛盾与解决矛盾的方式同时形成，新的历史任务依据于新的主要矛盾产生。解决新的社会主要矛盾的根本方式，就是向全面建设社会主义现代化强国新的伟大进军。

解决新的社会主要矛盾是全面建设社会主义现代化国家的前提条件

全面建设社会主义现代化国家，关键在于全面，建设的领域全面，发展的水平全面，需要的满足全面。但我国社会处于发展不平衡不充分阶段，因此只有解决这一社会主要矛盾，才能为全面建设社会主义现代化国家创造条件。

从旧的社会主要矛盾到新的社会主要矛盾，确立社会主义现代化国家的发展平台。社会主要矛盾是社会发展的基础，决定社会的发展阶段和国家的主要任务。社会主要矛盾变化，社会发展的基础相应变化，社会的发展阶段随之变化，国家的主要任务同时调整。在我国社会处于原有的主要矛盾的条件下，虽然我们党提出了社会主义现代化的建设目标，但由于落后的社会生产限制，我国发展的主要任务还是把建设小康社会作为现代化建设的必要准备和必经阶段。从总体小康到全面小康，我国社会的主要矛盾也发生了深刻变化，这就直接提出了全面建设社会主义现代化国家的任务。解决新的社会主要矛盾，其重大意义不仅要从发展层次和需要层次的角度看，而且要从社会发展质的变革和新的时代角度看。在旧的社会主要矛盾的平台上，无法开启全面建设社会主义现代化国家新征程，只有在新的社会主要矛盾的平台上才成为可能。

从不平衡不充分的发展到平衡充分的发展，夯实社会主义现代化国家的坚固基础。贫穷不是社会主义，不能建成社会主义；落后的社会生产不是现代化，不能建成现代化；不平衡不充分的发展不是全面的社会主义现代化，不能全面建成社会主义现代化。认识到不平衡不充分的发展是我国社会主要矛盾的基本方面，就会相应地提出经过努力奋斗向平衡充分的发展过渡的主要任务。统筹推进“五位一体”总体布局，经济、政治、文化、社会、生态文明建设平衡发展，每个领域内部又是协调发展，改变“一条腿长、一条腿短”“一手硬、一手软”的状态，是全面建设社会主义现代化国家的稳态常态。城乡区域发展不平衡是我国发展的最大不平衡，如同全面建成小康社会“关键看老乡”，一个地区都不能少，全面建成社会主义现代化国家同样不能少了广大乡村和西部地区，要同步实现农业农村现代化，同步实现东西南北中现代化。

从不断增长的物质文化需要到不断增长的美好生活需要，充实社会主义现代化国家的丰富内涵。党的十九大报告指出：“人民美好生活需要日益广泛，不仅对物质文化生活提出了更高要求，而且在民主、法治、公平、正义、安全、环境等方面的要求日益增长”。满足人民物质文化生活需要，是全面建成小康社会的基本条件，但全面小康社会还不能充分满足人民日益增长的美好生活需要。社会主义现代化是人民美好生活需要得到充分满足的现代化，是在满足物质文化生活基础上，人民的政治生活、社会生活、生态生活权利得到保障和实现的现代化。建设社会主义民主政治，满足人民政治生活的知情权、参与权、监督权；为人民提供更加有效的社会治理体系、更加完善的社会保障体系、更加可靠的社会安全体系；让人民享受到明媚的阳光、新鲜的空气、清洁的饮水、绿色的植被，等等，都是社会主义现代化的应有之义，都是向全面建设社会主义现代化国家迈出的坚实步伐。人民享有充分的获得感、幸福感、安全感，就是社会主义现代化的目的和真谛。

全面建设社会主义现代化国家是解决新的社会主要矛盾的根本途径

社会主要矛盾的解决是一个社会过程，必须在社会变革和社会进步中实现。全面建设社会主义现代化国家是新时代伟大社会革命的主要内容，是中华民族伟大复兴的实现形式。只有全面建成社会主义现代化国家，新时代社会主要矛盾才能真正得到解决。

全面的领域解决发展领域的不平衡。全面现代化是各个领域的现代化，各个领域实现现代化才是全面的现代化。进入新时代，以习近平同志为核心的党中央在推进实现“两个一百年”奋斗目标的征程中，着手进行全面建设社会主义现代化国家的系统布局，不仅有“五位一体”的统筹推进，而且有各个领域的具体目标。全面现代化建成之日，就是充分发展平衡发展之时，就将改变不平衡不充分发展的状况。经济、政治、文化、社会、生态、国防、党建等领域，现代化建设相辅相成、相互促进、相得益彰。

全面的提高解决需要满足的不平衡。全面性是人民美好生活的基本属性，人民不仅要有基本生活需要，而且要有美好生活需要；不仅要通过物质消费满足人的生理需要，而且要通过有尊严、有品位、有愉悦、有幸福的体验满足人的心理需要。发展不平衡也体现为需要满足的不平衡。部分需要得到满足，部分需要没有得到满足；部分需要满足比较充分，部分需要满足不够充分。何以满足平衡需要，唯有全面建成现代化。全面现代化是各个领域建设与发展的全面提高，全面充分的生产供给，自然就为人民各个方面各个层次生活需要的满足创造了基础、提供了条件。全面建成社会主义现代化国家，各方面制度完善成熟，全体人民的经济、政治、文化、社会、安全、环境权益得到有力保障，美好生活的体验自然得到增长强化。

全面的推进解决公共服务的不平衡。政府的职能是提供基本公共服务，均等化是基本公共服务的原则。一般来说，基本公共服务的质量有赖于经济社会发展的水准。“巧妇难为无米之炊”。目前社会上普遍存在的“入托难”“上学难”“看病难”“养老难”等问题，影响了广大群众的美好生活满足感，说到底，还是基本公共服务的资源不足造成的。全面建设社会主义现代化国家，生产力持续发展，社会财富稳步增加，为提供更加完善的基本公共服务创造了物质条件；中国特色社会主义政治建设持续推进，民主法治、公平正义更加普及，为提供更加充分的基本公共服务创造了制度条件；统筹推进“五位一体”总体布局，中国特色社会主义全面发展，为提供更加均衡的基本公共服务创造了发展条件。

解决新的社会主要矛盾与全面建设社会主义现代化国家同步推进

新的社会主要矛盾的提出，是解决矛盾的开端，解决这一矛盾需要一个历史过程,这个历史过程的长短取决于全面建设社会主义现代化国家的历史进程。党的十九大开启全面建设社会主义现代化国家新征程,同时也就开启了解决新的社会主义矛盾新征程。解决新的社会主要矛盾与全面建设社会主义现代化,同向同步、同频同振,全面建设为表、解决矛盾为里,是同一个实践、同一个过程。

从不平衡不充分的发展到全面提升“五大文明”

新的社会主要矛盾是不平衡不充分的发展,全面建成社会主义现代化强国是建设高度的物质文明、政治文明、精神文明、社会文明、生态文明,平衡充分的发展就是“五大文明”的全面提升。

提升物质文明。在全面建设社会主义现代化的历史阶段,发展仍然是第一要务。解决落后的社会生产问题迫切需要发展,解决不平衡不充分的发展问题同样迫切需要发展。经济发展从不平衡不充分到平衡充分,意味着物质文明的提升。物质文明的提升表现为财富的充裕,而且改变了财富分布的不均衡;表现为财富的优质,财富的形态更多地存在于知识资本、人力资本、无形资产之中;表现为物质财富的高效,低碳经济、循环经济、可持续经济成为经济发展的主流。

提升政治文明。政治文明是指依法治国、民主政治、权力监督、权利保障等一系列制度安排和运行机制,建设社会主义现代化国家,必须建设相应的社会主义民主政治和社会主义法治国家,从制度体系上保证人民当家作主。发展不平衡不充分包括政治建设的不平衡不充分,比如,人民的民主权利还不能得到普遍的保障,权力还不能受到有效的监督,民主意识、法治意识、公民意识在社会发育还不够成熟,等等。政治发展从不平衡不充分到平衡充分,意味着政治文明的提升。中国特色社会主义法治体系完善定型,建成社会主义法治国家,实现国家治理体系和治理能力现代化,人民当家作主落实到政治生活、社会生活、精神生活各个层面。

提升精神文明。人民美好生活需要包括美好精神生活需要,人民美好生活满足都要体现和转化为美好精神感受。如果基本物质生活需要满足,处于中等收入或高收入水准,但生活在高度紧张、高度压力、高度焦虑的状态下,缺乏轻松、愉悦、幸福的满足感,同样属于物质生活与精神生活的发展不平衡。精神发展从不平衡不充分到平衡充分,意味着精神文明的提升。人民在生产劳动过程中的获得感、满足感、价值感增强,人民从事休闲、娱乐、学习、交流等精神生活的时间增加,人民更加追求人的全面发展、人的价值实现、人的个性需求、人的心灵宁静。

提升社会文明。社会文明是社会建设的目标,是社会规则健全、治理有序、交往平等、机会公平的社会状态。社会文明从空间状态看,有城市文明、乡村文明;从层次区分看,有上层文明、基层文明;从演进系列看,有初级文明、高级文明。社会发展不平衡不充分表现为城市与乡村的文明差距、不同人群的文明差距、传统与现代的文明差距。社会发展的平衡充分就是社会文明的提升,集中体现在形成现代社会治理格局、建成共建共治共享的和谐社会、社会文明的普遍化大众化,等等。

提升生态文明。生态文明是人与自然和谐共生的现代化,是提供更多优质生态产品以满足人民日益增长的优美生态环境需要。生态文明建设不平衡不充分,体现在生态文明建设与经济建设的矛盾冲突还没有完全缓解,十几亿人口的资源需求量与生态承载力的紧张状态还没有根本解决,人们物质生活追求和消费行为与生态文明的要求还不相适应等。建设社会主义生态文明,就是要形成节约资源和保护环境的空间格局、产业结构、生产方式、生活方式,倡导简约适度、绿色低碳的生活方式,反对奢侈消费和不合理消费,推动形成人与自然和谐发展现代化新格局。

从人民日益增长的美好生活需要到人的全面发展

人民日益增长的美好生活需要说到底是人的全面发展需要,全面建成社会主义现代化国家的人的目标是人的现代化,即人的全面发展。习近平总书记指出，“现代化的本质是人的现代化”[①]，道出了现代化的价值旨归。

全体人的发展。社会主义现代化是以人民为中心的现代化，全面现代化是全体人民共建共享的现代化。人民美好生活需要，是全体人民的普遍权利。满足人民美好生活需要，不是一部分人的美好生活需要得到满足，而另一部分人的美好生活需要得不到满足。所有人的自由而全面的发展，正是马克思、恩格斯关于人的发展的理想。人的全面发展，不仅是在个体的意义上使用的，更重要的是在全体的意义上使用的。每个人的全面发展既是自我的发展需要，也是其他人的发展需要。当全体人的发展成为现实的时候，我们才可以说人的现代化。

人的全面发展。人的美好生活需要是全面性的需要，如物质和精神、经济和政治、工作和休闲、职业和家庭生活需要，等等。人的发展经历过以牺牲人的全面发展为代价的发展阶段，追求美好生活正是对这种片面、病态发展的扬弃和超越。全面建设社会主义现代化国家，满足人民日益增长的美好生活需要，同时也正是不断实现人的全面发展的过程。劳动不仅是人的生存需要，而且也是人的生活需要。人们为谋生需要的劳动时间在缩短，拥有更多的自由时间，用于满足人的爱好、兴趣等精神需求。人不再是“单向度的人”，而是具有丰富个性和多样性的人。

人的自由发展。人的全面发展的实质是人的自由发展，人的自由发展意味着人从压制人的生产方式和社会关系中解放出来，从压抑人的主体性和创造性的思想观念中解放出来。社会主义为人的自由发展创造制度条件，社会主义现代化是社会主义发展的高级阶段，必将为人的自由发展提供更加广阔的空间。人是共性与个性的统一，人的自由发展意味着人的发展不是一个模式、一个尺度，而是要在符合法律规范和道德准则的前提下，充分尊重人的个性和爱好，允许人的各种选择和追求，为人的需要满足提供更加多样的空间。

人的幸福发展。党的十九大报告“使人民获得感、幸福感、安全感更加充

① 习近平:《论坚持全面深化改革》，中央文献出版社2018年版，第68页。

实、更有保障、更可持续”。幸福生活是人民的共同愿望,幸福感是人民美好生活的核心体验,人的全面发展必须是幸福发展。幸福发展就是人民满足美好生活需要的追求,就是增强幸福感的过程。更好的教育、更稳定的工作、更满意的收入、更可靠的社会保障、更高水平的医疗卫生服务、更舒适的居住条件、更优美的环境,等等,都是人民幸福发展的实际内容,都是人民幸福感的不竭源泉。全面建设社会主义现代化国家,绝不是物质充裕、精神痛苦,绝不是获得感上升、幸福感下降,而是获得感、安全感支撑幸福感,幸福发展贯穿人的自由而全面发展。

中国制度和国家治理

牢牢把握全面深化改革的总目标※

35年前，以党的十一届三中全会为起点的中国改革开放扬帆启航。驶过浩瀚大海，历经惊涛骇浪，阅尽世间气象。35年后，党的十八届三中全会标志着中国改革开放进入新航程，驶向更加辽阔深邃的远方。从党的十一届三中全会到党的十八届三中全会，全面深化改革呈现出一条清晰的轨迹，领域不断拓展，程度不断加深，层次不断提升。党的十八届三中全会审议通过的《中共中央关于全面深化改革若干重大问题的决定》明确提出，全面深化改革的总目标是完善和发展中国特色社会主义制度，推进国家治理体系和治理能力现代化。牢牢把握、全面贯彻这个总目标，是深入学习领会党的十八届三中全会精神的关键。

总目标是建成社会主义现代化国家的基本保证

我国的改革开放，是中国共产党人顺应时代潮流、依据中国国情、反映人民愿望、遵循改革规律的政治自觉、历史自觉、实践自觉，这一自觉突出体现在对改革目标的设计与深化上，改革目标的演进鲜明地标识出深化改革的渐进逻辑。党的十一届三中全会提出多方面地改变同生产力发展不适应的生产关系和上层建筑，改变一切不适应的管理方式、活动方式和思想方式，解决经济

※ 写于2013年。

管理体制权力过于集中的问题；党的十二届三中全会提出推动以城市为重点的整个经济体制的改革，建立充满生机的社会主义经济体制；党的十三大提出逐步建立起有计划商品经济新体制的基本框架；党的十四大提出我国经济体制改革的目标是建立社会主义市场经济体制；党的十四届三中全会进一步提出建立适应市场经济要求，产权清晰、权责明确、政企分开、管理科学的现代企业制度；党的十五大提出积极推进经济体制和经济增长方式的根本转变，继续调整和完善所有制结构；党的十六届三中全会提出完善社会主义市场经济体制，坚持以人为本，树立全面、协调、可持续的发展观；党的十七大提出加快转变经济发展方式，形成有利于科学发展的宏观调控体系；党的十八大提出全面深化改革开放，构建系统完备、科学规范、运行有效的制度体系。可以说，全面深化改革的总目标，凝结着我们党领导改革开放的经验总结、认识结晶和实践精华。

党的十八大以来，以习近平同志为核心的党中央带领全党和人民，继续把坚持和发展中国特色社会主义这篇大文章写下去，坚定不移推进全面深化改革开放，为实现“两个一百年”奋斗目标和中华民族伟大复兴的中国梦，稳健起步、扎实开局，精心谋篇、高超布局。十八届三中全会制定的全面深化改革的总目标，以改革开放的历史成就为基础，以改革发展的时代要求为根据，以改革全局的整体联系为经纬，以深化改革的内在规律为准则，为全面深化改革的顺利进行和取得成功，确立了总方向、总原则、总标准，是中国特色社会主义的重大创新。科学统筹社会制度建设与国家治理体系和治理能力建设，是中国改革包含新的战略目标、进入新的发展阶段、达到新的历史高度的重要标志。这一总目标抓住了建成社会主义现代化国家的根本问题。这是因为，全面建成小康社会，加快发展社会主义市场经济、民主政治、先进文化、和谐社会、生态文明，进而建成富强、民主、文明、和谐的社会主义现代化国家，是全方位、立体式的建设和发展。这就要求我们的改革总目标，不能仅仅是经济领域或某个领域的改革，不能仅仅是各个领域改革具体目标之和，而是要在统领全局、把握大势、找准枢纽的层面上，提炼出具有新的时代特征、反映当代中国发展要求的总目标。中国特色社会主义制度是中国发展进步的根本制度保障,特色鲜明、富有效率,但还不是尽善尽美、成熟定型的,需要不断完善。国家治理体系是在各个领域行使国家权力、治国理政的方略总和,国家治理能力是国家统筹各个领域的治理,使其相互协调、共同发展的综合能力。国家治理体系和治理能力的水平是一个国家有序运行、健康发展、持续上升的重要条件,现代社会的国家治理体系与治理能力有着时代的内涵和要求。当代中国要完善和发展中国特色社会主义制度,必须推进国家治理体系和治理能力现代化。因此,全面深化改革的总目标,是紧紧围绕制度与治理的完善发展,具有全局性、本质性、时代性。

总目标是进行具有新的历史特点伟大斗争的重要内容

当前,我们正在进行具有许多新的历史特点的伟大斗争。国际形势十分复杂,国内改革发展稳定任务艰巨繁重,各种风险挑战压力加大。一个新的历史特点,就是全面深化改革的紧迫性更加突出。国家综合实力的激烈竞争反映在科技、信息、金融、军事等多个领域,中国快速发展的良好势头与国际环境的遏制因素相互交织;国家稳步持续发展既有有利条件也有不利因素,资源约束、体制障碍、发展失衡等矛盾有待解决;社会各界强烈期盼深化改革,同时也存在着信心不足、预期不高、动力不大的现象,破除利益固化的藩篱、革除体制机制的顽瘴痼疾势在必行;改革攻坚期的难度、改革深水区的险情,成为马克思主义执政党敢于涉险滩、敢于啃硬骨头的使命激励。压力也是动力,困难更需斗争。十一届三中全会在关系党和国家前途命运的重大历史关头,毅然决然开始的新的伟大革命,由此中华民族的面貌发生了历史性变化。十八届三中全会大力推进的全面深化改革,就是党领导的具有新的历史特点伟大斗争的重要组成部分,完善和发展中国特色社会主义制度,推进国家治理体系和治理能力现代化,正是这一伟大斗争所要达到的主要目的。

实现总目标,巩固赢得伟大斗争的制度基础。中国特色社会主义能否巩固强大、长治久安，击溃“颜色革命”的侵扰，克服前进道路的阻碍，获得人民群众的支持，根本在于中国特色社会主义制度的完善和发展。解放和发展生产力，是经过制度变革与创新实现的；人民群众对党的拥护、对社会主义的认同，是通过共享制度红利加深的；干部清正、政府清廉、政治清明，是依靠反腐败体制机制创新和制度保障制约而实现的。完善和发展中国特色社会主义制度包括经济、政治、文化、社会、生态等领域的制度，以及根本制度、基本制度、具体制度各层次的制度，是进行具有许多新的历史特点伟大斗争的根本之策。完善和发展中国特色社会主义制度成为全面深化改革的总目标，充分反映了我们党的制度自觉、自信、自强，是战胜各种风险挑战的制度保障。

实现总目标，提高赢得伟大斗争的国家能力。国家的制度能力表现为国家的治理体系及其能力，推进国家治理体系和治理能力的现代化，是全面深化改革的新课题，也是一个艰巨任务。实现国家治理体系和治理能力的现代化，关系到我国能否在严峻的国际竞争和复杂的社会条件下立于不败之地，自立于世界民族之林，保持长期繁荣和谐发展。我国经济社会发展不平衡，社会矛盾明显增多，人民群众还有不少不满意的地方，实际上也反映了我们在治理体系上还有缺陷，在治理能力上还有不足，离现代化的标准还有差距。存在于各方面的体制机制弊端，如城乡二元结构、权力缺乏监督等，阻碍了国家治理体系和治理能力的现代化，也成为国家治理体系和治理能力现代化的攻克难点。党的十八届三中全会强调，全面深化改革要以促进社会公平正义、增进人民福祉为出发点和落脚点，这就确立了推进国家治理体系和治理能力现代化的价值取向。推进国家治理体系和治理能力现代化成为全面深化改革的总目标，充分表明我们党宽广的国际视野、先进的现代意识、成熟的执政理念，这些都是走向未来、走向昌盛的能力保障。

总目标是增强改革系统性整体性协同性的核心要求

全面深化改革是改革系统工程的升级版，必须更加注重改革的系统性、整体性、协同性。把总目标作为全面深化改革的指导原则和价值标准，就能够用总目标统领全面深化改革，在全面深化改革中贯彻总目标要求，实现顶层设计与具体筹划、价值目标与实践效果的统一。

坚持总目标，就要紧紧围绕使市场在资源配置中起决定性作用，深化经济体制改革。坚持和完善基本经济制度，加快完善现代市场体系、宏观调控体系、开放型经济体系。更好发挥政府作用，加快转变政府职能，深化行政体制改革，创新行政管理方式，增强政府公信力和执行力，建设法治政府和服务型政府。形成以工促农、以城带乡、工农互惠、城乡一体的新型工业城乡关系，推进城乡要素平等交换和公共资源均衡配置，促进国际国内要素有序自由流动、资源高效配置、市场深度融合。

坚持总目标，就要紧紧围绕坚持党的领导、人民当家作主、依法治国有机统一，深化政治体制改革。加快推进社会主义民主政治制度化、规范化、程序化，推进法治中国建设，发展更加广泛、更加充分、更加健全的人民民主。强化权力运行制约和监督体系，推动人民代表大会制度与时俱进，推进协商民主广泛多层制度化发展。建设法治中国，加快建设公正高效权威的社会主义司法制度。坚持用制度管权管事管人，构建决策科学、执行坚决、监督有力的权力运行体系，健全惩治和预防腐败体系。

坚持总目标，就要紧紧围绕建设社会主义核心价值体系、社会主义文化强国，深化文化体制改革。加快完善文化管理体制和文化生产经营体制，建立健全现代公共文化服务体系、现代文化市场体系，构建现代公共文化服务体系，提高文化开放水平。

坚持总目标，就要紧紧围绕更好保障和改善民生、促进社会公平正义，深化社会体制改革。改革收入分配制度，推进基本公共服务均等化，加快形成科学有效的社会治理体制，确保社会既充满活力又和谐有序。加快社会事业改革，深化教育领域综合改革，健全促进就业创业体制机制，建立更加公平可持续的社会保障制度，深化医药卫生体制改革。提高社会治理水平，改进社会治理方式，激发社会组织活力，创新有效预防和化解社会矛盾体制，健全公共安全体系。

坚持总目标,就要紧紧围绕建设美丽中国,深化生态文明体制改革。健全国土空间开发、资源节约利用、生态环境保护的体制机制,建立系统完整的生态文明制度体系,健全自然资源资产产权制度和用途管制制度,实行资源有偿使用制度和生态补偿制度,改革生态环境保护管理体制,用制度保护生态环境。

坚持总目标,就要紧紧围绕建设一支听党指挥、能打胜仗、作风优良的人民军队这一党在新形势下的强军目标,深化国防和军队改革。着力解决制约国防和军队建设发展的突出矛盾和问题,构建中国特色现代军事力量体系,深化军队体制编制调整改革,推进军队政策制度调整改革,推动军民融合深度发展。

坚持总目标,就要紧紧围绕提高科学执政、民主执政、依法执政水平,深化党的建设制度改革。加强民主集中制建设,完善党的领导体制和执政方式,充分发挥党总揽全局、协调各方的领导核心作用,提高党的领导水平和执政能力,确保改革取得成功。

在世界现代史上,发展中国家向现代化迈进的改革历程中,中国改革的长期性、复杂性、艰巨性世所罕见。同时,在改革开放的社会环境下,快速发展与稳定发展相协调,社会变革与社会转型相促进,利益调整与社会和谐相兼顾,保持正确方向,保证全面发展、协调发展、可持续发展,中国经验弥足珍贵。党的十八届三中全会《决定》是全面深化改革的动员令、宣言书,深入学习领会、认真贯彻落实决定精神,我国改革开放必将谱写新的辉煌篇章,中国特色社会主义必将登上新的历史高峰。

制度与治理的现代化进程※

中国特色社会主义道路，是社会主义现代化的建设和拓展之路。社会主义现代化既包括物质技术、人的发展层面的现代化，也包括制度、治理层面的现代化。新中国60多年特别是改革开放30多年的实践历程，使我们党对社会主义现代化内涵的认识更加丰富和深刻，对社会历史发展规律的认识更加清晰和系统。把完善制度与推进治理统一起来，作为社会主义现代化的新进展，是这一认识过程的重要成果。

更加成熟定型的制度是社会主义现代化的发展目标

中国共产党90多年的历史，就是一部在中国建立和完善社会主义制度的历史，就是通过革命和改革，变革经济基础和上层建筑，建立和完善符合生产力发展要求、满足人民根本利益要求、保证实现中华民族伟大复兴的经济、政治、社会等各项制度。毛泽东领导确立了社会主义基本制度，为当代中国一切发展进步包括建设社会主义现代化国家，奠定了根本政治前提和制度基础。1954年召开的一届全国人大，第一次明确提出要实现工业、农业、交通运输业和国防的四个现代化，随后又把这一任务列入党的八大通过的党章中。毛泽东看到了社会主义生产关系已经建立起来，但又还很不完善，社会主义上层建

※ 写于2014年。

筑和经济基础既相适应又相矛盾，如国家制度中某些环节上缺陷的存在。因此，“我们的社会主义制度还需要有一个继续建立和巩固的过程，人民群众对于这个新制度还需要有一个习惯的过程，国家工作人员也需要一个学习和取得经验的过程”[①]。毛泽东依据历史唯物主义基本原理和新中国成立初期制度运行的实践，提出了完善和巩固社会主义制度的思想。

邓小平深刻总结我国社会主义建设正反两方面经验，借鉴世界社会主义历史经验，开启了建设社会主义现代化国家的改革开放之路。推动党和国家工作中心转移，一心一意搞现代化；推动经济体制改革发展生产力，社会主义首先要消灭贫穷；推动政治体制特别是党和国家领导制度的改革，促进经济体制改革与政治体制改革相互适应、相互促进。邓小平深刻反思：“斯大林严重破坏社会主义法制，毛泽东同志就说过，这样的事件在英、法、美这样的西方国家不可能发生。他虽然认识到这一点，但是由于没有在实际上解决领导制度问题以及其他一些原因，仍然导致了‘文化大革命’的十年浩劫。这个教训是极其深刻的。不是说个人没有责任，而是说领导制度、组织制度问题更带有根本性、全局性、稳定性和长期性。”[②]由于对制度建设、制度改革、制度现代化有着长期深入的思考，邓小平在1992年南方谈话中指出，“恐怕再有三十年的时间，我们才会在各方面形成一整套更加成熟、更加定型的制度。在这个制度下的方针、政策，也将更加定型化。”[③]可以说，邓小平关于社会主义现代化建设思想，包含了制度现代化的思想。社会主义现代化促进制度现代化，制度现代化保证社会主义现代化，我们的制度现代化是中国特色社会主义制度的现代化。

改革开放以来，从根本制度、基本制度到具体制度，从经济、政治、文化、社会、生态文明领域到党的建设、军事领域，中国特色社会主义制度不断发展完善。从党的十七大到党的十八大，我们党提出坚持和完善中国特色社会主义制度，即中国特色社会主义的制度自觉、制度自信、制度自强，使我们在道路、

---

① 《毛泽东文集》（第七卷），人民出版社1999年版，第216页。
② 《邓小平文选》（第二卷），人民出版社1994年版，第333页。
③ 《邓小平文选》（第三卷），人民出版社1993年版，第372页。

理论的基础上，对制度地位、意义、内涵的认识推进了一大步。党的十八大在提出全面建成小康社会发展目标的同时，还提出了全面深化改革开放的制度目标，强调构建系统完备、科学规范、运行有效的制度体系。新中国成立至今，我国社会主义实践的主要历史任务是建立社会主义基本制度，并在这个基础上进行改革，这个历史任务已经基本达到目的。现在，我们党处在新的历史方位上。实现社会主义现代化赋予新的主要历史任务，是完善和发展中国特色社会主义制度，为党和国家事业发展、为人民幸福安康、为社会和谐稳定、为国家长治久安提供一整套更完备、更稳定、更管用的制度体系。

更完备、更稳定、更管用，实际上表明了制度现代化的重要特征。更完备要求随着社会系统的复杂程度增强，增大制度的覆盖面，减少制度的盲区和漏洞，提高制度体系的衔接性和自洽性，克服某些制度之间的不兼容性。更稳定要求随着社会运行的有序程度增强，提高制度的规范性和延续性，让制度内化于社会机体之中，常态化运转、稳态化运作，在改与不改、变与不变、动与不动之间保持恰当的平衡。更管用要求随着社会管理的法治程度增强，充分发挥制度的导向、激励、协调、控制功能，强化制度权威，增强制度效能，减少制度疲软、制度失效现象。

习近平总书记指出，“坚定制度自信，不是要故步自封，而是要不断革除体制机制弊端，让我们的制度成熟而持久”①。没有坚定的制度自信就不可能有全面深化改革的勇气，同样，离开不断改革，制度自信也不可能彻底、不可能久远。全面深化改革，不是因为中国特色社会主义制度不好，而是要使它更好。党的十八届三中全会通过的《决定》提出的坚持和完善基本经济制度，加快推进社会主义民主政治制度化、规范化、程序化，加快完善文化管理体制和文化生产经营机制，推进社会领域制度创新，加快建立生态文明制度，深化党的建设制度改革，习近平主席在深化国防和军队改革领导小组第一次全体会议上

① 习近平：《完善和发展中国特色社会主义制度 推进国家治理体系和治理能力现代化》，载《人民日报》2014年2月18日。

的讲话中提出要更好发挥中国特色社会主义军事制度的优势，等等，都是完善和发展中国特色社会主义制度的重大进展，都是推进中国特色社会主义制度现代化的坚实步伐。

国家治理现代化是中国特色社会主义制度的功能实现

任何国家都有政治、经济、文化、社会、生态等领域的治理职能，都有国家、地区、基层、组织等层面的治理类型，国家治理是自有国家以来就存在的国家行为，由治理体系和治理能力构成。习近平总书记指出："国家治理体系和治理能力是一个国家制度和制度执行能力的集中体现。国家治理体系是在党领导下管理国家的制度体系，包括经济、政治、文化、社会、生态文明和党的建设等各领域体制机制、法律法规安排，也就是一整套紧密相连、相互协调的国家制度；国家治理能力则是运用国家制度管理社会各方面事务的能力，包括改革发展稳定、内政外交国防、治党治国治军等各个方面。国家治理体系和治理能力是一个有机整体，相辅相成，有了好的国家治理体系才能提高治理能力，提高国家治理能力才能充分发挥国家治理体系的效能。"[①]这就深刻揭示了国家治理体系和治理能力的丰富内涵及其关系。

党的十八届三中全会确定全面深化改革的总目标是完善和发展中国特色社会主义制度，推进国家治理体系和治理能力现代化。这就明确地把治理现代化作为社会主义现代化的重要内涵和新的目标，使得我们党对社会主义现代化的认识达到新境界，使得我国社会主义现代化建设进入新阶段。习近平总书记从世界社会主义兴衰成败的历史高度、党和国家发展全局的战略高度和中国特色社会主义改革创新的时代高度，深刻论述了坚持和推进中国特色社会主义治理的重要思想，指明了坚持和发展中国特色社会主义、实现中华民

---

① 习近平：《切实把思想统一到党的十八届三中全会精神上来》，载《求是》2014年第1期。

族伟大复兴中国梦的重大方向。

中国特色社会主义制度,包括根本政治制度、基本政治制度、法律体系、基本经济制度以及各项具体制度。中国特色社会主义制度的贯彻运行过程,就是这一制度优越性发挥的过程。怎样更加充分有效地发挥中国特色社会主义制度的优越性,防止制度悬置、难以落地,一直是我们党长期探索解决的重大课题。党的十八大以来,这一思考探索集中体现在从制度自觉到治理自觉,从制度功能到治理效能,从制度优势到治理转化上。治理是制度的有效运用、功能发挥和实践拓展,推进国家治理现代化,就是中国特色社会主义制度建设、创新、完善、实践的过程,就是充分发挥中国特色社会主义制度功能的过程。增强制度自信,就是要发挥人民当家作主的制度优势,保证人民的治理主体地位;强化自我更新完善的制度韧性,促进治理体系更加科学、治理能力更加有效;激发解放和发展社会生产力的制度活力,破除治理体系的陈规陋习;发掘维护社会公正的制度潜能,保证最大多数人共享治理利益。

制度体系与治理体系一体化,制度的优越性反映为治理的效能性,制度的薄弱环节也表现为治理的不尽如人意。我国国家治理体系和治理能力总体上是好的,是适应我国国情和发展要求的。习近平总书记指出:“同时,我们也要看到,相比我国经济社会发展要求,相比人民群众期待,相比当今世界日趋激烈的国际竞争,相比实现国家长治久安,我们在国家治理体系和治理能力方面还有许多不足,有许多亟待改进的地方。”[①]例如,现实生活中,有法不依、执法不严、违法不究现象在一些地方和部门依然存在,一些公职人员滥用职权、失职渎职、执法犯法甚至徇私枉法,表现为法制失效,严重损害了国家法制权威,也严重损害了社会公平正义。推进司法治理,政法机关必须严格执法、公正司法。改进治理要抓住根本,就是要不断提高运用中国特色社会主义制度有效治理国家的能力,适应时代变化,既改革不适应实践发展要求的体制机制、法

① 习近平:《切实把思想统一到党的十八届三中全会精神上来》,载《求是》2014年第1期。

律法规，又不断构建新的体制机制、法律法规，使各方面制度更加科学、更加完善。

党的十八大以来，以习近平同志为核心的党中央，在我们党已有丰富经验和重大成果基础上，更好地把完善制度与推进治理统一起来，彰显治国理政的新思路新品格新风貌。主要表现为完善制度体系，增强治理能力；解放社会活力，深化治理内涵；促进社会公正，提升治理价值；加强作风建设，抓住治理关键，等等。例如，以社会公正提升治理价值，就是要抓紧解决由于制度安排不健全造成的有违公平正义的问题，使我们的制度安排更好体现社会主义公平正义原则，使我们的国家治理更好体现社会主义的本质、时代潮流的趋势和人民利益的要求。

完善制度、推进治理，是全面深化改革总目标的精髓要义。两者是一个统一整体，制度决定、统领、支配治理，没有脱离制度的治理；治理贯彻、彰显、实现制度，没有无关治理的制度。推进治理，以完善制度为前提和基础。强调治理、凸显治理，并不是说制度不重要，或者要用治理取代制度，而是更加显示制度建设的基础作用。越是要坚持和推进中国特色社会主义治理，就越是要坚持和完善中国特色社会主义制度。可以说，完善制度是推进治理的基础，推进治理要以完善制度为根为本；完善制度是推进治理的条件，没有制度完善，谈何推进治理。完善制度与推进治理，是体与用的关系，制度为体、治理为用。所以，推进国家治理体系和治理能力现代化，从根本上说，就是要完善和发展中国特色社会主义制度。

推进国家治理现代化是社会主义现代化的历史性跃升

国家治理现代化是近代以来世界现代化潮流的重要方面，是各个国家依据基本制度框架、历史文化传统、社会发展需要，着眼提高治理质量、效能、水准，促进国家有序、协调、稳定运行的治理变革与创新，是对治理的“治理”。恩格斯提出了“对人的统治将由对物的管理和对生产过程的领导所代替”[①]的社会主义治理模式，指明了“社会的每一成员不仅有可能参加社会财富的生产，而且有可能参加社会财富的分配和管理”[②]的社会主义治理本质，实际上是对资本主义治理方式的否定和超越，是从以统治为本到以管理为本的治理转变，从人作为生产主体到人作为分配和管理主体的治理转变。总体上看，怎样治理社会主义社会这样全新的社会，在以往的世界社会主义中没有解决得很好。马克思、恩格斯没有遇到全面治理一个社会主义国家的实践，他们关于未来社会的原理很多是预测性的；列宁在俄国十月革命后不久就过世了，没来得及深入探索这个问题；苏联在这个问题上进行了探索，取得了一些实践经验，但也犯下了严重错误，没有解决这个问题。

推进国家治理体系和治理能力现代化，本身就是一种价值追求，要求展现和提升治理价值，赋予治理时代内涵。国家治理现代化的重要标志，就是习近平总书记提出的“实现党、国家、社会各项事务治理制度化、规范化、程序化”[③]。一是治理制度化。制度是治理之本，依靠制度进行治理是国家治理现代化的基本要求。各级党组织、政府和领导，负有统筹、指导、组织治理的重要职责，但必须强化制度治理的意识，不能单凭某种偏好、某人意志，随心所欲进行“治理”。治理制度化，最重要的是依法治理，法治中国是治理制度化的至高境界。不少干部还是习惯于运用行政手段进行治理，觉得这样来得快、见效快，但这样很容易朝令夕改、反复无常、人走政息。因此，要提高运用制度进行治理的能力，增强制度治理的权威性。二是治理规范化。规范是治理之要，推进规范治理是国家治理现代化的关键要点。治理规范化强调治理科学化、标准化，就是要遵循治理规律，细化治理标准、注重治理控制。一些地方在某些问题的治理上，缺乏严格论证，不讲究规范章法。治理不规范反映了治理的现

---

① 《马克思恩格斯文集》(第三卷)，人民出版社2009年版，第562页。

② 同上，第460页。

③ 习近平：《切实把思想统一到党的十八届三中全会精神上来》，载《求是》2014年第1期。

代化水平低，还停留在与粗放式生产方式相适应的治理方式上。现代化进程是一个治理规范化逐步提高的过程，不仅规范科学，而且规范有效。三是治理程序化。程序是治理之道，依照程序实现治理是国家治理现代化的必要条件。程序是治理规律的反映，揭示了解决问题、达到目的、促进发展所必须经过的阶段，遵循实践程序就是遵循治理规律。程序建立了层层制约机制，每设立一道程序就是经过了一道安全阀，能够把治理风险降至最小，把治理效益提至最大。决策程序是治理程序化的前提，决策程序增强了决策的科学性，减少了决策失误。法治程序是治理程序化的体现，法治程序保证了法律的严肃性，不严格执行法治程序，就有可能造成法治失误，破坏法治公信力。

我们的方向是中国特色社会主义道路，这就规定了国家治理现代化的根本方向。我国国家治理体系需要改进和完善，但怎么改、怎么完善，我们要有主张、有定力，这就是坚持中国特色社会主义制度模式。当前，我国发展进入新阶段，改革进入攻坚期和深水区。全面深化改革的总目标，表明了推进国家治理体系和治理能力现代化，必须坚持中国特色社会主义道路的根本方向，必须回答和解决在什么制度模式下实现治理现代化的问题。治理从属于制度，没有超越社会制度的“治理现代化”。我们党提出的推进国家治理体系和治理能力现代化，有着明确的制度前提，这就是中国特色社会主义制度。我们所说的国家治理体系和治理能力现代化，依据的是中国特色社会主义制度模式，其内涵就是中国特色社会主义制度体系和制度能力现代化。我们的治理现代化是为了人民、依靠人民、服务人民的治理现代化，这就决定了国家治理现代化的进程与人民幸福增长的进程相统一。我们讲实现国家治理现代化，现代化并不只是技术标准，而且是价值标准、人文标准，人民利益始终是贯通国家治理现代化的灵魂。

具有开创性里程碑意义的战略决策※

党的十九届四中全会是在面临百年未有之大变局、我国正处于实现中华民族伟大复兴关键时期召开的一次重要会议。全会的主题是审议通过《中共中央关于坚持和完善中国特色社会主义制度、推进国家治理体系和治理能力现代化若干重大问题的决定》。习近平总书记就《决定(讨论稿)》向全会作了说明,并在会议结束时发表重要讲话。《决定》紧紧围绕“坚持和巩固什么、完善和发展什么”,全面总结了中国特色社会主义制度建设的历史性成就,集中概括了中国特色社会主义制度和国家治理体系的显著优势,深刻阐述了支撑中国特色社会主义制度的根本制度、基本制度、重要制度,明确了坚持和完善中国特色社会主义制度、推进国家治理体系和治理能力现代化的总体要求、总体目标和重点任务,是坚持和完善中国特色社会主义制度、推进国家治理体系和治理能力现代化的政治宣言和行动纲领,是具有开创性、里程碑意义的战略决策。

站在历史交汇点的战略眼光和历史担当

党的十八大以来,新时代中国特色社会主义全面推进,中华民族伟大复兴战略全局统筹展开。党的十九届四中全会在这一历史进程中召开,主题重大、

※ 写于2019年。

意义深远。全会审议通过的《决定》是新时代坚持和发展中国特色社会主义的重大战略部署，是为实现“两个一百年”奋斗目标进而实现中华民族伟大复兴构建系统制度保证和坚实治理基石。

全面建设社会主义现代化国家的基础工程

十九届四中全会是站在“两个一百年”奋斗目标的历史交汇点上，承前启后、继往开来，掌控大势、谋划未来的一次重要会议。从党的十九大到即将召开的党的二十大，是“两个一百年”奋斗目标的历史交汇期。既要全面建成小康社会、实现第一个百年目标，又要乘势而上开启全面建设社会主义现代化国家新征程，向着第二个百年目标进军。无论是全面建成小康社会，还是全面建设社会主义现代化国家，都要打好基础、搭好框架、铺好轨道。党的十八届三中全会作出全面深化改革的决定，明确提出全面深化改革的总目标，即完善和发展中国特色社会主义制度、推进国家治理体系和治理能力现代化。这个总目标统领决胜全面建成小康社会和全面建设社会主义现代化国家整个进程。党的十八大以来，以习近平同志为核心的党中央党领导人民统筹推进“五位一体”总体布局、协调推进“四个全面”战略布局，推动中国特色社会主义制度更加完善、国家治理体系和治理能力现代化水平明显提高，为政治稳定、经济发展、文化繁荣、民族团结、人民幸福、社会安宁、国家统一提供了有力保障，有力证明了中国特色社会主义制度和国家治理体系对于实现“两个一百年”奋斗目标、实现中华民族伟大复兴的中国梦的基础性作用。

党的十九大着眼于“两个一百年”奋斗目标的过渡转变，制定了全面建设社会主义现代化国家两个阶段的战略安排，中国特色社会主义制度和国家治理体系的建设目标纳入其中。第一个阶段是各方面制度更加完善，国家治理体系和治理能力现代化基本实现；第二个阶段是物质文明、政治文明、精神文明、社会文明、生态文明将全面提升，实现国家治理体系和治理能力现代化。制度是国家之基、社会之规、治理之据，治理是制度的有效运用、功能发挥和实践拓展。坚持和完善中国特色社会主义制度，推进国家治理体系和治理能力现代化，是关系党和国家事业兴旺发达、国家长治久安、人民幸福安康的重大问题，是关系全面建成社会主义现代化强国的根本问题。《决定》指出：“中国特色社会主义制度是党和人民在长期实践探索中形成的科学制度体系，我国国家治理一切工作和活动都依照中国特色社会主义制度展开，我国国家治理体系和治理能力是中国特色社会主义制度及其执行能力的集中体现。”[①]《决定》奠定了全面现代化的制度和治理平台，确立了全面现代化的枢纽机制，贯通于全面现代化各个领域，是全面建设社会主义现代化国家新征程的一个里程碑。以坚持和完善中国特色社会主义制度、推进国家治理体系和治理能力现代化为强大牵引和有力保障，全面建设社会主义现代化国家的进程将稳步推进、有序展开。

新中国100年的制度和治理目标

十九届四中全会是在新中国成立70周年之际召开的具有重大历史意义的会议。新中国成立以来，我们党坚持把马克思主义基本原理同我国具体实际相结合，深刻总结国内外正反两方面经验，不断探索实践，不断改革创新，建立和完善社会主义制度，形成和发展党的领导和经济、政治、文化、社会、生态文明、军事、外事等各方面制度，加强和完善国家治理，取得历史性成就。70年后再出发，习近平总书记指出，在新中国成立70周年的重要历史时刻，要把新中国成立以来我们国家在社会主义制度建设、国家治理体系和治理能力建设方面的经验好好总结一下，进而在运用历史经验的基础上，明确未来一个时期制度建设、治理体系和治理能力建设的着力点和目标任务。《决定》凝结着我们党建立和完善社会主义制度的宝贵经验，凝结着几代中国共产党人保证党和国家长治久安的深谋远虑，是从政治上、全局上、战略上全面考量，立足当前、着眼长远作出的重大决策，充分体现了以习近平同志为核心的党中央高瞻远

① 《中共中央关于坚持和完善中国特色社会主义制度 推进国家治理体系和治理能力现代化若干重大问题的决定》，载《人民日报》2019年11月6日。

瞩的战略眼光和强烈的历史担当。

建设什么样的社会主义、怎样建设社会主义，其中的核心问题是建设什么样的社会主义制度和国家治理体系、怎样完善社会主义制度和加强国家治理。新中国成立后，我国确立了社会主义基本制度，为当代中国一切发展进步奠定了根本政治前提和制度基础，开始了社会主义治国理政的实践。改革开放历史新时期，中国特色社会主义制度形成发展，为当代中国发展进步提供了根本制度保障，中国特色社会主义国家治理特色鲜明、富有效率。中国特色社会主义进入新时代，摆在党和国家面前的一项重大任务，就是推动中国特色社会主义制度更加成熟定型，推进国家治理体系和治理能力现代化。正如习近平总书记指出的："从形成更加成熟更加定型的制度看，我国社会主义实践的前半程已经走过了，前半程我们的主要历史任务是建立社会主义基本制度，并在这个基础上进行改革，现在已经有了很好的基础。后半程，我们的主要历史任务是完善和发展中国特色社会主义制度，为党和国家事业发展、为人民幸福安康、为社会和谐稳定、为国家长治久安提供一整套更完备、更稳定、更管用的制度体系。"①站在新中国成立70年的历史节点上，着眼于新中国成立100年时中国特色社会主义制度和国家治理体系的建设目标，《决定》分别提出了到建党100年、2035年、新中国成立100年时制度和治理的总体目标，为把我国建成富强民主文明和谐美丽的社会主义现代化强国构筑了坚实的制度和治理基石。

新时代改革开放推向前进的更高起点

改革开放40年，是新时代改革开放再出发新的起点。习近平总书记指出，"新时代改革开放具有许多新的内涵和特点，其中很重要的一点就是制度建设分量更重，改革更多面对的是深层次体制机制问题，对改革顶层设计的要求更高，对改革的系统性、整体性、协同性要求更强，相应地建章立制、构建体

---

① 中共中央文献研究室编：《习近平关于全面建成小康社会论述摘编》，中央文献出版社2016年版，第79页。

系的任务更重”[①]。这是从物质层面、观念层面到制度层面、治理层面的实践深化和机制跃升，是新时代改革开放的再攀登、再攻坚、再突破。党的十八大以来，从全面深化改革决定、全面依法治国决定到制定新形势下党内政治生活若干准则、修订中国共产党党内监督条例等，从深化党和国家机构改革到十九届四中全会决定等，都贯穿着坚持和完善中国特色社会主义制度、推进国家治理体系和治理能力现代化这一主旨和主线，都是强基固本的系统工程。

中国特色社会主义制度体系还不是尽善尽美、成熟定型的，需要不断发展完善。国家治理体系是在党领导下管理国家的制度体系，国家治理能力是运用国家制度管理社会各方面事务的能力。推进国家治理现代化，就是中国特色社会主义制度建设、创新、完善、实践的过程，是充分发挥中国特色社会主义制度功能的过程，是新时代改革开放的重大课题。

中国共产党走向第二个百年的战略擘画

我们党是百年大党，即将进入第二个百年。目前在全党开展的“不忘初心、牢记使命”主题教育，正是党走向第二个百年的思想洗礼、精神激励、政治整训。习近平总书记在中央政治局以“牢记初心使命，推进自我革命”为题进行集体学习时的重要讲话中深刻指出：“我们党作为百年大党，如何永葆先进性和纯洁性、永葆青春活力，如何永远得到人民拥护和支持，如何实现长期执政，是我们必须回答好、解决好的一个根本性问题。”[②]回答好解决好这个根本性问题，防止某些党员干部的消极腐败、脱离群众现象，跳出执政党的历史周期率，必须依靠制度建党、治理兴党，必须以根本性举措应对根本性问题，从中国特色社会主义制度和国家治理体系的宏观视野和总体构建出发，全面从严治党。

党的十九届四中全会《决定》，是我们党作为马克思主义执政党，在新时代

---

① 习近平:《关于〈中共中央关于坚持和完善中国特色社会主义制度 推进国家治理体系和治理能力现代化若干重大问题的决定〉的说明》，载《人民日报》2019年11月6日。

② 习近平:《牢记初心使命，推进自我革命》，载《求是》2019年第15期。

为中国人民谋幸福、为中华民族谋复兴所擘画的战略宏图，是新时代坚持和发展中国特色社会主义的战略工程，是从实现中华民族伟大复兴战略高度回答和解决党的“百年之问”的基础建设。“三个如何”说到底，是如何夺取新时代中国特色社会主义伟大胜利，从而为党始终保持马克思主义政治本色提供不竭动力，为党始终同人民想在一起、干在一起构造事业平台，为党经受长期执政考验、抵御各种利益诱惑强化理想信念。坚持和完善中国特色社会主义制度，推进国家治理体系和治理能力现代化，本身就是新时代党的建设的强劲机制，是推进党的自我革命、全面从严治党的使命牵引。

坚持党的集中统一领导，是我国国家制度和国家治理体系的首要优势；坚持和完善党的领导制度体系，提高党科学执政、民主执政、依法执政水平，是坚持和完善中国特色社会主义制度、推进国家治理体系和治理能力现代化的首要任务；加强党对坚持和完善中国特色社会主义制度、推进国家治理体系和治理能力现代化的全面领导，是贯彻落实党的十九届四中全会精神的首要要求。这都有力促使把百年大党新的伟大工程与国家制度和国家治理体系建设统一起来，把增强党的政治领导力、思想引领力、群众组织力、社会号召力与增强国家制度能力和治理能力统一起来，把永葆党的旺盛生命力和强大战斗力与完善国家制度与强化国家治理体系的进展统一起来。

应对世界百年未有之大变局的中国力量

深刻理解党的十九届四中全会的重大意义，还要从当今世界大势、国际战略大局的视野来看待。可以说，中国与世界关系的变化，是世界百年未有之大变局的最大变局。100年前，中国是一个半殖民地半封建社会的国家，100年后，中国成为世界上最大的社会主义国家；100年前，中国在世界舞台上还是边缘化的弱国，100年后，中国正日益走近世界舞台中央；100年前，成为世界强国的美国还没有把中国放在眼里，100年后，美国已把中国当作最大战略对手。中国在从大到强、从富到强的发展过程中，外部环境更趋复杂，世界大变局既带来重大战略机遇期，也带来严峻风险挑战期。面对来自外部力量的战略遏制和打压，面对世界范围两种意识形态、两种社会制度的竞争较量，党和国家进行的伟大斗争不是短期的而是长期的，至少要伴随实现第二个百年奋斗目标全过程。敢于斗争、善于斗争，最大的底气来自中国特色社会主义制度和治理的强大力量。坚持和完善中国特色社会主义制度，推进国家治理体系和治理能力现代化，是应对越来越复杂的风险考验的治本之策，是战胜难以想象的惊涛骇浪的“定海神针”。

具有多方面显著优势的中国特色社会主义制度和国家治理体系

中国特色社会主义制度是具有明显制度优势、强大自我完善能力的先进制度，是在实践中逐步成熟定型的生长制度。制度为体、治理为用。坚持和完善中国特色社会主义制度、推进国家治理体系和治理能力现代化，体现了从制度自觉到治理自觉，从制度功能到治理效能，从制度优势到治理转化。党的十九届四中全会通过的《决定》，将中国特色社会主义制度和国家治理体系建设提升至一个崭新的历史和时代高度。

有着深厚根基的制度和治理体系

《决定》指出，中国特色社会主义制度和国家治理体系是以马克思主义为指导、植根中国大地、具有深厚中华文化根基、深得人民拥护的制度和治理体系。因此，坚持和完善这一制度和治理体系是强固政治根基、弘扬政治优势的战略举措。中国特色社会主义制度和治理体系，是科学社会主义基本原理与中国国情和中国社会主义实践相结合的结晶，是社会主义政治文明本质内涵与中华优秀传统文化相结合的成果，是坚持党的领导、人民当家作主、依法治国相结合的产物。这一制度和治理体系，坚持和发展马克思主义的国家学说、制度理论、治理思想，体现了中国共产党人建设社会主义制度、进行社会主义国家治理的理论创新和实践创造。这一制度和治理体系，立足社会主义初级阶段基本国情，顺应我国社会主要矛盾转变的发展要求，反映新时代坚持和发展中国特色社会主义的制度和治理需求。这一制度和治理体系，将中华优秀传统文化作为治国理政的重要思想和文化资源，坚持依法治国和以德治国相结合，做好中华优秀传统文化在新时代国家制度和治理体系建设中的创造性转化和创新性发展。这一制度和治理体系，把维护和保障最广大人民的利益作为根本目的，把有利于人民追求幸福生活的努力作为构建准则，把权力接受人民监督作为基本理念。

具有强大生命力和巨大优越性的制度和治理体系

《决定》指出，中国特色社会主义制度和国家治理体系是具有强大生命力和巨大优越性的制度和治理体系。中国特色社会主义制度和国家治理体系的强大生命力和巨大优越性，集中体现在《决定》强调的我国国家制度和国家治理体系13个方面的显著优势上。这些显著优势，是我们坚定“四个自信”的基本依据。党的十八大以来，以习近平同志为核心的党中央在治国理政新实践中，将我国国家制度和治理体系的显著优势进一步增强。这体现在党对制度和治理体系建设和创新的全面领导，保证了制度和治理体系建设和创新的正确方向。体现在以人民为中心巩固和发展制度和治理体系，保证了国体和政体的高度统一、根本制度、基本制度、重要制度的高度协调。体现在从制度层面推进国家治理现代化，制度体系与治理体系相互融合、制度能力与治理能力相互增强，保证了国家治理现代化的制度优势。体现在把全面依法治国作为制度和治理体系建设的根本着眼，保证了中国特色社会主义制度和国家治理体系持续有序运行。

持续推动中国进步和发展、确保实现中华民族伟大复兴的制度和治理体系

《决定》指出，中国特色社会主义制度和国家治理体系，是能够持续推动拥有近14亿人口大国进步和发展、确保拥有5000多年文明史的中华民族实现

"两个一百年"奋斗目标进而实现伟大复兴的制度和治理体系。《决定》是全面建设社会主义现代化国家新征程的一个里程碑,开创了实现中华民族伟大复兴新的历史进军。贯彻《决定》精神,巩固和完善中国特色社会主义制度和国家治理体系,就是要坚持和完善党的领导制度体系,把党的领导落实到国家治理各领域各方面各环节;发挥人民当家作主的制度优势,保证人民的治理主体地位;强化自我更新完善的制度韧性,促进治理体系更加科学、治理能力更加有效;激发解放和发展社会生产力的制度活力,破除治理体系的弊端陋规;发掘维护社会公正的制度潜能,保证最大多数人共享治理利益。

在坚持和完善中国特色社会主义制度的实践中推进国家治理体系和治理能力现代化

党的十九届四中全会的开创性意义,就在于以《决定》为基本纲领,开启了坚持和完善中国特色社会主义制度、推进国家治理体系和治理能力现代化的系统实践,开启了新时代伟大社会革命的崭新篇章,开启了世界社会主义自我完善、自我更新,持续进步、不断创新的时代步伐;党的十九届四中全会的里程碑意义,就在于以《决定》为基本标志,中国特色社会主义制度建设进入新的自觉、新的阶段,中国特色社会主义国家治理达到新的境界、新的高度,全面建设社会主义现代化国家确立了基本轨道、贯通主线。

总体要求:把我国制度优势更好转化为国家治理效能

《决定》明确了坚持和完善中国特色社会主义制度、推进国家治理体系和治理能力现代化的总体要求。这一总体要求突出坚持和完善支撑中国特色社会主义制度的根本制度、基本制度、重要制度,把我国制度优势更好转化为国家治理效能。与国家现代化总进程相协调,与坚持和完善中国特色社会主义制度相匹配,实现党、国家、社会各项事务治理制度化、规范化、程序化,是国家治理体系和治理能力现代化的重要要求。制度是治理之本,依靠制度进行治理是国家治理现代化的基本要求。治理制度化，最重要的是依法治理，全面依法治国是治理制度化的现代化目标。要提高运用制度进行治理的能力，增强制度治理的权威性。规范是治理之要，推进规范治理是国家治理现代化的关键要点。治理规范化强调治理科学化、标准化，就是要遵循治理规律，细化治理标准、注重治理控制。治理不规范反映了治理的现代化水平较低，还停留在与粗放式生产方式相适应的治理方式上。现代化进程是一个治理规范化逐步提高的过程，不仅规范科学，而且规范有效。程序是治理之道，依照程序实现治理是国家治理现代化的必要条件。程序是治理规律的反映，揭示了解决问题、达到目的、促进发展所必须经过的阶段，遵循实践程序就是遵循治理规律。程序建立了层层制约机制，每设立一道程序就是经过了一道安全阀，能够把治理风险降至最小，把治理效益提至最大。决策程序是治理程序化的前提，决策程序增强了决策的科学性，减少了决策失误。

总体目标：全面实现国家治理体系和治理能力现代化

《决定》明确了坚持和完善中国特色社会主义制度、推进国家治理体系和治理能力现代化的总体目标。这一总体目标与新时代中国特色社会主义发展的战略安排相协调，突出了坚持和完善中国特色社会主义制度、推进国家治理体系和治理能力现代化的阶段性渐进性和高标准高质量。从在各方面制度更加成熟更加定型上取得明显成效，进而达到各方面制度更加完善、基本实现国家治理体系和治理能力现代化，到全面实现国家治理体系和治理能力现代化，使中国特色社会主义制度更加巩固、优越性充分展现，制定了路线图、时间表、标准值。这一总体目标牢牢把握了中国特色社会主义制度和治理的本质特征，体现了社会主义现代化的本质内涵，保证了制度和治理体系的社会主义性质和方向。这一总体目标将制度和治理融为一体，以制度建设保证治理效能，以治理效能发挥制度优势，有效防止了缺乏效能的“制度悬置”和缺乏根基的“治理变革”。这一总体目标吸收借鉴了人类制度文明和治理文明的有益成果，不仅紧跟而且引领世界现代化潮流，提供了“中国之治”的密码，拓展了发展中国家走向现代化的途径，是中国共产党人对科学社会主义和社会主义现代化的重大贡献。

总体任务：构建系统完备、科学规范、运行有效的制度体系

《决定》明确了坚持和完善中国特色社会主义制度、推进国家治理体系和治理能力现代化的总体任务。这就是坚持和完善党的领导制度体系，提高党科学执政、民主执政、依法执政水平等13个领域的制度体系和制度能力、治理体系和治理能力的建设要求，这些领域涵盖我国国家制度和国家治理体系的主要内容，是坚持和完善中国特色社会主义制度、推进国家治理体系和治理能力现代化的战略部署，是以习近平同志为核心的党中央科学谋划中华民族复兴大业、国家发展大计的战略宏图。为新时代坚持和发展中国特色社会主义提供一整套更完备、更稳定、更管用的制度体系，指明了制度改革创新的内在要求。更完备要求随着社会系统的复杂程度增强，增大制度的覆盖面，减少制度的盲区和漏洞，提高制度体系的衔接性和自洽性，克服某些制度之间的不兼容性。更稳定要求随着社会运行的有序程度增强，提高制度的规范性和延续性，让制度内化于社会机体之中，常态化运转、稳态化运作，在改与不改、变与不变、动与不动之间保持恰当的均衡。更管用要求随着国家治理的法治程度增强，充分发挥制度的导向、激励、协调、控制功能，强化制度权威，增强制度效能，减少制度疲软、制度失效现象。有了这样的制度体系做支撑，就能够增强治理能力、提高治理水平、扩大治理效能。

总体保证：坚持党对中国特色社会主义制度和国家治理体系建设的全面领导

《决定》明确了坚持和完善中国特色社会主义制度、推进国家治理体系和治理能力现代化的总体保证。中国特色社会主义最本质的特征是中国共产党领导，这体现在中国特色社会主义的各领域和全过程。坚持和完善中国特色社会主义制度、推进国家治理体系和治理能力现代化，必须在党中央统一领导

下进行，这是中国特色社会主义最本质特征的应有之义，党的领导为完成战略任务提供战略指导和领导力量。只有中国共产党才能领导中国，只有在党的领导下才能完成坚持和完善中国特色社会主义制度、推进国家治理体系和治理能力现代化这一重大战略任务。在完成这一重大战略任务的前进道路上，会遇到各种各样的复杂和深层次矛盾，会遇到来自不同方面的风险和不同方向的“台风”，必须有效应对重大挑战、抵御重大风险、克服重大阻力、解决重大矛盾，党的坚强和正确领导是完成这一重大战略任务最重要最可靠的政治保证。坚持和完善中国特色社会主义制度、推进国家治理体系和治理能力现代化，是一项系统工程，必须在党的领导下科学谋划、精心组织，远近结合、整体推进，健全总揽全局、协调各方的党的领导制度体系。

推进国家治理体系和治理能力现代化的行动纲领※

党的十九届四中全会是一次具有开创性、里程碑意义的重要会议。全会审议通过了《中共中央关于坚持和完善中国特色社会主义制度、推进国家治理体系和治理能力现代化若干重大问题的决定》,是站在新时代中国特色社会主义的历史方位,着眼实现中华民族伟大复兴的宏伟目标,紧紧围绕"坚持和巩固什么、完善和发展什么"的重大政治问题,深化对新时代坚持和发展什么样的中国特色社会主义、怎样坚持和发展中国特色社会主义的回答,从制度层面和治理维度思考和回答全面建设社会主义现代化国家的方向性根本性问题,为党和国家长治久安构筑了系统制度保证和坚实治理基石。

站在历史交汇点的时代之问

什么是社会主义、怎样建设社会主义,是贯穿中国特色社会主义各领域和全过程的基本问题。中国特色社会主义创立40多年来,时代不断变化、问题不断拓展,其内涵不断丰富,从而不断推向新的历史高度。"坚持和巩固什么、完善和发展什么",是以习近平同志为核心的党中央以高瞻远瞩的战略眼光和强烈的历史担当,站在新的历史交汇点上提出的关乎全局、关乎未来、关乎命

※ 写于2019年。

运的时代之问。

全面建设社会主义现代化国家的基础工程是什么。十九届四中全会是站在“两个一百年”奋斗目标的历史交汇点上，承前启后、继往开来，掌控大势、谋划长久的一次重要会议。无论是全面建成小康社会，还是全面建设社会主义现代化国家，都要打好基础、搭好框架、铺好轨道。党的十八届三中全会作出全面深化改革的决定，明确提出全面深化改革的总目标，即完善和发展中国特色社会主义制度、推进国家治理体系和治理能力现代化。这个总目标统领决胜全面建成小康社会和全面建设社会主义现代化国家整个进程。党的十九大着眼于“两个一百年”奋斗目标的过渡转变，制定了全面建设社会主义现代化国家两个阶段的战略安排，中国特色社会主义制度和国家治理体系的建设目标纳入其中。制度是国家之基、社会之规、治理之据，治理是制度的有效运用、功能发挥和实践拓展。《决定》奠定了全面现代化的制度和治理平台，确立了全面现代化的枢纽机制，贯通于全面现代化各个领域，是全面建设社会主义现代化国家新征程的一个里程碑。

新中国成立100年时的制度和治理目标是什么。十九届四中全会是在新中国成立70周年之际召开的具有重大历史意义的会议。70年后再出发，习近平总书记指出，在新中国成立70周年的重要历史时刻，要把新中国成立以来我们国家在社会主义制度建设、国家治理体系和治理能力建设方面的经验好好总结一下，进而在运用历史经验的基础上，明确未来一个时期制度建设、治理体系和治理能力建设的着力点和目标任务。《决定》凝结着我们党建立和完善社会主义制度的宝贵经验，凝结着几代中国共产党人保证党和国家长治久安的深谋远虑。建设什么样的社会主义、怎样建设社会主义，其中的核心问题是建设什么样的社会主义制度和国家治理体系、怎样完善社会主义制度和加强国家治理。中国特色社会主义进入新时代，摆在党和国家面前的一项重大任务，就是推动中国特色社会主义制度更加成熟定型，推进国家治理体系和治理能力现代化。站在新中国成立70周年的历史节点上，着眼于新中国100年时中国特色社会主义制度和国家治理体系的建设目标，《决定》分别提出了到建党100年、2035年、新中国成立100年时制度和治理的总体目标。

新时代改革开放再出发的更高起点是什么。改革开放40年，是改革开放再出发新的起点。习近平总书记在《决定》的说明中指出，新时代改革开放具有许多新的内涵和特点，其中很重要的一点就是制度建设分量更重，改革更多面对的是深层次体制机制问题，对改革顶层设计的要求更高，对改革的系统性、整体性、协同性要求更强，相应地建章立制、构建体系的任务更重。这是从物质层面、观念层面到制度层面、治理层面的实践深化和机制跃升，是新时代改革开放的再攀登、再攻坚、再突破。我们看到，一些国家长期处于社会动荡、冲突不已、乱象丛生，究其原因，制度建设落后、治理能力软弱是一个根本性原因。党的十八大以来，从全面深化改革决定、全面依法治国决定到制定新形势下党内政治生活若干准则、修订中国共产党党内监督条例等，从对我国宪法作出适当的修改、深化党和国家机构改革到十九届四中全会决定等，都贯穿着坚持和完善中国特色社会主义制度、推进国家治理体系和治理能力现代化这一主旨和主线，都是强基固本的系统工程，是中国特色社会主义制度建设、创新、完善、实践的过程，是新时代改革开放的主攻方向。

中国共产党走向第二个百年的战略指向是什么。我们党是百年大党，即将进入第二个百年。目前在全党开展的“不忘初心、牢记使命”主题教育，正是党走向第二个百年的思想洗礼、精神激励、政治整训。十九届四中全会《决定》，是我们党作为马克思主义执政党，从战略高度回答和解决党的“百年之问”的基础建设。坚持和完善中国特色社会主义制度，推进国家治理体系和治理能力现代化，本身就是新时代党的建设的强劲机制，是推进党的自我革命、全面从严治党的使命牵引。坚持党的集中统一领导，是我国国家制度和国家治理体系的首要优势；坚持和完善党的领导制度体系，提高党科学执政、民主执政、依法执政水平，是坚持和完善中国特色社会主义制度、推进国家治理体系和治理能力现代化的首要任务；加强党对坚持和完善中国特色社会主义制度、推进国家治理体系和治理能力现代化的全面领导，是贯彻落实十九届四中全会精神的首要要求。这都有力促使把百年大党新的伟大工程与国家制度和国家治理体系建设统一起来，把增强党的政治领导力、思想引领力、群众组织力、社会号召力与增强国家制度能力和治理能力统一起来，把永葆党的旺盛生命力和强大战斗力与完善国家制度与强化国家治理体系的进展统一起来。

把握制度和治理演进方向和规律的时代之思

中国特色社会主义制度和国家治理体系是具有强大生命力和巨大优越性的制度和治理体系。这就为党领导人民创造经济发展奇迹和政治稳定奇迹提供了制度支持和治理保障，为中华民族迎来了从站起来、富起来到强起来的伟大飞跃构筑了崛起支点和起飞平台。回答“坚持和巩固什么、完善和发展什么”，就是要紧扣坚持和完善中国特色社会主义制度、推进国家治理体系和治理能力现代化这个主题，准确把握我国国家制度和国家治理体系的演进方向和规律，深入思考我国国家治理的关键和根本问题，深入思考中国特色社会主义制度自信的增强机制问题，深入思考制度建设、治理提升的目标方向问题。

坚持和完善党的领导制度，是我国国家制度和国家治理体系的灵魂。我国国家制度是中国特色社会主义制度，我国国家治理体系是中国特色社会主义国家治理体系，这就决定我们要坚持和巩固的、完善和发展的，都只能是中国特色社会主义，而不是别的什么主义，这是关系我国国家制度和国家治理体系的性质和方向的根本原则问题。中国特色社会主义最本质的特征是中国共产党领导，中国特色社会主义制度的最大优势是中国共产党领导，党是最高政治领导力量。坚持党的集中统一领导，是我国国家制度和国家治理体系的首要优势；坚持和完善党的领导制度体系，提高党科学执政、民主执政、依法执政水平，是坚持和完善中国特色社会主义制度、推进国家治理体系和治理能力现代化的首要任务；加强党对坚持和完善中国特色社会主义制度、推进国家治理体系和治理能力现代化的全面领导，是贯彻落实十九届四中全会精神的首要要求。这都有力促使把百年大党新的伟大工程与国家制度和国家治理体系建设统一起来，把增强党的政治领导力、思想引领力、群众组织力、社会号召力与增强国家制度能力和治理能力统一起来，把永葆党的旺盛生命力和强大战斗力与完善国家制度与强化国家治理体系的进展统一起来。

增强制度自信，必须充分认识制度优势。中国特色社会主义制度是具有明显制度优势、强大自我完善能力的先进制度，是在实践中逐步成熟定型的生长制度，《决定》深刻阐述了我国国家制度和国家治理体系13个方面的显著优势。这一制度和治理体系是科学社会主义基本原理与中国国情和中国社会主义实践相结合的结晶，是社会主义政治文明本质内涵与中华优秀传统文化相结合的成果，是坚持党的领导、人民当家作主、依法治国相结合的产物。这一制度和治理体系坚持和发展马克思主义的国家学说、制度理论、治理思想，体现了中国共产党人建设社会主义制度、进行社会主义国家治理的理论创新和实践创造。这一制度和治理体系立足社会主义初级阶段基本国情，顺应我国社会主要矛盾转变的发展要求，反映新时代坚持和发展中国特色社会主义的制度和治理需求。这一制度和治理体系将中华优秀传统文化作为治国理政的重要思想文化资源，坚持依法治国和以德治国相结合，做好中华优秀传统文化在新时代国家制度和治理体系建设中的创造性转化和创新性发展。这一制度和治理体系把维护和保障最广大人民的利益作为根本目的，把有利于人民追求幸福生活的努力作为构建准则，把权力接受人民监督作为基本理念。这些显著优势成为坚持和巩固、完善和发展中国特色社会主义制度和国家治理体系的基本依据。

制度和治理的共同演进、协同发展，是国家治理现代化的总体目标。《决定》明确了坚持和完善中国特色社会主义制度、推进国家治理体系和治理能力现代化的总体目标。坚持和完善中国特色社会主义制度、推进国家治理体系和治理能力现代化的总体目标，就是习近平新时代中国特色社会主义思想深入思考“坚持和巩固什么、完善和发展什么”的重大成果。

推动制度更加成熟定型、治理效能更好转化的时代之答

坚持和完善中国特色社会主义制度、推进国家治理体系和治理能力现代化，体现了从制度自觉到治理自觉，从制度功能到治理效能，从制度优势到治理转化的转变和飞跃。党的十八大以来，以习近平同志为核心的党中央在治国理政新实践中，将我国国家制度和治理体系的显著优势进一步增强。这体现在党对制度和治理体系建设和创新的全面领导，保证了制度和治理体系建设和创新的正确方向。体现在以人民为中心巩固和发展制度和治理体系，保证了国体和政体的高度统一、根本制度、基本制度、重要制度的高度协调。体现在从制度层面推进国家治理现代化，制度体系与治理体系相互融合、制度能力与治理能力相互增强，保证了国家治理现代化的制度优势。体现在把全面依法治国作为制度和治理体系建设的根本着眼，保证了中国特色社会主义制度和国家治理体系持续有序运行。十九届四中全会《决定》，将中国特色社会主义制度和国家治理体系建设提升至一个崭新的历史和时代高度。“坚持和巩固什么、完善和发展什么”，就是要构建系统完备、科学规范、运行有效的制度体系，把我国制度优势更好转化为国家治理效能。以坚持和完善中国特色社会主义制度、推进国家治理体系和治理能力现代化为强大牵引和有力保障，全面建设社会主义现代化国家的进程将稳步推进、有序展开。

贯彻《决定》精神，巩固和完善中国特色社会主义制度和国家治理体系，就是要坚持和完善党的领导制度体系，把党的领导落实到国家治理各领域各方面各环节；发挥人民当家作主的制度优势，保证人民的治理主体地位；强化自我更新完善的制度韧性，促进治理体系更加科学、治理能力更加有效；激发解放和发展社会生产力的制度活力，破除治理体系的弊端陋规；发掘维护社会公正的制度潜能，保证最大多数人共享治理利益。

与国家现代化总进程相协调，与坚持和完善中国特色社会主义制度相匹配，实现党、国家、社会各项事务治理制度化、规范化、程序化，是国家治理体系

和治理能力现代化的重要要求。制度是治理之本，依靠制度进行治理是国家治理现代化的基本要求。治理制度化，最重要的是依法治理，全面依法治国是治理制度化的现代化目标。要提高运用制度进行治理的能力，增强制度治理的权威性。规范是治理之要，推进规范治理是国家治理现代化的关键要点。治理规范化强调治理科学化、标准化，就是要遵循治理规律，细化治理标准、注重治理控制。治理不规范反映了治理的现代化水平较低，还停留在与粗放式生产方式相适应的治理方式上。现代化进程是一个治理规范化逐步提高的过程，不仅规范科学，而且规范有效。程序是治理之道，依照程序实现治理是国家治理现代化的必要条件。程序是治理规律的反映，揭示了解决问题、达到目的、促进发展所必须经过的阶段，遵循实践程序就是遵循治理规律。程序建立了层层制约机制，每设立一道程序就是经过了一道安全阀，能够把治理风险降至最小，把治理效益提至最大。

“坚持和巩固什么、完善和发展什么”的时代回答※

党的十九届四中全会审议通过的《中共中央关于坚持和完善中国特色社会主义制度、推进国家治理体系和治理能力现代化若干重大问题的决定》，站在中国特色社会主义新时代的历史方位，着眼实现中华民族伟大复兴的宏伟目标，紧紧围绕“坚持和巩固什么、完善和发展什么”的重大政治问题，从制度层面和治理维度思考和回答新时代坚持和发展什么样的中国特色社会主义、怎样坚持和发展中国特色社会主义的重大时代课题，深化拓展建设什么样的社会主义、怎样建设社会主义的重大问题，是科学社会主义基本原则同中国社会主义现代化实践相结合的重大创新。

中国特色社会主义根本问题的拓展深化

问题是时代的声音、实践的呼唤。开创中国特色社会主义，始于提出建设什么样的社会主义、怎样建设社会主义这一根本问题。我们党紧紧围绕回答这一根本问题，创立了邓小平理论。邓小平之后，几代中国共产党人都是在继续回答并深化拓展这一根本问题，与时俱进，形成了中国特色社会主义理论体系新的重大成果。中国特色社会主义，正是在准确把握时代脉搏、敏锐察觉实

※ 写于2019年。

践呼声中形成、发展和不断完善的。党的十八大以来，以习近平同志为核心的党中央开拓创新、奋发有为，统筹推进“五位一体”总体布局、协调推进“四个全面”战略全局，推动中国特色社会主义进入新时代，创立了习近平新时代中国特色社会主义思想。新时代提出新问题、新问题催生新思想。新时代坚持和发展什么样的中国特色社会主义、怎样坚持和发展中国特色社会主义，是习近平新时代中国特色社会主义思想的重大时代课题。顺应时代发展、回应实践呼声，从理论和实践结合上系统回答这一重大时代课题，构成了习近平新时代中国特色社会主义思想一系列具有开创性意义的新理念新思想新战略。

制度是国家之基、社会之规、治理之据，治理是制度的有效运用、功能发挥和实践拓展。中国特色社会主义制度是党和人民在长期实践探索中形成的科学制度体系，我国国家治理的一切工作和活动都依照中国特色社会主义制度展开，我国国家治理体系和治理能力是中国特色社会主义制度及其执行能力的集中体现。党的十八届三中全会作出全面深化改革的决定，明确提出全面深化改革的总目标，即完善和发展中国特色社会主义制度、推进国家治理体系和治理能力现代化。习近平总书记在中央全面深化改革委员会第十一次会议上指出，党的十九届四中全会和党的十八届三中全会历史逻辑一脉相承、理论逻辑相互支撑、实践逻辑环环相扣，目标指向一以贯之，重大部署接续递进。贯通一体的就是紧紧围绕中国特色社会主义制度和国家治理体系“坚持和巩固什么、完善和发展什么”。这一重大政治问题，既是习近平新时代中国特色社会主义思想重大时代课题的具体深化，也是建设什么样的社会主义、怎样建设社会主义根本问题的具体深化。

中国特色社会主义制度是当代中国发展进步的根本保证。随着改革开放的逐步深化，我们党对制度建设的认识越来越深入。党的十八大以来，我们党把制度建设摆到更加突出的位置，党的十九大明确提出建成社会主义现代化强国制度建设和治理能力的目标。党的十九届四中全会对坚持和完善中国特色社会主义制度、推进国家治理体系和治理能力现代化进行系统总结，提出与时俱进完善和发展的前进方向和工作要求。党的十九届四中全会不仅系统集成了党的十八届三中全会以来全面深化改革的理论成果、制度成果、实践成果，而且对新时代全面深化改革勾勒出更加清晰的顶层设计。习近平总书记指出，新时代改革开放具有许多新的内涵和特点，其中很重要的一点就是制度建设分量更重，改革更多面对的是深层次体制机制问题，对改革顶层设计的要求更高，对改革的系统性、整体性、协同性要求更强，相应地建章立制、构建体系的任务更重。新时代谋划全面深化改革，必须以坚持和完善中国特色社会主义制度、推进国家治理体系和治理能力现代化为主轴，深刻把握我国发展要求和时代潮流，把制度建设和治理能力建设摆到更加突出的位置，推动各方面制度更加成熟更加定型，推进国家治理体系和治理能力现代化。因此，新时代中国特色社会主义"坚持和巩固什么、完善和发展什么"，必然聚焦于坚持和完善中国特色社会主义制度、推进国家治理体系和治理能力现代化。

中国特色社会主义制度和国家治理体系的系统构建

中国特色社会主义制度和国家治理体系"坚持和巩固什么、完善和发展什么"，就是要牢牢把握这一制度和治理体系的深厚根基、显著优势、系统布局，进而固本强基、聚焦着力。

坚持和巩固、完善和发展中国特色社会主义制度和国家治理体系的深厚根基。《决定》指出，中国特色社会主义制度和国家治理体系是以马克思主义为指导、植根中国大地、具有深厚中华文化根基、深得人民拥护的制度和治理体系。因此，坚持和完善这一制度和治理体系是强固政治根基、弘扬政治优势的战略举措。中国特色社会主义制度和治理体系，是科学社会主义基本原理与中国国情和中国社会主义实践相结合的结晶，是社会主义政治文明本质内涵与中华优秀传统文化相结合的成果，是坚持党的领导、人民当家作主、依法治国相结合的产物。这一制度和治理体系，坚持和发展马克思主义的国家学说、制度理论、治理思想，体现了中国共产党人建设社会主义制度、进行社会主义国家治理的理论创新和实践创造。这一制度和治理体系，立足社会主义初级阶段基本国情，顺应我国社会主要矛盾转变的发展要求，反映新时代坚持和发展中国特色社会主义的制度和治理需求。这一制度和治理体系，将中华优秀传统文化作为治国理政的重要思想文化资源，坚持依法治国和以德治国相结合，做好中华优秀传统文化在新时代国家制度和治理体系建设中的创造性转化和创新性发展。这一制度和治理体系，把维护和保障最广大人民的利益作为根本目的，把有利于人民追求幸福生活的努力作为构建准则，把权力接受人民监督作为基本理念。

坚持和巩固、完善和发展我国国家制度和国家治理体系的显著优势。《决定》指出，我国国家制度和国家治理体系具有13个方面的显著优势。这13个方面的显著优势，是我们坚定中国特色社会主义道路自信、理论自信、制度自信、文化自信的基本依据。这些显著优势，为党领导人民创造世所罕见的经济发展奇迹和政治稳定奇迹提供了制度支持和治理保障，为中华民族迎来了从站起来、富起来到强起来的伟大飞跃构筑了崛起支点和起飞平台，能够持续推动中国进步和发展、确保中华民族实现“两个一百年”奋斗目标进而实现伟大复兴。党的十八大以来，以习近平同志为核心的党中央在治国理政新实践中，将我国国家制度和治理体系的显著优势进一步增强和彰显。这体现在党对制度和治理体系建设和创新的全面领导，保证了制度和治理体系建设和创新的正确方向。体现在以人民为中心巩固和发展制度和治理体系，保证了国体和政体的高度统一，保证了根本制度、基本制度、重要制度的高度协调。体现在从制度层面推进国家治理现代化，制度体系与治理体系相互融合、制度能力与治理能力相互增强，保证了国家治理现代化的制度优势。体现在把全面依法治国作为制度和治理体系建设的根本着眼，保证了中国特色社会主义制度和国家治理体系持续有序运行。

坚持和巩固、完善和发展中国特色社会主义制度和国家治理体系的系统布局。《决定》明确了坚持和完善中国特色社会主义制度、推进国家治理体系和治理能力现代化的重点任务。这就是坚持和完善党的领导制度体系，提高党科学执政、民主执政、依法执政水平等13个领域的制度体系和制度能力、治理体系和治理能力的建设要求。这些领域涵盖我国国家制度和国家治理体系的主要内容，是坚持和完善中国特色社会主义制度、推进国家治理体系和治理能力现代化的战略部署，是以习近平同志为核心的党中央科学谋划民族复兴大业、国家发展大计的战略宏图。这一系统布局为新时代坚持和发展中国特色社会主义提供一整套更完备、更稳定、更管用的制度体系，指明了制度改革创新的内在要求。更完备是要求随着社会系统的复杂程度增强，增大制度的覆盖面，减少制度的盲区和漏洞，提高制度体系的衔接性和自洽性，克服某些制度之间的不兼容性。更稳定是要求随着社会运行的有序程度增强，提高制度的规范性和延续性，让制度内化于社会机体之中，常态化运转、稳态化运作，在改与不改、变与不变、动与不动之间保持恰当的均衡。更管用是要求随着国家治理的法治程度增强，充分发挥制度的导向、激励、协调、控制功能，强化制度权威，增强制度效能，减少制度疲软、制度失效现象。有了这样的制度体系做支撑，就能够增强治理能力、提高治理水平、扩大治理效能。

新时代坚持和发展中国特色社会主义的重大创新

问题是创新的起点，创新是问题的解答。对“坚持和巩固什么、完善和发展什么”的时代回答，是在党的十九届四中全会新的起点上，推进理论创新、实践创新、制度创新新的重大成果，是习近平新时代中国特色社会主义思想新的理论进展。

《决定》科学回答“坚持和巩固什么、完善和发展什么”的重大政治问题，强化了中国特色社会主义长治久安的制度和治理基石。建设什么样的社会主义、怎样建设社会主义，其中的核心问题是建设什么样的社会主义制度和国家治理体系、怎样完善社会主义制度和加强国家治理。《决定》凝结着我们党建立和完善社会主义制度的宝贵经验，凝结着几代中国共产党人保证党和国家长治久安的深谋远虑，是从政治上、全局上、战略上的全面考量，立足当前、着眼长远作出的重大决策，充分体现了以习近平同志为核心的党中央高瞻远瞩的战略眼光和强烈的历史担当。中国特色社会主义进入新时代，摆在党和国家面前的一项重大任务，就是推动中国特色社会主义制度更加成熟定型，推进国家治理体系和治理能力现代化。我们看到，一些国家长期处于社会动荡、冲突不已、乱象丛生，其制度建设落后、治理能力软弱是一个根本性原因。苏联、东欧等国家，没有建成完善的制度体系，没有形成有效的国家治理体系和国家治理能力，各种社会矛盾和问题日积月累、积重难返，最后的结局是国亡政息，教训十分深刻。站在新中国成立70年的历史节点上，着眼于新中国成立100年时中国特色社会主义制度和国家治理体系的建设目标，《决定》分别提出了到建党100年、2035年、新中国成立100年时制度和治理的总体目标，为把我国建成富强民主文明和谐美丽的社会主义现代化强国构筑了坚实的制度和治理基石。

《决定》科学回答"坚持和巩固什么、完善和发展什么"的重大政治问题，确定了全面建设社会主义现代化国家的制度和治理主轴。《决定》提出坚持和完善中国特色社会主义制度、推进国家治理体系和治理能力现代化的总体目标，到我们党成立100年时，在各方面制度更加成熟更加定型上取得明显成效；到2035年，各方面制度更加完善，基本实现国家治理体系和治理能力现代化；到新中国成立100年时，全面实现国家治理体系和治理能力现代化，使中国特色社会主义制度更加巩固、优越性充分展现。这是关系到全面建成社会主义现代化强国的根本问题。《决定》奠定了全面现代化的制度和治理平台，确立了全面现代化的枢纽机制，贯穿于全面现代化各个领域，是全面建设社会主义现代化国家新征程的一个里程碑。以坚持和完善中国特色社会主义制度、推进国家治理体系和治理能力现代化为强大牵引和有力保障，全面建设社会主义现代化国家的进程将稳步推进、有序展开。

疫情防控是对我国治理体系和能力的一次大考※

一个民族的生命力在经受磨难和灾害时充分展现，一个国家的制度和治理能力在应对风险和挑战中受到考验。新年伊始，全国人民喜迎新春，决胜全面建成小康社会、决战脱贫攻坚奏响冲锋号。不期而遇的新冠肺炎疫情，肆虐华中、蔓延各地，中华民族又一次面临着公共卫生安全和重大传染病的严重威胁，面临着实现奋斗目标前进道路上的严峻挑战。这场疫情防控阻击战，是对我国治理体系和治理能力的一次大考。以习近平同志为核心的党中央带领全党和人民，迅即打响了一场全党总动员、全国齐上阵的疫情防控总体战，铺开了一幅共战“疫魔”、共克时艰的神州抗疫图，谱写了发挥制度优势、运用治理能力战胜重大风险考验的壮丽篇章，显示了中国特色社会主义制度和国家治理体系的强大生命力和巨大优越性。

打赢疫情防控阻击战考验的是制度能力和治理能力

中国特色社会主义制度是由根本制度、基本制度、重要制度支撑的科学制度体系，我国国家治理体系和治理能力是中国特色社会主义制度及其执行能力的集中体现。国家治理体系和能力的质量水平，在平时的治理效果中就能

※ 写于2020年。

够得到展示，在民族发展的关键节点更能够受到检验。这次突如其来的新冠肺炎疫情，很快演化为全国性的公共卫生安全重大事件，疫情防控成为党和国家当前最重要的工作，必须举全国之力、运体制之源，坚决打赢这场疫情防控阻击战。同时间赛跑，赛的是制度的效率；与病魔较量，较的是治理的力量。

这次疫情防控是一次大考、一次综合性的大考。在于新冠肺炎的诊治难度大，是对医药科学的大考。不同于17年前的SARS，医学对这种新病毒的生物特性、致病机理、传播机制、易感人群等在开始时了解还不够，还没有十分有效的治疗药物。疫情传播的危害程度大，是对公共卫生体系的大考。确诊病例、死亡病例、疑似病例多，疫情辐射各地、波及面广，封闭隔离措施广泛采用，医疗防护投入大幅增长，防控持续时间长，确实遇到了不完全同于非典时期的特殊形势。在于疫情影响的控制难度大，是对社会治理体系和能力的大考。这包括疫情信息如实公开后稳定人心的难度，春运和春节期间人员高度流动中控制疫情的难度，覆盖全部人口防止感染的难度，特别是数以万计的病例接续集中爆发，带来了及时诊治的极大困难。在于防控疫情的社会成本大，是对国家政治能力、经济能力、社会能力、科技能力、安全能力的大考。大量正常的生产与消费、贸易与流通、产业与事业、教育与娱乐等活动受到严重影响，不少甚至出现停摆，给企稳回暖、弥补损失带来很大压力。严重疫情还有可能导致社会舆论、社会矛盾和社会稳定问题，甚至影响政治安全。总之，几十年来未曾遇到过的重大疫情，是对我国制度体系和制度能力、治理体系和治理能力的大考。

2月3日，习近平总书记在中共中央政治局常务委员会会议上指出，疫情防控不只是医药卫生问题，而是全方位的工作。会议强调，这次疫情是对我国治理体系和能力的一次大考。这次大考，考的是国家治理的领导决策力。新冠肺炎疫情不同于其他类型的风险，具有隐匿性强、传染性强、蔓延迅速、危害面广等特点。对这次疫情风险的察觉、认知、评估、判断，是打赢疫情防控阻击战的关键前提。如果对重大风险的迹象麻痹大意、心存侥幸，就会贻误时机、殃及全盘，呈现蝴蝶效应。必须坚持以科学和事实为依据，作出及时准确的决断。这次大考，考的是国家治理的组织动员力。疫情暴发快、扩散快，波及各地、危及民众，战胜疫情必须打一场人民战争，发动一场总体战。无论是集中调动医务人员源源不断开往一线救治，还是调配医疗防护物资运送疫情重灾区，无论是紧急开建专科医院，还是开启全民防护非常模式，都需要全国一盘棋的体制、集中力量办大事的能力，都需要集中统一、权威性强的领导力量和领导核心。这次大考，考的是国家治理的统筹协调力。要统筹疫情防控和经济发展，把疫情防控工作作为当前最重要的工作来抓，同时又要在适当时机和条件下恢复常态，保增长促发展，保持经济长期向好发展的趋势。统筹严格防控和社会稳定，采取最全面最严格的防控举措，同时保证群众生活必需品供应充足，创新政府服务形式，保持社会正常运行。统筹国内防控和国际防控，全力以赴抗击疫情，本着公开、透明、负责任态度，推动各国合力应对。

开局之战、开年大考，意义重大、影响深远。党和国家面对大考交出合格答卷、取得优异成绩，是历史、时代和人民赋予的庄严使命和重大责任。大考合格，就能保证决胜决战目标的成功实现。2020年，我国要决胜全面建成小康社会、决战脱贫攻坚，具有里程碑意义。依靠我国国家制度和国家治理体系闯过这一关、打赢这一战，我们就有条件有能力有信心决胜决战。大考合格，就是制度优势的有力证明和制度自信的坚实根据。应对大考，发挥的是中国特色社会主义制度和国家治理体系的总体优势。夺取疫情防控的最后胜利，是制度优势和治理优势的胜利。坚定制度自信、治理自信，理论根据存在于实践根据之中，实践成功是自信之基。大考合格，就能展现“不忘初心、牢记使命”主题教育的实践成效。刚刚完成的主题教育，为全党实现奋斗目标作了思想上、政治上、组织上、作风上的有力动员，各级党组织和广大党员、干部思想政治受到洗礼和锤炼，干事创业、担当作为的精气神得到提振，其显著效果在这次抗疫斗争中得到充分释放和展现。大考合格，就会增强战胜重大风险的实力底气。面对国内外风险挑战明显上升的复杂局面，打赢疫情防控阻击战，能够全面检验、全面锤炼党和国家抗击重大风险的能力，大大增强战胜各种重大风险挑战的信心。

疫情防控总体战彰显制度优势和治理效能

我国国家制度和国家治理体系，是打赢这场疫情防控阻击战的坚实基础。这场没有硝烟的战争是一把尺子，对我国治理体系和能力水平进行衡量。党的十九届四中全会通过的《中共中央关于坚持和完善中国特色社会主义制度、推进国家治理体系和治理能力现代化若干重大问题的决定》，为提高新时代国家制度能力和治理能力筑牢了基石。这次疫情防控阻击战，正是《决定》的实践版，是用最有说服力的事实来证明我国制度体系和治理体系的优势；而《决定》则是打赢疫情防控阻击战的理论版，是从思想、理论、理念、原则的层面来诠释党和国家为什么一定能够打赢这场疫情防控阻击战。改革开放以来，党带领人民应变局、平风波、战洪水、防非典、抗地震、化危机，成功应对一系列重大风险挑战。在以习近平同志为核心的党中央坚强领导下，依靠中国特色社会主义制度和国家治理体系的强大力量，中华民族一定能够战胜疫情，化危为机、化险为夷，“踏平坎坷成大道，斗罢艰险又出发”。

果断决策、快速反应，及时转入疫情防控阻击战。国家治理体系的效率、治理能力的效能，在遇到突发情况、紧急关头、危机出现时，与正常运转和常态运用时相比，更能得到全面深入检验。新冠肺炎疫情发生并呈蔓延之势时，党中央、国务院高度重视，密切关注疫情走势，果断作出防控决策，跟进指导防控工作。疫情发生后，习近平总书记作出重要指示，要求全力做好防控工作，坚决遏制疫情蔓延势头，指挥打响了疫情防控阻击战。习近平总书记在农历新年第一天主持召开中共中央政治局常务委员会会议，对加强疫情防控作出了全面部署，成立了中央应对疫情工作领导小组。2月3日，再次召开中共中央政治局常务委员会会议，习近平总书记听取关于疫情防控工作情况的汇报，研究下一步疫情防控工作。事实说明，以习近平同志为核心的党中央，见事早、动作快，准确判断、毅然决断，非常事件、非常处置。在迎新春、度佳节期间，采取了全国性的防控疫情最强措施，努力提高收治率和治愈率，降低感染率和病死率。集中统一、权威高效的制度和治理体系，大大加快了应对突然而至疫情的速度，争取了时间、降低了危害。这在久拖不议、议而不决、决而不行的制度环境中，是根本做不到的。世界卫生组织总干事谭德塞评价道，中方行动速度之快、规模之大，展现出中国速度、中国规模、中国效率。而在2009年的美国，甲型H1N1流感爆发，6个月后才宣布全国进入紧急状态。据研究人员估计，那场疫情导致全球201200人由于呼吸系统衰竭而死亡，83300人死于与病毒感染相关的心血管疾病。两相对比，泾渭分明。

全国布局、全面动员，全力展开疫情防控总体战。坚持全国一盘棋，调动各方面积极性，集中力量办大事，是我国国家制度和国家治理体系的显著优势。湖北省特别是武汉市是全国疫情防控的重中之重、急中之急、难中之难，武汉抗疫成败关系全局胜败。只有集中力量把重点地区的疫情控制住，才能从根本上尽快扭转全国疫情蔓延局面。我们看到，党中央、中央军委一声号令，除夕夜，本是万家温馨团圆时，各地和军队支援武汉的医疗队连夜出发，拯救生命、分秒必争，军机轰鸣、战时节奏。满足持续救援需要，滚滚货车流、大型运输机满载救援物资支援武汉，把救治资源和防护资源集中送到抗击疫情第一线，优先满足一线医护人员和救治病人需要。各地和军队医护人员一波又一波、接力进军。武汉火神山、雷神山专科医院平地而起、神速建成。紧急征用建筑设施，改造建设方舱医院。建立16个省份支援武汉以外地市的对口支援关系，数不胜数。党和人民众志成城、团结奋战，全国形成了全面加强疫情防控工作的决战局面。这种全面动员能力，充分体现了中国特色社会主义制度强大的组织协调力和资源配置力。与此形成鲜明对比的是，2014年2月开始爆发于西非的大规模埃博拉病毒疫情，由于这些国家饱受国内政治动荡、族群冲突和恐怖袭击之苦，出现了“制度失效”“治理失控”状态，难以全力投入防控疫情。最终借助大批国际医疗组织包括中国医疗救援队的人道主义援助，才使疫情逐步缓解。

层层设防、环环布控，实施最严格最严密防控方案。应对大规模疫情，必须采取最全面最严格的防控举措，这是对国家治理体系管控力执行力的严峻考验。如果防控不力、防控不到位,防控体系出现大的漏洞、防控能力存在严重缺失,疫情就会如同洪水决堤无法阻挡,造成社会灾难。1月23日10时起武汉封城,严厉之程度前所未有,困难之程度也超乎寻常。与此同时,全国各地先后启动重大突发公共卫生事件一级响应,进入非常时期、实行战时状态。从武汉到湖北全省,从华中到各地,从城市到乡村,从公共场所到居民小区,排查疑似病例、人人测量体温、封闭隔离管理、追踪病例行迹,不留死角、不漏一人,展开了一场全覆盖、全方位,全国动员、全民参战的抗疫人民战争。在严密的网格化基层治理体系下,这群病毒正在被层层包围、层层分割,环环遏制、环环消灭。打赢疫情防控总体战,需要对生产生活、社会运行的秩序和安排作出很大改变和调整。春节假期延长、学校延期开学、企业择机复工、推广网上办公,没有出现混乱紊乱,整个社会井然有序、人心稳定。这些都显示了我国制度体系和治理体系步调一致、统一行动、令行禁止的高度掌控能力。可以说,在960万平方公里土地上、在14亿人口的发展中国家创造的这一抗疫奇迹,即使是在许多面积小、人口少的国家都是难以做到的。

依法治疫、科学治疫,提高公共卫生治理质量水平。推进国家治理体系和治理能力现代化,相应提出了推进公共卫生治理体系和治理能力现代化的目标要求。这次战胜疫情的重要因素,是要充分运用现代治理方式,提高疫情防控的现代化水平。法治是治国理政的基本方式,是治理现代化的基本标志,依法治理、依法治疫是最可靠、最稳定的公共卫生治理。在2月5日召开的中央全面依法治国委员会第三次会议上,习近平总书记强调,疫情防控正处于关键时期,依法科学有序防控至关重要。疫情防控越是到最吃劲的时候,越要坚持依法防控,在法治轨道上统筹推进各项防控工作,保障疫情防控工作顺利开展。这就为防控疫情指明了正确方向,非常时期的非常手段,都要有法可依、依法实施。这样才能保证统一防控、有序防控、持续防控。现代治理能力要以科技能力做支撑,与病魔较量也是科技力的较量。我们看到,大数据技术用于研判疫情形势,实现了精准防控,大大提高了防控效率。疫情防控期间,中央强调,要加大科研攻关力度,战胜疫病离不开科技支撑。要科学论证病毒来源，尽快查明传染源和传播途径，密切跟踪病毒变异情况，及时研究防控策略和措施，这就有力增强了全社会疫情防控的必胜信心。党的十八大以来，党和国家大力推进建设科技强国、网络强国、数字中国、智慧社会等，把创新作为引领发展的第一动力。这些重大成就和进展的显著效果，在这次疫情防控中得到了充分发挥和运用，提供了打赢疫情防控人民战争的科技利器。

驾驭全局、统筹各方，保证党和国家工作有序进行。国家治理是一个系统工程，国家治理能力现代化突出体现在治理系统化上。这次疫情成为“国际关注的突发公共卫生事件”，国内防控必须放在国际环境的视野下来妥善处置。我国政府及时向国内外公开透明发布疫情信息，积极回应各方关切，加强与国际社会合作，同世界卫生组织和国际社会一道，共同维护好地区和全球的公共卫生安全。我国采取的措施不仅是在保护中国人民，也是在保护世界人民。这些举措充分彰显了日益走近世界舞台中央的大国风范，积极推动了大国外交。连日来，多国政要纷纷赞赏中国政府的高效抗疫举措。疫情防控也是一场网上的战争，打赢疫情防控阻击战，必须有效通过网络、运用网络、开发网络，网上打不赢，网下也很难打赢。这次疫情防控统筹网上网下，表现在网下疫情在网上及时公布，防控部署在网上广为周知，网下病例在网上帮助诊断，求助患者在网上获取信息，人际交往在网上交流情感，等等。不仅网下问题在网上解决，而且还要牢牢掌握网络阵地主动权和主导权，以网络治理推动疫情治理。通过了解网上舆论，顺应民意，调整防控方案；通过引导网上舆论，传播主旋律，凝聚人心合力抗疫；通过揭露网上谣言，澄清是非，防止有人把水搅浑、干扰疫情防控。互联网成为汇聚民心、战胜疫情的平台，成为明辨是非、扬善去恶的利器。疫情防控是当前一段时间的中心工作，同时也要放在党和国家工作的大局下全面布局。发展始终是党执政兴国的第一要务，统筹推进“五位一体”总体布局不能放松，协调推进“四个全面”战略布局不能懈怠。只有统筹全局、协调发展，才是战胜疫情的根本之道。疫情防控工作，各地形势不平衡，防控进展有阶段，这就要从各地实际出发，把握节奏、因势利导。在全国形成了全面动员、全面部署、全面加强疫情防控工作局面的同时，中央及时强调，各级党委和政府要继续为实现今年经济社会发展目标任务而努力。疫情严重的地区要集中精力抓好疫情防控工作,其他地区要在做好防控工作的同时统筹抓好改革发展稳定各项工作,特别是要抓好涉及决胜全面建成小康社会、决战脱贫攻坚的重点任务。要在做好防控工作的前提下,全力支持和组织推动各类生产企业复工复产。在领导指挥疫情防控总体战的过程中,以习近平同志为核心的党中央,把握大势、运筹大局、谋划大事,保证这场战役指挥有方、部署得当、进展顺利,是打赢取胜的坚强指挥部。

中国制度和国家治理经受大考的力量硬核

中国特色社会主义制度和国家治理体系的强大生命力和巨大优越性,在新冠肺炎疫情防控的重大实践中得到充分检验和证明。制度和治理的力量,不是自然而来、凭空无据的,而是有其深层的根基为支撑的。疫情防控,是对我国治理体系和能力的一次大考,也使我们更深刻地认识到中国制度的优越性。

党的坚强领导是我国制度和治理体系的“定海神针”。中国共产党领导是中国特色社会主义制度的最大优势,党是我国国家制度和国家治理体系的领导核心,党的坚强领导保证了我国治理体系的高效运转,促使了治理能力的充分激发。以习近平同志为核心的党中央全面领导、全面部署、全面组织这场重大战役,各级党委和政府坚决服从党中央统一指挥、统一协调、统一调度,保证了疫情防控紧张有序、持续深入进行。中共中央专门发出通知,要求各级党组织和广大党员、干部把投身防控疫情第一线作为践行初心使命、体现责任担当的试金石和磨刀石,在疫情防控第一线考察、识别、评价、使用干部。各级党组织和广大党员,站在第一线,组织协调、维护秩序,尽职尽责、遏制疫情。如上海支援武汉专家组组长张文宏要求领导先上、党员先上,率先进入重症病房。党对人民军队的绝对领导是人民军队的建军之本、强军之魂,人民军队为巩固中国共产党领导和我国社会主义制度提供战略支撑。在这场抗疫斗争中,人民军队积极支援地方疫情防控，又一次担当了主力军和突击队。如同当年进驻小汤山医院，2月3日起，武汉火神山新冠肺炎专科医院医疗救治任务，由军队抽组1400名医护人员承担。疫情防控的实践告诉我们，坚持以习近平新时代中国特色社会主义思想为指导，增强"四个意识"，坚定"四个自信"，做到"两个维护"，打赢疫情防控阻击战就有了可靠政治保证。

伟大民族精神是我国制度和治理体系的力量源泉。中国特色社会主义制度和国家治理体系，具有深厚中华文化根基，伟大民族精神是贯通我国国家制度和治理体系的精气神。中华民族伟大的创造精神、奋斗精神、团结精神、梦想精神，凝结在我国国家制度和治理体系之中，内化于14亿中国人民的精神世界之中，是中华民族战胜任何艰难困苦、冲破各种惊涛骇浪的强大精神力量。打赢疫情防控人民战争，依靠全体人民的积极参与、大力支持、主动配合。我们的制度和治理体系深得人民拥护和信任，民族精神必然转化为制度和治理的力量，转化为战胜疫情的强大力量。疫情发生正逢春节期间，大量人口流动，很多地方推出了对人员流动的管控措施。各地群众都能够理解和服从，克服种种不适和不便，执行规定、遵守秩序，不少家庭放弃了团聚，表现出了高度的家国情怀。新春佳节，本是许许多多生产经营者、商业服务业的黄金档期。病毒无情，毫无防备的突变，让很多企业和劳动者承受很大经济损失。但他们为国分忧，表现出了战胜困难的坚韧毅力。为防止感染，尽可能多的人们要宅在家里。但很多行业和岗位的人员，如交通运输、能源电力、物资供应、网络电信、公安消防、医疗卫生、保安快递等，必须冒着感染风险，在岗在位，保证社会正常运行、满足生活必需，表现出为国贡献、为民服务的高尚精神。许多企业、组织、个人、海外华人，纷纷捐钱捐物，竭尽全力提供救援物资。武汉火神山医院7500名建设者，拼搏10天建成了可容纳1000张床位的战时医院。网民评论道：哪有什么"基建狂魔"，只有争分夺秒的"生死时速"。最为可敬最为可爱的是我们的医务工作者，他们是勇敢的逆行者，义无反顾冲进疫区；他们是无畏的救援者，不顾安危抢救重症；他们是虔诚的守护者，高度风险不离岗位。有的医护人员，因感染医治无效，献出了宝贵生命。看到来自一线救治现场的图像、声音和文字，人们无不为之动容落泪。他们是我们的白衣天使，是我们的时代楷模。疫情防控的实践告诉我们，我国国家治理能力和抗击风险能力的精神根基，存在于伟大民族精神之中。伟大的中国人民，是抗击疫情伟大斗争取得最后胜利的真正铜墙铁壁。

坚持人民中心是我国制度和治理体系的价值基石。国家制度和国家治理体系，是依据一定价值准则构建起来的。制度和治理的力量来源，不仅来自有形的力量，而且来自无形的力量，这就是价值的力量。我国国家制度和治理体系，坚持以人民为中心这一根本价值准则，人民利益是制度和治理运行的最高原则。疫情防控的重大决策，既是一种基于事实的科学判断，也是一种基于价值的政治决断。疫情发生，直接威胁最广大人民群众的生命安全和身体健康，以人民为中心在此时此地就必须以防疫为中心。一些领导和部门，瞻前顾后、犹疑不决，不敢担当、不愿作为，说到底还是没有把人民利益高高举过头顶，而是把个人得失、部门利益、主政政绩作为决策规则。在农历庚子年正月初一召开的中共中央政治局常务委员会会议上，习近平总书记强调，生命重于泰山，要把人民群众生命安全和身体健康放在第一位。这就明确地立起了对待疫情和处置疫情的第一原则，一切都要以人民群众生命安全和身体健康作为第一考量。疫情就是命令，这个命令是全心全意为人民服务的命令；防控就是责任，这个责任是保障人民主体地位的责任。每一个病例不是数字，而是活生生的人的生命。无论是全国上万医护人员奔赴武汉等地，还是确诊病例医疗费用由财政兜底，还是国家监察委员会派出调查组赴武汉市，就群众反映的涉及李文亮医生的有关问题作全面调查，等等，都鲜明反映了中国特色社会主义制度和国家治理体系的价值底蕴。疫情防控的实践告诉我们，确保党始终同人民想在一起、干在一起，确保国家制度体系和治理体系始终坚持以人民为中心，人民就一定能够与党和国家同心同德、分忧担责、共渡难关，共同战胜这次重大疫情风险挑战。

全面深化改革是我国制度和治理体系的完善机制。我国国家制度和治理体系具有多方面显著优势，同时还需逐步成熟定型、不断增强提高。党的十八届三中全会明确了全面深化改革总目标，坚持和完善中国特色社会主义制度、推进国家治理体系和治理能力现代化，成为全面深化改革的主题主线，贯穿于党和国家工作的全局之中。党的十九届三中全会专门研究深化党和国家机构改革问题，这是全面深化改革、推进国家治理体系和治理能力现代化的必然要求。党的十九届四中全会作出的决定，既是把全面深化改革总目标系统化纲领化，又是将深化党和国家机构改革制度化治理化。党的十八大以来，党和国家在完善制度、推进治理方面的积极努力和改革成就，体现在加强党的全面领导、推进党和国家机构职能优化协同高效上，体现在提高公共卫生服务、医疗服务、医疗保障、药品供应保障水平，加强公共卫生防疫和重大传染病防控上，体现在建立健全国家安全风险研判、防控协同、防范化解机制上，等等。这次疫情防控，充分发挥中国特色社会主义制度优势，各级党委和政府按照党中央决策部署，全面动员，全面部署，全面加强工作，各党政军群机关和企事业单位等紧急行动、全力奋战，党委领导、政府负责、社会协同、公众参与、法治保障、科技支撑的社会安全治理体系显示效能，极大调动了全面深化改革激发出来的制度活力和治理潜力。疫情防控的实践告诉我们，构建系统完备、科学规范、运行有效的制度体系，逐步实现国家治理制度化、程序化、规范化、法治化，把我国制度优势更好转化为国家治理效能，都要依靠全面深化改革。为有效应对疫情等重大风险构建制度和治理基石，同样也要全面深化改革再出发。

从疫情防控实践中总结经验吸取教训，更好应对新的大考

在实现“两个一百年”奋斗目标、实现中华民族伟大复兴的中国梦进程中，始终保持忧患意识，着力防范化解重大风险，是一个全局性全过程的战略任务。进入本世纪20年代，党和国家的开局之战就是打赢疫情防控阻击战。以习近平同志为核心的党中央带领全党和人民，充分发挥中国特色社会主义制度和国家治理体系的强大生命力和巨大优越性，取得了打赢疫情防控阻击战的重大胜利。从现在起到本世纪中叶，是实现中华民族伟大复兴最为关键的

历史时期，也是风险挑战更为集中、更为深刻、更为复杂的历史时期。从全面建成小康社会，到基本实现社会主义现代化，再到全面建成社会主义现代化强国，这对我们党和国家来说，都是未曾经历过的创新实践，必定会遇到未曾面对过的风浪，会走上未曾攀登过的山峰，我们要有足够的思想准备和充分的能力准备。习近平总书记在十九届四中全会上指出："我们要打赢防范化解重大风险攻坚战，必须坚持和完善中国特色社会主义制度、推进国家治理体系和治理能力现代化，运用制度威力应对风险挑战的冲击。"从这场抗击疫情重大风险的斗争中，我们积累了经验、增长了见识，夯实了体系、提升了能力，同时也发现了不足、体会了教训。这些经验教训，必将转化为坚持和完善中国特色社会主义制度、推进国家治理体系和治理能力现代化新的动力，转化为抗击新的重大风险挑战的能力素质。

疫情防控的重大实践是一面镜子，既照出了我国国家制度和国家治理体系多方面的显著优势，也映出了治理体系有待强化的某些弱项、治理能力有待弥补的某些短板，需要着力改进。比如，提高国家应急管理能力和水平，加强、优化、统筹国家应急能力建设，构建统一领导、权责一致、权威高效的国家应急能力体系，目前还没有明确地把公共卫生防疫和重大传染病防控纳入其中，以至国家应急管理体系机构的能力作用，在这次疫情防控中发挥得还不够有力。需要健全国家应急管理体系，进一步加强国家卫生健康体系与国家应急管理体系的统筹，加强抗击重大疫情的公共卫生安全治理合力，提高处理急难险重任务能力。比如，这次疫情防控暴露出卫生防疫物品生产、储备、调配环节的不少问题，包括社会捐赠救援物品的物流运转一度迟缓等，以至一线救治医院频频告急求援。2月3日召开的中共中央政治局常务委员会会议强调，要系统梳理国家储备体系短板，提升储备效能，优化关键物资生产布局，正是举一反三的结果。在任何时候任何情况下都要居安思危、有备无患，宁可千日无疫情，不可一日无防备。从这次疫情得出的重要教训是，越是我们的短板弱项，就越是重大风险的触发点，越是防控风险的关键点。我国公共卫生治理存在的短板弱项，与春运、春节等因素相汇合，成为这次疫情大面积扩散的社会因素。在哪里留下隐患，就会在哪里付出代价。中央强调，要针对这次疫情应对中暴露出来的短板和不足，对公共卫生环境进行彻底排查整治，补齐公共卫生短板，从源头上控制重大公共卫生风险。全面小康、全面现代化，不仅要固根基、扬优势，而且要补短板、强弱项，由不全面到全面、不完善到完善，从而大大增强防控风险能力。

打赢疫情防控阻击战，是中华民族新的一年关键之战，这场斗争实践，提供了新时代防范化解重大风险的生动教科书和历史启示录。历史在哪里受阻，也将从哪里开始，没有任何风险挑战能够阻挡中国人民和中华民族的前进步伐。疫情蔓延让我们付出了很大代价，防控疫情的伟大斗争也让我们更加坚强和成熟，促使我们更加自觉更加有效地完善制度、推进治理。全面建设社会主义现代化国家，全面实现国家治理体系和治理能力现代化，使中国特色社会主义制度更加巩固、优越性充分展现，任重而道远。我们阻止了疫情扩大、降低了风险危害，还将继续依靠制度和治理优势战胜新的重大风险挑战、经受新的大考。中国共产党在战胜各种风险挑战中必将成为更加强大的政党，中国特色社会主义在冲过各种艰难险阻中必将创造更加卓越的成就，中华民族在历经各种风吹浪打中必将走向更加光明的未来。“继续在人类的伟大时间历史中创造中华民族的伟大历史时间”，是习近平总书记在2020年春节团拜会上讲话的结束话语，同时也是党和人民不畏风浪、直面挑战、迎接大考的庄严宣示。继续创造中华民族的伟大历史时间，将镌刻在9000多万中国共产党人和14亿中国人民新的历史进军、新的时代大考的坚实脚印里。

弘扬制度优势，坚定制度自信

制度完善能力增强中国制度自信※

制度是一个动态的过程，既依赖创立初始阶段的制度设计奠定坚实基础，也依靠长期运行期间的制度完善不断巩固成熟。制度完善能力是制度优势的重要内容和基础条件。制度自信，来自制度体系本身所展现的先进性和优越性，来自制度完善能力所赋予的生命力和创造力。正是由于始终保持高度的制度自我完善和发展能力，中国特色社会主义制度愈益完备稳定管用，制度自信愈益增强。

制度实践基础保持中国制度充满生机活力

实践是制度之根。一种制度只有扎根社会实践，反映时代本质，符合历史规律，才能生生不息、长盛不衰，经受挑战、历久弥新。社会主义制度不是从头脑中构想出的一套完善完美的制度，而是社会基本矛盾运动的制度产物，是基于现实的历史活动的制度趋势。中国特色社会主义制度，是科学社会主义理论逻辑和中国社会发展历史逻辑辩证统一的制度形式。科学社会主义的哲学基础保证这一制度坚持解放思想、实事求是、与时俱进的精髓，不停滞、不僵化，坚持实践标准和生产力标准，不唯书、不唯洋。中国社会历史的现实国情要求这一制度依据生产力发展状况和人民群众利益诉求，既不超越阶段，又及

※ 写于2018年。

时变革与之不相适应的经济社会关系。制度的实践本质决定了制度的完善能力，制度完善能力内生于中国特色社会主义制度。正因为制度的实践根基在不断变化，不可能建立一劳永逸、一成不变的制度，才使得制度完善能力成为制度生机活力的重要源泉。

改革开放以来，我们党清醒认识世界形势深刻变化、科技革命日新月异、制度较量聚焦国力、完善制度任重道远的战略态势，在新中国成立后确立的社会主义基本制度基础上，与时俱进地推进经济体制、政治体制、文化体制、社会体制、生态文明制度、党的建设制度改革，形成和完善中国特色社会主义的根本政治制度、基本政治制度、法律体系、基本经济制度和各项具体制度。党的十八大后形成和提出的“四个全面”战略布局，紧密依据我国发展现实需要，积极回应人民群众热切期待，推动解决面临突出矛盾和问题，实质上也是从制度建设层面全面推进，为长期稳定持续发展打牢制度基础。改革立制，提供一整套更完备、更稳定、更管用的制度体系；法治强制，为国家有序发展提供规范框架；治党用制，用制度管官管权管事管人。

中国特色社会主义制度自信，建立在顺应实践要求、遵循实践标准的制度完善能力基础上。我们的制度自信，明确社会主义制度从形成到成熟是一个历史过程，坚持从实际出发、用实践检验，探索规律、发现真谛，是完成这一过程的基本条件。把握制度理念与制度效能的统一，在先进制度理念的引领下完善中国制度，在制度效能的考量中践行制度理念，完善制度重在实践效果。承认现有的制度体系特色鲜明、富有效率，但还不是尽善尽美、成熟定型，需要不断完善，推动制度创新，使各方面制度更加成熟更加定型，为夺取中国特色社会主义新胜利提供更加有效的制度保障。

制度改革创新促进中国制度走在时代前列

改革是制度的生命力之源，创新是制度的持续力之魂。一种社会制度在创立之后，只有依靠不断改革创新，自我完善发展，解决好生产力与生产关系、经济基础与上层建筑之间新的矛盾,在革故鼎新中焕发生机。社会主义作为人类历史上新兴的新型社会制度,要始终走在时代前列,展现出超越资本主义的制度优势,关键在于自身的制度完善能力,在改革创新中增强制度的竞争力,保持制度的先进性。中国特色社会主义制度,继承中华民族优秀传统制度文化,借鉴人类政治文明优秀成果,反映当代社会生产力发展的新趋势新要求,坚持人民当家作主的制度本质,形成了勇于和善于改革创新的制度完善能力。这种制度完善能力,使得我们决不效法西方模式,而是开创中国制度发展道路;没有在东欧剧变中随之倒下,社会主义制度不但没有“终结”,而且谱写新的篇章;从不停留于一时的改革成果,满足于已有的创新成就,制度改革创新全面推进、纵深发展。

改革只有进行时没有完成时。在新的历史关头,党的十八届三中全会确立了完善和发展中国特色社会主义制度、推进国家治理体系和治理能力现代化的全面深化改革总目标,表明了完善制度、发展制度的坚定信念,是对中国制度及其制度完善能力的充分自信。习近平总书记指出:“没有坚定的制度自信就不可能有全面深化改革的勇气,同样,离开不断改革,制度自信也不可能彻底、不可能久远。我们全面深化改革,是要使中国特色社会主义制度更好;我们说坚定制度自信,不是要故步自封,而是要不断革除体制机制弊端,让我们的制度成熟而持久。”完善制度,要求随着社会系统的复杂程度增强,增大制度的覆盖面,减少制度的盲区和漏洞,提高制度体系的衔接性和自洽性,克服某些制度之间的不兼容性。要求随着社会运行的有序程度增强,提高制度的规范性和延续性,让制度内化于社会机体之中,常态化运转、稳态化运作,在改与不改、变与不变、动与不动之间保持恰当的均衡。要求随着社会管理的法治程度增强,充分发挥制度的导向、激励、协调、控制功能,强化制度权威,增强制度效能,减少制度疲软、制度失效现象。

制度改革创新本身就是制度完善能力的实际体现。“四个全面”的贯彻落实程度,构建系统完备、科学规范、运行有效制度体系的进展成效,证明制度完善能力,强化中国制度自信。我们的制度自信,洋溢着改革创新精神,在改革中展现自信，在创新中增强自信，促使中国制度与时代同行，与实践同步，与人民同心。

制度主体力量保证中国制度战胜前进障碍

制度是由一定主体制定和推行的，制度能力从一定意义上说是制度主体的能力，制度完善能力实际上反映了制度主体自我完善和发展的能力，制度完善能力与制度主体力量密切相关。中国共产党和中国人民是中国特色社会主义制度的主体力量，既是制度自信的主体，也是制度能力的主体。制度改革创新、完善发展，都是在党的领导下进行的，都是在人民的支持下推进的。我们党锐意改革，攻坚克难，依法治国与依规治党相协调，全面从严治党自身过硬，显示了马克思主义执政党担当起历史重任的使命意识和人民情怀。广大人民把中国特色社会主义制度作为实现民族复兴、人民幸福安康的根本制度保障，积极参与各项改革，努力促进制度完善，汇成国家发展进步的巨大力量。党心民心所向，推动中国制度更加完善。

制度完善能力在战胜前进障碍中彰显和强化，制度主体力量在应对困难挑战中弘扬和提升。面对发展不平衡不协调的突出矛盾，利益格局固化的艰难阻碍，人治传统根子很深的现实差距，反腐败从治标到治本的严峻课题，都提出了完善制度、推进治理、贯彻法治、从严治党的艰巨任务，都要求增强制度完善能力和制度主体力量，适应新的形势需要。党和人民坚定不移协调推进“四个全面”战略布局，完善发展中国制度，取得了重大进展和显著成效。党风向新向上向好，党的领导力量不断增强，人民认同感信任度大大提高，同心协力共创伟业。可以说，能否顺利破除民族复兴道路上的各种障碍，能否实现“四个全面”战略布局，关系到中国特色社会主义事业的全局和前景，也是对中国制度主体力量和完善能力的重大检验。

中华民族伟大复兴绝不是轻轻松松、顺顺当当就能实现的，我们的制度自信也不是在风平浪静、和风细雨中确立的，而是在解决各种复杂矛盾、战胜各种严峻挑战中确立的。直面矛盾、应对风险是制度自信的表现,是主体力量的标志。改革开放以来,无论是什么样的矛盾问题、困难障碍,都没有阻挡住中国特色社会主义的前进步伐,都没有动摇党和人民的中国特色社会主义自信。在新的历史起点上走向民族复兴,我们的信心和信念愈益坚定。随着制度完善能力的日益提高、制度主体力量的日益壮大,中国制度将更加成熟更加定型,为实现“两个一百年”奋斗目标夯实制度根基。

深刻领会新时代坚持和发展中国特色社会主义的第一基本方略※

党的十九大系统阐述了新时代坚持和发展中国特色社会主义的十四条基本方略，列在首位的是坚持党对一切工作的领导。这充分反映了习近平新时代中国特色社会主义思想的核心要义，是党实现伟大复兴、推进伟大事业的根本经验，是党的十八大以来取得全方位成就和全局性变革的决定因素。坚持党对一切工作的领导，深刻回答了马克思主义执政党怎样履行好执政使命的重大课题，丰富发展了中国特色社会主义党建理论。要深入学习领会这个第一基本方略的统领作用、内涵实质、重点要求、实现方式等，全面贯彻于新时代实现党的历史使命的总体进程之中，使之与全面从严治党紧密结合、相互促进，使之与用习近平新时代中国特色社会主义思想武装全党融为一体、相辅相成。要在坚持和加强党的全面领导新的实践中，深化规律认识，创新实现形式，增强领导效能，进一步将党的各种优势转化为进行伟大斗争、推进伟大革命的强大动力，将党的巨大能量转化为实现中华民族伟大复兴的强劲进展。

※ 写于2018年。

坚持党对一切工作的领导是新时代坚持和发展中国特色社会主义的根本政治要求

坚持党对一切工作的领导，是我们党的性质、宗旨和使命要求。中国共产党作为“两个先锋队”，为中国人民谋幸福，为中华民族谋复兴，必然要勇于担当起带领人民的庄严使命，担当起民族先锋的历史责任，担当起引领时代的航标职能。民主革命时期，我们党坚持党对人民军队的绝对领导，锻造出一支新型军队、胜利之师；我们党坚持对抗日民族统一战线的领导权，保证了全民族抗战的最后胜利。新中国成立后，党领导人民建立社会主义事业的体制机制，在社会主义建设和改革进程中不断完善、不断发展，这是我们党和国家能够战胜各种挑战、从胜利走向胜利的根本所在。

党政军民学，东西南北中，党是领导一切的。一是党对一切工作的领导，体现在党的领导的全方位性。党领导进行自身建设，党的使命决定党还要领导开展各项事业，特别是党成为长期执政的政党之后，执政兴国、治国理政的职责，都使得党对一切工作的领导责无旁贷，不能虚位、缺位、失位。如内政、外交、国防、民族等工作，国家立法、司法、行政、监察等机关，都要在党的领导下开展工作。党领导政治建设，党的作用决定党还要领导经济建设、文化建设、社会建设、生态文明建设、国防和军队建设等，政治建设搞不好会出大问题，其他建设搞不好同样要出大问题。党中央负责对党的各级组织的领导，中央委员会、中央政治局、中央政治局常委会，是党的领导决策核心。党中央作出的决策部署，党的组织、宣传、统战、政法等部门要贯彻落实，人大、政府、政协、法院、检察院的党组织要贯彻落实，军队、事业单位、人民团体等的党组织也要贯彻落实。党的领导突出体现在党中央的集中统一领导，党的各级组织立体覆盖决定党的领导作用体现在从中央到基层的各个层级。二是党对一切工作的领导，体现在党的领导的全过程性。党的领导不是阶段性的，而是贯穿于党执政的整个历史时期；不是过渡性的，而是实现中华民族伟大复兴必须始终坚持的基本原则。三是党对一切工作的领导，体现在党的领导的无条件性。在党和国家工作的一切领域内、一切问题上、一切情况中，都不能以特殊性的理由，削弱或摆脱党的领导。党的十九大报告明确指出，中国特色社会主义最本质的特征是中国共产党领导，中国特色社会主义制度的最大优势是中国共产党领导，党是最高政治领导力量。因此，党对一切工作的领导，是坚持和发展中国特色社会主义的必然要求，是实现“两个一百年”奋斗目标的必然要求，是保证13亿多人民根本利益的必然要求。

完成新时代党的历史使命，必须坚持和加强党的全面领导。中国特色社会主义进入了新时代，使命更加重大，全局更加凸显，矛盾更加复杂。新时代坚持和发展中国特色社会主义，必须着力解决“三个并存”问题，这就是重大进展与重大矛盾并存，光明前景与风险隐患并存，发展动力与发展阻力并存。只有中国共产党这样坚强有力的政治领导力量，才能团结带领人民有效应对重大挑战、抵御重大风险、克服重大阻力、解决重大矛盾。决胜全面建成小康社会，开启全面建设社会主义现代化国家新征程，需要完成“三个过渡”任务，这就是从全面建成小康社会向全面建设社会主义现代化国家过渡，从解决旧的主要矛盾向解决新的主要矛盾过渡，从差距发展向共享发展过渡。新时代新课题，需要重新学习、继续提高。中国共产党有着长期和丰富的领导经验，有着领导新长征的卓越能力。只有坚持和加强党的全面领导，充分发挥党蕴藏的深邃政治智慧和宏大领导能量，才能胜利完成新时代党的历史使命。党的十八大以来，针对党的领导被忽视、淡化、弱化的状况，以习近平同志为核心的党中央果断提出坚持和改善党的领导的重大政治要求，改革和完善坚持党的领导的体制机制，增强了全党思想上统一、政治上团结、行动上一致。习近平总书记在坚持和加强党的全面领导这个重大问题上立场坚定、态度鲜明，用坚定的意志和有效的举措行动树立起了党中央的权威、强化了党的全面领导。如加强党对经济工作的领导，增强群团工作的政治性等，都是坚持党对一切工作领导的具体表现。党的十九大闭幕后，中央制定出台的第一个文件就是加强和维护党中央集中统一领导的《中共中央政治局关于加强和维护党中央集中统一领导的若干规定》，这是对党的十八大以来管党治党经验的深刻总结，也是贯彻落实基本方略、体现党对一切工作领导的集中体现。

确保党始终总揽全局、协调各方。坚持党对一切工作的领导，就要解决好党的领导方式、领导体制、领导机制、领导途径等问题，提高党的领导水平和效能。首先，党的领导是总揽全局、协调各方的领导。我国社会主义政治制度优越性的一个突出特点就是党总揽全局、协调各方的领导核心作用。这就像是“众星捧月”，这个“月”就是中国共产党。在国家治理体系的大棋局中，党中央是坐中军帐的“帅”，车马炮各展其长，一盘棋大局分明。发挥党总揽全局、协调各方领导核心作用，至关重要的是维护党中央权威，只有党中央有权威，才能把全党牢固凝聚起来，进而把全国各族人民紧密团结起来，形成万众一心、无坚不摧的磅礴力量。其次，党的领导能力体现在党把方向、谋大局、定政策、促改革的能力和定力上。党的领导要着重落在处于复杂局势能够把握发展大势上，落在面对多种矛盾能够抓住主要矛盾上，落在应对不同利益诉求能够妥善权衡上，落在遇到阻力掣肘能够攻坚克难上。越是在关键问题、关键时机、关键环节，越能显示出党的统领力、控制力、指导力。再次，党的领导是集中统一与党内民主紧密结合的领导。习近平总书记强调指出，维护党中央权威和集中统一领导，同坚持民主集中制是一致的。坚持党中央集中统一领导，党和国家工作重大决策部署的决定权在中央，保证了大党大国的协同、秩序和效率。这样的集中统一，是建立在充分的党内民主基础上的。我们党历来高度重视发展党内民主，党的重大决策都要严格按照程序办事，充分发扬民主，广泛听取意见和建议，做到兼听则明、防止偏听则暗，以利于严格审议、慎重决策。党中央的决策从全局出发，科学评估各方面意见，集中各方面智慧，综合考虑各方面条件，形成了民主决策的理念和原则、设计和方法。最后，党的领导是与人民当家作主、依法治国有机统一的领导。党的领导是人民当家作主和依法治国的根本保证，人民当家作主是社会主义民主政治的本质和核心，依法治国是党领导人民治理国家的基本方略。要坚持发挥党的领导核心作用，改进和完善党的领导方式和执政方式，不断提高党科学执政、民主执政、依法执政水平。切实保证国家的一切权力属于人民，以民主的制度、民主的形式、民主的手段支持和保证人民当家作主。

坚持和加强党的全面领导与坚持党要管党、全面从严治党的高度统一

新时代坚持和发展中国特色社会主义的十四条基本方略，第一条是坚持党对一切工作的领导，第十四条是坚持全面从严治党，首尾衔接呼应，构思缜密深远。在基本方略体系中，将党的领导和党的建设分别作为两条阐述，以党的领导总揽全局，以党的建设强基固本，突出了党的领导和党的建设相辅相成关系，是我们党对新时代坚持和发展中国特色社会主义规律认识的深化，是确立新时代党的基本方略的重要创新。党的十九大明确提出新时代党的建设总要求，在总要求中，第一条是坚持和加强党的全面领导，第二条是坚持党要管党、全面从严治党。这是把党的基本方略与党的建设总要求统一起来，将基本方略的内容凝聚于党的建设总要求之中。这就告诉我们，坚持党对一切工作的领导要与坚持全面从严治党统筹部署，坚持和加强党的全面领导要与坚持党要管党、全面从严治党共同推进，在两者的相互依存、相互促进、相互转化中，毫不动摇地坚持和完善党的领导，毫不动摇地把党建设得更加坚强有力。

统一于新时代党的建设总要求。坚持和加强党的全面领导，坚持党要管党、全面从严治党，在新时代党的建设总要求中处于提纲挈领位置，同时两者是有机统一的。坚持和加强党的全面领导，提高党的执政能力和领导水平，打铁必须自身硬。进入新时代，党面临的“四大考验”是长期复杂的，面临的“四种危险”是尖锐严峻的，党内存在的思想不纯、组织不纯、作风不纯等突出问题尚未得到根本解决。如果管党治党宽松软，党内突出问题不能得到有效遏制，必然削弱党的领导力，降低党的领导效果，难以实现党的历史使命。全面从严治党是坚持党的领导的必然要求和组织保证，一个具有强大战斗力的党才能形成强大领导力。党的十八大以来，以习近平同志为核心的党中央，勇于面对

党面临的重大风险考验和党内存在的突出问题，以顽强意志品质正风肃纪、反腐惩恶，消除了党和国家内部存在的严重隐患，党内政治生活气象更新，党内政治生态明显好转，党的创造力、凝聚力、战斗力显著增强，党的团结统一更加巩固，党群关系明显改善，党在革命性锻造中更加坚强，焕发出新的强大生机活力，为党和国家事业发展提供了坚强政治保证。坚持党要管党、全面从严治党，目的和动力是坚持和加强党的全面领导。一个政党，一个政权，其前途命运取决于人心向背。我们党要为人民长期执政，实现长治久安，如果管党不力、治党不严，人民群众反映强烈的党内突出问题得不到解决，那我们党迟早会失去执政资格，不可避免被历史淘汰。新时代党的建设总要求，深刻揭示了党的领导与党的建设密切相关、缺一不可的内在关系，明确了总要求的纲领。

统一于新时代党的建设各领域。新时代党的建设，全面推进党的政治建设、思想建设、组织建设、作风建设、纪律建设，把制度建设贯穿其中，深入推进反腐败斗争。在这些党建领域中，既包含着坚持和加强党的全面领导的要求，以党的建设各领域的成就坚持和加强党的全面领导；又包含着坚持党要管党、全面从严治党的要求，以党的建设各领域的转变落实党要管党、全面从严治党。党的领导和党的建设的统一，是推动全面从严治党向纵深发展的一条主线。党的政治建设是党的根本性建设，保证全党服从中央，坚持党中央权威和集中统一领导，是党的政治建设的首要任务。坚决防止和反对个人主义、分散主义、自由主义、本位主义、好人主义，坚决防止和反对宗派主义、圈子文化、码头文化，坚决反对搞两面派、做两面人，正是坚持和加强党的全面领导的政治准则。党的干部是党和国家事业的中坚力量，坚持正确选人用人导向，匡正选人用人风气，突出政治标准，提拔重用牢固树立“四个意识”和“四个自信”、坚决维护党中央权威、全面贯彻执行党的理论和路线方针政策、忠诚干净担当的干部，正是巩固强化实施党的领导的组织力量。人民群众最痛恨腐败现象，腐败是我们党面临的最大威胁。只有以反腐败永远在路上的坚韧和执着，深化标本兼治，保证干部清正、政府清廉、政治清明，坚决防止党内形成利益集团，才能跳出历史周期率，确保党和国家长治久安。无论是从加强党的领导的要求出发，还是从全面从严治党的要求出发，夺取反腐败斗争压倒性胜利的决心必须坚如磐石。

统一于新时代党的建设全过程。从全面建成小康社会到基本实现现代化，再到全面建成社会主义现代化国家，是新时代中国特色社会主义发展的战略安排。成功与否，关键在党，在党的全面领导能力和党的全面建设成效。党的十八大以来，全面加强党的领导和党的建设，成效显著、党心振奋，但不能一劳永逸，全面从严治党永远在路上。我们党面临的执政环境是复杂的，影响党的先进性、弱化党的纯洁性的因素也是复杂的，并且在历史的进程中会发生新的变化、出现新的情况。新时代党的建设这一表述本身，就表明坚持和加强党的全面领导，坚持党要管党、全面从严治党，是一个贯穿新时代全过程的历史任务。随着"新三步走"战略安排的逐步深入，在每一个战略节点，都会对党的领导提出新的重大课题、出现新的考验，都会对党的建设提出新的更高要求、赋予新的内涵。可以说，中国共产党既是社会主义现代化国家的设计者和建设者，同时也是适应社会主义现代化国家要求的创新者和变革者。在这一过程中，党的建设与现代化建设是一个相互塑造的关系及过程，实现党的发展与民族复兴的同步跃升。

用习近平新时代中国特色社会主义思想武装全党是坚持党对一切工作领导的根本思想保证

党的十九大的最大政治贡献，是把党的十八大以来党的理论创新最新成果——习近平新时代中国特色社会主义思想，确立为全党必须长期坚持的指导思想，立起了一面新时代的理论旗帜，实现了党的指导思想的又一次与时俱进。党的十九大要求全党以习近平新时代中国特色社会主义思想统一思想和行动，增强学习贯彻的自觉性和坚定性，把习近平新时代中国特色社会主义思想贯彻到社会主义现代化建设全过程、体现到党的建设各方面，正是坚持和加强党的全面领导的重大举措。用习近平新时代中国特色社会主义思想武装全党，是坚持党对一切工作领导的核心。

思想领导是党的全面领导的灵魂。党的全面领导包括政治领导、组织领导、制度领导和思想领导等方面。思想领导既发挥着党的领导重要功能，又贯通于党的领导的各个方面。中国共产党97年的历史，就是坚持不懈地用马克思列宁主义和马克思主义中国化理论成果教育全党、武装头脑的历史，就是用党的思想力量增强党的领导力量的历史。思想的转变、觉悟的提高、理想的坚定，是党实施坚强有力领导的基础。思想建设是党的基础性建设，坚定理想信念是党的思想建设的首要任务。共产主义远大理想和中国特色社会主义共同理想，是中国共产党人的精神支柱和政治灵魂，也是保持党的团结统一的思想基础。党的基本理论，是理想信念的理论根基和科学证明。学好用好党的基本理论，是坚持和加强党的全面领导的基础建设。

习近平新时代中国特色社会主义思想是党的行动指南。习近平新时代中国特色社会主义思想，来自新时代的伟大实践，反映新时代的本质内涵，体现新时代的时代精神，是新时代的思想结晶和理论形态。新时代产生新课题，新课题催生新思想，习近平新时代中国特色社会主义思想正是在从理论和实践结合上系统回答重大时代课题中形成的，成为党的创新理论最新成果、21世纪中国马克思主义的理论结晶。这个重大时代课题就是新时代坚持和发展什么样的中国特色社会主义、怎样坚持和发展中国特色社会主义，并构成了习近平新时代中国特色社会主义思想的理论基石。深入领会重大时代课题的历史底蕴、丰富内涵、高远视界，全面领悟围绕重大时代课题的艰辛理论探索、规律认识成果、创新思想观点，是更加充分认识习近平新时代中国特色社会主义思想科学性、规律性、指导性的前提和基础。新时代坚持党对一切工作的领导，首先就要学懂弄通习近平总书记对这个重大时代课题的系统回答，以此为基本依据，全面开展和正确实施党的领导。新思想科学回答重大时代课题，给予了实现中华民族伟大复兴的理论指导。新思想系统构建新时代基本方略，制定了实现中华民族伟大复兴的行动纲领。新思想全面贯穿“不忘初心，牢记使命”的高远情怀，提供了实现中华民族伟大复兴的精神动力。

以习近平新时代中国特色社会主义思想统一思想和行动。党的十九大提出了用习近平新时代中国特色社会主义思想武装全党的重大战略任务，这是新时代中国特色社会主义攀登新的高峰、走向新的胜利的思想保证，是为实现中华民族伟大复兴提供理论指导的必然要求，也是坚持党对一切工作领导的铸魂之举。推进伟大实践，需要创新思想，习近平新时代中国特色社会主义思想始终是引领民族复兴的精神旗帜。实现战略安排，需要战略指导，新时代中国特色社会主义发展的战略安排，体现了习近平新时代中国特色社会主义思想对民族复兴宏伟蓝图的科学擘画。贯彻重大部署，需要理论支持，新时代坚持和发展中国特色社会主义的重大部署，是从思想、理念、原则到实践、具体、操作的过渡。党的十九大部署的在全党开展“不忘初心、牢记使命”主题教育，用党的创新理论武装头脑，推动全党更加自觉地为实现新时代党的历史使命不懈奋斗，将对党和国家事业的蓬勃发展，对全党同志以永不懈怠的精神状态和一往无前的奋斗姿态，继续朝着实现中华民族伟大复兴的宏伟目标奋勇前进，起到重大的引领作用。

新时代充分发挥民主集中制的重大优势※

党的十八大以来,以习近平同志为核心的党中央坚持全面从严治党,把党的政治建设摆在首位,严肃党内政治生活,党的民主集中制得到严格贯彻,党的政治领导力大大增强,积极健康的党内政治文化蔚然成风。习近平总书记在中共中央政治局民主生活会上发表重要讲话,深刻论述了坚持民主集中制的重大意义、实践成效和基本要求,强调要真正把民主集中制的优势变成我们党的政治优势、组织优势、制度优势、工作优势。在新时代充分发挥民主集中制的重大优势,是增强党的创造力、凝聚力、战斗力的重要途径。

激发全党创造活力、保持高度团结统一的制度法宝

中国共产党的近百年历程,从一个只有50多个党员的小党成长为有着8956万名党员的世界第一大党,从一个领导革命的党到在13亿多人口的社会主义大国长期执政的党,历经苦难辉煌、饱尝挫折成功,党的领导力在复杂实践的考验中不断提高,党的战斗力在长期斗争的磨炼中日臻强大。从党的根本组织原则和领导制度考察,坚持党的民主集中制是一个根本原因。中国特色社会主义进入新时代,党面临着新的严峻挑战和历史使命,更加需要将民主集中制这一党的优良传统发扬光大,使之在新时代新征程中发挥强大的生命

※ 写于2018年。

力，保证全党更加朝气蓬勃、更加坚强有力，担当好实现民族复兴先锋队的时代重任。

民主集中制是马克思主义政党区别于其他政党的重要标志。民主集中制是民主基础上的集中和集中指导下的民主相结合。坚持民主集中制是党的建设必须坚决实现的基本要求之一，它既是党的根本组织原则，也是群众路线在党的生活中的运用。马克思主义政党实行民主集中制，是由党和性质和任务所决定的。作为无产阶级先进分子组成的政党，党员的权利是平等的，党员具有高度的政治觉悟和创造精神，必须充分发挥党内民主，尊重党员权利，调动党员的积极性主动性。作为带领人民争取解放、建设新社会的政党，要在革命和战争中夺取胜利，在建设和改革中战胜困难，全党必须统一意志、统一指挥、统一行动，依靠高度集中凝聚力量。这就构成了民主集中制的实践基础。非马克思主义的政党，或者是放任自流、一盘散沙，或者是只讲服从、不讲民主，都不会形成强大而持久的战斗力。当前，改革开放已走过千山万水，但仍需跋山涉水，使命更光荣、任务更艰巨、挑战更严峻、工作更伟大，更加需要激发全党的创造活力，更加需要保持高度的团结统一，民主集中制只能坚持得更好，发挥得更加有效，而不能放弃或者有失偏颇。

民主集中制是科学合理而又有效率的制度。民主集中制包括民主和集中两个方面，两者互为条件、相辅相成、缺一不可。民主就是充分发扬党内民主，尊重党员主体地位，保障党员民主权利，发挥各级党组织和广大党员的积极性创造性。集中就是实行正确的集中，牢固树立政治意识、大局意识、核心意识、看齐意识，坚定维护以习近平同志为核心的党中央权威和集中统一领导，保证全党的团结统一和行动一致，保证党的决定得到迅速有效的贯彻执行。习近平总书记指出，这项制度把充分发扬党内民主和正确实行集中有机结合起来，既可以最大限度激发全党创造活力，又可以统一全党思想和行动，有效防止和克服议而不决、决而不行的分散主义，是科学合理而又有效率的制度。新时代党的建设更是需要建立好运用好这项“科学合理而又有效率的制度”。从党的队伍来看，我们党有8956万名党员，有457万个基层组织，这样一支党的队伍大军,集中了中华民族的众多优秀分子,蕴藏着巨大的智慧和力量,党内民主是将全党积聚的无穷智慧和力量充分释放出来,形成无坚不摧磅礴伟力的发动机。同样,这样大体量的政党,如果不能将如此巨大能量有序迸发、正确引导、聚焦运用,就会导致有危害的后果,就不能促进党的目标实现,集中统一是党内民主发挥有益作用、朝着正确方向前进的导向仪。从党的任务来看,执政兴国、治国理政使命艰巨且复杂,各地各行业各部门的情况多种多样、千差万别,依靠党内民主,才能够让各级党组织、广大党员把党中央统一部署与具体实际结合起来,因地制宜、因事而动,提高工作效率。同时,全党一张图、全国一盘棋,不能一人一把号、各吹各的调,依靠正确集中,才能把全局和局部、普遍和特殊结合起来,保证中央部署统一推开。

民主集中制发挥党的政治优势、组织优势、制度优势、工作优势。井冈山斗争时期,毛泽东同志为我军制定了"一切行动听指挥"的严明纪律,坚持党对军队的领导,同时又实行"军队内的民主主义","同样一个兵,昨天在敌军不勇敢,今天在红军很勇敢,就是民主主义的影响"。这就在人民军队开创了民主集中制的先河,为建设一支新型人民军队奠定了制度基础,由此民主集中制成为党的优良传统和显著优势。民主集中制彰显了党的政治优势。由于党的先进性质,使得党有自信有胸怀发展党内民主;由于党内不允许搞山头主义、宗派主义,不允许产生利益集团,使得党有能力有魄力实行集中统一。民主集中制增强了党的组织优势。在党内存在着个人和组织、少数和多数、下级和上级、全党和中央的关系,民主集中制既充分尊重每个党员、每级党组织的权利,又坚持个人服从党的组织、少数服从多数、下级组织服从上级组织、全党各个组织和全体党员服从党的全国代表大会和中央委员会的组织原则,保证了全党令行禁止、党纪严明。民主集中制凸显了党的制度优势。党内政治生活的制度规范以民主集中制为基石,党内政治生活的政治性、时代性、原则性、战斗性在贯彻民主集中制中得到体现,又有集中又有民主,又有纪律又有自由,又有统一意志又有个人心情舒畅生动活泼的政治局面是严格执行民主集中制所造成的。民主集中制支持了党的工作优势。党的上级组织经常听取下级组织和党员群众的意见，上下级组织之间互通情报、互相支持和互相监督，党的各级组织按规定实行党务公开，重大问题按照集体领导、民主集中、个别酝酿、会议决定的原则集体讨论作出决定，等等，都是把民主和集中很好地结合起来，在充分民主的基础上正确集中、正确决策的党的工作原则和程序。

党的十八大以来严格执行民主集中制的创新实践

中国特色社会主义进入新时代，党的建设也进入新时代。以习近平同志为核心的党中央全面加强党的领导和党的建设，坚决改变管党治党宽松软状况，党的民主集中制进一步健全、加强和提升，效果非常明显。习近平总书记强调，我们党的历史经验表明，凡是党中央权威和集中统一领导坚持得好，党的事业就兴旺发达；反之，党的事业就遭受挫折。正因为全党上下团结一心、步调一致，我们解决了许多长期想解决而没有解决的难题，办成了许多过去想办而没有办成的大事，消除了党和国家内部存在的严重隐患，推动党和国家事业取得历史性成就、发生历史性变革。

党内民主广泛深入。要把我们这样一个大党大国治理好，就要掌握方方面面的情况，这就要靠发扬党内民主，靠各级党组织和广大党员、干部广泛听取民声、汇聚民意。党的十八大以来，党中央各项决策都严格执行民主集中制，都注重充分发扬党内民主，都是经过深入调查研究、广泛听取各方面意见、进行反复讨论而形成的。党的十九大报告起草伊始，习近平总书记就反复强调，起草好党的十九大报告，是发扬党内民主、集中党内智慧的过程，是解放思想和统一思想有机结合的过程。中央决定对党的十九大报告议题在党内一定范围内组织讨论，广泛征求意见。按照党中央部署的21个重大理论和实践问题，59个承担部门和单位组成80个调研组，深入1817个基层单位开展实地调研，召开1501次座谈会和研讨会，参会或接受访谈人数21532人，形成80份专题调研报告。各地区各部门各方面对党的十九大报告征求意见稿的意见和建议，共计征求4700余人的意见，收到书面反馈材料总计118份，中央领导同志和党内老同志反馈意见33份。习近平总书记主持召开5次座谈会，分片当面听取31个省区市党政主要负责同志、解放军各大单位和中央军委机关有关部门主要负责同志对报告的修改意见和建议。这就保证了党的十九大报告成为新时代坚持和发展中国特色社会主义的政治宣言和行动纲领，成为马克思主义的纲领性文献。

树牢"四个意识"、做到"两个维护"。党的十八大以来，党中央鲜明强调"四个意识""两个维护"，提出一系列明确要求，严明党的政治纪律和政治规矩。党的十八届六中全会通过的《关于新形势下党内政治生活的若干准则》，针对党内政治生活出现的突出问题，要求全党必须自觉防止和反对个人主义、分散主义、自由主义、本位主义，党的各级组织、全体党员特别是高级干部都要向党中央看齐，向党的理论和路线方针政策看齐，向党中央决策部署看齐，全国人大、国务院、全国政协，中央纪律检查委员会，最高人民法院、最高人民检察院，中央和国家机关各部门，人民军队，各人民团体，各地方，各企事业单位、社会组织，其党组织都要不折不扣执行党中央决策部署。一个国家、一个政党，领导核心至关重要。最近召开的中共中央政治局民主生活会强调，维护习近平总书记党中央的核心、全党的核心地位，维护党中央权威和集中统一领导，是保证全党团结统一、步调一致，带领全国各族人民决胜全面建成小康社会、奋力夺取新时代中国特色社会主义伟大胜利的根本政治保证。习近平总书记在领导新时代党和国家事业发展中，在审视和把握日益错综复杂的国内外发展大势中，在带领全党全国各族人民奋进新时代的伟大实践中，战略判断高瞻远瞩，政治领导娴熟高超，人民立场鲜明坚定，历史担当强烈坚定，充分证明他不愧为党中央的核心、全党的核心。中央政治局的同志要带头树牢"四个意识"，坚定"四个自信"，坚决做到"两个维护"，自觉在思想上政治上行动上同以习近平同志为核心的党中央保持高度一致。

建章立制、依法依规。坚持民主集中制这一根本领导制度，就要不断完善这一制度，使其法规化制度化具体化。党的十八大以来，党中央通过了《关于新形势下党内政治生活的若干准则》《中国共产党党内监督条例》，制定了《中央党内法规制定工作五年规划纲要(2013—2017年)》,通过了《深化党的建设制度改革实施方案》,出台了《中共中央政治局关于加强和维护党中央集中统一领导的若干规定》,印发了《中国共产党党组工作条例(试行)》《中国共产党地方委员会工作条例》《中国共产党工作机关条例(试行)》,制定了《中国共产党问责条例》,等等,使得民主集中制的法规制度建设更加完备、更加严密。党的十九大通过的《中国共产党章程(修正案)》决议,将党的十八大以来我们党扎实推进全面从严治党,在加强党的建设方面包括加强民主集中制方面的全方位探索,取得的许多成功经验和重大成果,及时体现到党章中,使之转化为全党共同意志和共同遵循。例如,把用习近平新时代中国特色社会主义思想统一思想、统一行动,牢固树立政治意识、大局意识、核心意识、看齐意识,坚定维护以习近平同志为核心的党中央权威和集中统一领导等,写入党章。充实这些内容,使党的民主集中制建设目标更加清晰、布局更加完善、贯彻更加自觉。

以加强民主集中制增强全党创造力、凝聚力、战斗力。民主集中制是方法途径,目的是增强党的创造力、凝聚力、战斗力。党的十八大以来,全党开展党的群众路线教育实践活动和“三严三实”专题教育,推进“两学一做”学习教育常态化制度化,在教育实践活动中照镜子、正衣冠、洗洗澡、治治病,开展严肃认真的党内批评和自我批评,党内政治生活气象更新,党内政治生态明显好转,党的团结统一更加巩固,党群关系明显改善,党在革命性锻造中更加坚强,焕发出新的强大生机活力。中共中央政治局加强民主集中制率先垂范、以上率下。最近召开的中共中央政治局民主生活会,发言准备充分、联系实际、思考深刻,讲认识、谈体会,摆问题、找不足,出主意、提建议,开诚布公、坦诚相见,既交流了思想、增进了团结,又指出了问题、明确了改进方向。中央政治局同志的发言,带头学习贯彻习近平新时代中国特色社会主义思想,带头贯彻落实党中央决策部署,带头严格执行中央八项规定及其实施细则精神。强调要强化政治责任,保持政治定力,把准政治方向,提高政治能力,增强斗争精神,坚决同破坏政治纪律和政治规矩的行为作斗争,努力成为党的政治建设的引领者、实践者、推动者。

贯彻执行民主集中制是全党的共同政治责任

改革开放40年来砥砺奋进,改革开放40年后再度出发。未来必定会面临这样那样的风险挑战,甚至会遇到难以想象的惊涛骇浪。我们党要总揽全局、协调各方,坚持科学执政、民主执政、依法执政,完善党的领导方式和执政方式,提高党的执政能力和领导水平,不断提高党把方向、谋大局、定政策、促改革的能力和定力,就要在新的历史起点上把民主集中制这个传家宝用得更好,不断增强党的政治领导力、思想引领力、群众组织力、社会号召力。

要把民主和集中有机统一起来。一些领导和党组织在实际生活中,没有把握好民主和集中的有机统一关系,往往在不相容的两极思维中跳来跳去。一讲发扬党内民主,有的党员就不讲集中正确意见,执意固守个人的、部门的被否定的意见,甚至打出"党员权利"的旗号,把集中指导下的民主变成了当年毛泽东同志批评和纠正过的极端民主化。一讲加强集中统一,有的领导就不讲党内民主制度和民主决策程序,以党委的意见取代群众的意见,以个人的意见替代班子的意见,把民主基础上的集中变成了不经过民主程序的集中,变成了个人说了算的"一言堂"。民主集中制在贯彻执行中做到不变形、不变味、不变道,关键是要掌握好民主和集中的有机统一。一是民主和集中互为前提、互为条件。不能离开集中讲民主,也不能离开民主讲集中。没有集中的民主和没有民主的集中,都不是党的民主集中制。二是民主和集中相互促进、相得益彰。民主提供了正确集中的基础,只有真正的充分的民主,才能形成正确的集中。集中提高了民主的效果和质量,集思广益、兼听则明,反映了党心所向,凝聚了党员和党组织的智慧,将正确的意见凝结为主导的意见,保证了决策的科学性。三是民主和集中在党的正确领导中实现有机统一。党的领导是否正确,是检验民主集中制是否真正贯彻执行的根本标准。在实践中,党的领导正确,必定是在党的领导和党的建设中将民主和集中有机统一起来,保证了党的路线方针政策的科学性。如果民主集中制遭到破坏,必定会造成党的决策失误，损坏党的领导的正确性，削弱党的战斗力。新时代贯彻执行民主集中制，关系党和国家事业的兴衰成败。

要把民主集中制的重大优势充分发挥出来。坚持民主集中制不仅要贯彻执行一整套制度、程序、规则，贯通于党内政治生活之中，而且要重内容、重成效、重转化，转化为党中央的权威能力和习近平总书记的核心地位，转化为全党团结统一和创造活力，转化为全党执政本领。党对一切工作的领导，是通过民主集中制体现出来、得到贯彻的，贯彻执行民主集中制的根本任务就是要不断改善和加强党的领导，将中国特色社会主义最本质的特征最大限度地彰显，将中国特色社会主义制度的最大优势最大限度地张扬。党对一切工作的领导是以人民为中心的，为中国人民谋幸福，为中华民族谋复兴，是中国共产党人的初心和使命。贯彻执行民主集中制，必须始终明确为什么民主、为什么集中，为谁民主、为谁集中，以最广大人民根本利益为党的一切工作和党的全面领导的根本出发点和落脚点，把人民拥护不拥护、赞成不赞成、高兴不高兴作为民主集中制的根本准则，以民主集中制保证以人民为中心。当前我们所处的，是一个船到中流浪更急、人到半山路更陡的时候，是一个愈进愈难、愈进愈险而又不进则退、非进不可的时候，应对风险挑战成为前进道路的常态。党是战胜风险挑战的主心骨，这就要更加充分地发挥全体党员和干部的积极性主动性创造性，众志成城防范可能冲过来的“灰犀牛”；更加做到“两个维护”，在以习近平同志为核心的党中央正确领导下渡过急流险滩、闯过关隘险峰。

要把贯彻民主集中制作为重要领导能力来培养。民主集中制不仅要制度化，还要人格化，化为各级领导干部的领导能力，显示其生命力。各级领导干部要按照习近平总书记的要求，把民主素养作为一种领导能力来培养，作为一门领导艺术来掌握。要有平等待人、与人为善的真诚态度，有虚怀若谷、海纳百川的宽阔胸襟，力争把各方面的真实意见掌握全、掌握准，进行反复研究、反复比较、择善而从。要善于正确集中，把不同意见统一起来，把各种分散意见中的真知灼见提炼概括出来，把符合事物发展规律、符合广大人民群众根本利益的正确意见集中起来，作出科学决策。各级领导干部要从习近平总书记坚持和发扬民主集中制、统领党中央和全党工作的思想和实践中汲取精神营养、感悟精髓要义、研读经典案例，从而很好地掌握坚持民主集中制的领导艺术，将党的领导推进到新的更高水平。

坚定“四个自信”的基本依据※

党的十九届四中全会审议通过的《中共中央关于坚持和完善中国特色社会主义制度、推进国家治理体系和治理能力现代化若干重大问题的决定》，是新时代坚持和发展中国特色社会主义、开启全面建设社会主义现代化国家的纲领性文献。坚持和完善中国特色社会主义制度，推进国家治理体系和治理能力现代化，是坚定中国特色社会主义道路自信、理论自信、制度自信、文化自信的基础建设和根本前提，我国国家制度和治理体系的显著优势则是坚定“四个自信”的基本依据。深入学习领会党的十九届四中全会精神，一个重要要求，就是从我国国家制度和治理体系多方面显著优势中建立和确立“四个自信”的基本依据。

中国特色社会主义制度和国家治理体系是具有强大生命力和巨大优越性的制度和治理体系

国家制度和治理体系是一个国家生存和发展的制度基础和治理基石，是一个国家兴衰成败的决定性因素。党的十九届四中全会通过的《决定》指出：“中国特色社会主义制度是党和人民在长期实践探索中形成的科学制度体系，我国国家治理一切工作和活动都依照中国特色社会主义制度展开，我国国家

※ 写于2019年。

治理体系和治理能力是中国特色社会主义制度及其执行能力的集中体现。”这一制度和治理体系，具有强大生命力和巨大优越性。准确把握坚定“四个自信”的基本依据，首先就要深刻认识我国国家制度和治理体系多方面的显著优势。

多方面显著优势展现系统优势

《决定》首次将我国国家制度和治理体系的显著优势概括为13个方面。主要体现在坚持党的集中统一领导，坚持党的科学理论，保持政治稳定，确保国家始终沿着社会主义方向前进；坚持人民当家作主，发展人民民主，密切联系群众，紧紧依靠人民推动国家发展；坚持全面依法治国，建设社会主义法治国家，切实保障社会公平正义和人民权利；坚持全国一盘棋，调动各方面积极性，集中力量办大事；坚持各民族一律平等，铸牢中华民族共同体意识，实现共同团结奋斗、共同繁荣发展；坚持公有制为主体、多种所有制经济共同发展和按劳分配为主体、多种分配方式并存，把社会主义制度和市场经济有机结合起来，不断解放和发展社会生产力；坚持共同的理想信念、价值理念、道德观念，弘扬中华优秀传统文化、革命文化、社会主义先进文化，促进全体人民在思想上精神上紧紧团结在一起；坚持以人民为中心的发展思想，不断保障和改善民生、增进人民福祉，走共同富裕道路；坚持改革创新、与时俱进，善于自我完善、自我发展，使社会始终充满生机活力；坚持德才兼备、选贤任能，聚天下英才而用之，培养造就更多更优秀人才；坚持党指挥枪，确保人民军队绝对忠诚于党和人民，有力保障国家主权、安全、发展利益；坚持“一国两制”，保持香港、澳门长期繁荣稳定，促进祖国和平统一；坚持独立自主和对外开放相统一，积极参与全球治理，为构建人类命运共同体不断作出贡献。这些显著优势，涵盖我国国家制度和国家治理体系各领域各方面各环节，依据“五位一体”总体布局、“四个全面”战略布局，包括治党治国治军、内政外交国防，紧密连接、相互支持，体现中国特色社会主义的系统优势。

多方面显著优势植根历史优势

形成优势绝非一日之功，显著优势更是要经历长期积淀、酝酿精练，经过比较鉴别、认知深化，成为认识自觉、实践自觉。这13个方面的显著优势，是在中华民族5000多年文明的历史演化中生成的。传承中国古代制度建设和治理实践的智慧与精华，吸取中国封建王朝“其兴也勃、其亡也乎”的经验教训，做好中华优秀传统文化在新时代国家制度和治理体系建设中的创造性转化和创新性发展，是社会主义政治文明本质内涵与中华优秀传统文化相结合的成果。这13个方面的显著优势，是在近代以来艰辛探索中华民族伟大复兴道路中生成的。170多年的复兴之路，经过了迷茫和觉醒、碰壁和突破，得出了只有中国共产党才能领导中国，只有社会主义才能救中国，只有改革开放才能发展中国、发展社会主义、发展马克思主义，只有中国特色社会主义道路才能引领中国走向繁荣富强的历史结论。这13个方面的显著优势，是在中国共产党成立近百年、新中国成立70年、改革开放40多年特别是党的十八大以来的实践中生成的。我们党团结带领人民建立和完善社会主义制度，形成和发展党的领导和经济、政治、文化、社会、生态文明、军事、外事等各方面制度，加强和完善国家治理，取得历史性成就，彰显我国国家制度和国家治理体系显著优势。党的十八大以来，以习近平同志为核心的党中央推动中国特色社会主义制度更加完善、国家治理体系和治理能力现代化水平明显提高，为政治稳定、经济发展、文化繁荣、民族团结、人民幸福、社会安宁、国家统一提供了有力保障，我国国家制度和国家治理体系的显著优势更加彰显。

多方面显著优势基于实践优势

制度体系和治理体系的优势，在社会历史实践中得到证明，在人民拥护认同中得到验证。新中国成立70年来，我们党领导人民创造了世所罕见的经济发展奇迹和社会长期稳定奇迹。目前，我国是世界第二大经济体、制造业第一大国、货物贸易第一大国、商品消费第二大国、外资流入第二大国，我国外汇储备连续多年位居世界第一。我国建成了包括养老、医疗、低保、住房在内的世界最大的社会保障体系，基本养老保险覆盖超过9亿人，医疗保险覆盖超过13亿人。我国社会大局保持长期稳定，成为世界上最有安全感的国家之一。这两大奇迹，归因于我国国家制度和国家治理体系能够为社会生产力的发展提供强大动力，能够为社会活力的增长提供广阔空间，能够为人民对幸福生活的追求提供有利条件。新中国成立70年来，中华民族迎来了从站起来、富起来到强起来的伟大飞跃。我们确立了社会主义基本制度，成功实现了中国历史上最深刻最伟大的社会变革，为当代中国一切发展进步奠定了根本政治前提和制度基础。充分运用集中力量办大事的制度优势，拥有了独立的工业体系和自己的核武器，打破了帝国主义的封锁。确立了社会主义初级阶段基本路线，确立了社会主义市场经济体制的改革目标和基本框架，确立了社会主义初级阶段的基本经济制度和分配制度，极大地促进了社会生产力的发展和人民生活水平的提高。全国居民人均可支配收入由171元增加到2.6万元，中等收入群体持续扩大。党的十八大以来，我们提出完善和发展中国特色社会主义制度、推进国家治理体系和治理能力现代化，着力抓好重大制度创新。解决了许多长期想解决而没有解决的难题，办成了许多过去想办而没有办成的大事，党和国家事业发生历史性变革。中国特色社会主义制度和国家治理体系，构筑了伟大飞跃的崛起支点和起飞平台。

多方面显著优势彰显中国优势

当今世界，“西方之乱”与“中国之治”形成鲜明对照。西方的某些政论家，将西方道路神化为“永恒的模式”，“终结”了历史，但频频发生的社会冲突和动乱、暴力事件和流血，让世界上越来越多的人不再相信西方的美好神话。中国的经济发展奇迹和政治稳定奇迹，使得世界将关注点转向了中国。“东欧剧变”后，西方一些人士曾预言中国将成为倒下的“多米诺”骨牌的最后一块。事实却是中国不仅没有重蹈苏东覆辙，而且呈现出强大生机，正在日益走近世界舞台中央。"中国之治"基于"中国之制"，中国制度和治理的多方面优势都是中国优势的生动体现。比如，我国国体与政体高度统一，人民当家作主的根本政治制度不仅体现在人民代表大会制度上，而且体现在基层自治制度上，用制度体系保证人民当家作主。这就使得人民的主体地位落实落地，以人民为中心贯通于根本制度、基本制度、重要制度之中，人民的获得感、幸福感、安全感来自经济、政治、文化、社会、生态文明各领域。这就极大增强了全体人民的主人翁意识，人民把自己的命运同国家的命运紧紧联系在一起，为国尽责、为国分忧、为国加油，构成了中国力量最具伟力的根基。习近平总书记在庆祝改革开放40周年大会上指出："现在，中国人民和中华民族在历史进程中积累的强大能量已经充分爆发出来了，为实现中华民族伟大复兴提供了势不可挡的磅礴力量。"近14亿中国人民团结奋斗在中国大地上，共同凝聚在中国特色社会主义旗帜下，齐心奔向中华民族伟大复兴的宏伟目标，没有任何力量能够阻挡中国人民和中华民族的前进步伐。

多方面显著优势归因政党优势

中国特色社会主义制度的最大优势是中国共产党领导。在中国特色社会主义制度和国家治理体系的多方面显著优势中，党的领导是最大优势，也是首要优势，是其他优势的一个根源。因为我国的制度和治理体系优势，不是自然产生、自发涌现的，而是在先进阶级及其政党的领导下创立起来和创造出来的。只有中国共产党才能领导中国，只有在党的领导下总揽全局、协调各方，才能最大限度发挥我国的制度和治理体系优势。确保国家始终沿着社会主义方向前进，是党作为马克思主义执政党，起到了定向导航作用；紧紧依靠人民推动国家发展，是党作为"两个先锋队"，担当了人民的主心骨；切实保障社会公平正义和人民权利，是党不忘初心、牢记使命，始终坚守党的性质和宗旨，贯穿到治国理政的全部实践中；集中力量办大事，是坚持党的集中统一领导，增强"四个意识"，做到"两个维护"，全党自觉同以习近平同志为核心的党中央保持一致，步调一致得胜利；等等。党的十八大以来，我们党勇于面对党面临的重大风险考验和党内存在的突出问题，全面从严治党成效显著，党的创造力、凝聚力、战斗力显著增强，党的领导制度体系优势充分发挥，辐射到各方面的优势中，从而大大增强了我国国家制度和治理体系的显著优势。

中国特色社会主义道路自信、理论自信、制度自信、文化自信的坚实根基是我国国家制度和治理体系的显著优势

中国特色社会主义道路自信、理论自信、制度自信、文化自信，从根本上说来自实践。中国特色社会主义开创以来，中华民族从站起来、富起来到强起来，中国特色社会主义从创立、发展到完善，中国人民从温饱不足到小康富裕的伟大飞跃，正是“四个自信”的雄厚基础。文化自信是更基本、更深沉、更持久的力量，制度自信是“四个自信”的集中体现。我国国家制度和治理体系的显著优势，不仅支撑起制度自信，而且构成“四个自信”的基本依据。

制度和治理体系的显著优势凝结为道路自信

中国特色社会主义道路是实现社会主义现代化、创造人民美好生活的必由之路，是中国能够不断发展稳定的最根本原因，只有中国特色社会主义道路才能引领中国走向繁荣富强。这条道路得到了全中国人民的衷心拥护和支持，无论是僵化的老路，还是西化的邪路，都不能动摇党和人民的道路自信，我们都将坚定不移继续沿着党和人民选择的道路走下去。中国特色社会主义道路存在于国家制度和国家治理体系之中，制度和治理体系是道路的实现形式。道路自信，来源于我国制度和治理体系的显著优势，比较的优势、客观的优势凝结为精神层面的道路自信。比如，坚持公有制为主体、多种所有制经济共同发展和按劳分配为主体、多种分配方式并存，把社会主义制度和市场经济有机结合起来，不断解放和发展社会生产力，是我国基本经济制度和经济治理体系的显著优势。这一优势，坚持科学社会主义基本原则，反映现代经济发展规律，符合我国社会主义初级阶段基本国情，创新中国特色社会主义基本经济

制度，把握解放和发展生产力的有效途径，是我国从贫困到总体小康、再到全面小康的经济制度保障。改革开放以来，党带领人民不断探索建立中国特色社会主义基本经济制度，与此相同步，我国国内生产总值由3679亿元增长到2017年的82.7万亿元，年均实际增长9.5%，远高于同期世界经济2.9%左右的年均增速。我国国内生产总值占世界生产总值的比重由改革开放之初的1.8%上升到15.2%，多年来对世界经济增长贡献率超过30%。依靠中国特色社会主义经济制度的强大优势，极大促进了我国经济建设的巨大成就和人民生活水平的快速增长，充分显示了中国特色社会主义经济发展道路的蓬勃生命力，从而进一步增强了道路自信。国家制度和治理体系其他方面的显著优势，也是通过这样的途径方式转化为道路自信的。

制度和治理体系的显著优势提炼为理论自信

中国特色社会主义理论体系是指导党和人民实现中华民族伟大复兴的正确理论。这一理论是马克思主义基本原理与中国社会主义具体实际相结合的产物，是毛泽东思想在改革开放新时期和中国特色社会主义新时代的继承和发展，是当代中国马克思主义。中国特色社会主义理论自信，是对这一理论的时代性、真理性、人民性的坚信，充分相信这一理论对改革开放以来中华民族历史面貌发生历史性变化的科学指导作用，对广大党员干部树立马克思主义世界观和方法论的有力塑造作用，对发展当代中国马克思主义的强大推动作用。理论自信，是我国国家制度和治理体系显著优势的理论认知。坚持党的科学理论，本身就是党的理论优势。坚持共同的理想信念、价值理念、道德观念，贯穿其中的是科学的理论。理论自信，是由于我国国家制度和治理体系的显著优势是在科学理论的指导下形成的。比如，走共同富裕道路，是中国特色社会主义的本质特征，是中国特色社会主义理论体系的核心要义。坚持改革创新、与时俱进，善于自我完善、自我发展，是中国特色社会主义的鲜明特色，是中国特色社会主义理论体系的基本观点。我们的理论自信，是理论指导实践形成显著优势，从而证明理论科学正确的产物。比如，坚持各民族一律平等，铸牢中华民族共同体意识，是中国特色社会主义民族理论的基础，是中国梦与民族梦的有机统一。中华民族的社会和谐、民族和谐，保证了各民族共同团结奋斗、共同繁荣发展，这就进一步增强了民族平等、民族和谐的理论自信。坚持德才兼备、选贤任能，聚天下英才而用之，是中国特色社会主义人才思想和干部工作思想的出发点，是党和国家事业人才辈出、人尽其才、才尽其用的理论依据，也是防止用人不公、抵制用人腐败的理论武器。理论优势与实践优势的相互促进、良性循环，是理论自信的基本机制。

制度和治理体系的显著优势集聚为制度自信

中国特色社会主义制度是党和人民在长期实践探索中形成的科学制度体系，是人类制度文明史上的伟大创造，是当代中国发展进步的根本制度保障。党的十九届四中全会通过的《决定》明确提出坚持和完善中国特色社会主义制度、推进国家治理体系和治理能力现代化的13项制度体系和治理体系的目标要求，是中国特色社会主义制度发展创新的系统成果。这13项制度体系的总体设计，本身就是中国特色社会主义制度自信的产物，并且进一步增强了党和人民的制度自信。我们的制度自信，是在历史的比较、国际的比较、实践的比较中增强的，是在人民的拥护支持中巩固的，是在还不是尽善尽美、成熟定型向逐步完善、成熟、定型中提升的。我国国家制度和治理体系的显著优势，直接转化为制度自信。比如，坚持党指挥枪，确保人民军队绝对忠诚于党和人民，既是党对人民军队的绝对领导制度，也是我们的制度优势。人民军队从创立时起，就奠定了党指挥枪的根本原则和根本制度，由此保证了我军的性质宗旨。人民军队的发展壮大、从胜利走向新的胜利，都是在党的坚强领导下取得的。党对人民军队的绝对领导是我军的建军之本、强军之魂。无论军队使命怎样变化、战争形态怎样演变、组织形态怎样变革，都不能改变党对人民军队的绝对领导制度，这是我军军魂的制度保证。我们有坚定的信念、强大的底气，坚持人民军队最高领导权和指挥权属于党中央，坚持全国武装力量由军委主席统一领导和指挥，坚决抵制“军队非党化、非政治化”和“军队国家化”等错误政治观点。“一国两制”是党领导人民实现祖国和平统一的一项重要制度，是中国特色社会主义的一个伟大创举。坚持和完善“一国两制”制度体系，是坚决维护国家主权、安全、发展利益，维护香港、澳门长期繁荣稳定，解决台湾问题、实现祖国完全统一的制度基础。香港修例风波及其暴力犯罪活动，是美国反华势力推行“颜色革命”的结果，是“港独”势力对“一国两制”的挑战和破坏。坚持和完善“一国两制”制度体系，就绝不能容忍任何挑战“一国两制”底线的行为。

制度和治理体系的显著优势上升为文化自信

文化是一个国家、一个民族的灵魂，中国特色社会主义文化是激励全党全国各族人民奋勇前进的强大精神力量。文化自信是一个国家、一个民族发展中更基本、更深沉、更持久的力量。中国特色社会主义文化自信，是对中华民族5000多年文明历史所孕育的中华优秀传统文化的自信，是对党领导人民在百年奋斗历程中创造的革命文化和社会主义先进文化的自信。国家制度和治理体系，是在一定文化的基础上建立起来的，又内含着一定的文化传承和文化品格。国家制度和治理体系的优势，反映了更为基础、更为广泛、更为深厚的文化优势。对国家制度和治理体系的自信，实质上也是一种文化自信。我国国家制度和国家治理体系的显著优势，凝结为政党意识、社会观念、人民心理，就会上升为文化自信，即对于中国特色社会主义制度和国家治理体系的文化自信，对于我国国家制度和国家治理体系内含文化的坚定自信。《决定》指出：“中国特色社会主义制度和国家治理体系是以马克思主义为指导、植根中国大地、具有深厚中华文化根基、深得人民拥护的制度和治理体系”。这几个方面正是蕴含在我国国家制度和国家治理体系之内的文化自信。比如，推动构建人类命运共同体，是我国外事制度的重大目标，是中国引领时代潮流和人类文明进步方向的鲜明旗帜。推动构建人类命运共同体，是人类交往的世界性比过去任何时候都更深入、更广泛的必然趋势，是各国相互联系和彼此依存比过去任何时候都更频繁、更紧密的必然要求。尽管世界上存在着各种矛盾和冲突，但人类命运共同体不仅必要而且可能，不仅需要愿望而且需要行动，已成为中国共产党人和中国人民坚定不移的文化信念。

在弘扬中国特色社会主义制度和国家治理体系优势的实践中不断增强“四个自信”

我国国家制度和国家治理体系的显著优势，是坚定“四个自信”的基本依据。这就要求在实践中大力弘扬这些方面的显著优势，为“四个自信”夯实基础、打牢根基。为新时代坚持和发展中国特色社会主义提供一整套更完备、更稳定、更管用的制度体系，实现党、国家、社会各项事务治理制度化、规范化、程序化，正是坚定“四个自信”的基建工程。

构建系统完备、科学规范、运行有效的制度体系，为“四个自信”固本强基

党的十九届四中全会通过的《决定》突出坚持和完善支撑中国特色社会主义制度的根本制度、基本制度、重要制度，着眼党的领导和经济、政治、文化、社会、生态文明、军事、外事等各方面制度更加成熟更加定型，布局构建系统完备、科学规范、运行有效的制度体系，推进包含13个领域和方面的制度体系建设。坚持和完善党的领导制度体系、中国特色社会主义法治体系、中国特色社会主义行政体制、社会主义基本经济制度、繁荣发展社会主义先进文化的制度、统筹城乡的民生保障制度、共建共治共享的社会治理制度、生态文明制度体系、党对人民军队的绝对领导制度、“一国两制”制度体系、独立自主的和平外交政策、党和国家监督体系等，构成了中国特色社会主义制度的系统规范体系。这13个领域和方面的制度体系，直接关联着中国特色社会主义道路、理论、制度、文化，是道路的展开、理论的实践、制度的细化、文化的实化。坚持和完善支撑中国特色社会主义制度的根本制度、基本制度、重要制度，本身就是坚持和发展中国特色社会主义道路、理论、制度、文化的过程，就是从制度建设

和制度实践层面坚定“四个自信”的过程。比如，建设中国特色社会主义法治体系、建设社会主义法治国家是坚持和发展中国特色社会主义的内在要求，法治国家、法治政府、法治社会是中国特色社会主义长治久安的根本举措。法治增强人们的稳定感、安全感、可预期感，全面依法治国增强制度自信。全面依法治国将中国特色社会主义道路、理论、制度、文化法治化，用法治保证和强化“四个自信”。

把我国制度优势更好转化为国家治理效能，为“四个自信”增能鼓劲

从党的十八大把“中国特色社会主义制度”写进党的代表大会报告，到党的十八届三中全会首次提出“推进国家治理体系和治理能力现代化”这个重大命题；从把“完善和发展中国特色社会主义制度、推进国家治理体系和治理能力现代化”确立为全面深化改革的总目标，到党的十九届四中全会制定坚持和完善中国特色社会主义制度、推进国家治理体系和治理能力现代化的《决定》，呈现出一条清晰的线索。这就是把制度自觉与治理自觉、制度功能与治理效能、制度优势与治理转化有机统一起来，相互支持、相互促进。《决定》突出强调把我国制度优势更好转化为国家治理效能，在这一自觉转化、注重转化、努力转化的过程中，中国特色社会主义制度的优势充分彰显，国家治理体系和治理能力的优势充分发挥，“四个自信”随之增强。比如，发挥人民当家作主的制度优势，就要落实到人民的治理主体地位上，人民共建共治共享。人民的主人翁意识增强，就会更加信任和信赖中国制度。我国国家治理体系和治理能力是中国特色社会主义制度及其执行能力的集中体现，强化制度能力就要促进治理体系更加科学、治理能力更加有效。制度与治理密不可分，制度为体、治理为用，治理成效就是增强“四个自信”的有力证明。中国特色社会主义制度体系需要不断发展完善，通过制度改革和制度创新激发制度活力，就要赋予治理体系新的生机和力量，从而提高治理现代化水平。制度能力传导为治理能力，治理能力转化为治理实效，又会变为“四个自信”的动力机制。维护社会公平正义是中国特色社会主义制度的基本价值，这不仅要体现在制度设计上，而且

要落实到治理利益上。治理活动是代表、服务、产生一定利益的活动，代表人民利益的社会主义治理，维护和增长人民利益，保证最大多数人共享治理利益。“四个自信”在为人民治理中得以坚定。

在更高起点、更高层次、更高目标上推进全面深化改革，为“四个自信”攻坚破障

习近平总书记在中央全面深化改革委员会第十一次会议上的讲话中指出：“党的十九届四中全会和党的十八届三中全会历史逻辑一脉相承、理论逻辑相互支撑、实践逻辑环环相扣，目标指向一以贯之，重大部署接续递进。党的十九届四中全会不仅系统集成了党的十八届三中全会以来全面深化改革的理论成果、制度成果、实践成果，而且对新时代全面深化改革勾勒出更加清晰的顶层设计。”党的十九届四中全会通过的《决定》是在改革开放40周年的基础上，推进新时代改革开放再出发的制度创新和治理跃升。新时代改革开放再出发，对改革顶层设计的要求更高，对改革的系统性、整体性、协同性要求更强。要把加快推进国家治理体系和治理能力现代化，努力形成更加成熟更加定型的中国特色社会主义制度作为更高起点、更高层次、更高目标。改革开放取得了伟大历史性成就，但还有许多硬骨头要啃，有许多难关要攻克，有许多深层次体制机制问题要解决。如果这些硬骨头迟迟不解决，这些难关长期攻不破，这些深层次体制机制问题总是解决不了，就会妨碍坚定理想信念，甚至弱化“四个自信”。因此，新时代改革开放能否顺利推进、取得成功，直接关系“四个自信”能否巩固和持久的问题。以贯彻落实党的十九届四中全会精神为强大牵引力，增强以改革推进国家制度和国家治理体系建设的自觉性，继续深化各领域各方面体制机制改革，必将推动“四个自信”达到新境界。

全面建设社会主义现代化国家，为“四个自信”升级行远

2020年，决胜全面建成小康社会将取得胜利。党的十九届四中全会以新时代中国特色社会主义发展的战略安排为依据，为全面建设社会主义现代化

国家铺路架桥，扭住制度和治理现代化这个枢纽机制，作为全面现代化的共同平台和基本轨道。坚持和完善中国特色社会主义制度、推进国家治理体系和治理能力现代化，是全面建设社会主义现代化国家的应有之义和精髓要义。全面建设社会主义现代化国家，是新中国成立以来特别是改革开放以来我国社会的一场新的革命，是中国特色社会主义制度和国家治理体系建设新的飞跃，这将大大促进我国国家制度和治理体系质量和水平的提升、标准和内涵的丰富、功能和效能的增强。到我们党建党100年时，在各方面制度更加成熟更加定型上取得明显成效；到2035年，各方面制度更加完善，基本实现国家治理体系和治理能力现代化；到新中国成立100年时，全面实现国家治理体系和治理能力现代化，使中国特色社会主义制度更加巩固、优越性充分展现。这一总体目标，不仅是制度和治理的现代化进展，而且也将促使“四个自信”达到新的历史高度和时代高度。以制度和治理为主轴驱动全面现代化，在这个过程中，我们的“四个自信”建立在中国特色社会主义全面现代化的版本之上，建立在社会主义现代化的伟大创举之上，底气前所未有的充足，信念前所未有的坚定。全面建成社会主义现代化强国，将是我国国家制度和国家治理体系显著优势的最重要证明、最有力说明，也将为“四个自信”提供最大支持、最强源泉。

回答和解决好中国共产党的“百年之问”，为“四个自信”立心铸魂

在中央政治局以“牢记初心使命，推进自我革命”为题进行集体学习时，习近平总书记深刻指出：“我们党作为百年大党，如何永葆先进性和纯洁性、永葆青春活力，如何永远得到人民拥护和支持，如何实现长期执政，是我们必须回答好、解决好的一个根本性问题。”[①]这“三个如何”就是走向第二个百年的中国共产党的“百年之问”。这就要以根本性举措回应根本性问题，坚持和完善党的领导制度体系，提高党科学执政、民主执政、依法执政水平，建设好坚强有力的马克思主义执政党。要坚持和完善党和国家监督体系，强化对权力运行的

① 习近平：《牢记初心使命，推进自我革命》，载《求是》2019年第15期。

制约和监督，完善党在长期执政条件下实现自我净化、自我完善、自我革新、自我提高的重要制度保障。我们党作为执政党，中国特色社会主义伟大事业的前途命运与党的兴衰成败密切相关，必须从中国特色社会主义制度和国家治理体系的宏观视野和总体构建出发回答好“百年之问”。坚持和完善中国特色社会主义制度，推进国家治理体系和治理能力现代化，本身就是推进新时代党的建设、全面从严治党的使命牵引，是党的自我革命的强劲机制。制度为本、价值为魂，《决定》创造性地提出建立不忘初心、牢记使命的制度，这就赋予党的领导制度体系建设以不忘初心、牢记使命的灵魂，将党的思想建设与党的制度建设统一起来。建立不忘初心、牢记使命的制度，促使永葆党的性质和宗旨常态化、持久化、制度化，以建章立制的方式将党心党魂深入党的政治生活和党的组织运行之中。党是最高政治领导力量，“四个自信”的核心问题，是对中国特色社会主义的领导力量的信任，是对中国共产党人的初心和使命的信念，是对共产主义远大理想和中国特色社会主义共同理想的信仰。

国家治理现代化

推进国家治理 构建价值体系※

全面深化改革既是制度完善、治理推进的过程,也是价值凸显的过程。国家治理体系和治理能力现代化,离不开一定的制度体系,也离不开一定的价值体系。习近平总书记在省部级主要领导干部学习贯彻党的十八届三中全会精神全面深化改革专题研讨班上的重要讲话中强调指出,推进国家治理体系和治理能力现代化,要大力培育和弘扬社会主义核心价值体系和核心价值观,加快构建充分反映中国特色、民族特性、时代特征的价值体系。这就表明,中国特色社会主义治理体系与中国特色社会主义价值体系,相辅相成、相得益彰。

价值体系是治理体系的重要方面

党的十八届三中全会规定了全面深化改革的总目标,这就是完善和发展中国特色社会主义制度,推进国家治理体系和治理能力现代化。总目标明确了改革的根本方向和鲜明指向、制度目标和治理目标,把治国理政的制度自觉与治理自觉统一起来,把发挥制度优势与提高治理效能统一起来,把制度对治理的指引与治理对制度的促进统一起来,使我们对中国特色社会主义治理的认识达到一个历史新高度。

价值是事物及其属性的功用,价值体系是围绕特定对象的价值总和。我

※ 写于2014年。

们所说的价值体系是以民族、国家为主体的价值体系，是维系一个民族和国家团结统一、生存发展、长治久安的软实力体系。一个国家的价值基础、价值要素、价值关系、价值观念、价值评价等的总和，构成价值体系，如传统价值、文化价值、思想价值、道德价值等。改革开放以来，我们党先后提出建设社会主义精神文明、中国特色社会主义文化、社会主义先进文化、社会主义文化强国等，实际上都是在不同阶段推进中国特色社会主义价值体系建设。党的十六届六中全会提出建设社会主义核心价值体系的任务，党的十八大提出积极培育和践行社会主义核心价值观的要求，表明我们党在价值体系建设上的历史性进展。可以说，价值体系是社会主义先进文化的价值基础和价值内核，决定文化的性质，引导文化建设的方向。在价值体系中，核心价值体系构成了价值体系的基本框架，核心价值观构成了价值体系的灵魂。随着构建价值体系的拓展和深化，价值体系将更加丰富和完善。

党的十八大以来，习近平总书记深入思考世界社会主义历史上治理社会主义社会这样全新的社会的经验和教训，深入思考在新的历史起点上推进我国国家治理体系和治理能力现代化的重大问题，作出一系列重要论述。其中一个需要认真学习领会的问题，就是制度体系、治理体系、价值体系的定位及其关系，这是推进国家治理现代化的根本问题。首先，制度统领治理，治理从属于制度，治理体系存在于制度体系之中。没有脱离制度体系独立存在的治理体系，也没有独立于制度能力之外的治理能力。治理是制度的有效运用、功能发挥和实践拓展，因而有着不可或缺、不可替代的作用。推进国家治理现代化，从根本上说，就是中国特色社会主义制度建设、创新、完善、实践的过程。其次，无论是制度还是治理，都是有其历史、政治、阶级、制度属性的，都是存在着立场、利益、原则、偏好内涵的，用一句话说，都是有价值定向、牵引、驱动的。价值观赋予制度和治理以灵魂，没有无价值的制度和治理。制度体系、治理体系需要价值体系的支持，价值体系贯通于制度和治理体系之中，三者相互配合、协同运转。可以说，全面深化改革的总框架，就是中国特色社会主义制度体系、治理体系、价值体系三者共同支撑、协调推进、相互促进、形成合力的总体模式和演进过程。制度体系、治理体系、价值体系的融合贯通，是习近平关于中国特色社会主义治理重要论述的一条主线。

习近平总书记在中共中央政治局第十三次集体学习时的讲话中指出，培育和弘扬核心价值观，有效整合社会意识，是社会系统得以正常运转、社会秩序得以有效维护的重要途径，也是国家治理体系和治理能力的重要方面。这就揭示了核心价值观包括价值体系在国家治理体系和治理能力中的地位和作用。从价值体系对于治理体系的规范作用看，价值体系确定了治理体系“为了谁”的价值取向。历史上有过不同的社会形态和阶级统治，也就相应地存在着不同的价值体系。价值体系首先回答的是为谁服务的问题，这就规定了治理体系为谁治理、以谁的利益为治理最高原则的问题。“为人民服务”决定了我们的治理体系是为了人民、服务人民的治理体系。价值体系确定了治理体系“为了什么”的价值目标。任何治理都是有目标、有方向的治理，无论是宏观目标还是具体目标都蕴含着一定的价值目标，都是以价值目标为牵引的治理目标。确定富强、民主、文明、和谐是国家层面的价值目标，自由、平等、公正、法治是社会层面的价值取向，爱国、敬业、诚信、友善是公民个人层面的价值准则，同时也就相应地确定了国家治理在不同层面的价值目标。治理的完善、方式、效果，都要服从服务于核心价值观，围绕核心价值观而推进，以核心价值观作为价值评价准则。

国家治理现代化对构建价值体系提出新要求

国家治理现代化是近代以来世界现代化潮流的重要方面，是各个国家依据基本制度框架、历史文化传统、社会发展需要，着眼提高治理质量、效能、水准，促进国家有序、协调、稳定运行的治理变革与创新，是对治理的“治理”。1992年，邓小平提出再有30年的时间，在各方面形成一整套更加成熟更加定型制度的发展目标。提出解决好事关党和国家长治久安的制度现代化目标，实际上就是提出了社会主义国家的治理现代化目标。从世界历史看，形成比较完备的一整套制度往往需要较长甚至很长的历史时期，对于我国的治理体系建设状况而言，国家治理现代化在路上。

新中国成立以来特别是改革开放以来，我们党在社会主义建设实践中不断探索和持续推进国家治理及其现代化。党的十八大以来，以习近平同志为核心的党中央，在我们党已有丰富经验和重大成果基础上，更好地把完善制度与推进治理统一起来，显示出治国理政的新思路新品格新风貌。可以说，我国国家治理体系和治理能力总体上是好的，是适应我国国情和发展要求的。同时，我们也要看到，相比我国经济社会发展要求，相比人民群众期待，相比当今世界日趋激烈的国际竞争，相比实现国家长治久安，我们在国家治理体系和治理能力方面还有许多不足，有许多亟待改进的地方。推进国家治理体系和治理能力现代化，就是要适应时代变化，既改革不适应实践发展要求的体制机制、法律法规，又不断构建新的体制机制、法律法规，使各方面制度更加科学、更加完善，实现党、国家、社会各项事务治理制度化、规范化、程序化。

价值体系是中国特色社会主义的价值反映和表现，必然要随着中国特色社会主义制度体系和治理体系的完善发展，而不断丰富内涵、深化理念。国家治理现代化对构建价值体系提出了新的更高要求，从总体上说，就是要使这一价值体系充分反映中国特色、民族特性、时代特征。充分反映中国特色，最重要的是坚定道路自信、理论自信、制度自信。我们的国家治理现代化是有方向、有立场、有原则的，这就是与中国特色社会主义道路、理论、制度相符合、相适应的治理，不是按照西方模式改造中国的治理。这就要求我们的价值体系把“三个自信”作为根本价值取向和价值目标。充分反映民族特性，最重要的是要把博大精深的中华优秀传统文化作为我们在世界文化激荡中站稳脚跟的根基。习近平总书记强调，要深入挖掘和阐发中华优秀传统文化讲仁爱、重民本、守诚信、崇正义、尚和合、求大同的时代价值，讲清楚中华文化的独特创造、价值理念、鲜明特色，增强文化自信和价值观自信。我们的国家治理，就是要充分运用民族文化的宝贵资源，决不割断自己的精神命脉。充分反映时代特征，最重要的是我们不仅要赶上时代，而且要勇于引领时代潮流、走在时代前列。我们既要学习人类文明优秀成果,同时也要在当代世界留下时代印记。中国经验同样具有世界意义,中国创造同样能够引领时代。推进中国特色社会主义治理,就是要有这样的世界眼光和现代意识。

把推进国家治理与构建价值体系统一起来

推进国家治理体系和治理能力现代化,是一场新的重大变革。而这一过程本身,又是社会主义现代化的内容和进程,即治理现代化。治理现代化的进展、成效如何,一个重要方面,就是推进国家治理与构建价值体系的融会贯通。

运用法律制度治理国家与运用道德规范治理国家一体化。法治是治理现代化的基石与标志,国家治理现代化就是要依法治国、依法执政、依法行政共同推进,法治国家、法治政府、法治社会一体建设。与此同时,必须把法治与德治统一起来。德治为法治创造良好的社会风气,法治为德治提供有力的制度保障。对于公民来说,守法既是强制力量的约束,也是道德规范的要求;守德既是自律的要求,也是他律的约束。

有效维护社会秩序与有效整合社会意识一体化。国家治理的一个基本目的,是要保证社会系统正常运转、社会秩序有效维护。历史和现实都表明,构建具有强大感召力的核心价值观,关系社会和谐稳定,关系国家长治久安。社会系统正常运转,既要依靠制度的调节,也要依靠价值观的调节,价值观能够凝聚价值共识、促使团结和睦。社会秩序有效维护,既要依靠有形的力量,如行政、法律、武装的力量,也要依靠无形的力量,如舆论、思想、道德的力量。

创新社会治理与强化道德约束一体化。党的十八届三中全会的决定专门部署了创新社会治理体制,是国家治理的重要内容。决定要求坚持系统治理、依法治理、综合治理的方针,其中就包含了强化道德约束、规范社会行为、协调社会关系、社会自我调节的举措。这就使社会治理更加注重群众的参与、自觉、配合。央视《新闻联播》报道了韩健老人和打工妹石芳丽的故事。老人被姑娘撞倒受伤,没有诉诸公安、司法或社区,而是通过老人谅解宽容不索赔,姑娘辞去工作陪护老人得以解决。可见，美德有助于解决治理问题、减少治理成本、达到治理目的。

治理融入生活与价值内化于心一体化。治理是要建立从制度到生活的中介，治理只有进入实际生活才能实现和完成治理。治理融入生活与价值内化于心必须协调起来，才能收到治理效果，也就是说，治理的价值理念与主导的价值理念必须是一致的、自洽的。要按照习近平总书记的要求，切实把社会主义核心价值观贯穿于社会生活方方面面，注意把我们所提倡的与人们日常生活紧密联系起来，健全各行各业规章制度，完善市民公约、乡规民约、学生守则等行为准则，使社会主义核心价值观成为人们日常工作生活的基本遵循，形成有利于培育和弘扬社会主义核心价值观的生活情景和社会氛围。

人民是检验治理效果的根本标准※

第二批群众路线教育实践活动，推动作风进一步转变、党群干群关系进一步密切，同时也是推动社会治理水平进一步提高。2014年1月，习近平总书记在教育实践活动第一批总结暨第二批部署会议上的讲话中指出："司马迁在《史记》中说：'人视水见形，视民知治不。'说的是人从水中能看到自己的形象，观察人民就能知道治理得好不好。"这是坚持用唯物史观指导国家治理的科学结论，也是人民群众历史作用在国家治理实践中的深刻反映。深入学习领会这一思想观点，对于确立中国特色社会主义治理价值观，增强人民群众既是治理实践主体又是治理评价主体的重要地位，保证国家治理现代化的进程与人民幸福增长的进程相统一，具有重要意义。

人民标准确立了治理为了谁、依靠谁、服务谁的价值准则

党的十八届三中全会提出完善和发展中国特色社会主义制度、推进国家治理体系和治理能力现代化的全面深化改革总目标。党的十八届三中全会以来，习近平总书记多次阐述了国家治理现代化这一重大战略思想，为坚持和发展中国特色社会主义指明了前进方向。国家治理是国家的基本职能，是社会运行的重要机制，也是民族兴衰存亡的关键因素。因此，国家治理是否得法、

※ 写于2014年。

是否有效、是否合理，关系到国家的制度绩效、发展态势和长治久安。国家治理作为治国理政的主体活动，必然会产生各种效果、形成不同评价，这就提出了检验治理效果的标准问题，什么是治理对与不对、好与不好、利与不利的标准，用什么价值准则来衡量一定时期内国家、执政党、政府、地区的治理效果。有了公认的治理检验标准，就有了评价治理的客观标准；有了正确的检验标准，就能保证治理的正确方向。

国家治理是一个多主体、多层次、多领域、多功能、多价值的系统工程，检验国家治理的实践效果必然也是一个多重标准并存、多种标准兼容的系统评价。比如，可以用经济发展的速度、质量和效益来检验，用国家安全、社会稳定、民族和谐的状况来检验。这些标准实际上是密切相关的，每个标准都是其他标准的条件。国家治理的效果影响关联最大、利害相关最紧的是人民群众，人民群众是国家治理最大量、最实际、最直接的感受者。“知屋漏者在宇下，知政失者在草野”。评价治理是非得失，最有发言权的是广大人民群众。因此，在各种标准中，根本的标准是人民标准，最终还是要以人民群众的满意、认同和支持为标准。人民群众是社会历史的实践主体，国家治理的实践标准最重要的是人民群众标准。生产力增长给人民群众带来的实惠，群众心里很清楚。可以说，得人心者则是成功的治理，失人心者则是失败的治理。从治理的本质看，治理的本质是国家与人民的关系。中国特色社会主义国家治理的根本目的，是维护和保障最广大人民的利益。国家治理体系的构建要有利于人民追求幸福生活的努力，由民所赋的治理权力要接受人民的监督，治理体系、治理效能的评价要由人民作出判断。习近平总书记强调，中国梦归根到底是人民的梦。同样我们可以说，中国治理归根到底是为了人民、依靠人民、造福人民的治理，国家治理的人民标准就是治理为了人民、治理依靠人民、治理服务人民。

改革开放以来，实践标准的确立推动了改革开放的兴起，生产力标准的确立推动了社会主义商品经济的发展，“三个有利于”标准的确立推动了社会主义市场经济的开创。今天，确立国家治理现代化的人民标准，必将推动中国特色社会主义的制度优势更好地转化为人民利益的保障和增长。习近平总书记在党的十八届三中全会上的讲话中强调,全面深化改革要以促进社会公平正义、增进人民福祉为出发点和落脚点。这正是人民标准的充分表达。因为全面深化改革就要使改革发展成果更多更公平惠及全体人民,如果不能给老百姓带来实实在在的利益,不能创造更加公平的社会环境,甚至导致更多不公平,改革就失去意义,也不可能持续。在一些领导心目中,治理只是一种自上而下的管制、管控、管理,而没有看到现代治理是人民参与治理的广度在延伸、深度在拓展的过程。人民群众积极主动参与、共同负起治理责任,是人民利益在治理体系中的有效维护。

人民标准贯穿于国家治理的各领域和全过程

人民标准既是多种治理标准的根本标准,也是多项治理活动的根本标准。确立国家治理的人民标准,一是完善治理体系、提升治理能力的改革任务,都要有利于巩固人民主体地位。全面深化改革是完善制度、推进治理的有机统一,制度为本、治理为用,治理是制度的实践和深化。中国特色社会主义制度的本质决定了我国国家治理的本质。人民当家作主的根本政治制度,要求我们的国家治理是增强人民主体地位的治理,通过改善治理最广泛地动员和组织人民依法管理国家事务和社会事务、管理经济和文化事业、积极投身社会主义现代化建设。完善治理体系,根本目的是如何完善社会主义民主;提升治理能力,关键在于提升党领导人民治理国家的能力。

二是推进治理现代化的总体成效,都要立足于保障人民利益增长。全面建成小康社会、实现社会主义现代化的进程,同时也是人民群众收入和财产稳步增加、各项权利和利益逐步拓展的过程。治理现代化是社会主义现代化的有机组成部分,随着社会的发展而日益重要。治理现代化的根本价值取向与社会主义现代化的根本价值取向是一致的,都是服从服务于人民利益的价值取向。我们讲实现治理的制度化、规范化、程序化,这“三化”并不只是技术标准，而且是价值标准、人文标准，人民利益始终是贯通治理制度化、规范化、程序化的灵魂。例如，坚持决策程序、司法程序，一个重要功能就是防止权力越位越线，损害群众权益。我们讲提供一整套更完备、更稳定、更管用的制度体系，这“三更”并不只是制度体系的外部特征，而且是制度体系的内在要求。更完备、更稳定、更管用都是对人民利益而言的，维护人民利益要减少制度盲区、防止朝令夕改、扭转制度失效。

三是各个领域的建设和治理，都要着眼于满足人民愿望要求。国家治理体系包括经济、政治、文化、社会、生态文明和党的建设等各领域的国家制度，这些基本领域都属于国家治理的范围。各领域的建设和治理，都有其直接目的，如生态治理就是要完善环境治理和生态修复制度，但还有其根本目的，就是为了13亿人民生活在美丽中国，实现中华民族永续发展。每个时期国家治理的重点，都是根据人民群众的强烈愿望和要求。党的十八大后，以习近平同志为核心的党中央，首先抓住作风问题进行政党治理，是由于“四风”是当前群众深恶痛绝、反映最强烈的问题。治国先治党、治党先治官、治官先治风。“四风”不治，何以为民？何以治国？群众路线教育实践活动得民心、合民意，有效增强了党的影响力和信服力。

四是各级政府和领导的治理政绩，都要得到人民高度认可。追求政绩，无可厚非，但“金杯银杯，不如老百姓的口碑”。为官一任，造福一方；为官清正，丰碑永存。焦裕禄治县，“心中装着全体人民，唯独没有他自己”。他离开兰考人民50年了，却是兰考乃至全国人民始终难以忘怀的一位好党员、好官员。习近平总书记在兰考县调研指导党的群众路线教育实践活动时，动情地吟诵了他写于20多年前的《念奴娇·追思焦裕禄》，“百姓谁不爱好官？把泪焦桐成雨”。百姓爱好官、好官爱百姓，是不变的定律。

坚持好落实好国家治理的人民标准

牢固树立人民标准的治理观。治理观是关于治理基本问题的理念，包括治理目标、治理本质、治理内涵、治理方式、治理标准等根本性问题。治理观是治理的“总开关”，是指导治理的基本依据和原则。治理标准属于治理观，有什么样的治理观，以什么样的价值观主导治理，就有什么样的治理标准。我们党所推进的国家治理现代化，是植根于中国特色社会主义道路、理论体系、制度的治理实践，可以称之为中国特色社会主义治理。因此，我们的治理观总的来讲就是中国特色社会主义治理观。牢固树立人民标准的治理观，从根本上说就是牢固树立中国特色社会主义治理观。中国特色社会主义是人民的主义，人民利益置于至高无上的地位，人民标准也无可置疑地成为中国治理的根本标准。牢固树立治理的人民标准，也就解决好了治理的政绩观，评价各级政府和领导的治理政绩，不是看形象工程的大小多少，而是看人民利益的增长程度，看广大群众的满意程度。

以人民标准为主线统筹治理现代化标准系统。国家治理体系和治理能力现代化由一系列制度、规范、指标构成，是一个标准系统。这些标准系统，有着不同层级和角度，但有着一个贯通全部标准的总标准，这就是人民标准；有着一条统领各项标准的主线，这就是人民标准主线。当前，社会上还存在大量有违公平正义的现象。特别是随着我国经济社会发展水平和人民生活水平不断提高，人民群众的公平意识、民主意识、权利意识不断增强，对社会不公问题反映越来越强烈。党中央全面审视和科学分析我国经济社会发展现状和态势，认为这个问题不抓紧解决，不仅会影响人民群众对改革开放的信心，而且会影响社会和谐稳定。因此，要在全体人民共同奋斗、经济社会发展的基础上，加紧建设对保障社会公平正义具有重大作用的制度，逐步建立以权利公平、机会公平、规则公平为主要内容的社会公平保障体系。推进治理公平，就是坚持人民标准的必然要求。

努力推进人民标准从价值观念、制度规定到治理实践的转化。怎样更加充分有效地发挥中国特色社会主义制度的优越性，防止制度悬置、难以落地，一直是我们党长期探索解决的重大课题。党的十八大以来，这一思考探索集中体现在从制度自觉到治理自觉，从制度功能到治理效能，从制度优势到治理转化上。坚持好落实好人民标准，同样也要保证人民利益不仅在价值观念上、制度规定上体现出来，而且要在治理实践上体现出来。只有在治理实践上落实落地，人民利益才能真正落实落地。一些领导嘴上也讲全心全意为人民服务，在政策制定中也没有违背人民利益，但在实际执行中，却是不惜损害群众利益为自己谋取私利，不惜挥霍国家财富为自己奢靡享乐。这就表明，树立人民标准重在实践、重在转化、重在坚守。

切实解决好关系人民利益的各种问题。治理为了人民、服务人民，就要想人民之所想、急人民之所需。治理权力要用于维护人民各项权益，治理资源要投向人民幸福指数的增加，治理推进要着眼解决群众关心的各种困难。党的十八届三中全会《决定》提出的赋予农民对承包地占有、使用、收益、流转及承包经营权抵押、担保权能，赋予农民对集体资产股份占有、收益、有偿退出及抵押、担保、继承权，保障农民公平分享土地增值收益，健全家庭经济困难学生资助体系，消除城乡、行业、身份、性别等一切影响平等就业的制度障碍和就业歧视，保护投资者尤其是中小投资者合法权益，健全农村留守儿童、妇女、老年人关爱服务体系，健全残疾人权益保障、困境儿童分类保障制度，习近平总书记在中央国家安全委员会第一次会议上强调，坚持总体国家安全观，要以人民安全为宗旨，等等，都表明了党和国家坚持贯彻治理的人民标准的鲜明取向、得力举措和扎实行动。

全面建设社会主义现代化体系中的国家治理现代化※

党的十九大开启了全面建设社会主义现代化国家新征程，国家治理体系和治理能力现代化是建成现代化的重要目标。党的十八届三中全会明确提出推进国家治理体系和治理能力现代化，几年来，我们的认识不断深化、目标更加明晰。深化研究，就是要从全面建设社会主义现代化国家的视野来看待和推进国家治理体系和治理能力现代化。

社会主义现代化的治理之维

国家治理体系和治理能力是一个国家制度和制度执行能力的集中体现。国家治理现代化是近代以来世界现代化潮流的重要方面，是各个国家依据基本制度框架、历史文化传统、社会发展需要，着眼提高治理质量、效能、水准，促进国家有序、协调、稳定运行的治理变革与创新，是对治理的“治理”。恩格斯提出了对人的统治将由对物的管理和对生产过程的领导所代替的社会主义治理模式，指明了“社会的每一成员不仅有可能参加社会财富的生产，而且有可能参加社会财富的分配和管理”[①]的社会主义治理本质，实际上是对资本主义

※ 写于2018年。

① 《马克思恩格斯选集》(第三卷)，人民出版社2012年版，第724页。

治理方式的否定和超越，是从以统治为本到以管理为本的治理转变，从人作为生产主体到人作为分配和管理主体的治理转变。国家治理现代化的重要标志，就是习近平总书记提出的实现党、国家、社会各项事务治理制度化、规范化、程序化。中国特色社会主义进入新时代，以习近平同志为核心的党中央，深入探索解决更加充分有效地发挥中国特色社会主义制度优越性的重大课题，集中体现在从制度自觉到治理自觉，从制度功能到治理效能，从制度优势到治理转化上。国家治理体系和治理能力现代化，不同于经济、政治、文化、社会、生态、国防等领域的现代化建设，而是贯通于各个领域、通过各个领域体现出来的现代化建设，是不可或缺、十分重要的现代化之维。

国家治理现代化是社会主义现代化的运行平台

国家治理体系和治理能力现代化的提出，反映了建设社会主义现代化的内在规律，是我们党对什么是社会主义现代化、怎样建设社会主义现代化认识的一个重要成果。自从社会主义国家产生以来，怎样治理社会主义社会这样的全新社会，在以往的世界社会主义实践中没有解决得很好。治理是国家运行的基本机制，国家治理不够顺畅、不够高效，自然会影响社会主义国家的各项建设，掣肘社会主义现代化的进程。推进国家治理现代化，既是现代化建设的维度拓展、层次提升，也是全面建设社会主义现代化国家的平台建设、机制培育。各个领域的现代化建设，离开了治理现代化作为动力驱动和秩序保障，社会主义现代化就难以成功。比如，建设现代化经济体系，要求推动经济发展质量变革、效率变革、动力变革，而质量变革取决于治理水平，效率变革取决于治理效能，动力变革取决于治理力度。再比如，建设人与自然和谐共生的现代化，更是依赖国家治理能力乃至全球治理能力的检验。国家治理平台的现代化程度高不高，直接关系到各个领域现代化建设的进展和程度。所以，全面建设社会主义现代化国家新征程，国家治理现代化的角色不能空缺、步伐不能放慢、进度不能滞后。国家治理现代化，必将是全面建设社会主义现代化的强劲推进器。

全面建设社会主义现代化促进国家治理现代化

现代化是全面的现代化、体系的现代化。全面建设社会主义现代化国家，本身就要求现代化的总体性，不能单打独斗。社会主义现代化是由各个领域的现代化所构成的，需要总体推进与局部跃升相结合。因此，推进国家治理体系和治理能力现代化，要放在全面建设社会主义国家的大局中来实施，要通过各个领域的治理现代化来展开。国家治理现代化是宏观与微观、抽象与具体、普遍与特殊的统一。经济、政治、文化、社会、生态、国防和军队、政党等领域的现代化建设，都有一个具体领域的治理现代化问题。没有相应的现代化治理机制，各个领域的现代化建设就会步履维艰、进展缓慢。比如，全面推进国防和军队现代化，不仅包括军事理论现代化、军队组织形态现代化、军事人员现代化、武器装备现代化，而且要以全面从严治军，推动治军方式根本性转变，提高国防和军队建设法治化水平，推进军事管理革命为条件和保证。总的来说，国家治理现代化与国家全面现代化，相辅相成、协调推进、共同实现。

提升党的领导力 推进国家治理体系和治理能力现代化※

坚持和完善中国特色社会主义制度,推进国家治理体系和治理能力现代化,是全党的一项重大战略任务。完成好这样的重大战略任务,依靠党的政治领导力、思想引领力、群众组织力、社会号召力,概而言之,就是党的领导力。提升党的领导力,是贯彻落实党的十九届四中全会精神,把我国制度优势更好转化为国家治理效能的关键和根本。

提升党的领导力是推进国家治理体系和治理能力现代化的根本政治保证

中国特色社会主义最本质的特征是中国共产党领导,党的领导力彰显于中国特色社会主义的全部事业之中。中国特色社会主义制度的最大优势是中国共产党领导,通过发挥党的领导力,充分证明我国国家制度和国家治理体系的最大优势。党是最高领导力量,是统领党和国家事业的核心力量。

坚持党的集中统一领导,是我国国家制度和国家治理体系的首要优势。提升党的领导力,根本在于完善坚定维护党中央权威和集中统一领导的各项制度,推动全党增强“四个意识”、坚定“四个自信”、做到“两个维护”,自觉在思

※ 写于2019年。

想上政治上行动上同以习近平同志为核心的党中央保持高度一致，坚决把维护习近平总书记党中央的核心、全党的核心地位落到实处。我国国家制度和国家治理体系，统辖领域十分广阔，涉及要素十分多样，系统关系十分多样，承担职能十分繁重。只有坚持党的集中统一领导，坚决维护党中央权威，健全总揽全局、协调各方的党的领导制度体系，把党的领导落实到国家治理各领域各方面各环节，才能保证我国国家制度和国家治理体系的高效运行。

坚持和完善党的领导制度体系，提高党科学执政、民主执政、依法执政水平，是坚持和完善中国特色社会主义制度、推进国家治理体系和治理能力现代化的首要任务。提升党的领导力，主要在于建立不忘初心、牢记使命的制度，健全党中央对重大工作的领导体制，健全党的全面领导制度，健全为人民执政、靠人民执政各项制度，健全提高党的执政能力和领导水平制度，完善全面从严治党制度等，从而确保党始终走在时代前列、得到人民衷心拥护，实现党的组织和党的工作全覆盖，把党的领导贯彻到党和国家所有机构履行职责全过程，保持党同人民群众的血肉联系，加强重大决策的调查研究、科学论证、风险评估，不断增强党的创造力、凝聚力、战斗力。增强党的执政能力和领导水平，就能确保党始终成为中国特色社会主义事业的坚强领导核心。

加强党对坚持和完善中国特色社会主义制度、推进国家治理体系和治理能力现代化的全面领导，是贯彻落实十九届四中全会精神的首要要求。提升党的领导力，目的在于实现国家治理现代化的顺利推进。坚持和完善中国特色社会主义制度、推进国家治理体系和治理能力现代化，必须在党中央统一领导下进行，党的领导为完成战略任务提供战略指导和坚强领导。新中国成立以来，正是因为始终在党的领导下，集中力量办大事，国家统一有效组织各项事业、开展各项工作，才能成功应对一系列重大风险挑战、克服无数艰难险阻，始终沿着正确方向稳步前进。坚持和完善中国特色社会主义制度、推进国家治理体系和治理能力现代化，是一项战略工程、系统工程，必须在党的领导下科学谋划、精心组织，远近结合、整体推进。党既是坚持和完善中国特色社会主义制度和国家治理体系的领导者，也是中国特色社会主义制度的执行者、国家治理体系和治理能力现代化的实践者。

党的领导力贯通国家治理各领域各方面各环节

党政军民学、东西南北中，党是领导一切的。《中共中央关于坚持和完善中国特色社会主义制度、推进国家治理体系和治理能力现代化若干重大问题的决定》强调把党的领导落实到国家治理各领域各方面各环节，党的领导力支撑和落实党的领导，是国家治理体系和治理能力现代化能否实现的关键因素。

党的领导力贯通于我国国家制度和国家治理体系之中。我国国家制度和治理体系体现在支撑中国特色社会主义制度的根本制度、基本制度、重要制度中，要构建系统完备、科学规范、运行有效的制度体系。比如，坚持和完善人民代表大会制度这一根本政治制度，必须坚持党的领导、人民当家作主、依法治国有机统一；坚持和完善社会主义基本经济制度，这一基本经济制度是党和人民的伟大创造；坚持马克思主义在意识形态指导地位的根本制度，马克思主义作为党的指导思想是首要前提；坚持和完善党对人民军队的绝对领导制度，党的领导制度确立了中国特色社会主义军事制度的核心和主线。

党的领导力贯通于国家治理各种机制之中。推进国家治理体系和治理能力现代化，就要加强系统治理、依法治理、综合治理、源头治理，这是国家治理的主要机制。党的领导力强化系统治理的枢纽，国家治理体系是由众多子系统构成的复杂系统，这个系统的核心正是中国共产党。党的领导力保证依法治理的方向，党领导人民制定宪法法律，党领导人民实施宪法法律，党自身必须在宪法法律范围内活动。党的领导力协调综合治理的运行，社会利益关系日趋复杂，社会阶层结构分化，社会矛盾和问题交织叠加，必须依靠党在综合治理中的统领作用。党的领导力提供源头治理的动能，党的各级组织担负着源头治理的责任。

党的领导力贯通于我国制度优势更好转化为国家治理效能实践之中。党的十八大以来，以习近平同志为核心的党中央领导人民统筹推进“五位一体”

总体布局、协调推进“四个全面”战略布局，推动中国特色社会主义制度更加完善、国家治理体系和治理能力现代化水平明显提高，为政治稳定、经济发展、文化繁荣、民族团结、人民幸福、社会安宁、国家统一提供了有力保障。只有中国共产党才能领导中国，只有在党的领导下才能完成坚持和完善中国特色社会主义制度、推进国家治理体系和治理能力现代化这一重大战略任务。

推进国家治理体系和治理能力现代化促进提升党的领导力

党的领导力不是从来就有的，也不是一成不变的，是在党的伟大事业、伟大斗争中不断增进和提高的。坚持和完善中国特色社会主义制度，推进国家治理体系的治理能力现代化，需要依靠党的坚强领导力推动前行，同时党的领导力也需要在全面建设社会主义现代化国家新的伟大实践中得到新的提升。

提升党的领导力有了新的目标牵引。党的十九大着眼于“两个一百年”奋斗目标的过渡转变，制定了全面建设社会主义现代化国家两个阶段的战略安排，中国特色社会主义制度和国家治理体系的建设目标纳入其中。十九届四中全会《决定》奠定了全面现代化的制度和治理平台，确立了全面现代化的枢纽机制，贯通于全面现代化各个领域。以坚持和完善中国特色社会主义制度、推进国家治理体系和治理能力现代化为强大牵引和有力保障，全面建设社会主义现代化国家的进程将稳步推进、有序展开，党的自身能力素质也在这新的目标牵引下乘势而上、更上一层楼。

提升党的领导力有了新的机制塑造。习近平总书记深刻指出，我们党作为百年大党，如何永葆先进性和纯洁性、永葆青春活力，如何永远得到人民拥护和支持，如何实现长期执政，是我们必须回答好、解决好的一个根本性问题。回答好解决好这个根本性问题，必须依靠制度建党、治理兴党，必须以根本性举措应对根本性问题，从中国特色社会主义制度和国家治理体系的宏观视野和总体构建出发，全面从严治党。要把百年大党新的伟大工程与国家制度和国家治理体系建设统一起来，把增强党的领导力与增强国家制度能力和治理能力统一起来，把永葆党的旺盛生命力和强大战斗力与完善国家制度、强化国家治理体系的进展统一起来。

提升党的领导力有了新的标准对照。党的十九届四中全会《决定》，是我们党作为马克思主义执政党，在新时代为中国人民谋幸福、为中华民族谋复兴所擘画的战略宏图，是新时代坚持和发展中国特色社会主义的战略工程，是从实现中华民族伟大复兴战略高度回答和解决党的"百年之问"的基础建设。"三个如何"说到底，是如何夺取新时代中国特色社会主义伟大胜利，从而为党始终保持马克思主义政治本色提供不竭动力，为党始终同人民想在一起、干在一起构造事业平台，为党经受长期执政考验、抵御各种利益诱惑强化理想信念。坚持和完善中国特色社会主义制度，推进国家治理体系和治理能力现代化，本身就是新时代党的建设的强劲机制，是推进党的自我革命、全面从严治党的使命牵引。

加强系统治理、依法治理、综合治理、源头治理※

党的十九届四中全会通过的《决定》提出了坚持和完善中国特色社会主义制度、推进国家治理体系和治理能力现代化的总体要求，其中一项要求是加强系统治理、依法治理、综合治理、源头治理。这是对我国国家制度和国家治理体系显著优势的高度概括，是国家治理现代化的重要标志，是对应该坚持和巩固什么、完善和发展什么的精辟阐述，反映了新时代制度体系和治理能力建设的规律要求。加强“四个治理”，为实现“两个一百年”奋斗目标、实现中华民族伟大复兴的中国梦奠定治理基石。

加强“四个治理”是坚持和完善中国特色社会主义制度和国家治理体系的内在要求

治理是人类社会的运行机制和普遍行为。在不同的社会形态和发展方式中，治理的性质、内涵和方式不同。系统治理、依法治理、综合治理、源头治理，是我们党在治国理政的实践中，立足中华文化的深厚根基，顺应现代社会的治理趋势，坚持中国特色社会主义本质特征，形成的国家治理纲领性要求。当今世界正经历百年未有之大变局，我国正处于实现中华民族伟大复兴关键时期，

※ 写于2020年。

加强“四个治理”具有重大的现实意义。

制度优势转化为治理效能，要以“四个治理”为重点方向。习近平总书记指出，制度优势是一个国家的最大优势，制度竞争是国家间最根本的竞争。中国特色社会主义制度优势不能悬置、必须落地，更好转化为国家治理效能。我们党在建立和巩固中国特色社会主义制度、不断加强和完善国家治理的过程中，对国家治理重点方向的认识愈益清晰和深入。党的十八大后明确地集中提出了系统治理、依法治理、综合治理、源头治理，这就使得我国的制度优势能够通过全方位的新时代治理实践展现出来。系统治理展现了坚持党的集中统一领导、坚持全国一盘棋等优势的治理方向，依法治理展现了坚持全面依法治国、切实保障社会公平正义和人民权利等优势的治理方向，综合治理展现了坚持依法治国和以德治国相结合、国家治理和基层治理相贯通等优势的治理方向，源头治理展现了长期执政的马克思主义政党高度负责、科学执政等优势的治理方向。

实现“两个一百年”奋斗目标，要以“四个治理”为重要机制。无论是全面建成小康社会，还是全面建设社会主义现代化国家，都要依靠制度优势和治理能力，国家治理体系和治理能力现代化是实现奋斗目标的基本条件。在14亿人口的发展中国家实现“两个一百年”奋斗目标，是中华民族前所未有的历史进军，是人类历史前所未有的伟大创举，艰巨性复杂性也是空前的。要求这一进程中的国家治理，必须是站在时代前列、适应社会变革、统筹全局各方、运用现代方式、占据主动地位的治理。“四个治理”构成了实现奋斗目标的治理机制。系统治理保证了与全面小康、全面现代化相一致的整体协调展开，依法治理保证了这一历史进程的稳定性连续性，综合治理保证了社会要素、社会资源、社会力量的充分调动，源头治理保证了标本兼治，防止了短期行为。

提高国家治理现代化水平，要以“四个治理”为主要方式。国家治理体系和治理能力现代化，体现在治理目标上，要实现党、国家、社会各项事务治理制度化、规范化、程序化；体现在治理方式上，要加强系统治理、依法治理、综合治理、源头治理，向现代治理方式转变。“四个治理”既是根据治理现代化的规律提出来的,也是针对当前我国治理实践的矛盾问题提出来的。现实生活中,一些地方、部门和干部,只抓容易出政绩、出名挂号的事情,有法不依、权大于法、徇私枉法,解决重大矛盾问题缺少招数,头痛医头、脚痛医脚,甚至仍然热衷于形式主义、官僚主义,导致“灰犀牛”事件发生,表现出治理能力较弱、治理水平较低。提高国家治理现代化水平,必须加强“四个治理”。“四个治理”说到底,就是遵循规律的治理、符合科学的治理、尊重实践的治理、依靠人民的治理,就是现代化的治理方式。

加强“四个治理”,推进国家治理体系和治理能力现代化

系统治理、依法治理、综合治理、源头治理,是在我国国家制度和国家治理体系的框架内发挥作用的,是在构建系统完备、科学规范、运行有效的制度体系过程中逐步深化的,是在推进国家治理体系和治理能力现代化的实践中彰显成效的。加强“四个治理”,是坚持和完善中国特色社会主义制度和国家治理体系的重要之点,是新时代坚持和发展中国特色社会主义的关键环节。

加强系统治理,坚持党的领导。新时代国家治理是一项宏大的系统工程,靠零打碎敲不行,碎片化修改也不行,必须是全面系统的、各领域改革和改进的联动和集成。党政军民学、东西南北中,党是领导一切的。国家治理体系是由众多子系统构成的复杂系统,这个系统的核心是中国共产党。加强系统治理的根本是坚定维护党中央权威和集中统一领导,健全总揽全局、协调各方的党的领导制度体系,把党的领导落实到国家治理各领域各方面各环节。今年1月以来,面对新型冠状病毒感染的肺炎疫情加快蔓延的严重形势,以习近平同志为核心的党中央,加强统一领导、统一指挥,全面动员,全面部署,全面加强工作,带领全党和人民奋力打赢这场疫情防控阻击战,显示了高度的公共卫生安全治理和社会治理能力,中国速度、中国规模、中国效率令世界赞叹。

加强依法治理,建设法治中国。依法治理是最可靠、最稳定的治理。法治兴则国家兴,法治衰则国家乱。法治能够为国家稳定发展提供坚实基础,为国

家有序发展提供规范框架，为国家持续发展提供确定空间。全面推进依法治国，是国家治理领域一场广泛而深刻的革命。就是要形成完备的法律规范体系，国家依法治理，实现国家治理基础的重大转变；形成高效的法治实施体系，严格执法司法，实现国家治理机制的整体转型；形成严密的法治监督体系，依法约束权力，实现国家治理监督的有效强化；形成有力的法治保障体系，全民崇尚法治，实现国家治理文化的现代更新；形成完善的党内法规体系，全党模范守法，实现国家治理能力的大幅提升。坚持依法治国、依法执政、依法行政共同推进，坚持法治国家、法治政府、法治社会一体建设，就是推进国家治理体系和治理能力现代化的基本方略。

加强综合治理，形成总体效应。国家治理体系和治理能力具有综合性，是各领域制度能力和各方面治理能力的集成。综合治理就是要充分运用各种制度资源和治理手段，增强治理的总体效果。比如，法治和德治不可分离、不可偏废，国家治理需要法律和道德协同发力，要求法治和德治两手抓、两手都要硬，实现法律和道德相辅相成、法治和德治相得益彰。再比如，在社会治理中要完善党委领导、政府负责、社会协同、公众参与、法治保障、科技支撑的社会治理体系，在生态治理上要健全源头预防、过程控制、损害赔偿、责任追究的生态环境保护体系，等等。贯彻落实党的十九届四中全会《决定》提出的我国国家制度体系和治理能力建设的13项重大任务，必将增强国家治理体系和治理能力现代化的总体效应。

加强源头治理，防范重大风险。治病既要治已病，更要治未病；治乱既要治已乱，更要治未乱。源头治理是一种治本治理，是一种高质量高效率治理。当前，面对国内外风险挑战明显增多的复杂局面，更是要加强战略预判和风险预警，见微知著、未雨绸缪，力争把风险化解在源头，防止各种风险传导、叠加、演变、升级，决不让小风险演化为大风险。要在全面掌握风险成因中防控风险。现代社会风险在增加，而认识风险的能力也在增加，对风险成因的认识越为全面准确，防控风险就越为自觉主动。要在有效化解风险振荡中防控风险。风险具有非线性机制，从萌芽到爆发，需要经过一定环节酝酿，经过一个过程演化，对风险控制得越早，防范越为及时得力，效果就越好。要在及时终止风险演化中防控风险。打好化险为夷、转危为机的战略主动战，把“抗洪”和“防洪”、“灭火”和“防火”统一起来，努力占据防控重大风险的主动和有利地位。

加强“四个治理”，保证决胜全面建成小康社会、决战脱贫攻坚

加强系统治理、依法治理、综合治理、源头治理，把我国制度优势更好转化为国家治理效能，是实现新时代中国特色社会主义发展的战略安排的有力保证。2020年是决胜全面建成小康社会、决战脱贫攻坚之年，是具有里程碑意义的一年。保证2020年的决胜决战，是加强“四个治理”、增强治理效能最为迫切、最为直接、最能检验的重大任务。

确立决胜决战的良好秩序。全面小康是“五位一体”全面进步的小康，脱贫攻坚“一个都不能少”。决胜决战时间紧迫、任务艰巨，必须全国统一布局、全面有序展开，做到紧而不乱、难而不误。治理能够协调社会关系、形成运行机制、建立活动秩序，加强“四个治理”将保证确立有利于决胜决战圆满成功的关系、机制和秩序。“四个治理”运用党中央对重大工作的领导体制，强化党中央决策议事协调机构职能作用，调动党的中央组织、地方组织、基层组织上下贯通、执行有力的严密体系，保证了全国一盘棋，集中力量办大事。“四个治理”促进经济、政治、文化、社会、生态文明建设协调共进，贫困人口和贫困地区同全国一道进入全面小康社会。即使遇到突如其来的风险挑战，依靠我国国家制度和国家治理体系的巨大优势，也能够沉着应对、有效阻击，有条不紊、风雨无阻，确保决胜决战。

凝聚决胜决战的强大合力。决胜决战是全党全国人民的共同事业，必须动员全党全国全社会力量，万众一心加油干。治理的功能包含资源分配、利益调节，化解社会矛盾，治理的效果包括调动人的积极性主动性创造性，激发社

会活力。“四个治理”是凝聚决胜全面建成小康社会、决战脱贫攻坚强大合力的动力机制。通过系统治理、依法治理、综合治理、源头治理，解决人民日益增长的美好生活需要和不平衡不充分的发展之间的矛盾，不仅继续满足人民对物质文化生活提出的更高要求，而且逐步满足人民日益增长的民主、法治、公平、正义、安全、环境等方面的要求，使各方面制度和国家治理更好体现人民意志、保障人民权益、激发人民创造。

攻克决胜决战的短板弱项。决胜决战是一场攻坚战，不是轻轻松松、顺顺当当就能取得胜利的，仍然要啃硬骨头、攻克难关。党的十九届四中全会《决定》强调固根基、扬优势、补短板、强弱项，抓住了关键。党中央多次强调打好防范化解重大风险、精准脱贫、污染防治三大攻坚战，实质上也是决胜决战所要攻克的短板弱项。治理是问题导向的治理，越是有短板弱项，越是要加强和完善治理。“四个治理”聚焦问题、系统运筹、综合施策、举措得力，就能够把短板补得再扎实一些，把弱项修得更牢靠一些。这不仅是为决胜全面建成小康社会、决战脱贫攻坚铺路架桥，而且也是为向全面建设社会主义现代化国家新的进军打牢基础。

法治是治国理政的基本方式

推动法治成为治国理政的基本方式※

“建设什么样的国家，怎样建设我们的国家”，内在地包含着“依靠什么方式治理，怎样治理”的问题。长期以来特别是改革开放以来，我们党不断深入探索社会主义国家治国理政的特点和规律，努力推进中国特色社会主义的国家治理现代化进程。党的十八届四中全会依据全面建成小康社会、全面深化改革、全面推进从严治党的客观要求，作出《中共中央关于全面推进依法治国若干重大问题的决定》，习近平总书记作关于《决定》的说明，系统部署了法治中国建设，标志着我们党治国理政的科学化水平达到新高度，中国特色社会主义全面建设进入新阶段，依法治国的理论与实践实现新跨越。

全面推进依法治国是国家治理领域一场广泛而深刻的革命

法治是治国理政的基本方式，这是我们党深刻认识人类社会发展规律、社会主义建设规律、共产党执政规律得出的一条重要结论。党的十八届三中全会提出完善和发展中国特色社会主义制度、推进国家治理体系和治理能力现代化的全面深化改革总目标，实现这一总目标必须全面推进依法治国。全面推进依法治国，是国家治理领域的一场广泛而深刻的革命。我们要从历史演进、国家运行、现代治理的视角来认识法治的功能和意义。

※ 写于2014年。

法治是治理文明发展的必然要求

治理与法治是社会历史中不可或缺的要素、机制和实践，二者相辅相成。只不过在不同的历史条件下，治理有传统治理与现代治理之分，法治有传统法制与现代法治之别。当代世界的两大制度体系，又有了资本主义治理和法治与社会主义治理和法治的比较。从历史发展的趋势看，法治在治理中的地位作用愈益上升，治理与法治的相互依存、相互融合程度愈益增强，法治是治理文明的显著标志。

法治和人治问题是人类政治文明史上的一个基本问题，也是各国在实现现代化过程中必须面对和解决的一个重大问题。人类社会从形成国家时起就有了法制，法制是统治利益、统治意志、统治权力的固定化、规范化、权威化表达。但法制还不等于法治，作为国家治理的基本方式而言，古代社会还属于人治社会，我国几千年来的人治传统根子很深。因为法的上层建筑是一定经济基础的产物，社会的经济关系还没有发展到足以有效约束政治权力的程度，这就造就了人治的土壤。人治就是治理主体及其行为不受法律限制和制裁，可以为所欲为、以人代法，有法制、无法治。即使我国古代出现过"文景之治""贞观之治"等盛世，也只是某些贤君良主的一时政绩，并不能保证长治久安，都不能逃脱"其兴也勃焉，其亡也忽焉"的治乱循环。

随着社会的发展进步，法律的体系逐步完善，法制的功能逐步强化，法治的权威逐步确立，法治在治理中的地位作用愈益上升。法治的本质正如党的十八届四中全会《决定》所表述的："任何组织和个人都必须尊重宪法法律权威，都必须在宪法法律范围内活动，都必须依照宪法法律行使权力或权利、履行职责或义务，都不得有超越宪法法律的特权。"[①]简而言之，就是人服从法、权从属法、行受制法，就是依法治国。推动法治普遍化、深入化、实践化的力量，是经济、政治、文化、社会发展的内在趋势，是人民群众争取和维护自身权益的

---

① 习近平：《加快建设社会主义法治国家》，载《求是》2015年第1期。

迫切要求，是先进政党引领社会历史发展潮流的法治自觉。法治成为治国理政的基本方式，是人类政治文明包括治理文明发展的必然趋势。虽然法制是由人制定的、法治是靠人实施的，但法制一旦形成，就有了制约人的行为，包括制约法制制定者的力量；法治一旦确立，就有了高于个人和组织，包括高于法治实施者的权威，法治就能把权力关进制度的笼子里。法治能够为国家稳定发展提供坚实基础，为国家有序发展提供规范框架，为国家持续发展提供确定空间。

改革开放以来，我们党一贯高度重视法治。邓小平总结我国民主法制建设正反两方面经验，特别是吸取“文化大革命”中法制遭到严重破坏的沉痛教训，深刻指出：“必须使民主制度化、法律化，使这种制度和法律不因领导人的改变而改变，不因领导人的看法和注意力的改变而改变”[①]，指明了改革开放、社会主义现代化建设的前进方向，确立了法治作为治国理政基本方式的重大原则。党的十五大提出依法治国、建设社会主义法治国家，强调依法治国是党领导人民治理国家的基本方略，是发展社会主义市场经济的客观需要，是社会文明进步的重要标志，是国家长治久安的重要保障。党的十六大提出，发展社会主义民主政治，最根本的是要把坚持党的领导、人民当家作主和依法治国有机统一起来。党的十七大提出，全面落实依法治国基本方略，加快建设社会主义法治国家。党的十八大提出，法治是治国理政的基本方式，要全面推进依法治国，更加注重发挥法治在国家治理和社会管理中的重要作用。这些都表明了我们党推动当代中国发展进步的法治信念和治国方略。

法治在治国理政方式中居于主导地位

保持国家和社会的运行需要多种机制，治国理政有着多种方式。既可推行道德教化、强化伦理约束，即以德治国；也可推行法治天下、强化法律权威，即依法治国。法治既相对于人治而言，是不同历史阶段的不同性质治理；也相

① 《邓小平文选》（第二卷），人民出版社1994年版，第146页。

对于德治等其他治理方式而言，是共同进行治理的不同机制。实际上，治国理政是多种方式综合运用的结果，我国古代就提出了“礼法合治、德主刑辅”的思想。但在多种治理方式中，必有一种方式起主导的支配的作用。从国家治理方式总的趋势看，目前世界上142个国家有成文宪法，法治是现代国家治理的主导方式，是统领其他治理方式的基本方式。

德治方式重在激发道德意识对人的行为的导向作用，强化道德规范的约束作用。社会不仅要形成法律敬畏，不越法律红线；而且要培育道德敬畏，不逾道德底线。党的十八届四中全会《决定》提出国家和社会治理需要法律和道德共同发挥作用，坚持一手抓法治、一手抓德治，实现法律和道德相辅相成、法治和德治相得益彰。说明法律要有伦理支撑，硬约束要有软约束配合，法治方式不能成为唯一方式。德治方式可以拓展国家和社会治理的范围，降低社会运行和控制的成本，增强人们履行责任义务的道德满足和愉悦感。

坚持依法治国和以德治国相结合，同时要把法治作为治国理政基本方式，这是因为治国理政的基本方式不是任意选择的结果，而是基于经济运行的基本方式，基于社会运行的基本规律。我国实行社会主义市场经济，市场经济适应了现代经济发展资源配置效率的内在要求。党的十八届四中全会《决定》明确提出，社会主义市场经济本质上是法治经济，使市场在资源配置中起决定性作用和更好发挥政府作用，必须以保护产权、维护契约、统一市场、平等交换、公平竞争、有效监管为基本导向，完善社会主义市场经济法律制度。可以说，没有法治就没有社会主义市场经济，法治是社会主义市场经济的生命，也是社会主义现代化的基石。经济关系是社会主体的基本关系，决定了法治方式是社会运行的基本保障。法治是德治的基础，法治能够弥补德治的限度。

法治促进国家治理体系和治理能力现代化

法治是国家治理体系和治理能力的重要依托。全面推进依法治国，强调在法治轨道上推进国家治理体系和治理能力现代化，是完善和发展中国特色社会主义制度、推进国家治理体系和治理能力现代化的重要方面和必然要求。

国家治理现代化的重要标志，是实现党、国家、社会各项事务治理制度化、规范化、程序化。只有依法治理，才能实现“三化”。制度是治理之本，依靠制度进行治理是国家治理现代化的基本要求，不能单凭某种偏好、某人意志，随心所欲进行“治理”。治理制度化，最重要的是依法治理，法治中国是治理制度化的现代图景。规范是治理之要，推进规范治理是国家治理现代化的关键要点。治理规范化强调治理科学化、标准化，就是要遵循治理规律，细化治理标准、注重治理控制。法治化保证规范化，治理规范化的进程就是法治化的进程。程序是治理之道，依照程序实现治理是国家治理现代化的必要条件。程序是法治的必然要求，法治程序是治理程序化的体现，法治程序保证了法律的严肃性。不严格执行法治程序，就有可能造成法治失误，破坏法治公信力。党的十八届四中全会《决定》提出的完善执法程序，健全依法决策机制，把公众参与、专家论证、风险评估、合法性审查、集体讨论决定确定为重大行政决策法定程序，确保决策制度科学、程序正当、过程公开、责任明确；建立行政机关内部重大决策合法性审查机制，未经合法性审查或经审查不合法的，不得提交讨论，等等，都是法治制度化、规范化、程序化的具体化、细化和强化。

我国法治建设取得历史性成就，中国特色社会主义法律体系已经形成，法治政府建设稳步推进，司法体制不断完善，全社会法治观念明显增强。同党和国家事业发展要求相比，同人民群众期待相比，同推进国家治理体系和治理能力现代化目标相比，法治建设还存在许多不适应、不符合的问题。如有法不依、执法不严、违法不究现象比较严重，执法司法不规范、不严格、不透明、不文明现象较为突出，等等。这说明，国家治理现代化任重道远，必须把建设法治中国与推进国家治理现代化统一起来、同步进行，促使我国真正实现从传统人治社会向现代法治社会的转变，促使从中央到地方、各行各业的治理方式发生整体性变革。

更好发挥法治的引领和规范作用

全面推进依法治国，就是推动法治成为治国理政基本方式，为实现中国梦提供有力法治保障。

全面推进依法治国的基础工程，是建设中国特色社会主义法治体系

党的十八届四中全会通过的《决定》提出建设中国特色社会主义法治体系、建设社会主义法治国家的总目标，既明确了全面推进依法治国的性质和方向，又突出了全面推进依法治国的工作重点和总抓手。全面推进依法治国，基础性的建设是系统完善法治体系。

一是完备的法律规范体系。法律是治国之重器，完备的法律规范是法治实施、法治监督、法治保障的前提。从现实情况看，有的法律法规未能全面反映客观规律和人民意愿，有些已不适应形势环境的变化和事业发展的要求。习近平总书记指出，不是所有的法都能治国，不是所有的法都能治好国。良法是善治之前提，要立良善之法，立管用之法，使每一项立法都符合宪法精神、反映人民意志、得到人民拥护，增强法律法规的及时性、系统性、针对性、有效性。立法要主动适应改革和经济社会发展需要，不适应改革要求的法律法规要及时修改和废止。

二是高效的法治实施体系。“天下之事，不难于立法，而难于法之必行。”法律的生命力和权威性，都在于实施。当前，执法不规范、不公正、不文明和不作为、不勇为、乱作为等问题还时有发生，影响了执法机关的公信力，损害了国家法律的统一和尊严。《决定》要求，建立权责统一、权威高效的依法行政体制，加快建设职能科学、权责法定、执法严明、公开公正、廉洁高效、守法诚信的法治政府，坚持法定职责必须为、法无授权不可为。法治实施的生命在于公正司法。要健全公安机关、检察机关、审判机关、司法行政机关各司其职，侦查权、检察权、审判权、执行权相互配合、相互制约的体制机制，坚持以事实为根据、

以法律为准绳，健全事实认定符合客观真相、办案结果符合实体公正、办案过程符合程序公正的法律制度，坚决破除各种潜规则，绝不允许法外开恩，绝不允许办关系案、人情案、金钱案，努力让人民群众在每一个司法案件中感受到公平正义。

三是严密的法治监督体系。没有监督的权力必然导致腐败，这是一条铁律，法治正是遏制滥用权力的利器。法治有着强大的监督权力，同时法治权力自身也要受到监督。《决定》提出必须以规范和约束公权力为重点，加大监督力度，做到有权必有责、用权受监督、违法必追究。强化对行政权力的制约和监督，就要通过加强党内监督、人大监督、民主监督、行政监督、司法监督、审计监督、社会监督、舆论监督制度建设，努力形成科学有效的权力运行制约和监督体系，增强监督合力和实效，使违法或不正当行使权力的行为得到及时有效制止。

四是有力的法治保障体系。法治保障体系是为科学立法、严格执法、公正司法、全民守法提供服务支持的体系，是法治体系有效运行、发挥功能的必要条件，是法治体系的有机组成。这就要求建设完备的法律服务体系，包括完善法律服务门类、拓展法律服务领域、壮大法律服务队伍、健全法律服务制度等，从而达到服务制度完备化、服务资源均等化、服务队伍专业化、服务运行机制化的目的。特别是要推进法治专门队伍正规化、专业化、职业化，建设高素质法治专门队伍，为加快建设社会主义法治国家提供强有力的组织和人才保障。

五是完善的党内法规体系。依法治国、依法执政，既要求党依据宪法法律治国理政，也要求党依据党内法规管党治党。长期以来，我们党已形成了一整套系统完备、层次清晰、运行有效的党内法规制度，包括党章、准则、条例、规则、规定、办法、细则等，但有的过于原则、缺乏细节支撑，可操作性不强，亟待完善。要完善党内法规制定体制机制，加大党内法规备案审查和解释力度，形成配套完备的党内法规制度体系。党章是最根本的党内法规，全党必须一体严格遵行。党规党纪严于国家法律，党员行为受到国家法律和党规党纪双重规范。注重党内法规同国家法律的衔接和协调，不断提高党内立法和国家立法的科学化水平。

全面推进依法治国的根本保证，是把党的领导贯彻到依法治国全过程和各方面

党和法治的关系是法治建设的核心问题。法治成为治国理政基本方式与党在治国理政中的领导核心地位是统一的，《决定》明确把坚持中国共产党的领导作为实现总目标的首要原则，表明了法治与党的领导密不可分。没有党的领导，就没有中国特色社会主义法治体系，就没有社会主义法治国家。党的领导是中国特色社会主义最本质的特征，是社会主义法治的本质特征和最根本的保证。把党的领导贯彻到依法治国全过程和各方面，是我国社会主义法治建设的一条基本经验。我国宪法确立了中国共产党的领导地位。坚持党的领导，是社会主义法治的根本要求，是党和国家的根本所在、命脉所在，是全国各族人民的利益所系、幸福所系，是全面推进依法治国的应有之义。党的领导和社会主义法治是一致的，社会主义法治必须坚持党的领导，党的领导必须依靠社会主义法治。在法治实践中，党总揽全局、协调各方，人大、政府、政协、审判机关、检察机关依法依章程履行职能、开展工作，坚持党的领导与依法独立公正行使司法权是统一的。宪法和法律是党的路线方针政策的条文化、规范化和法律化，而依法独立公正行使审判权和检察权就是依照党的主张和人民意志履行司法职责。

党领导人民制定和实施宪法法律，同时坚持在宪法法律范围内活动。对于各级党组织和领导干部来说，维护宪法法律权威就是维护党和人民共同意志的权威，捍卫宪法法律尊严就是捍卫党和人民共同意志的尊严，保证宪法法律实施就是保证党和人民共同意志的实现。各级领导干部要对法律怀有敬畏之心，牢记法律红线不可逾越、法律底线不可触碰，带头遵守法律，带头依法办事，依法治国、依宪治国，依法执政、依宪执政，切实提高运用法治思维和法治方式推进改革的能力和水平。

把党的领导和社会主义法治统一起来，就要健全党领导依法治国的制度

和工作机制，完善保证党确定依法治国方针政策和决策部署的工作机制和程序，加强对全面推进依法治国统一领导、统一部署、统筹协调，完善党委依法决策机制。《决定》围绕加强和改进党对全面依法治国的领导，提出了善于使党的主张通过法定程序成为国家意志，善于使党组织推荐的人选通过法定程序成为国家政权机关的领导人员，善于通过国家政权机关实施党对国家和社会的领导，善于运用民主集中制原则维护中央权威、维护全党全国团结统一。“四个善于”是党领导法治的成功经验和科学程序，既有效保证了社会主义法治的正确方向，又充分发挥了法治体系的功能效用。

弘扬社会主义法治精神，建设社会主义法治文化

法治方式既是以法治体系为标志的制度形态，也是以立法、执法、司法机构为标志的权力形态，还是以法治观念、思维、意识、精神为标志的文化形态。推动法治成为治国理政的基本方式，不仅要建设法治体系、加强法治队伍，而且要弘扬社会主义法治精神、建设社会主义法治文化，使其成为法治方式的精神内核，筑牢社会主义法治国家的文化基础。

法治精神、法治文化是法治方式的灵魂

法治精神是一种崇尚法治的理念和禀赋；法治精神渗透于社会生活的各领域、各层面，法治精神、法治体系支配着人的行为，就构成了法治文化。法治方式反映了该社会的经济方式、政治方式，凝结为精神文化层面，就形成了法治精神文化。法治精神、法治文化一旦形成，又能够塑造和引导该社会的法治方式。

社会主义法治精神和文化贯通于社会主义法治方式之中。其理论形态是中国特色社会主义法治理论，这一理论是中国特色社会主义法治体系的理论指导和学理支撑，同时又以理论的形式彰显了社会主义法治精神和法治文化。比如，树立宪法权威，既是法治理论和实践，也是法治精神和文化。社会

主义法治精神和文化，汲取中华法律文化精华。从我国历史上看，春秋战国时期就有了自成体系的成文法典，汉唐时期就形成了比较完备的法典，反映了重法用法的精神文化。社会主义法治精神和文化，借鉴国外法治有益精神。19世纪初，拿破仑主持编制《民法典》，是“以法国大革命的社会成果为依据并把这些成果转化为法律的唯一的现代民法典，即现代法兰西法”[①]，体现着资本主义的法治精神，塑造着现代法兰西的法治文化。但我们绝不能照搬模仿外国法治理念和文化，“道”不同，“神”亦不同。

法治精神、法治文化赋予法治方式以价值观。为什么要实行法治，实行什么样的法治，怎样实行法治，这些法治理念表明了一定的价值观，法治方式实际上也是一定法治价值观的实践方式。18世纪启蒙思想家的“永恒的真理、永恒的正义、基于自然的平等和不可剥夺的人权”理念，在法国大革命时期通过的《人权宣言》中系统化为新的资产阶级制度的政治原则，构成了法国共和国宪法的精神底蕴，在实践中表现为资产阶级的所有权、司法和民主共和国。建设社会主义法治国家，同样需要以社会主义核心价值观为支柱的法治精神、法治文化。《决定》提出的“四个维护”，即坚决维护宪法法律权威，依法维护人民权益、维护社会公平正义、维护国家安全稳定，都是在弘扬社会主义法治精神、推进社会主义法治文化。

法治精神、法治文化的核心是法治信仰

建立宪法宣誓制度，是《决定》的一个亮点。习近平总书记指出：“这样做，有利于彰显宪法权威，增强公职人员宪法观念，激励公职人员忠于和维护宪法，也有利于在全社会增强宪法意识、树立宪法权威。”[②]宪法宣誓表明，忠于和维护宪法，必须上升到信仰的高度。宪法和法律的权威，基于法制的严肃性、严格性、严密性，源自人民的内心拥护和真诚信仰。不是任何精神、任何文化

---

① 《马克思恩格斯文集》（第九卷），人民出版社2009年版，第115页。

② 习近平：《关于〈中共中央关于全面推进依法治国若干重大问题的决定〉的说明》，载《人民日报》2014年10月29日。

都可以、都能够成为信仰，但现代社会的公民信仰应该包括法治信仰。法治精神具有丰富、具体的内涵，核心的内容是把法治作为信仰、让法治成为信仰。不仅要敬畏自然、敬畏道德，而且要敬畏法治。

现实生活中，部分社会成员尊法、信法、守法、用法意识不强，一些国家工作人员特别是领导干部知法犯法、以言代法、以权压法、徇私枉法现象依然存在。深层原因还是没有在思想上树立法治信仰，却崇尚权力、崇拜金钱、相信“关系”，唯独不敬仰法治。缺乏法治信仰，法治精神、法治文化就没有根基。因此，树立法治信仰，是弘扬社会主义法治精神、建设社会主义法治文化的根本。

古希腊的苏格拉底被法庭判处死刑，他的弟子要帮他逃走，认为这个判决是不合正义的。苏格拉底断然回绝、从容服刑。他表示，自己是被国家判决有罪的，如果自己逃走了，法律得不到遵守，就会失去它应有的效力和权威。当法律失去权威，正义也就不复存在。这就是苏格拉底的法治信仰，不惜以生命来践行。法治信仰就是从心底培育对法治的尊崇，不断强化自觉、坚定的法治意识，不为外部压力所动摇，不受金钱美色所诱惑，不因无人知晓而故犯。正如18世纪法国思想家卢梭所说，一切法律之中最重要的法律既不是刻在大理石上，也不是刻在铜表上，而是铭刻在公民的内心里，它形成了国家的真正宪法。

树立法治信仰，就要强化规则意识，倡导契约精神，弘扬公序良俗，增强全社会厉行法治的积极性和主动性，形成守法光荣、违法可耻的社会氛围，使全体人民都成为社会主义法治的忠实崇尚者、自觉遵守者、坚定捍卫者。

为实现中国梦提供有力法治保障※

党的十八大以来，以习近平同志为核心的党中央带领全党和全体人民，为实现“两个一百年”奋斗目标、实现中华民族伟大复兴的中国梦协力奋斗，谱写了中国特色社会主义新篇章。党的十八届四中全会准确把握我国改革发展和现代化建设的新要求，作出《中共中央关于全面推进依法治国若干重大问题的决定》，习近平总书记作出关于《决定》的说明，系统部署全面推进依法治国，开辟了法治中国建设新航程。

中国特色社会主义兴旺发达、长治久安的坚实基础

维系一个国家社会秩序的基本制度是法制。即使是在古代社会也有维护统治利益和秩序的《十二铜表法》《秦律》，近代社会则有拿破仑主持编制的“以法国大革命的社会成果为依据并把这些成果转化为法律的唯一的现代民法典，即现代法兰西法”[①]。社会历史发展的基本趋势是法律的体系逐步完善，法制的功能逐步强化，法治的权威逐步确立，也就是国家治理的法治化现代化水平不断提升。推动法治普遍化、深入化、实践化，是经济、政治、文化、社会发展的内在趋势，是人民群众争取和维护自身权益的迫切要求，是先进政党引领社

※ 写于2014年。

① 《马克思恩格斯选集》（第三卷），人民出版社2012年版，第487页。

会历史发展潮流的法治自觉。

中国共产党是全力推进法治中国建设的领导力量。长期以来，我们党在探索“建设什么样的社会主义，怎样建设社会主义”过程中，深入探索法治与社会主义的关系，总结我国民主法制建设正反两方面经验，特别是吸取“文化大革命”中法制遭到严重破坏的沉痛教训，相继提出了发展社会主义民主、健全社会主义法制的重大方针，建设社会主义法治国家是社会主义现代化建设的重要目标，全面落实依法治国基本方略，推进法治中国建设等，领导人民不断推进依法治国进程，中国特色社会主义的法治保障不断强化。党的十八届四中全会《决定》聚焦全面推进依法治国，进一步深刻回答了“建设什么样的法治国家，怎样建设法治国家”的问题，标志着我们党治国理政的科学化水平达到新高度，中国特色社会主义全面建设进入新阶段，依法治国的理论与实践实现新跨越。

中国特色社会主义制度是当代中国兴旺发达、长治久安的根本保障。法为制度之本。坚持和完善中国特色社会主义制度，从根本上说，就是把制度化的法律、法律化的制度全面贯彻落实于国家社会各个领域、各个层面、各个环节，坚持依法治国、依法执政、依法行政共同推进，坚持法治国家、法治政府、法治社会一体建设，实现科学立法、严格执法、公正司法、全民守法，就是建设中国特色社会主义法治体系，建设社会主义法治国家。法制愈益进入社会、进入生活、进入实践，表明法治化的程度愈高，表明法治思维和法治方式愈益普遍化。同时，必须清醒地看到，同党和国家事业发展要求相比，同人民群众期待相比，同推进国家治理体系和治理能力现代化目标相比，法治建设还存在许多不适应、不符合的问题。这表明，依法治国任重道远，必须以贯彻四中全会《决定》精神为重要契机和强大动力，在全民族大力弘扬社会主义法治精神、建设社会主义法治文化，增强法治思维、普及法治方式，为中国特色社会主义事业提供有力法治保障。

国家治理体系和治理能力的重要依托

习近平总书记在关于《决定》的说明中指出，法治是国家治理体系和治理能力的重要依托，全面推进依法治国是国家治理领域一场广泛而深刻的革命。党的十八届三中全会作出全面深化改革的决定，提出完善和发展中国特色社会主义制度，推进国家治理体系和治理能力现代化的总目标；党的十八届四中全会紧随其后，作出全面推进依法治国的决定。两个《决定》有着密切联系，是姊妹篇。全面深化改革既要以依法改革、依法治理为途径，又要以形成完备的法律规范体系、高效的法治实施体系、严密的法治监督体系、有力的法治保障体系，形成完善的党内法规体系为目标。全面推进依法治国是全面深化改革的题中应有之义、内在逻辑演进。从党的十八大、十八届三中全会到四中全会，新一届中央领导集体坚持和发展中国特色社会主义的战略筹划愈益清晰，领导人民治国理政的大政方针愈益完善。

新中国成立以来特别是改革开放以来，我们党在社会主义建设实践中不断探索和持续推进国家治理及其现代化。党的十八大以来，以习近平同志为核心的党中央，在我们党已有丰富经验和重大成果基础上，更好地把完善制度与推进治理统一起来，显示出治国理政的新思路新品格新风貌。主要表现为完善制度体系、增强治理能力，解放社会活力、深化治理内涵，促进社会公正、提升治理价值，加强作风建设、抓住治理关键，等等。党的十八届四中全会又彰显了推进依法治国、夯实治理根本的治理方略，拎起了国家治理现代化的纲。《决定》提出的全面推进依法治国总目标，也是着眼于推进国家治理体系和治理能力现代化目标。《决定》从科学立法、严格执法、公正司法、全民守法各个领域，从加强法治工作队伍、加强和改进党对全面推进依法治国的领导各个方面，全面推进依法治国，也是深入推进国家治理现代化。

国家治理现代化的重要标志，就是习近平总书记提出的“实现党、国家、社会各项事务治理制度化、规范化、程序化”。这“三化”的实质都是依法治理。

制度是治理之本，依靠制度进行治理是国家治理现代化的基本要求，不能单凭某种偏好、某人意志，随心所欲进行“治理”。治理制度化，最重要的是依法治理，法治中国是治理制度化的至高境界。规范是治理之要，推进规范治理是国家治理现代化的关键要点。治理规范化强调治理科学化、标准化，就是要遵循治理规律，细化治理标准、注重治理控制，治理规范化的进程就是法治化的进程。程序是治理之道，依照程序实现治理是国家治理现代化的必要条件。程序是法治的必然要求，法治程序是治理程序化的体现，法治程序保证了法律的严肃性。不严格执行法治程序，就有可能造成法治失误，破坏法治公信力。《决定》提出的完善执法程序，健全依法决策机制，把公众参与、专家论证、风险评估、合法性审查、集体讨论决定确定为重大行政决策法定程序，确保决策制度科学、程序正当、过程公开、责任明确；建立行政机关内部重大决策合法性审查机制，未经合法性审查或经审查不合法的，不得提交讨论，等等，都是法治制度化、规范化、程序化的具体化、细化和强化。

实现人民利益的根本保证

党的十八届四中全会通过的《决定》明确了实现总目标的基本原则，强调必须坚持法治建设为了人民、依靠人民、造福人民、保护人民，以保障人民根本权益为出发点和落脚点，保证人民依法享有广泛的权利和自由、承担应尽的义务，维护社会公平正义，促进共同富裕。社会主义法治的本质是人民性。保障人民利益有多种途径，最持久最牢靠的是法治途径。法制明确赋予了公民的经济、政治、文化、社会、生态等各项权利，法治有力保障了公民权利的实现。中国梦归根到底是人民的梦，人民的幸福依赖法治的维护，这就要依法维护人民权益、维护社会公平正义、维护国家安全稳定，为13亿多人民提供法治的安全网。形成完备的法律规范体系，完备既是从社会领域的覆盖面而言，也是从人民权益的全面性而言；形成高效的法治实施体制，高效既是从执法司法的效率而言，也是从反映人民意愿的程度而言；形成严密的法治监督体系，严密既是从管控权力而言，也是从人民监督而言；形成有力的法治保障体系，有力既是从防止法治疲软而言，也是从保护基层群众而言；形成完善的党内法规体系，完善既是从坚持制度治党而言，也是从密切联系群众而言。人民权益要靠法律保障，法律权威要靠人民维护。有权力就有责任、有权利就有义务。《决定》强调必须使人民认识到法律既是保障自身权利的有力武器，也是必须遵守的行为规范，增强全社会学法尊法守法用法意识，使法律为人民所掌握、所遵守、所运用。

全面推进依法治国作为政党、国家、政府的主体活动，必然会产生各种效果、形成不同评价，这就提出了检验依法治国效果的标准问题，回答什么是实施法治对与不对、好与不好、利与不利的标准，用什么价值准则来衡量一定时期内国家、执政党、政府、地区的法治效果。有了公认的法治检验标准，就有了评价法治的客观标准；有了正确的检验标准，就能保证法治的正确方向。依法治国的效果影响关联最大、利害相关最紧的是人民群众，人民群众是依法治国最大量、最实际、最直接的感受者。评价法治实践是非得失，最有发言权的是广大人民群众。在各种标准中，根本的标准是人民标准，最终还是要以人民群众的满意、认同和支持为标准。《决定》由此要求构建对维护群众利益具有重大作用的制度体系。人民群众是社会历史的实践主体，依法治国的实践标准最重要的是人民群众标准。牢固树立法治的人民标准，也就解决好了法治的政绩观，评价各级政府和领导的法治政绩，要看人民利益的维护程度，看广大群众的满意程度。

全面推进依法治国是国家治理领域一场广泛而深刻的革命※

党的十八届四中全会关于全面推进依法治国的决定，与党的十八届三中全会关于全面深化改革的决定形成姊妹篇。全面深化改革的总目标是完善和发展中国特色社会主义制度、推进国家治理体系和治理能力现代化。推进国家治理现代化，根本途径是推动法治成为治国理政的基本方式。全面推进依法治国，是国家治理现代化的深化与拓展，是国家治理领域一场广泛而深刻的革命。这场革命的关键，是建设中国特色社会主义法治体系。

形成完备的法律规范体系，国家依法治理，实现国家治理基础的重大转变

中国特色社会主义法治体系是一个内容丰富的整体，包括完备的法律规范体系、高效的法治实施体系、严密的法治监督体系、有力的法治保障体系和完善的党内法规体系。这五大体系组成法治国家的基本框架，涵盖全面推进依法治国的基础建设，构成国家治理体系的骨干工程。建设法治中国，就要牢牢把握法治体系这一总抓手，夯实基础、全面加强。

完备的法律规范体系是法治实施、法治监督、法治保障的前提。改革开放

※ 写于2015年。

以来，以宪法为核心，以宪法相关法、民法、商法、行政法、经济法、社会法、刑法、诉讼与非诉讼程序法等多个法律部门的法律为主干，由法律、行政法规、地方性法规等多个层次的法律规范构成的中国特色社会主义法律体系已经形成，国家和社会生活的各个方面总体上实现了有法可依。同时，我国法律制度还存在许多不适应经济社会发展和民主法治建设的问题。比如，有的法律法规未能全面反映客观规律和人民意愿，针对性、可操作性不强；立法工作中部门化倾向、争权诿责现象较为突出，有的立法实际上成了一种利益博弈；一些地方利用法规实行地方保护主义，对全国形成统一开放、竞争有序的市场秩序造成障碍。形成完备的法律规范体系，就是要在中国特色社会主义法治道路指引下，坚持宪法的核心地位，通过完备的法律推动宪法实施；紧紧围绕建设中国特色社会主义总体布局，推动法律体系完善发展；加强党对立法工作的领导，完善党对立法工作中重大问题决策的程序；深入推进科学立法、民主立法，提高立法质量。

法律是治国理政的重大制度发明。汉代贾谊在《治安策》中写道："立经陈纪，轻重同得，后可以为万世法程，虽有愚幼不肖之嗣，犹得蒙业而安，至明也。"依法治国，首先要有法可依。法为治理之本，法治构成治理的基本秩序；法为治理之矩，法治构成治理的基本依据；法为治理之用，法治构成治理的基本机制；法为治理之衡，法治构成治理的基本仲裁。全面推进依法治国，首要任务就是形成完备的法律规范体系。"立善法于天下，则天下治；立善法于一国，则一国治。"形成完备的法律规范体系，重要目的在于增强法律法规的及时性、系统性、针对性、有效性，为全面推进依法治国提供基本遵循。增强及时性，才能解决因某些法规滞后而无法可依，或实际上的某些"法规失效"问题；增强系统性，才能解决不同位阶的法律之间衔接不够紧密，匹配性和协调性不够的问题；增强针对性，才能解决某些法规存在的问题导向、原则立场不清楚的问题；增强有效性，才能解决某些立法不尊重法治规律、难以操作执行的问题。

形成完备的法律规范体系，标志着国家治理基础的重大转变。法律规范体系是法治国家的制度基础，完备的法律规范体系构成了国家治理的系统法规基础，有利于在法治轨道上推进国家治理体系和治理能力现代化，有利于在全面深化改革总体框架内全面推进依法治国各项工作，有利于在法治轨道上不断深化改革。法规的不完善不协调，就产生了有法可依与无法可依同时存在，依法行事与不依法行事并存不悖的状况，本身就为人治留下了“空档”。宪法是根本法、总章程，是国家治理法治基础的根本。坚持依法治国首先要坚持依宪治国，坚持依法执政首先要坚持依宪执政。任何组织和个人都必须尊重宪法法律权威，都必须在宪法法律范围内活动，都必须依照宪法法律行使权力或权利、履行职责或义务，都不得有超越宪法法律的特权。良法是善治之前提。不是所有的法都能治国，不是所有的法都能治好国，不良之法比起无法可依危害更大。“以不正之法罪之，是法反害于民为暴者也。”法律体系的建设并不仅仅是保证有法可依，更重要的是保证良法治国。法律体系本身必须因时而变，而且要明确立法权力边界，从体制机制和工作程序上有效防止部门利益和地方保护主义法律化。

形成高效的法治实施体系，严格执法司法，实现国家治理机制的整体转型

“天下之事，不难于立法，而难于法之必行。”完备的法律规范体系须依靠高效的法治实施体系来贯彻，否则，再完备的法规体系也只是存在于纸面上、停留在口头上，徒有其名、无济于事。法律的生命力在于实施，法律的权威也在于实施，全面推进依法治国的重点是保证宪法法律严格实施。形成高效的法治实施体系，根本要求是维护社会主义法制的统一、尊严、权威，形成人们不愿违法、不能违法、不敢违法的法治环境，做到有法必依、执法必严、违法必究。党的十八届四中全会《决定》提出创新执法体制，完善执法程序，推进综合执法，严格执法责任，坚持严格规范公正文明执法，完善司法管理体制和司法权力运行机制，规范司法行为，推进严格司法，等等，都是形成高效的法治实施

体系的总体部署。

从法制到法治，是一个长期的历史过程。一些领导干部违法干预司法，影响了司法公正，有的甚至酿成冤假错案。这都表明，有了法律规范体系作为国家治理基础，还要有法治实施体系作为国家治理机制，真正让法律运转起来，发挥效能。习近平总书记曾尖锐地指出："如果在抓法治建设上喊口号、练虚功、摆花架，只是叶公好龙，并不真抓实干，短时间内可能看不出什么大的危害，一旦问题到了积重难返的地步，后果就是灾难性的。"[①]

形成高效的法治实施体系，推动着国家治理机制的整体转型。建设法治国家、法治政府、法治社会，都是要牢牢确立法治这一基本机制和基本方式，转变传承已久、根深蒂固的人治方式，确立法治国家通行的办事依法、遇事找法、解决问题用法、化解矛盾靠法的法治思维和法治方式，使法治成为通则、成为铁律、成为习惯。习近平总书记指出，"人类社会发展的事实证明，依法治理是最可靠、最稳定的治理。要善于运用法治思维和法治方式进行治理"[②]。高效的法治实施体系将改变执法司法不公问题，实现法律面前人人平等。任何人违反宪法法律都要受到追究，绝不允许任何人以任何借口任何形式以言代法、以权压法、徇私枉法。高效的法治实施体系将克服法治实施过程中的低效运转状况，解决立案难、诉讼难、执行难问题，防止社会逐渐失去法治信心和法治信任，充分发挥司法的权利救济、定分止争、制约公权、维护社会公平正义等基本功能。高效的法治实施体系将解决滥用自由裁量权、选择性执法、权力寻租等问题，坚持法定职责必须为、法无授权不可为，确保严格执法、公正司法，遏制人情案、关系案、金钱案，坚决维护法治权威。

---

① 习近平：《加快建设社会主义法治国家》，载《求是》2015年第1期。

② 习近平：《在庆祝澳门回归祖国15周年大会暨澳门特别行政区第四届政府就职典礼上的讲话》，载《人民日报》2014年12月21日。

形成严密的法治监督体系，依法约束权力，实现国家治理监督的有效强化

法治能否实施，需要进行监督。即使是宪法实施，也离不开宪法监督，宪法监督是保证宪法实施、维护宪法权威和尊严的重要制度形式。同时，立法、执法、司法等法治方式，本身就具有国家权力性质，是在行使立法权、执法权、司法权。权力必须受到监督，包括监督权也要受到监督，法治权力也不例外，否则就有滥用法治权力、以法权谋私利的可能。因此，法治监督是法治体系不可缺少的部分，形成严密的法治监督体系是建设中国特色社会主义法治体系的重要任务。法治监督是从良法到善治的保证。党的十八届四中全会《决定》要求强化对行政权力的制约和监督，加强党内监督、人大监督、民主监督、行政监督、司法监督、审计监督、社会监督、舆论监督制度建设，努力形成科学有效的权力运行制约和监督体系，增强监督合力和实效。要求加强对司法活动的监督，完善检察机关行使监督权的法律制度，加强对刑事诉讼、民事诉讼、行政诉讼的法律监督。法治监督体系越是严密和坚实，法治效能就越能发挥和强化。

法律即使是科学公正的，在法治实施过程中由于人的认知误差或私欲驱动，仍有可能偏离扭曲。一些公职人员滥用职权、失职渎职、执法犯法甚至徇私枉法严重损害国家法治权威，一些司法人员作风不正、办案不廉，"吃了原告吃被告"，群众对执法司法不公和腐败问题反映强烈。这些问题很大程度上都是法治监督不力的结果，没有监督的法治权力同样会导致法治腐败。法治是社会公平正义的守护神，是人民群众寻求公正庇护的最高合法形式，执法司法不公和腐败就会导致"法治失效"，对国家治理的公正性有效性具有致命破坏作用。因此，法治监督是权力监督的重中之重，严密的法治监督体系是全面推进依法治国的制度保证。特别是在社会主义初级阶段，在发展社会主义市场经济的条件下，更要着力防止和遏制把立法权、执法权、司法权变为某些执掌

这些权力个人的设租权、交易权、谋私权。没有法治监督的法治是有缺陷、有隐患的法治，将会使法治与宗旨相悖、与本意相离；没有严密的法治监督体系，就不是成熟的成功的法治体系。随着法治中国的建设发展，必将是法治监督体系愈益严密、有力、有效。

形成严密的法治监督体系，促使着国家治理监督的极大强化。解决好权力监督问题是国家治理现代化的重大课题。早在我们党执政前夕，毛泽东就意识到执政权力要接受人民监督，指出只有让人民来监督政府，政府才不敢松懈。国家治理监督是指要把对权力的监督作为国家治理的重要内容，包括国家治理活动本身也要受到监督。“法网恢恢，疏而不漏”。负责政法工作的权力更要受到监督，不能成为法外王国，一旦失去监督、为所欲为，更有可能严重违法违纪、滑向犯罪深渊，危害极大。国家治理之器不能成为治理之弊、治理之患。严密的法治监督体系加强了监督的全面性，压缩了监督的“盲区”“特区”“禁区”，如推行政府权力清单制度，坚决消除权力设租寻租空间等；增强了监督的强硬性，改变了一些领域监督乏力、若有若无、“象征性监督”的积弊，如保障依法独立行使审计监督权，对公共资金、国有资产、国有资源和领导干部履行经济责任情况实行审计全覆盖等；提高了监督的精准性，防止出现重点领域监督失控的问题，如明确对财政资金分配使用、国有资产监管、政府投资、政府采购、公共资源转让、公共工程建设等权力集中的部门和岗位实行分事行权、分岗设权、分级授权，定期轮岗，强化内部流程控制等；增强了监督的威慑性，打消了规避监督的侥幸心理，如规定建立领导干部干预司法活动、插手具体案件处理的记录、通报和责任追究制度等。形成严密的法治监督体系，是国家治理领域的监督革命。

形成有力的法治保障体系，全民崇尚法治，实现国家治理文化的现代更新

法治的运行，需要相应的保障体制。形成有力的法治保障体系，是建设中

国特色社会主义法治体系的应有之义。中国共产党的领导是社会主义法治最根本的保证。只有在党的领导下依法治国、厉行法治，人民当家作主才能充分实现，国家和社会生活法治化才能有序推进。建设一支德才兼备的高素质法治队伍至关重要，这是加快建设社会主义法治国家的强有力组织和人才保障。人民是依法治国的主体和力量源泉，法律的权威源自人民的内心拥护和真诚信仰。全体人民都成为社会主义法治的忠实崇尚者、自觉遵守者、坚定捍卫者，尊法、信法、守法、用法、护法成为全体人民的共同追求，社会主义法治国家才能建成。法治精神、法治观念、法治意识是法治运行的文化氛围，全面推进依法治国，必须弘扬社会主义法治精神，建设社会主义法治文化。

推进法治社会建设，是一个法律制度与法治文化相互促进、相互协调的过程。法律制度反映了该社会的经济制度、政治制度，凝结为精神文化层面，就形成了法治文化。法治文化一旦形成，又能够塑造和引导该社会的法律制度。没有全民崇尚法治的文化环境，法律制度就很难见效，法治社会就不能建成。法治信仰是法治文化的灵魂，就是从心底培育对法治的尊崇，不断强化自觉坚定的法治意识，不为外部压力所动摇，不受金钱美色所诱惑，不因无人知晓而故犯。法治文化具有丰富具体的内涵，核心的内容是把法治作为信仰、让法治成为信仰。公民不仅要敬畏自然、敬畏道德，而且要敬畏法治。

塑造法治文化、培育全民守法，将促成国家治理文化的现代更新。现代治理文化的重要内涵是法治文化。法治文化确立了治国理政的基本理念，标志着治理文化的本质属性，决定着治理文化的制度取向。治理现代化要实现治理文化的变革，根本要求是在全社会努力塑造法治文化，让法治文化成为居主导地位的治理文化。塑造法治文化，全面推进依法治国就有了思想的推进器、观念的定向仪。形成守法光荣、违法可耻的社会氛围，全民守法成为一种内心自觉，就能大大降低法治的成本。全民自觉守法，恪守法治信仰，就能有力遏制法治的“破窗效应”，不因有人违法犯罪暂时没有受到惩处而效法；就能有效防止法治的“囚徒困境”，不因担心他人违法现得利、自己守法却吃亏而放弃守法底线。增强全民法治观念，要教育和引导立法、执法、司法人员牢固树立社会主义法治理念，恪守职业道德，做到忠于党、忠于国家、忠于人民、忠于法律。坚持法治教育从娃娃抓起，把法治教育纳入国民教育体系和精神文明创建中，由易到难、循序渐进不断增强青少年的规则意识。治理必治心，法治文化就是让法治深入人心、教化人心、转变人心的过程，是国家治理的文化变革。

形成完善的党内法规体系，全党模范守法，实现国家治理能力的大幅提升

依法治国、依法执政，要求党依据宪法法律治国理政，也要求党依据党内法规管党治党。我们党是依法治国的领导者，也是依法治国的贯彻者，党内法规体系是中国特色社会主义法治体系的有机组成，是依法治党的基本依据。遵行党内法规制度，是全党同志履行党员职责的要求，也是履行法律义务的要求。党内法规制度体系包括党章、准则、条例、规则、规定、办法、细则，是管党治党建党的重要法宝。党章是我们党立党、管党、治党的总章程，是最根本的党内法规，在党内具有最高的权威性和最大的约束力。党的十八届四中全会《决定》强调，党规党纪严于国家法律，党的各级组织和广大党员干部不仅要模范遵守国家法律，而且要按照党规党纪以更高标准严格要求自己。完善的党内法规体系，以党章和宪法为基本遵循，与中国特色社会主义法治体系相衔接相协调，体现党的先锋队性质和作用。全党严格遵行党内法规体系，模范遵守法律法规，就能保证走在法治中国建设前列。

“法先自治以治人，先治近以及远”。全面推进依法治国，关键在党，在全党的带头守法、模范守法，为全民守法作出示范。我们党作为执政党，不仅不能超越于国家法律之外，而且要以严格的标准、规范的行为、严厉的惩处来遵纪守法，以身作则、以上率下。法治国家就是要做到无论执政与参政、官员与群众，都要在同一个法治的大厦下，遵从同样的法律义务。一些党的领导干部自以为享有法外特权，有恃无恐、胆大妄为，视法律为儿戏、党纪为玩物，最终在党纪国法面前碰得头破血流。习近平总书记指出：“各级领导干部都要牢

记，任何人都没有法律之外的绝对权力，任何人行使权力都必须为人民服务、对人民负责并自觉接受人民监督。”[①]党要模范守法，还要善于用法。党员干部是全面推进依法治国的重要组织者、推动者、实践者，要自觉提高运用法律思维和法治方式深化改革、推动发展、化解矛盾、维护稳定能力。法治思维和法治方式崇尚法治的权威和规则，无论什么人都要服从于法，多大权力都要从属于法，何种行为都要受制于法；维护法律的公正，道德谦让、协商妥协、达成交易、权力处置等，都可以作为解决问题、协调利益、化解矛盾的方式，但法治是基础和准绳。

实现依法治国与依规治党的统一、模范守法与善于用法的统一，大幅提升了党领导治国理政的能力。坚持把法治作为治国理政的基本方式，是党领导人民实行法治成功经验的总结运用，是对我国古代法制传统和成败得失的择善而用，是对世界上优秀法治文明成果的学习借鉴，是推进国家治理现代化的主要路径，标志着党的国家治理能力新跃升。如何在法治轨道上推进国家治理体系和治理能力现代化，如何推动从传统人治社会向现代法治国家的转型，如何在中国特色社会主义法治道路上建设法治国家，如何实现中国特色社会主义法治体系与国家治理体系的有机融合，如何把法治基本方式与其他治理方式综合运用，如何保证法治成为善治、成为人民幸福的卫士，如何把党的领导贯彻到依法治国全过程和各方面、不断提高党领导依法治国的能力和水平，等等，都是新的课题、新的探索、新的实践，都需要在国家治理现代化的进程中不断深化认识、提高能力、实现目标。

---

① 中共中央文献研究室编：《习近平关于全面从严治党论述摘编》，中央文献出版社2016年版，第199页。

法治在治理方式中居主导地位※

“法者，国仰以安也。”建设法治中国，是党执政兴国的主要途径，是人民幸福安康的根本保障，是党和国家长治久安的基本建设。全面推进依法治国、推动法治成为治国理政的基本方式，标志着我们党治国理政的科学化水平达到新高度，中国特色社会主义全面建设进入新阶段，依法治国的理论与实践实现新跨越。

治理：国家运行的基本机制

法治是一种治国方式，即依据法律的治理；法治是一种国家状态，即以法治为基础的运行；法治是一种政治价值，即不允许超越宪法法律的特权存在。法治属于政治文明，国家如何治理是政治文明的重要内容，法治因而是治理文明的基本特征。虽然我国古代社会就有“修法治”“法治应当优于一人之治”的论述，但法治成为治国理政的基本方式，是人类自有国家以来几千年文明史发展的演变结果，是国家治理方式顺应经济社会发展要求、符合最大多数人利益要求、反映治国理政规律要求的必然趋势。

党的十八届三中全会明确提出“完善和发展中国特色社会主义制度，推进国家治理体系和治理能力现代化”的全面深化改革总目标，第一次把国家治理

※ 写于2015年。

提至历史社会发展的高度来对待,这使得我们重新审视治理范畴。从治理与历史的关系看,治理不只是近几十年才有的国家与社会实践,而且是从来就有的国家与社会实践;从治理与社会的关系看,治理不只是个别的、枝节的、辅助性的国家与社会实践,而且是普遍的、基本的、重要的国家与社会实践;从治理与哲学的关系看,治理不只是作为政治学、社会学、经济学范畴,而且可以作为历史唯物主义范畴。作为社会历史基本要素的治理,是与生产、交往、文化等要素一起,构成社会结构特别是政治结构;作为社会历史基本机制的治理,是与革命、改革、创新等机制一起,构成社会机制特别是政治机制;作为社会历史基本实践的治理,是与统治、管理、法治等实践一起,构成社会实践特别是政治实践。

法律是国家产生后形成的治国之重器,运用法律治国理政是一种统治方式。从马克思主义国家学说看,原始社会有管理和治理,没有阶级对立就没有统治,也没有法制;共产主义社会国家消亡,没有统治,也就不需要法治,但仍然需要管理和治理,因为仍然要劳动生产,要有对劳动过程的管理和劳动产品的分配。在存在国家的社会中,国家进行统治、管理、治理的功能和手段同时存在、同时运用。阶级社会也需要管理和治理。只不过在一定历史条件下,统治、管理、治理的作用、分量、运用不同。只要有国家,就存在统治,就需要法制。

国家治理现代化是时代潮流,推进中国特色社会主义治理是我们党的长期探索。从四个现代化到治理现代化,从中国特色社会主义制度到中国特色社会主义治理,从社会主义生态文明到社会主义现代治理,从中国梦到中国治理,从基层治理到国家治理,从传统治理到现代治理,从治理体系到治理能力,从治理体系到价值体系,从国家治理到系统治理,从国家治理现代化到全面推进依法治国,都是我们党在中国特色治理道路上的坚实脚步和拓展深化。

治国理政需要回答和解决治理目的、治理本质、治理内涵、治理境界、治理领域、治理方式、治理动力、治理标准、治理伦理、治理评价等问题,这些问题相互交织、相互作用。其中法治属于治理方式,即主要依靠何种机制、何种方式、何种途径达到治理目的。确立国家治理现代化的目标，一个主要问题就是明确现代国家治理，特别是中国特色社会主义国家治理的基本方式。党的十八届四中全会明确提出，法治是国家治理体系和治理能力的重要依托，建设中国特色社会主义法治体系、建设社会主义法治国家是实现国家治理体系和治理能力现代化的必然要求，必须在法治轨道上推进国家治理体系和治理能力现代化。这是建设社会主义治理文明的科学结论和正确抉择。

从人治到法治：人类政治文明的发展规律

法治和人治问题是人类政治文明史上的一个基本问题，也是各国在实现现代化过程中必须面对和解决的一个重大问题。纵观世界近现代史，凡是顺利实现现代化的国家，没有一个不是较好解决了法治和人治问题的。相反，一些国家虽然一度实现快速发展，但并没有顺利迈进现代化的门槛，而是陷入这样那样的“陷阱”，出现经济社会发展停滞甚至倒退的局面。后一种情况很大程度上与法治不彰有关。

人类社会从形成国家时起就有了法制，法制是统治利益、统治意志、统治权力的固定化、规范化、权威化表达。但法制还不等于法治，作为国家治理的基本方式而言，古代社会还属于人治社会，法制还只是人治的附属品，我国几千年来的人治传统根子很深。因为法的上层建筑是一定经济基础的产物，马克思在《路易·波拿巴的雾月十八日》中，深刻分析了法国小块土地所有制的经济关系，是怎样造就了人治的土壤，小农“他们不能以自己的名义来保护自己的阶级利益，无论是通过议会或通过国民公会。他们不能代表自己，一定要别人来代表他们。他们的代表一定要同时是他们的主宰，是高高站在他们上面的权威，是不受限制的政府权力，这种权力保护他们不受其他阶级侵犯，并从上面赐给他们雨水和阳光。所以，归根到底，小农的政治影响表现为行政权支配社会”[1]。社会的经济关系还没有发展到足以有效约束政治权力的程度，这就造就了人治的土壤。人治就是治理主体及其行为不受法律限制和制裁，可以为所欲为、以人代法，“朕即国家”“朕即法”，有法制、无法治。

习近平总书记指出，“人类社会发展的事实证明，依法治理是最可靠、最稳定的治理。要善于运用法治思维和法治方式进行治理”[2]。随着社会的发展进步，法律的体系逐步完善，法制的功能逐步强化，法治的权威逐步确立，法治在治理中的地位作用愈益上升，法治成为治理文明的显著标志。法治的本质正如党的十八届四中全会《决定》所表述的：“任何组织和个人都必须尊重宪法法律权威，都必须在宪法法律范围内活动，都必须依照宪法法律行使权力或权利、履行职责或义务，都不得有超越宪法法律的特权。”简而言之，就是人服从法、权从属法、行受制法，就是依法治国。法治成为治国理政的基本方式，是人类政治文明包括治理文明发展的必然趋势。虽然法制是由人制定的、法治是靠人实施的，但法制一旦形成，就有了制约人的行为，包括制约法制制定者的力量；法治一旦确立，就有了高于个人和组织，包括高于法治实施者的权威，法治就能把权力关进制度的笼子里。

法治兴则国家兴，法治衰则国家衰。什么时候重视法治、法治昌明，什么时候就国泰民安；什么时候忽视法治、法治松弛，什么时候就国乱民怨。法治能够为国家稳定发展提供坚实基础，为国家有序发展提供规范框架，为国家持续发展提供确定空间。法治是治国理政的基本方式，这是我们党深刻认识人类社会发展规律、社会主义建设规律、共产党执政规律后得出的重要结论。党的十八届三中全会提出全面深化改革总目标，实现这一总目标必须全面推进依法治国。全面推进依法治国，是国家治理领域的一场广泛而深刻的革命。

---

① 《马克思恩格斯文集》(第二卷)，人民出版社2009年版，第567页。

② 习近平：《在庆祝澳门回归祖国15周年大会暨澳门特别行政区第四届政府就职典礼上的讲话》，载《人民日报》2014年12月21日。

依法治国:中国特色社会主义的文明追求

改革开放以来,我们党一贯高度重视法治,在中国特色社会主义旗帜上鲜明地写下了“依法治国”四个大字。邓小平在党的十一届三中全会上,总结我国民主法制建设正反两方面经验,特别是吸取“文化大革命”中法制遭到严重破坏的沉痛教训,深刻指出:“必须使民主制度化、法律化,使这种制度和法律不因领导人的改变而改变,不因领导人的看法和注意力的改变而改变”[①],指明了改革开放、社会主义现代化建设的前进方向,确立了法治作为治国理政基本方式的重大原则。党的十五大提出依法治国、建设社会主义法治国家,强调依法治国是党领导人民治理国家的基本方略,是发展社会主义市场经济的客观需要,是社会文明进步的重要标志,是国家长治久安的重要保障。党的十六大提出,发展社会主义民主政治,最根本的是要把坚持党的领导、人民当家作主和依法治国有机统一起来。党的十七大提出,全面落实依法治国基本方略,加快建设社会主义法治国家。党的十八大提出,法治是治国理政的基本方式,要全面推进依法治国,更加注重发挥法治在国家治理和社会管理中的重要作用。党的十八届三中全会进一步提出,建设法治中国,必须坚持依法治国、依法执政、依法行政共同推进,坚持法治国家、法治政府、法治社会一体建设。特别是党的十八届四中全会,第一次在中央全会上专题研究依法治国问题,作出第一个关于加强法治建设的专门决定,明确提出了全面推进依法治国的指导思想、总目标、基本原则,作出全面部署。这些都表明了我们党推动当代中国发展进步的法治信念和治国方略。

追求与倡导文明是人类社会总的趋向,文明是我们党建设社会主义现代化国家的发展目标,中国特色社会主义文明是一种新型文明。按照社会结构的分类,人类文明可大致分为物质文明、精神文明、政治文明、社会文明、生态

---

① 《邓小平文选》(第二卷),人民出版社1994年版,第146页。

文明和人的文明等形式。政治文明建立了社会运行的基本机制，维护了社会发展的必要秩序，提供了解决矛盾和冲突的制度途径。改革开放以来，我们党对建设社会主义文明愈益自觉和深入，对社会主义文明内涵的认识愈益拓展和深刻。从政治文明到治理文明，从治理文明到法治文明，都反映了社会主义文明的内涵在深化。我们党明确地把法治作为社会主义核心价值观之一，说明了法治在国家、社会、公民层面的基础性作用。党的十八届四中全会《决定》提出法治国家、法治政府、法治社会，法治精神、法治文化、法治思维，等等，实质上都是在倡导和建设社会主义法治文明，都是在普及和推广法治核心价值观。中国特色社会主义法治文明，坚持中国特色社会主义法治道路，依据中国特色社会主义法治体系，汲取中华法律文化精华，学习借鉴世界上优秀的法治文明成果，推进社会主义法治创新，在建设社会主义法治国家进程中必将形成新型法治文明。

治国理政依靠系统合力

法治是治国理政的基本方式，这一重要判断是建设法治中国的依据。从国家治理方式总的趋势看，目前世界上142个国家有成文宪法，法治是现代国家治理的主导方式。在人类政治文明的进程中，法治逐步成为治国理政的基本方式，有其客观必然性。

治理是随着社会的形成而产生的组织协调机制。凡是社会都要有交往交换等活动，就需要解决社会关系之间的各种问题、矛盾、纠纷以及冲突，就产生了不同的治理方式。在原始氏族部落中，一切争端和纠纷，“都由当事人自己解决，在大多数情况下，历来的习俗就把一切调整好了”[①]。这种十分单纯质朴的氏族“协商民主”，构成了原始氏族制度的主要治理方式。国家是社会在一定发展阶段上的产物，这就是“需要有一种表面上凌驾于社会之上的力量，这

① 《马克思恩格斯文集》（第四卷），人民出版社2009年版，第111页。

种力量应当缓和冲突，把冲突保持在‘秩序’的范围以内”[①]。由于国家治理目标、手段、对象以及态势的复杂性，运用国家力量维护秩序的方式就具有多样性。保持国家和社会的运行需要多种机制，任何历史时代都不只是单纯使用一种方式，治国理政有着多种方式。实际上，治国理政是多种方式综合运用的结果。

治国理政的力量来源，是公共权力的运用。通过不同方式运用公共权力，实现治理目标。一是无为而治与有为而治。汉初统治者看到“秦非不欲治也，然失之者，乃举措太众，刑罚太极故也”，因而“治道贵清净而民自定”，“其治要用黄老术”。无为与有为都是权力运用与治理的方式，取决于利弊得失的权衡。二是自发交易与权力处置。生产生活中大量的产品、服务交换活动，由交换者按照市场形成的交易规则完成，政府只需承认交易的合法性，并保护这种交易的结果。不能按照市场交易规则解决的利益关系，就需要通过第三方即公共权力加以处置。市场与政府的边界是有弹性的，取决于市场的发育程度和政府的控制能力。三是行政权力与法制权力。法制是普遍的权力，又是抽象的权力；行政是具体的权力，又是实在的权力。二者既可合一，又可分离。行政权力效率高，但又容易被掌权者能力、素质、品德等主观因素所左右；法制权力稳定通用持久，但怎样保证立法、执法、司法的科学性公正性有效性，是人类政治文明的重大课题。四是依法治国与以德治国。治理既可推行法治天下，强化法律权威，也可推行道德教化，强化伦理约束。法治既相对于人治而言，是不同历史阶段的不同性质治理，也相对于德治等其他治理方式而言，是共同进行治理的不同机制。五是法治机构与武装力量。国家维护统治、维持秩序、实施治理，都需要一定的国家机器做后盾。法治机构与武装力量都属于国家机器，都具有强制性，二者的应用条件、范围、程序、效果不同，但往往是根据不同情况配合使用、互为补充。

---

① 《马克思恩格斯文集》（第四卷），人民出版社2009年版，第189页。

法治方式统领治理方式

在多种治理方式中,必有一种方式起主导的支配的作用。法治是统领其他治理方式的基本方式,就是说在不同层次的治理方式中,法治方式是基础性的方式。如习俗从古至今一直是确定社会交往规则、解决矛盾纠纷的常用办法,但在法治社会中,法律高于习俗、重于习俗,习俗不能与法律相抵触,必须服从法律。在不同类型的治理方式中,法治方式是主导性的方式。如行政手段是治理的重要手段,即使在法治国家也是必需的,但行政手段必须依法行政,法无授权不可为,否则就是滥用权力,就是违法。在不同功能的治理方式中,法治方式是根本性的方式。如法律和道德都具有规范社会行为、维护社会秩序的作用,道德是法律的基础,法律是道德的保障,但法律是硬约束,是道德失范后的最后防线。

党的十八届四中全会《决定》提出国家和社会治理需要法律和道德共同发挥作用,坚持一手抓法治、一手抓德治,实现法律和道德相辅相成、法治和德治相得益彰。法律要有伦理支撑,硬约束要有软约束配合,法治方式不能成为唯一方式。德治方式重在激发道德意识对人的行为的导向作用,强化道德规范的约束作用。社会不仅要形成法律敬畏,不越法律红线;而且要培育道德敬畏,不逾道德底线。德治方式可以拓展国家和社会治理的范围,降低社会运行和控制的成本,增强人们履行责任义务的道德满足和愉悦。

坚持依法治国和以德治国相结合,同时要把法治作为治国理政基本方式,这是因为治国理政的基本方式不是任意选择的结果,而是基于经济运行的基本方式,基于社会运行的基本规律。法治的存在和发展归根到底是由生产力和生产关系的发展决定的,都应该从社会的经济生活条件中得到解释。恩格斯指出,“民法准则只是以法的形式表现了社会的经济生活条件”[1]。

① 《马克思恩格斯文集》(第四卷),人民出版社2009年版,第307页。

改革开放30多年来，我国经历了从高度集中的计划经济体制到充满活力的社会主义市场经济体制、从封闭半封闭到全方位开放的伟大历史转折。建设社会主义法治国家既是这两大转折的历史成果，也是实现这两大转折的历史条件。在计划经济体制下，国家掌握绝大部分经济资源，控制社会生产、交换、分配、消费的各个环节，行政权集中体现为计划权，计划权可以代表行政权。这就限制了法制的发展。发展社会主义市场经济，政府不能直接控制经济社会生活的方方面面，同时又必须为市场经济培育一个良好环境，必须以科学有效的方式实行经济社会治理。于是，法治应运而兴、顺势而盛。在封闭半封闭条件下，与国外经济贸易、文化交流、科技协作、人员往来很少，中国在世界上还是一个神秘的国度。一旦对外开放，引进外资和技术，扩大出口贸易，就必须向世界展现中国的公开公平，提供确定性保证，建立平等的交往规则，而规范的法制、公正的法治，则是中国走向世界的最好"通行证"，是世界走进中国的最好"信用卡"。

我国实行社会主义市场经济，市场经济适应了现代经济发展资源配置效率的内在要求。党的十八届四中全会《决定》明确提出，社会主义市场经济本质上是法治经济，使市场在资源配置中起决定性作用和更好发挥政府作用，必须以保护产权、维护契约、统一市场、平等交换、公平竞争、有效监管为基本导向，完善社会主义市场经济法律制度。可以说，没有法治就没有社会主义市场经济，法治是社会主义市场经济的生命，也是社会主义现代化的基石。经济关系是社会主体的基本关系，决定了法治方式是社会运行的基本保障。

塑造与治理现代化相适应的法治思维※

推进国家治理体系和治理能力现代化，根本途径是推动法治成为治国理政的基本方式。建设法治中国，意味着法治思维将运用到治国、执政、行政各种行为中，法治方式将贯穿于国家、政府、社会各个层面。党的十八届四中全会《决定》强调，要自觉提高运用法治思维和法治方式深化改革、推动发展、化解矛盾、维护稳定能力，表明依法治国是法治思维方式和法治实践方式共同运作、相互促进的过程。法治思维以观念的逻辑的方式凝练地展现法治方式，法治思维是法治方式的思维推演。

治理思维的核心是法治思维

治理现代化是一个从治理方式到治理思维的总体现代化进程，伴随着从人治传统根子很深的社会向法治社会的转型，伴随着法治思维的上升、普及和强化。现代治理思维包含系统思维、协同思维、和谐思维、创新思维、法治思维等，核心内涵是法治思维。法治思维确立了治国理政的基本理念，标志着治理思维的本质属性，决定着治理思维的制度取向。如现代治理所强调的系统思维是以法治为基础、而不是以人治为中心的系统思维。因此，治理现代化要实现治理思维的变革，根本要求是在全社会努力塑造法治思维，让法治思维成为

※ 写于2015年。

居主导地位的治理思维方式。塑造法治思维，全面推进依法治国就有了思想的推进器、观念的定向仪。

法治思维是一种坚持法治、依靠法治的治理思维，截然不同于人治思维。法治思维崇尚法律的权威，法为治理之本，法治构成治理的基本秩序。虽然法律是由人制定的、法治是靠人实施的，但法律一旦形成，就有了制约人的行为，包括制约法律制定者的力量，任何组织和个人都必须尊重宪法法律权威。法治一旦确立，就有了高于组织和个人，包括高于法治实施者的权威，任何组织和个人都不得有超越宪法法律的特权。法治思维恪守法律的规则，法为治理之矩，法治构成治理的基本依据。无论什么人都要服从于法，多大权力都要从属于法，何种行为都要受制于法，都必须在宪法法律范围内活动，依照宪法法律行使权力或权利、履行职责或义务。法为治理之用，法治构成治理的基本机制。坚持依法治国、依法执政、依法行政，法无授权不可为，包括重大改革都要做到于法有据，先行先试的要按照法定程序作出授权。法治思维维护法律的公正，法为治理之衡，法治构成治理的基本仲裁。道德谦让、协商妥协、达成交易、权力处置等，都可以作为解决问题、协调利益、化解矛盾的方式，但法治是基础和准绳，是维护社会公平正义最重要的方式和最后一道防线。法治队伍人员必须忠于法律、坚守法治、秉公执法。

让法治成为通则、铁律和信仰

全面推进依法治国是国家治理领域一场广泛而深刻的革命，它既包括治理体系和治理能力，也包括治理思维。可以说，塑造法治思维同时也是国家治理领域的一场深刻思维革命，是使法治成为通则、成为铁律、成为信仰的思维革命。现实生活中，部分社会成员尊法、信法、守法、用法、护法意识不强，不少人崇拜权力、迷信金钱、深谙“关系”，唯独不敬仰法治。习近平总书记曾指出：“现在，一些党员、干部仍然存在人治思想和长官意识，认为依法办事条条框框多、束缚手脚，凡事都要自己说了算，根本不知道有法律存在，大搞以言代法、以权压法。”[1]塑造法治思维，必须转变传承已久、根深蒂固的人治思维定式，确立法治国家通行的办事依法、遇事找法、解决问题用法、化解矛盾靠法的思维模式和行为方式。

在法治信仰上，要转变不信法的心理。“信访不信法”“十个法规抵不上一个批示”，就是典型表现。法律不能仅仅存在于纸面上，法治不能仅仅停留在口头上，要转化为人们的内心自觉，内化为社会对法治普遍、强劲、持久的信赖、信任和信心。在法治权威上，要转变不畏法的态度。“法不责众”“刑不上大夫”“有钱能使法失效”等现象，在建设法治国家的进程中都将逐步减少并得到有效遏制，形成崇尚敬畏法治新常态。在法治素养上，要转变不懂法的状况。法治思维以法律知识为前提和对象，如果不懂法，仍是半个“法盲”，何谈用法守法、法治思维？正因为不信法不畏法，才导致了不学法不知法。法治思维要从普法教育开始。在法治运用上，要转变不靠法的习惯。办事找人、“摆平”靠钱，潜规则盛行，法规则疲软，这些都是建设法治社会、形成法治生态的严重障碍。要努力强化法治规则，增强社会法治依赖。在法治行为上，要转变不守法的弊端。违法者得利、守法者吃亏，就会造成推进法治的“囚徒困境”。要增强全社会厉行法治的积极性和主动性，形成守法光荣、违法可耻的社会氛围，使全体人民都成为社会主义法治的忠实崇尚者、自觉遵守者、坚定捍卫者，使尊法、信法、守法、用法、护法成为全体人民的共同追求。党坚持依法执政，各级政府坚持依法行政，是建设法治中国的关键。

依法治国提升法治思维

塑造法治思维，是与国家治理现代化协调同步、互促互进的过程。推动法治思维普遍化、深入化、实践化，是经济社会发展呼唤法治保障托底的内在趋势，法治推动法治思维；是先进政党引领社会历史发展潮流的法治自觉，依法

---

① 习近平：《加快建设社会主义法治国家》，载《求是》2015年第1期。

治国提升法治思维；是人民群众争取和维护自身权益的迫切要求，法律维权促进法治思维；是国家治理深刻转型的系统驱动，治理文明要求法治思维。可以说，国家治理现代化发展到什么程度，法治思维就能够发展到什么程度。加快建设社会主义法治国家的创新实践，是塑造法治思维的根本机制。建设中国特色社会主义法治体系，实现科学立法、严格执法、公正司法、全民守法，都要遵循、体现和贯穿法治思维，都是增强法治思维各个方面和环节的实践。在全社会弘扬社会主义法治精神、建设社会主义法治文化，优化塑造法治思维的文化环境。法治精神、法治文化涵盖着法治思维，法治思维内在于法治精神、法治文化。因此，法治精神、法治文化、法治思维必须共同推进、一体建设。

坚持依法治国和以德治国相结合※

法安天下，德润人心。坚持依法治国和以德治国相结合，是建设社会主义法治国家的基本原则，是中国特色社会主义法治道路的鲜明特色。法治和德治不可分离、不可偏废，国家治理需要法律和道德协同发力，要求法治和德治两手抓、两手都要硬，实现法律和道德相辅相成、法治和德治相得益彰。法治和德治相结合，是内在的、共生的、互济的结合，贯通于社会治理的各领域和全过程。

以法治价值保证科学立法。“立善法于一国，则一国治”。良法是善治之前提，建立完备的法律规范体系不仅是保证有法可依，更重要的是保证良法治国。科学立法的科学性，表现在法律法规的及时性、系统性、针对性、有效性上，还表现在法律法规的价值性上。法治价值是指法律的治理价值，也是指法律的道德价值。道德是法中之法，表明法治的本质属性。中国特色社会主义法治体系的本质属性是人民性，坚持以人民为中心的法治思想，恪守以民为本、立法为民理念，每一项立法都要反映人民意志、维护人民利益、得到人民拥护，人民至上是法之大道大德。目前，我国在立法领域存在一些突出问题，如有的法律法规反映人民意愿不够，立法部门中部门化倾向、争权诿责现象较为突出，有的立法实际上成为一种博弈，一些地方利用法规实行地方保护主义，等等。说到底，都是立法道德出了问题，没有解决好为谁立法、为谁确权的问

※ 写于2019年。

题。因此，明确立法权力边界，首先要明确立法道德边界，不允许立法谋私；防止部门利益、集团利益、局部利益法律化，首先要解决以德立法、人民立场问题，用良法善治彰显法治价值。科学立法，首先要使法律法规树立鲜明道德导向，弘扬美德义行，体现社会主义道德要求，将社会主义核心价值观贯穿其中，使社会主义法治成为良法善治。

以法治敬畏支配严格执法。法律的效力靠实施，实施的途径靠执法，执法的质量靠敬法。法律是成文的道德，道德是内心的法律，法律有效实施有赖于道德支持。从有法可依到执法必严，既要创新执法体制、完善执法程序，也要增强执法道德、厚植法治敬畏。执法道德就是忠诚法治、忠实法律，一丝不苟、一点不差，法治敬畏就是执法部门和人员始终保持对法律神圣性庄严性的崇敬和敬畏，不敢亵渎、不敢任性。在法治实施过程中，存在着不作为、乱作为，懒政怠政、失职渎职现象，一些行政机关和政府人员热衷于营造权力设租寻租空间，奉行选择性执法、交易性执法、人情性执法，扭曲了法治，陷入执法腐败，都属于无道德、非道德的执法，违背执法伦理。严格执法责任、加强执法监督，做到执法严明，前提性的条件是以德治权、以德治吏，这样才能保证有道德的执法，德治贯彻于法治过程中。加快建设职能科学、权责法定、执法严明、公开公正、廉洁高效、守法诚信的法治政府，离不开道德精神的拓展、道德准则的坚守、道德水准的提升。行政机关坚持法定职责必须为、法无授权不可为，勇于负责、敢于担当，确保决策程序正当、过程公开，如果没有执法道德的约束、执法伦理的激励，很容易产生执法漏洞、法治损害。

以法治平等贯穿公正司法。平等是社会主义核心价值观的基本准则，也是社会主义法律的基本属性。坚持法律面前人人平等，是社会主义法治精神的本质要求，也是依法治国和以德治国相结合的重要体现。任何组织和个人，必须维护国家法制统一、尊严、权威，都不得有超越宪法法律的特权。因此，公正是法治的生命线，司法不公对社会公正具有致命破坏作用。努力让人民群众在每一个司法案件中感受到公平正义，既是全面依法治国的必然要求，也是以德治国在司法领域的必然要求。习近平总书记曾指出，司法是维护社会公平正义的最后一道防线。如果司法这道防线缺乏公信力，社会公正就会受到普遍质疑，以德治国就会失去实践支持。司法失德，何谈德治天下。当前，司法不公、司法公信力问题突出，一些司法人员作风不正、办案不廉，“吃了原告吃被告”。深层次原因是司法职权配置和权力运行机制不科学，法治平等、公正司法这个首要规则还没有牢固确立起来。因此，在司法实践中必须坚持以事实为根据、以法律为准绳，统一法律适用标准，构建阳光司法机制，杜绝暗箱操作，绝不允许法外开恩，绝不允许办关系案、人情案、金钱案。对于法学专业人才培养，习近平总书记强调，法学教育要坚持立德树人，不仅要提高学生的法学知识水平，而且要培养学生的思想道德素养。这样就能系好专业的“第一粒扣子”，从入门开始就尊崇法律、恪守法德。

以法治信仰强化全民守法。法律要发挥作用，首先全社会要信仰法律。坚持依法治国和以德治国相结合，要以道德滋养法治精神、强化道德对法治文化的支撑作用，为法治实施奠定文化基础。这突出体现在全民法治观念的增强、法治信仰的树立上。法治作为社会主义核心价值观的基本内涵，表明了法治意识是一种价值准则，法治信仰是一种道德标识，法治精神是一种道德素养。尊崇法治作为公民道德的要求，使得法治转化为公民的内心自觉，德治转化为公民的法治道德。全民守法，是依法治国的律令，也是以德治国的律令。要在道德教育中突出法治内涵，注重培育人们的法律信仰、法治观念、规则意识，引导人们自觉履行法定义务、社会责任、家庭责任，营造全社会都讲法治、守法治的文化环境。要重视发挥道德的教化作用，提高全社会文明程度，为全面依法治国创造良好的人文环境。全体人民都成为社会主义法治的忠实崇尚者、自觉遵守者、坚定捍卫者，尊法、信法、守法、用法、护法成为全体人民的共同追求，形成守法光荣、违法可耻的社会氛围，就能够有力遏制法治的“破窗效应”，有效防止法治的“囚徒困境”，大大降低法治成本，建成社会主义法治国家。因此，在推进依法治国过程中，必须大力弘扬社会主义核心价值观，弘扬中华传统美德，培育社会公德、职业道德、家庭美德、个人品德，提高全民族思想道德水平。

以领导示范带动尊法用法。“法先自治以治人，先治近以及远”。领导干部在全党全社会具有重要的示范作用，上行下效，全面依法治国必须抓住领导干部这个“关键少数”。各级领导不仅不能超越国家法律，而且要以严格的标准、规范的行为、严厉的惩处来尊法守法。尊法守法是公民的基本道德要求，是否尊法守法，不仅是领导干部法治素养的标识，而且是道德素养的标识。领导干部做尊法的模范，带头尊崇法治、敬畏法律，做学法的模范，带头了解法律、掌握法律，做守法的模范，带头遵纪守法、捍卫法治，做用法的模范，带头厉行法治、依法办事，就能够在建设法治中国过程中以身作则、以上率下。对于各级领导来说，无论什么人物都要服从于法，无论多大权力都要从属于法，无论何种行为都要受制于法，要在法治之下、而不是法治之外、更不是在法治之上想问题、作决策、办事情。一些领导干部自以为享有法外特权，有恃无恐、胆大妄为，视法律为儿戏，最终在法治面前碰得头破血流。领导干部既是全面依法治国的重要组织者、推动者，也是积极倡导者、示范者。要坚持把领导干部带头学法、模范守法作为全面依法治国的关键，推动领导干部学法经常化、制度化。以德修身、以德立威、以德服众。领导干部要努力成为全社会的道德楷模，带头践行社会主义核心价值观，讲党性、重品行、作表率，带头注重家庭、家教、家风，保持共产党人的高尚品格和廉洁操守，以实际行动带动全社会崇德向善、尊法守法。

把制度优势转化为治理效能

充分发挥党内监督体系管党治党的威力※

加强党内监督是我们党的优良传统和政治优势，党的执政地位，决定了党内监督在党和国家各种监督形式中是最基本的、第一位的，加强党内监督是全面从严治党的制度保障和主要方式。党的十八届六中全会审议通过的《中国共产党党内监督条例》，明确规定了以党内监督带动其他监督、完善监督体系的基本途径和原则要求，为加强党内监督管党治党提供了正确指导。

信任激励同严格监督相结合

党内要建立信任机制，组织与党员、上级与下级、同志与同志之间，要相互信任，信任是对党员、干部的强有力激励。在信任机制下，党员、干部严以修身、严以用权、严以律己，通过自我约束、自我检查、自我改变的自我监督方式，在一定程度上达到监督目的。

信任不能代替监督，监督管控底线、防止失控。加强和完善监督，是保持党的先进性和纯洁性的有效机制，是国家治理现代化的重要内容，是激励和约束各级干部行为的良方良制。监督对每个党员、干部来说，既是紧箍咒，也是护身符；既是铁笼子，也是保护伞；既是摄像头，也是正容镜。监督得力，是对全体干部的真正爱护。监督失效，是某些人犯错误甚至犯罪的重要原因。信

※ 写于2016年。

任不是不要监督，监督也不是不信任干部。作为每一名党员干部，都要充分认识加强党内监督的重要性和紧迫性，自觉接受监督，乐于接受监督。

《条例》指出，各级党组织应当把信任激励同严格监督结合起来，促使党的领导干部做到有权必有责、有责要担当，用权受监督、失责必追究。党组织对党员干部既要政治上鼓励、思想上关心、工作上支持，又不能放手不管、疏于监督。加强权力监督，可能会让一些人感到不轻松、不自由、不满意，但却强化了领导监督，管住了为所欲为，挡住了下滑通道，严出了优秀干部。接受监督，让干部敬畏道德、戒除贪欲、慎行慎独，锤炼了修养、提升了境界、完美了人生。所以，敢于实施严格监督的党组织和领导，是对党的事业和各级干部高度负责的党组织和领导。相反，那些监督有名无实、松松垮垮的部门，那些不管事、不得罪人、不行使监督权的领导，恰恰是对事业、对干部不负责的部门和领导，是纵容某些人跌进陷阱、不能自拔的无形推手。

思想政治监督与纪律作风监督相一致

党内监督的主要内容，既包括思想政治方面的表现情况，如是否遵守党章党规，坚定理想信念，践行党的宗旨，模范遵守宪法法律；是否维护党中央集中统一领导，牢固树立政治意识、大局意识、核心意识、看齐意识，贯彻落实党的理论和路线方针政策；是否遵循个人服从党的组织，少数服从多数，下级组织服从上级组织，全党各个组织和全体党员服从党的全国代表大会和中央委员会原则等。也包括纪律作风方面的表现情况，如是否严明党的纪律特别是政治纪律和政治规矩；是否落实中央八项规定精神，加强作风建设，密切联系群众，是否坚持党的干部标准，树立正确选人用人导向，执行干部选拔任用工作规定；是否廉洁自律、秉公用权等。

在监督内容上，要体现全面性的要求，不能偏废，或是只监政治、不督作风，默认纵容某些干部的腐败行为；或是只监作风、不督政治，对党员、干部在大是大非、政治立场上的表现置若罔闻。有的领导干部认为，政治上站稳立场就行了，作风问题是小节，无关紧要；也有的群众党员认为，干活尽力、不拿不占就不错了，嘴巴上把不住门算不了什么。贯彻《条例》，就是要一丝不苟，不搞因人而异、区别对待。党员思想政治上出问题，要从严监督，纪律作风上出问题，也要严格约束。

普遍监督与重点监督相统一

党内监督是对全体党员的监督，没有禁区、没有例外，适用于全体党员、全体干部，无论是职务高低、党龄长短、在职退休，监督具有普遍性。党的领导机关和领导干部特别是主要领导干部，权力大、资源多、影响大，在党和国家具有举足轻重的作用。如果放松监督、上松下紧，就会导致重要权力失控，还会造成不良示范效应，从而削弱党内监督的权威性和严肃性。越是权力大、责任重，就越是要加强监督。因此，《条例》明确规定，党内监督的重点对象是党的领导机关和领导干部特别是主要领导干部。这就抓住了党内监督的“牛鼻子”。监督难，从领导做起就不难。这不是要和领导干部过不去，而是对党和国家事业、对人民根本利益、对领导干部的高度负责。

《条例》要求中央政治局每年召开民主生活会，进行对照检查和党性分析，研究加强自身建设措施；中央委员会成员对中央政治局委员的意见，署真实姓名以书面形式或者其他形式向中央政治局常务委员会或者中央纪律检查委员会常务委员会反映；中央政治局委员应当加强对直接分管部门、地方、领域党组织和领导班子成员的监督，定期同有关地方和部门主要负责人就其履行全面从严治党责任、廉洁自律等情况进行谈话；党组织主要负责人个人有关事项应当在党内一定范围公开，主动接受监督；党的领导干部应当每年在党委常委会（或党组）扩大会议上述责述廉，接受评议；领导干部应当按规定如实报告个人有关事项，及时报告个人及家庭重大情况，等等，都是抓住重点对象的具体举措和有力约束。

全面监督、专责监督、职能监督、日常监督、民主监督相统一

《条例》要求建立健全党中央统一领导，党委（党组）全面监督，纪律检查机关专责监督，党的工作部门职能监督，党的基层组织日常监督，党员民主监督的党内监督体系。从目前状况看，党内监督体系还存在着不同主体在党内监督中的地位作用和职责不明晰，监督主体之间信息不畅、协调不顺等，这也反映了党内监督体系还不完善等问题。构建各负其责、密切协调的党内监督体系，就能形成监督合力，增强监督实效，保证党的组织充分履行职能、发挥核心作用，保证全体党员发挥先锋模范作用，保证党的领导干部忠诚干净担当。

党内监督体系在党中央统一领导下，党委（党组）在同级各种组织中发挥总揽全局、协调各方的领导核心作用，在党内监督中负主体责任。党委（党组）领导本地区本部门本单位党内监督工作，组织实施各项监督制度，加强对同级纪委和所辖范围内纪律检查工作的领导。各级纪委履行监督执纪问责职责，负责对所辖范围内党组织和领导干部遵守党章党规党纪、贯彻执行党的路线方针政策情况的监督，强化上级纪委对下级纪委的领导。党的工作部门是党委（党组）主体责任在不同领域的载体和抓手，都承担着相应的党内监督职责，既要加强对本部门本单位的内部监督，又要强化对本系统的日常监督。党的基层组织与党员接触最为紧密，日常监督是重要职责。要严格党的组织生活，维护和执行党的纪律，监督党员切实履行义务。党员民主监督是每一位党员的权利和义务，要及时向党组织反映对党的领导干部的群众意见和诉求，在党的会议上有根据地批评党的任何组织和任何党员，对错误言行敢于较真、敢于斗争，向党负责地揭发、检举党的任何组织和任何党员违纪违法的事实。

强化自上而下的组织监督，改进自下而上的民主监督，发挥同级相互监督作用，这就建立起了完整严密的党内监督体系。这一监督体系，监督主体明确，监督责任细化，监督机制科学，监督运行常态，监督领域覆盖，监督效能增强。

主持监督与接受监督相统一

权力必须接受监督，监督权也要受到监督，构成监督循环。监督权不受监督，就不是一个成熟的监督体系。监督之器不能成为监督之患，党内监督没有“盲区”“禁区”“特区”。党内不允许有不受制约的权力，也不允许有不受监督的特殊党员。这就表明，实施监督的主体，同时也应该成为监督对象，监督者同样也要接受监督，这是加强党内监督的一条准则。

党内监督必须在党中央领导下进行，党中央是主持党内监督的主体，这是强化党内监督的领导保证。《条例》规定，党的中央委员会、中央政治局、中央政治局常务委员会全面领导党内监督工作。同时，六中全会突出强调，全面从严治党，重点是各级领导机关和领导干部，关键是高级干部特别是中央委员会、中央政治局、中央政治局常务委员会的组成人员。《条例》要求，中央政治局委员应当严格执行中央八项规定，自觉参加双重组织生活，如实向党中央报告个人重要事项。这是从周永康、薄熙来、郭伯雄、徐才厚、令计划等人严重违纪违法案件的深刻教训中，做出的强化对中央领导成员监督的重要举措。

在各级党组织中，党委(党组)在党内监督中负主体责任，领导本地区本部门本单位党内监督工作，组织实施各项监督制度，抓好督促检查，书记是第一责任人。党委常委会委员(党组成员)特别是党组织主要负责人，在党内监督中负责重要责任，同时，党内监督必须加强对党组织主要负责人和关键岗位领导干部的监督。《条例》要求，领导班子成员发现班子主要负责人存在问题，应当及时向其提出，必要时可以直接向上级党组织报告，就是要着力转变在党内监督中监督一把手难的问题。

党的各级纪律检查委员会是党内监督的专责机关，同时，《条例》明确规定，加强对纪律检查机关的监督，各级纪律检查机关必须加强自身建设，健全内控机制，自觉接受党内监督、社会监督、群众监督，确保权力受到严格约束。从披露的案件看，有的纪检干部把纪检监督权变成了索贿谋私权，性质很恶劣。监督主体与监督对象合一，就构成了相互监督、循环监督，保证监督的权力接受监督，防止监督权的渎职和误用。

党内监督和人民群众监督、外部监督相结合

《条例》在总则中明确规定，坚持党内监督和人民群众监督相结合。这表明，党内监督是最基本的监督形式，同时党内监督要和党外监督结合起来，首先就是和人民群众监督相结合。这是由党和人民群众的关系所决定的，党来自人民、依靠人民、服务人民，人民是党的根基所在、命运所系。人民在国家当家作主，党代表人民治国理政，就必须接受来自人民群众的监督，把党的自我监督与人民群众的监督结合起来，这是马克思主义执政党的必然要求。党群结合、内外结合，形成合力。人心如镜、人心如尺，接受人民群众监督就能获得人民群众更大程度的认同和支持。一些党员、干部对人民群众监督有这样那样的顾虑，怕有损威信、有碍工作，怕搞偏了、搞砸了，这些都是不能摆正党和群众、领导和群众关系的表现。坚持党内监督和人民群众监督相结合，就要让人民群众参与、支持监督执纪问责工作，保障、畅通人民群众监督渠道，释放人民群众监督正能量，让更多群众参与到干部选拔任用工作中来，让网络成为接受人民群众监督的新渠道。

《条例》将党内监督和外部监督相结合单列一章，表明了强化党内监督，不仅不排斥外部监督，而且是将外部监督一起纳入党内监督的体系，以党内监督带动外部监督，以外部监督促进党内监督。外部监督包括各级党委支持和保证同级人大、政府、监察机关、司法机关等对国家机关及公职人员依法进行监督，人民政协依章程进行民主监督，审计机关依法进行审计监督。因此，有关国家机关发现党的领导干部违反党规党纪、需要党组织处理的，应当及时向有关党组织报告。人民政协民主监督以批评和建议为主要方式，体现团结、合作、协商精神，通过政协组织对国家机关及其工作人员的工作进行监督。外部监督包括各级党组织支持民主党派履行监督职能，重视民主党派和无党派人

士提出的意见、批评、建议，完善知情、沟通、反馈、落实等机制。中国共产党同各民主党派长期共存、互相监督、肝胆相照、荣辱与共，在监督问题上兼听则明、偏听则暗。外部监督包括各级党组织和党的领导干部认真对待、自觉接受社会监督，利用互联网技术和信息化手段，推动党务公开、拓宽监督渠道，虚心接受群众批评。一些地方、部门设立微信公众平台、开通随手拍一键举报等做法，推广手机客户端信访应用和远程视频接访，让社会监督更加方便快捷。执政党主动接受外部监督，就能够提高治国理政能力和水平，从而调动一切积极因素，团结一切力量为实现社会主义现代化和中华民族伟大复兴而共同奋斗。

牢牢把握新时代管党治党"六个相统一"的宝贵经验※

党的十八大以来,以习近平同志为核心的党中央全面加强党的领导和党的建设,勇于面对党面临的重大风险考验和党内存在的突出问题,紧紧盯住全面从严治党不力这个症结,以顽强意志品质正风肃纪、反腐惩恶,全面从严治党成效显著,管党治党宽松软的状况得到明显改变。在这一过程中,我们党坚持发扬党的历史上行之有效的好经验好做法,深化对管党治党规律的认识,创造出新的经验。习近平总书记在十九届中央纪委二次全会上发表的重要讲话中,系统总结新时代管党治党的成功经验,精辟概括为"六个相统一"。这就是坚持思想建党和制度治党相统一,使命引领和问题导向相统一,抓"关键少数"和管"绝大多数"相统一,行使权力和担当责任相统一,严格管理和关心信任相统一,党内监督和群众监督相统一。这些规律认识和新的经验,弥足珍贵,需要长期坚持、不断深化,成为全面从严治党永远在路上的基本遵循,成为新时代党的建设的重要原则。

"六个相统一"是新时代管党治党经验的科学总结

中国共产党是一个成立97年历史的政党,长期执政68年,拥有8900多万

※ 写于2018年。

党员,是世界第一大党,管好党治好党极为重要又极为艰巨。进入新时代,党承担着实现“两个一百年”奋斗目标的历史使命,要带领人民开启全面建设社会主义现代化国家新征程,必须坚持和加强党的全面领导,对党的领导和党的建设提出新的更高要求。同时,一个时期以来,党内政治生活中也出现了一些突出问题,如果管党不力、治党不严,不能坚定全党理想信念,坚决维护党中央权威和集中统一领导,严明党的政治纪律和政治规矩,着力解决人民群众反映最强烈、对党的执政基础威胁最大的突出问题,坚决消除党和国家内部存在的严重隐患,就会如习近平总书记所指出的,那我们党迟早会失去执政资格,不可避免被历史淘汰。正因如此,党的十八大以来全面从严治党的广度、深度、力度前所未有,实现了党内政治生态的革命性重塑。丰富深刻的党建实践,孕育而成宝贵的党建经验。

“六个相统一”回应新时代党的建设重大课题。新时代坚持和发展什么样的中国特色社会主义、怎样坚持和发展中国特色社会主义,这个重大时代课题体现在党的建设,就是新时代建设什么样的党、怎样建设党。全面从严治党是回应这个重大课题的根本要求。“六个相统一”则是从解决好六对重大关系入手,抓住了全面从严治党的关键问题。这些问题包括全面从严治党的基本路径、着力重点、主要对象、责任主体、重要方针、监督体制等。这些方面,充分体现了习近平新时代中国特色社会主义党建思想的深入思考和探索创新,揭示了新时代建设什么样的党、怎样建设党的规律性认识。

“六个相统一”推动党要管党、全面从严治党落在实处。以永远在路上的执着把从严治党引向深入,是我们党坚定不移的决心和信心。“六个相统一”则提供了把从严治党引向深入的主要举措,一是既要解决思想问题,也要解决制度问题;二是既要立足当前、直面问题,又要着眼未来、登高望远;三是既对广大党员提出普遍性要求,又对“关键少数”特别是高级干部提出更高更严的标准;四是紧紧咬住“责任”二字,抓住“问责”这个要害;五是坚持真管真严、敢管敢严、长管长严,贯彻惩前毖后、治病救人的一贯方针;六是以党内监督带动其他监督,充分发挥群众监督、舆论监督作用。这些都使得从严治党严在全面、严在长久、严在根本、严在合理。

“六个相统一”促进党的自我革命步步深入。中国共产党是勇于推进伟大社会革命和伟大自我革命的党，党的历史既是持续推进伟大社会革命的历史，也是不断开展党的自我革命的历史。没有伟大社会革命，党的自我革命就缺乏动力；没有党的自我革命，伟大社会革命就难以为继。全面从严治党是新时代党的自我革命的重要内容和鲜明标识，而“六个相统一”则是将党的自我革命引向深入的切实步骤。比如，坚持思想建党，促进了党的思想自我革命；坚持抓“关键少数”，促进了党的领导自我革命；以党内监督带动其他监督，促进了党的监督自我革命。

“六个相统一”是新时代党的建设基本规律的深刻揭示

保证全面从严治党持之以恒、毫不动摇，一个重要要求就是遵循新时代党的建设基本规律。“六个相统一”反映了习近平总书记在领导推进党的建设新的伟大工程中，对新时代党的建设规律的深邃思考和深刻把握。

思想建党为魂，制度治党为本。思想建党是党的建设的法宝。抛弃崇高理想信念，党就要走向堕落。新时代党的队伍面临各种思潮侵袭、各种考验诱惑，思想建党只能加强、不能削弱。制度治党是思想建党的硬约束，与思想建党相辅相成。必须把坚定理想信念作为根本任务，把制度建设贯穿到党的各项建设之中。

使命引领管方向，问题导向抓要害。管党治党首先要解决方向问题，使命引领保证正确方向。要紧紧围绕新时代党的历史使命，服从服务于这个大局，在加强统筹谋划、强化顶层设计上着力。管党治党不能无的放矢、止于空转，要把解决当前党的建设存在的重大问题作为主攻任务，特别是在解决人民群众最不满意的问题上下功夫。

“关键少数”示范，“绝大多数”同进。高级干部位高权重，影响力大、示范性强，是管党治党的“关键少数”，必须进行更严的管理和监督。抓好“关键少数”是管好“绝大多数”的重要前提和有效方法，严格要求高级干部的同时，也要教育好绝大多数党员，实现全面从严治党的党员全覆盖。

赋予行使权力，担当相应责任。管党治党的权力主体和责任主体必须统一，有权必有责，授权必负责；履责必赋权，依权履职责。要通过权责统一，真正把落实管党治党政治责任作为各级党委最根本的政治担当。

严格管理是保护，关心信任是激励。近些年许多事例表明，严格管理党员干部，是对党员干部的最大爱护、最好保护。党组织对党员干部违纪违法的苗头，睁一只眼闭一只眼，得过且过，最后是害了党员干部。严格管理的基础，始终是关心信任。无论怎样严格管理，根本的出发点和落脚点，还是关心爱护。通过抓早抓小、防微杜渐，最大限度防止干部出问题，最大限度激发干部积极性。

党内监督强化自我监督，群众监督建立外部监督。对于我们这样一个大党和长期执政的党来说，党内监督是第一位的监督机制。勇于自我监督，才有勇气接受外部监督。党的十八届六中全会通过的《中国共产党党内监督条例》，就是党的自我监督的有力证明。同时，要让人民监督权力，把党内监督同民主监督、群众监督、舆论监督等监督机制贯通起来，积极畅通人民群众建言献策和批评监督渠道。

坚持“六个相统一”，开创全面从严治党新局面

深入推进全面从严治党，不断增强党的创造力、凝聚力、战斗力，为决胜全面建成小康社会、全面建设社会主义现代化国家提供坚强保证，是新时代党的建设的目标要求。坚持“六个相统一”，把党建设得更加坚强有力，将使我们党在中国特色社会主义新时代呈现新气象、推出新作为。

坚持“六个相统一”，加强党的长期执政能力建设、先进性和纯洁性建设。“两大建设”是新时代党的建设主线，“六个相统一”也要紧紧围绕这“两大建设”来实施。要促使党的建设经验方法在实践过程中转化为党的长期执政能

力的增强，转化为党的先进性和纯洁性的提高。

坚持“六个相统一”，提高党的建设质量、增强党组织的政治功能和组织功能。高质量发展的思想不仅限于经济建设，提高党的建设质量是习近平党建思想的重要观点。“六个相统一”的内涵，都包含着以全面性科学性提高党的建设质量的努力。我们党有数以百万计的党组织，党组织的政治功能和组织功能发挥得怎么样，直接关系到党的创造力、凝聚力、战斗力。“六个相统一”既是党组织政治功能和组织功能的发挥，也是增强党组织政治功能和组织功能的途径。

坚持“六个相统一”，增强全面从严治党的系统性、创造性、实效性。推动全面从严治党向纵深发展，要从管党治党的方法、价值、效果等方面发力。“六个相统一”从方法上看，体现着全面从严治党的系统性；从价值上看，彰显着全面从严治党的创造性；从效果上看，增强着全面从严治党的实效性。

以党的政治建设为统领推进全面从严治党※

党的十九大强调党的政治建设是党的根本性建设，新时代党的建设总要求提出以党的政治建设为统领。中共中央印发了《关于加强党的政治建设的意见》，对这一重大要求作出深入阐述、系统部署，是新时代加强党的政治建设的基本遵循。贯彻落实《意见》，是坚持和加强党的全面领导，推进全面从严治党向纵深发展，不断提高党的执政能力和领导水平，确保全党统一意志、统一行动、步调一致向前进的切实举措。贯彻落实《意见》，根本的就是要牢牢把握以党的政治建设为统领推进全面从严治党这一主线。

以党的政治建设为统领锻造坚强领导核心

坚持党对一切工作的领导，是新时代坚持和发展中国特色社会主义的组织保证。坚持党的领导，就要加强党的建设，全面从严治党，始终保持党的先进性和纯洁性，确保我们党始终成为中国特色社会主义事业的坚强领导核心，为实现“两个一百年”奋斗目标和中华民族伟大复兴的中国梦提供坚强政治保证。党的政治建设事关根本、事关全局、事关长远，决定党的建设方向和效果，是统揽推进伟大斗争、伟大工程、伟大事业、伟大梦想的关键枢纽。

党的政治建设坚定政治信仰，夯实全党思想根基。习近平总书记在中央

※ 写于2019年。

党校中青年干部培训班开班式上指出："一个政党有了远大理想和崇高追求，就会坚强有力，无坚不摧，无往不胜，就能经受一次次挫折而又一次次奋起；一名干部有了坚定的理想信念，站位就高了，心胸就开阔了，就能坚持正确政治方向，做到'风雨不动安如山'"。学理论、强信念，筑牢信仰之基，补足精神之钙，把稳思想之舵，就能挺起共产党人的精神脊梁，而不是信鬼神不信马列、信金钱不信真理。就能坚持以党的旗帜为旗帜、以党的方向为方向、以党的意志为意志，始终做到在党言党、在党忧党、在党为党，任何时候都同党同心同德。

党的政治建设强化政治领导，坚决做到"两个维护"。加强党的政治建设，必须坚持和加强党的全面领导，最重要的是坚决维护党中央权威和集中统一领导；坚决维护党中央权威和集中统一领导，最关键的是坚决维护习近平总书记党中央的核心、全党的核心地位。在党的政治建设中要教育引导党员干部从历史和现实、理论和实践、国内和国际的结合上深刻认识、强化认同，不断增强拥护核心、跟随核心、捍卫核心的思想自觉、政治自觉、行动自觉，始终同以习近平同志为核心的党中央保持高度一致，做到党中央提倡的坚决响应、党中央决定的坚决执行、党中央禁止的坚决不做。

党的政治建设提高政治能力，把握方向、大势和全局。加强党的政治建设，关键是要提高各级各类组织和党员干部的政治能力，不断强化各级各类党组织的政治属性和政治功能，在党中央集中统一领导下齐心协力、步调一致开展工作，形成党的组织体系整体合力。党员干部特别是领导干部要加强政治能力训练和政治实践历练，切实提高把握方向、把握大势、把握全局的能力和辨别政治是非、保持政治定力、驾驭政治局面、防范政治风险的能力，及时阻断不同领域风险转换通道，防止非公共性风险扩大为公共性风险、非政治性风险演变为政治性风险。

党的政治建设净化政治生态，党内正气充盈、政治清明。加强党的政治建设，必须把营造风清气正的政治生态作为基础性、经常性工作，让党员干部经常接受政治体检，打扫政治灰尘，净化政治灵魂，增强政治免疫力，坚决防止和克服党内政治生活忽视政治、淡化政治、不讲政治的倾向。在政治建设中要增强党员干部的政治定力、纪律定力、道德定力、拒腐定力，坚决抵制庸俗腐朽的政治文化，自觉抵制商品交换原则对党内生活的侵蚀，狠刹权权交易、权钱交易、权色交易等不正之风，破除关系学、厚黑学、官场术等封建糟粕，坚决防止和反对个人主义、分散主义、自由主义、本位主义、好人主义，坚决防止和反对宗派主义、圈子文化、码头文化。

以党的政治建设为统领带动党的建设质量全面提高

全面从严治党，要求全面推进党的政治建设、思想建设、组织建设、作风建设、纪律建设，把制度建设贯穿其中，深入推进反腐败斗争，不断提高党的建设质量。《意见》提出，要以党的政治建设为统领，把政治标准和政治要求贯穿党的各项建设和反腐败斗争始终，以政治上的加强推动全面从严治党向纵深发展，引领带动党的建设质量全面提高。这就进一步凸显了党的政治建设在党的全面建设中的根本性地位。

聚焦党的政治要求全面提高。以党的政治建设为统领，就要聚焦党的政治属性、政治使命、政治目标、政治追求持续发力。进入新时代，要把我们党建设成为始终走在时代前列、人民衷心拥护、勇于自我革命、经得起各种风浪考验、朝气蓬勃的马克思主义执政党。党的政治属性要求，决定了党的各项建设不能庸俗化、平面化、娱乐化。实现社会主义现代化和中华民族伟大复兴，是坚持和发展中国特色社会主义的总任务，也是党在新时代的政治使命。我们现在所处的，是一个船到中流浪更急、人到半山路更陡的时候，是一个愈进愈难、愈进愈险而又不进则退、非进不可的时候。党的建设必须与之相适应，不能放松懈怠、遇难而退、偃旗息鼓。党是最高政治领导力量。坚持党对一切工作的领导，坚持和加强党的全面领导，是党的政治目标。打铁必须自身硬，坚持党的全面领导必须全面加强党的建设，把党建设得更加坚强有力。勇于进行伟大自我革命，不断自我净化、自我完善、自我革新、自我提高，是党在新时代的政治追求。只有勇于自我革命，才能有效应对“四大考验”“四种危险”，走出历史周期率，不被历史淘汰。

贯穿党的各项建设全面提高。发挥党的政治建设统领作用，就要将其贯穿于党的各项建设之中，使其切实展现统揽统筹的地位作用。党的思想建设要以政治建设为目的，以思想坚定、理论坚定强化政治坚定。筑牢信仰之基，补足精神之钙，把稳思想之舵，本质上都是增强党员干部的政治素养，都是党的政治建设的应有之义。党的组织建设要以政治建设为标准，按照德才兼备、以德为先的标准培养选拔干部，关键看是否对党忠诚，党的基层组织建设要突出政治功能。党的作风建设要以政治建设为主线，从永葆党的性质宗旨的高度持之以恒加强作风建设，以保持党同人民群众血肉联系的意识解决群众反映强烈的问题。党的纪律建设要以政治建设为中心，纪律建设是全面从严治党的治本之策，不改变纪律松弛的局面，就会削弱党的执政能力，动摇党的执政基础。党的制度建设要以政治建设为根本，深化国家监察体制改革，就是要推进公权力运行法治化，消除权力监督的真空地带，压缩权力行使的任性空间。反腐败斗争要以政治建设为着眼，必须从关系党和国家生死存亡的高度，以强烈的历史责任感、深沉的使命忧患感推进反腐败斗争，着力营造不敢腐、不能腐、不想腐的政治氛围。

针对党建突出问题全面提高。必须清醒看到，党内存在的政治问题还没有得到根本解决，一些党组织和党员干部忽视政治、淡化政治、不讲政治的问题还比较突出，有的甚至存在偏离中国特色社会主义方向的严重问题。切实有效解决这些问题，必须进一步加强党的政治建设。党的建设存在着许多方面的问题，最为紧要的还是要解决党内存在的政治问题；全面从严治党需要全面解决党的建设存在的问题，最为迫切的还是要围绕政治意识不强、政治立场不稳、政治能力不足、政治行为不端等突出问题强弱项补短板。要用增强“四个意识”、坚定“四个自信”、做到“两个维护”的行动解决政治意识不强的突出问题，以正确的认识、正确的行动坚决做到“两个维护”，坚决防止和纠正一切偏离“两个维护”的错误言行，不得搞任何形式的“低级红”“高级黑”，决不允许对党中央阳奉阴违做两面人、搞两面派、搞“伪忠诚”。要用“不忘初心，牢记使命”的真诚解决政治立场不稳的突出问题，把党的初心、党的使命铭刻于心，把人民放在心中最高位置，同人民风雨同舟、血脉相通、生死与共，任何时候都不能忘记为了谁、依靠谁、我是谁。要用增强斗争精神、强化政治担当的无畏解决政治能力不足的突出问题，面对大是大非敢于亮剑，面对矛盾敢于迎难而上，面对危机敢于挺身而出，面对失误敢于承担责任，面对歪风邪气敢于坚决斗争，做勇于斗争的“战士”，不做爱惜羽毛的“绅士”。要用中国共产党人政治品格、价值追求、精神境界、作风操守的要求解决政治行为不端的突出问题，涵养政治定力，练就政治慧眼，恪守政治规矩，任何时候都要稳得住心神、管得住行为、守得住清白。

以党的政治建设为统领推动实现党的奋斗目标

从党的十九大到党的二十大，是实现“两个一百年”奋斗目标的历史交汇期，党的使命重大而艰巨，亟待进一步提高党的执政能力和领导水平，保证如期实现党的奋斗目标。在这样一个关键阶段出台《意见》具有重要意义，加强党的政治建设统领地位，不仅是党的全面建设的有力统领，而且是实现党的奋斗目标的重大动力。

增强党实现奋斗目标的领导力。党的领导根本上是政治领导，党的政治建设在于增强党的政治能力，从而提高党的政治领导力。党的领导依靠各级党组织和广大党员，党的建设强筋健骨，促使党的领导贯通有力、层层落实。实现“两个一百年”奋斗目标，是一场前所未有、充满挑战的新的进军，对党的领导力是极大考验。党的政治建设提高党把方向、谋大局、定政策、促改革的能力，保证党在新征程中掌好舵盘，方向不偏、航向不歪，顺利到达目的地。党是实现奋斗目标的中坚力量，党的政治建设增强全党的政治素质，增强政治素质就能抵御来自各方面的风险挑战。党的领导力的增强，就能使党的领导能力与实现奋斗目标的要求相适应，以高度政治能力实现宏伟蓝图。

增强党实现奋斗目标的凝聚力。实现“两个一百年”奋斗目标，必须把近

14亿中国人民的主动性创造性充分激发出来，全民族全社会万众一心、共同奋斗。党是领导中国特色社会主义的核心力量，全民族全社会的凝聚力依靠党的坚强领导来强化。党的政治建设增强党的政治领导力、思想引领力、群众组织力、社会号召力，从而彰显中国特色社会主义最本质特征，发挥中国特色社会主义制度的最大优势，在实现奋斗目标的新征程中凝聚起中华民族的磅礴力量。新形势下，党面临的精神懈怠危险、能力不足危险、脱离群众危险、消极腐败危险是尖锐的、严峻的，必须加强党的政治建设化解"四种危险"。否则，党自身软弱涣散，就会失去担当坚强领导核心的能力素质、威信影响。加强党的政治建设成果越为显著，党的号召力凝聚力引领力就越强。

增强党实现奋斗目标的战斗力。习近平总书记曾指出，改革开放已走过千山万水，但仍需跋山涉水，摆在全党全国各族人民面前的使命更光荣、任务更艰巨、挑战更严峻、工作更伟大。伟大梦想是拼出来、干出来的，党的率先垂范、拼搏精神、战斗能力至关重要。党的战斗力来自党的建设，党的政治建设赋予党的战斗力以灵魂，极大提升党的战斗力。坚强的政治领导、坚定的政治信仰、先进的政治文化就是战斗力，党拥有强大的战斗力，就能够团结带领人民攻坚克难、乘风破浪、一往直前！

农业农村现代化进程中的乡风文明建设※

乡风文明是精神文明的乡村实践，是乡村振兴的文明基础。新时代中国特色社会主义文化建设包含乡风文明建设，新时代"三农"工作要求建设乡风文明。以习近平同志为核心的党中央将乡风文明建设作为乡村振兴战略的重要内容，科学部署、系统推进，取得显著成效。新时代乡风文明建设，是在党的十九大开启全面建设社会主义现代化国家的新征程中展开的，是在推进农业农村现代化的大背景中实施的，如同习近平总书记所说，是把我国农耕文明优秀遗产和现代文明要素结合起来，赋予新的时代内涵，让中华优秀传统文化生生不息，让我国历史悠久的农耕文明在新时代展现其魅力和风采。我们今天的乡风文明建设，是在农业农村现代化进程中的乡风文明建设。

农业农村现代化确定了新时代乡风文明建设的历史方位

乡风文明是在我国历史悠久的农耕文明土壤上生长起来的。从狩猎文明到农耕文明，金属工具的发明、水利工程的建设、土地产权的确立、温暖湿润的气候，等等，推动中华民族进入了农业社会，产生了古代文明发展的辉煌期和高峰期。我国农耕文明源远流长、博大精深，是中华优秀传统文化的根。我国很多村庄有几百年甚至上千年的历史，至今保持完整。很多风俗习惯、村规民

※ 写于2019年。

约等具有深厚的优秀传统文化基因，至今仍然发挥着重要作用。从中国特色的农事节气，到大道自然、天人合一的生态伦理；从各具特色的宅院村落，到巧夺天工的农业景观；从乡土气息的节庆活动，到丰富多彩的民间艺术；从耕读传家、父慈子孝的祖传家训，到邻里守望、诚信重礼的乡风民俗，等等，都是中华文化的鲜明标签，都承载着华夏文明生生不息的基因密码，彰显着中华民族的思想智慧和精神追求。这些乡风文明，散发着浓郁的泥土气味，是农耕文明孕育的果实。

只要有农业和农村，就会有农耕文明和乡风文明，农耕文明和乡风文明可以与不同的社会形态、产业形态、技术形态共存，可以与不同的历史时代兼容。也就是说，即使从农业社会进入工业社会和信息社会，从古代进入近代和现代，农耕文明和乡风文明仍然存在，仍然成为社会文明谱系中的一条“血脉”、一条“宽带”，有其独特的地位和价值。

自鸦片战争以来170多年的中华民族历史，是一部为实现民族复兴走向现代化艰难曲折的历史。新中国成立后，中国共产党带领人民开始了在社会主义道路上实现现代化的奋斗历程。农业现代化从新中国成立初期就纳入了现代化的目标体系，用现代农业改造传统农业，不可避免地带来了传统农耕文明和传统乡风文明的逐步改变。改革开放后，我们党一心一意搞现代化，农村改革、乡镇企业、农民进城、城乡一体，对传统农业和传统农村的影响和冲击是深刻而巨大的。全面建设社会主义现代化国家，我国社会主义现代化建设进入新的发展阶段，这是我国未来30年发展的大趋势大环境，这也明确了新时代乡风文明建设的时代坐标和历史方位。

农业农村现代化赋予了新时代乡风文明建设的时代内涵

建设社会主义现代化，不能没有农业和农村的现代化。农业农村现代化既是全面建设社会主义现代化国家的重要组成，又是未来几十年农业农村发展的总体方略，决定了新时代乡风文明建设的鲜明特色和时代内涵。一方面，乡土文化的根不能断,农耕文化不仅不能丢,而且要不断发扬光大。要深入挖掘、继承、创新优秀传统乡土文化,让有形的乡村文化留得住,让活态的乡土文化传下去。另一方面,要在传承的基础上发展提升农耕文明,结合时代要求进行创新。要以中国特色社会主义文化作为乡风文明建设的统领,以社会主义核心价值观作为乡风文明建设的准则,以社会主义现代化作为乡风文明建设的依据。

就拿“善行象山”主题实践活动来说,自2013年启动以来,该活动就紧密地与培育和践行社会主义核心价值观相吻合,与农民群众现代新观念相契合,与现代传播体系和工作方式相配合,取得了显著成效。比如,象山县志愿服务制度化,打造独具象山特色的志愿服务品牌,就是乡风文明建设的现代内涵和发展方向。志愿精神超越了以血缘关系、熟人关系为纽带的互助行为,超越了以市场交换、利益交换为纽带的互利行为,是以关爱、无私为基准的奉献行为,是社会主义现代化精神的重要体现。在推进农业农村现代化进程中,在乡村大力倡导和培育志愿文化,是乡风文明建设的现代导向。

农业农村现代化进程中乡风文明建设的时代内涵,一是找准传统与现代的结合点。比如,以社会主义核心价值观为引领,深入挖掘优秀传统农耕文化蕴含的思想观念、人文精神、道德规范,培育文明乡风、良好家风、淳朴民风,提高乡村社会文明程度,焕发乡村文明新气象。二是拓展本土与世界的共同点。地方特色要保持,同时也要向全国和世界传播,让更多的地区和人们所认同和接受。既是象山的,又是中华民族的,还是人类文明的。三是增强田园诗与现代化的融合点。现如今,乡村不再是单一从事农业的地方,还有重要的生态涵养功能,令人向往的休闲观光功能,独具魅力的文化体验功能。乡村越来越成为人们养生养老、创新创业、生活居住的新空间。人们向往田园风光、诗意山水、乡土文化、民俗风情、农家美食,追求与自然和谐相处的乡村慢生活成为一种时尚。田园变公园,农房变客房,劳作变体验,乡村优美环境、绿水青山、良好生态成为稀缺资源,乡村的经济价值、生态价值、社会价值、文化价值日益凸显。

农业农村现代化立起了新时代乡风文明建设的现代水准

我们参观考察了象山县墩岙村、溪里方村、高泥村，感受到的是社会主义新农村的新面貌，是从传统农业农村向现代农业农村转变的新景象。无论是高速通村镇、宽带进农户，农民住新居，还是乡村治理有规有序、农村环境清洁整齐、村民说事基层民主，都反映了农业农村现代化建设带来的深刻变化。这种变化不仅外化于表，而且内化于人，反映了在改革开放40多年后的今天，在信息技术、交通技术高度发达的今天，在城乡一体化的今天，乡风建设的农民主体也在发生深刻的变化，再也不是高晓声笔下《陈奂生上城》里的农民形象了。因此，新时代乡风文明建设，必须立足于培育现代化农民、推进农民的现代化。

习近平总书记在中央城镇化工作会议上指出，现代化的本质是人的现代化，真正使农民变为市民并不断提高素质，需要长期努力，不可能一蹴而就。这就告诉我们，现代化成功与否依靠人的现代化，现代化建成标志根本是人的现代化。现阶段人民的能力素质、思想观念、价值准则、行为方式等，与全面建设社会主义现代化国家的要求相比，都需要进一步提高，实现自身的现代化转变。农民是我国社会的重要构成，人的现代化不能没有农民的现代化，农民的现代化任务最重。农业农村现代化，要从农民的现代化做起；建设乡风文明，要以农民的现代化为牵引。让农业成为有奔头的产业，让农村成为安居乐业的美丽家园，首先就要让农民成为有吸引力的职业，让农民成为受人尊重的群体，让农民成为现代化程度较高的生产劳动者。

农业农村现代化塑造了新时代乡风文明建设的推进机制

新时代乡风文明建设，需要相应有力的推进机制。农业农村现代化，既是发展目标，也是发展机制，推动着农业农村的整体转变，包括推动新时代乡风文明建设的现代转变。

农业农村现代化,是新中国成立后农业发展和农村建设的一次伟大革命,不仅是农业生产方式的现代化,而且是农村思想观念的现代化。农业农村现代化,包含着一整套评价准则和评价机制。新时代乡风文明建设,要有利于农业农村现代化的发展方向,要按照社会主义新农村的价值内涵对标对表。

社会主义现代化是全面的现代化,一个都不能少;农业农村现代化包含方方面面、上上下下、里里外外,一项都不能缺。任何领域、任何环节都不能滞后。全面的现代化本身就是乡风文明建设的动力机制,要求乡风文明建设要与农业农村现代化的建设步伐相一致,与农业农村现代化的布局部署相协调。不仅不能拖后腿,而且要走在前面,发挥精神引领作用。

象山创立的"开渔节",是运用现代化理念,利用现代传播体系,推进乡风文明建设的一个杰作。开渔节保留了渔民某些习俗仪式,但绝非是祈求上天、龙王保佑的慰藉,也不是促进渔业丰收的制度创新,而是展现区域发展、提升区域形象、塑造区域文化的成功实践,是传统融入现代、服务现代的文化创新。

国家安全治理

新形势下国家安全治理的总方略※

安全是生存与发展之基，保证国家安全是治国理政的基本目标。“实现什么样的国家安全，怎样保证国家安全”是国家安全观的基本内容。国家安全观作为关于国家安全的核心观念、支撑理论、根本方针，规定了国家安全的战略地位，确立了国家安全的价值准则，决定了国家安全的主要方向，引导着一个国家的安全实践。党的十八大后，我国发展进入由大向强的新跨越，国家安全呈现拓展深化的新需求，安全态势呼唤掌控全局的新观念，国家治理构建安全中国的新常态。习近平总书记深入思考新形势下国家安全治理这一重大战略课题，创造性地提出总体国家安全观，这是中国特色社会主义安全观的最新成果。总体国家安全观对于在全面建成小康社会、实现中华民族伟大复兴中国梦的征程中，营造更加稳固的国家安全环境、形成更加有力的国家安全保障，具有重大理论和实践意义。

保障实现中国梦的国家安全需求，把握更加丰富宽广复杂的国家安全特征，总体国家安全观提供了赢得新的伟大斗争所要求的时代安全观，是确保民族复兴的国家安全总战略

国家安全观从本质上反映了国家安全的现实需求。改革开放近40年来，

※ 写于2014年。

我们前所未有地接近实现中华民族伟大复兴的伟大目标，中国梦成为可望又可及、可盼又可行的美好愿景。越是走向经济富强、政治民主、生活富裕，越是追求和平发展、和谐发展、持续发展，越需要基础稳定、运行有序、安全牢固。习近平总书记清醒认识实现中国梦对国家安全的全面、强劲、迫切需求，充分认清国家安全形势的复杂性和严峻性，要求高度警惕国家被侵略、被颠覆、被分裂的危险，高度警惕改革发展稳定大局被破坏的危险，高度警惕中国特色社会主义进程被打断的危险。这就意味着高度警惕、有效防范总体国家安全受到严重冲击的危险，从而把强国梦、强军梦、安全梦高度统一起来，为实现中国梦提供安全保障。适应新形势下维护国家安全的需要，党的十八届三中全会决定成立国家安全委员会，负责制定和实施国家安全战略，推进国家安全法治建设，制定国家安全工作方针政策，研究解决国家安全工作中的重大问题。这是建立集中统一、高效权威的国家安全体制的重大举措，是从组织领导上确保国家安全的制度设置。2014年4月15日，习近平总书记在中央国家安全委员会第一次会议上，明确提出坚持总体国家安全观，走出一条中国特色国家安全道路，强调指出："增强忧患意识，做到居安思危，是我们治党治国必须始终坚持的一个重大原则。我们党要巩固执政地位，要团结带领人民坚持和发展中国特色社会主义，保证国家安全是头等大事。"这就表明了总体国家安全观的时代价值和现实意义，表明了我们党保障国家富强、民族振兴、人民幸福的安全自觉。

总体国家安全观建立在清醒认识国家安全环境深刻变化，准确把握国家安全面临的机遇和挑战基础上，是综合国家安全需求与国家安全形势于一体，谋划夯实国家安全基石的战略决策。习近平总书记科学分析我国国家安全的时代特征，深刻揭示总体国家安全观的实践底蕴，显示出坚持总体国家安全观的深谋远虑。一是国家安全内涵和外延比历史上任何时候都要丰富，国家安全总体更新。非传统安全如金融安全、能源安全、环境安全等，正在改变着国家安全的概念。二是国家安全时空领域比历史上任何时候都要宽广，国家安全总体增容。战争制胜权从争夺制高权到制海权、制空权，再到制太空权、制信息权的演进，都反映了国家安全空间和安全领域的拓展。守卫安全空间不仅是有形空间的管控，而且是无形空间的治理。习近平总书记强调没有网络安全就没有国家安全，指明了虚拟世界安全的新领域。三是国家安全内外因素比历史上任何时候都要复杂，国家安全总体难控。当前，我国面临对外维护国家主权、安全、发展利益，对内维护政治安全和社会稳定的双重压力，世界急剧变化增大了我国安全的不稳定性不确定性。各种威胁和挑战联动效应明显，敌对势力把互联网、手机等新兴媒介作为寻衅滋事和扩散升级社会矛盾的重要渠道，国家安全中各种可以预见和难以预见的风险因素明显增多。“明者因时而变，知者随世而制”，总体国家安全观正是与时俱进发展国家安全观的深邃思考结晶。

总体国家安全观提供了新形势下保证国家安全的理论指导。中华民族伟大复兴绝不是轻轻松松、顺顺当当就能实现的，必须进行具有许多新的历史特点的伟大斗争，其中就包括为实现中国梦筑牢安全保障的伟大斗争。这就要求国家安全观具有新的历史特点，反映新的时代要求，引领新的安全实践，概而言之就是谋求总体国家安全。一是把握国家安全在世界大势中的总体性，具有谋求国家安全的国际视野。当今世界，国与国之间相互依存和利益交融日益加深，世界越来越成为你中有我、我中有你的命运共同体。国家安全与国际安全紧密关联，任何国家都不可能独自成为一个安全“孤岛”。总体国家安全观把国家安全放在国际安全形势中来思考，既能有效应对外部种种不安全因素的冲击，又能以国家自身安全促进国际安全趋势。二是把握国家安全在民族复兴中的总体性，具有谋求国家安全的大局意识。习近平总书记曾指出，国防和军队建设，必须放在实现中华民族伟大复兴这个大目标下来认识和推进，服从和服务于这个国家和民族最高利益。国防安全、军事安全如此，整个国家安全也是如此，都要自觉成为赢得新的伟大斗争、实现民族复兴的有机组成、有效因素、有力保障。三是把握国家安全在各个领域中的总体性，具有谋求国家安全的整体观念。当代社会已成为多层一体、多位一体、多类一体的综合体，系统要素相互影响和制约，形成系统支配要素、要素塑造系统的协同效应。国家安全是各领域安全状况的总体结果，国家安全治理不能“一叶障目，不见泰山”。总体国家安全观把国家安全作为一个紧密相关、相互依存的系统，通过各领域的安全治理来达成总体国家安全的效果，又通过总体国家安全状态的保持来推动各领域的安全治理。

根据中国特色社会主义的国家安全准则，确定维护国家根本利益、促进发展大局的国家安全道路，总体国家安全观提供了保证我国兴旺发达、长治久安的科学安全观，是坚持中国道路的国家安全总构建

安全是一个从需求到实现的过程。国家安全的实现，经历目标制定、战略抉择、道路确立到安全实践等环节，贯穿其中的是一定的国家安全准则。国家安全的目标制定，必须遵从国家的基本价值目标；国家安全的战略抉择，必须经过方向选择、重点比较、资源倾斜、利弊轻重的权衡；国家安全的道路确立，必须根据国家的基本制度、基本国情、基本需求。国家安全准则是国家安全目标、战略、道路的基本依据。习近平总书记提出的总体国家安全观，是对国家安全的总体筹划，核心是要确立中国特色国家安全道路，为保证国家安全指明方向、规划全局、抓住重点。道路是有原则、有立场、有价值观的，中国特色国家安全道路是中国特色社会主义道路的具体体现，所依据的是中国特色社会主义的原则、立场和价值观。体现在国家安全准则上，就是要有利于维护国家根本利益、促进国家发展大局。

中国特色国家安全道路以人民安全为宗旨，彰显国家安全本质。国家安全的本质是国家与人民的关系，也就是人民利益在国家安全中的地位。中国梦归根到底是人民的梦，国家安全归根到底是人民安全。我们的国家安全坚持人民主体，是为了人民、保护人民、支持人民的国家安全。国家安全保障人民安全，人民安全强化国家安全。这是国家安全的灵魂，是中国特色国家安全道路的本质属性。党的十八届四中全会《决定》明确了实现全面推进依法治国

总目标的基本原则，强调必须坚持法治建设为了人民、依靠人民、造福人民、保护人民，以保障人民根本权益为出发点和落脚点，保证人民依法享有广泛的权利和自由、承担应尽的义务，维护社会公平正义，促进共同富裕。这就是以法治维护人民的权利安全，为13亿多人民提供法治的安全网。

中国特色国家安全道路以政治安全为根本，守护国家安全命脉。人民安全依靠制度保障，人民当家作主的社会制度是人民安全的根本保障，保障人民安全就是要保证政治安全。政治安全包括制度安全、政权稳固、政局稳定、国家统一、民族团结等。中国特色社会主义制度是政治之本，维护政治安全，最重要的就是坚定不移走中国特色社会主义道路，坚持和完善中国特色社会主义制度。如果这一点把握不好、把握不牢，走偏了方向，就会给党和人民的事业带来损害，影响社会政治稳定，影响党和国家长治久安。冷战结束后，不少发展中国家被迫采纳了西方模式，结果党争纷起、社会动荡、百姓流离失所，至今都难以稳定下来，教训十分深刻。因此，绝不照搬西方政治制度模式，不搞多党轮流执政，不搞“三权分立”和两院制，是维护我国政治安全的根本要求。

中国特色国家安全道路以经济安全为基础，夯实国家安全根基。经济发展是国家发展之基，经济安全同样也是国家安全之基。经济安全是在把握经济发展阶段性特征、适应经济发展新常态的过程中，通过主动作为、积极调控来实现的。当前，我国经济运行仍面临不少困难和挑战，经济下行压力较大，结构调整阵痛显现，企业生产经营困难增多，部分经济风险显现。2014年12月召开的中央经济工作会议强调，我国经济正在向形态更高级、分工更复杂、结构更合理的阶段演化，经济发展进入新常态，正从高速增长转向中高速增长，经济发展方式正从规模速度型粗放增长转向质量效率型集约增长，经济结构正从增量扩能为主转向调整存量、做优增量并存的深度调整，经济发展动力正从传统增长点转向新的增长点。认识新常态，适应新常态，引领新常态，是当前和今后一个时期我国经济发展的大逻辑，同样也是保证我国经济安全的大逻辑。

中国特色国家安全道路以军事、文化、社会安全为保障。建设中国特色社会主义需要全面推进、协调发展的总布局，国家安全也是一个整体布局，成为系统安全、安全系统。否则，局部动荡就可能酿成整体危机。军事安全以武装力量为手段，为国家安全提供军事保障。文化安全是中华民族文化在全球思想文化交流交融交锋中，始终保持强大生命力的文化态势；是社会主义价值体系在与资本主义价值体系较量中，始终保持强大感召力的文化格局。维护文化安全，就要弘扬和培育社会主义核心价值观，大力弘扬中华优秀传统文化，提高国家文化软实力，牢牢掌握意识形态工作领导权和话语权，特别是要做好网上舆论工作。社会安全是国家安全的晴雨表。当前，我国社会矛盾明显增多，社会稳定进入风险期，全面推进平安中国建设意义重大。习近平总书记曾指出，平安是老百姓解决温饱后的第一需求，是极重要的民生，也是最基本的发展环境。要从维护最广大人民根本利益做起，确保人民安居乐业、社会安定有序。

中国特色国家安全道路以促进国际安全为依托，改善国家安全环境。面对错综复杂的国际安全威胁，合作安全、集体安全、共同安全是解决问题的正确选择。我国积极参与国际安全事务，例如，呼吁坚持理性、协调、并进的核安全观，从根源上解决核恐怖主义和核扩散问题，积极推动核安全国际合作。对于亚洲安全问题，习近平总书记倡导共同、综合、合作、可持续的亚洲安全观，创新安全理念，搭建地区安全和合作新架构，努力走出一条共建、共享、共赢的亚洲安全之路。

中国特色国家安全道路，是总体国家安全观的核心要义，反映了我国国家安全的内在规律，是保证国家安全的正确道路。总体国家安全观，深入总结我国历史上治乱兴亡的经验教训，特别是近代史上屡遭侵略、内乱不已、生灵涂炭、民不聊生的惨痛教训，融入了“安而不忘危，存而不忘亡，治而不忘乱”的强烈安全意识；继承发展新中国成立特别是改革开放以来我们党坚决维护国家安全稳定的宝贵经验，把决不牺牲国家核心利益作为国家安全的最高准则；认真研究新形势下保证国家安全的特点和规律，妥善处理好维护国家安全的多种关系，增强了国家安全观的科学性、实践性、指导性。总体国家安全观，在中国特色社会主义道路的框架内构建中国特色国家安全道路，丰富和拓展了中国道路，同时又把中国特色国家安全道路作为国家安全治理的总构建，规定了国家安全治理的方向和路径。国家安全的各个领域、各种制度、各项举措，都要在这条道路的基础上推进和展开。

推进国家治理现代化目标下的国家安全治理，统筹多层次多类型多领域国家安全体系，总体国家安全观提供了协调运转、互利互进的系统安全观，是全面治国理政的国家安全总指针

国安才能国治，治国必先治安。保证国家安全，是推进国家治理体系和治理能力现代化、实现长治久安的迫切要求。国家安全，必须在国家治理的大背景下来思考和筹划，必须将安全治理作为基本路径来维护和保障。坚持总体国家安全观，体现在治理实践上，就是推进国家安全总体治理；走出一条中国特色国家安全道路，就是安全各领域、各要素、各层面的统筹治理，创建当代中国国家安全治理系统格局。国家治理，既可以从社会结构上推进，也可以从社会功能上推进。安全治理就是一种功能治理，是以安全为目的的治理活动。我国国家安全治理，是全面系统的安全治理体系，朝着国家安全治理体系和安全治理能力现代化迈进。

国家安全体系是国家安全治理的系统框架，是总体国家安全观的主要内容。习近平总书记强调贯彻落实总体国家安全观，必须处理好五对关系，实际上也是掌握好国家安全体系的五组支架。五对关系的内部关联以及它们之间的相互连接，构成了国家安全体系的总体框架。重视并巩固国家安全的这些基本方面，就是从总体国家安全观向国家安全总体治理的实践转化。一是实现发展问题与安全问题的有机统一。发展是安全的基础，安全是发展的条件；富国才能强兵，强兵才能卫国。我们既不能走历史上有些朝代文盛武衰、国富兵弱的老路，也不能走当今世界有些国家穷兵黩武、搞军备竞赛最终拖垮国家

的邪路。二是实现外部安全与内部安全的良性互动。建设和谐世界营造外部安全，建设平安中国筑牢内部安全。外部安全有利于内部安全，和衷共济、合作共赢的世界是我国走和平发展道路的环境条件；内部安全有利于外部安全，我国作为一个新兴大国，国泰民安是世界的福音。三是实现国土安全与国民安全的共同巩固。国土是国民的家园，国民是国土的儿女，二者密不可分。历史告诉我们，捍卫领土主权就是保卫国民安全，保卫国民安全就要誓守国土安全。四是实现传统安全与非传统安全的统筹治理。传统安全与非传统安全只有产生先后、形式不同的区分，并没有孰大孰小、孰重孰轻之别。既不能因传统安全历史长、影响深而忽视非传统安全，也不能因非传统安全现实性强、威胁大而忘却传统安全。而且，传统安全可以以新的形式转化为非传统安全，非传统安全也可以随着时间的推演、问题的变换而转化为传统安全。五是实现自身安全与共同安全的相辅相成。打造命运共同体，推动各方朝着互利互惠、共同安全的目标相向而行。

总体国家安全观对中国特色国家安全道路的精准表述，对国家安全体系中主要关系的精辟概括，抓住了国家安全治理的关键，拎起了国家安全体系的纲，提出了与时代发展要求相适应，与中国特色社会主义道路相一致，与国家治理现代化相协调的系统安全观。系统安全观是当代世界、当代社会时空联系更加紧密、耦合效应更加明显、复杂程度增加状态在安全治理上的反映和提炼，这要求摆脱安全治理上的简单、封闭、线性的思维方式，注重系统功能、信息机制、突变机理等复杂性规律，从而及时预防、主动控制、有效应对各种安全问题。系统安全观是符合现代社会安全治理规律的安全观。习近平总书记的总体国家安全观，要求我们以创新思维看待当代国家安全。指出不能身体已进入21世纪，而脑袋还停留在冷战思维、零和博弈的旧时代。各国已经利益交融、安危与共，一荣俱荣、一损俱损；以统筹思维推进安全治理。要求统筹维护、通盘考量，多管齐下、综合施策，着力重点、绸缪隐患，避免头痛医头、脚痛医脚；以法治思维治理国家安全。“法令行则国治，法令弛则国乱。”强调用明确的法律规范来维护社会秩序，形成人们不愿违法、不能违法、不敢违法的法治环境,决不能让不公正的审判伤害人民群众感情、损害人民群众权益,牢固树立法治的权威;以底线思维对待安全隐患。要求宁可把形势想得更复杂一点,把挑战看得更严峻一些,做好应对最坏局面的准备,有备无患、未雨绸缪,努力争取最好的结果;以效率思维部署国家安全工作。要求中央国家安全委员会遵循集中统一、科学谋划、统分结合、协调行动、精干高效的原则,聚焦重点,抓纲带目,紧紧围绕国家安全工作的统一部署狠抓落实。当前,全面建成小康社会进入决定性阶段,改革进入攻坚期和深水区,我们党面对的改革发展稳定任务之重前所未有、矛盾风险挑战之多前所未有,国家安全形势的复杂性和严峻性急剧增大。总体国家安全观是洞察国家安全大势、掌控国家安全全局、确保国家安全态势的总指针。

构建捍卫总体国家安全利益的国家安全力量,依靠富国强兵保持维护和平、遏制战争的军事安全态势,总体国家安全观提供了大视野大格局中的国防安全观,是推动强军实践的国家安全总要求

兵者,国之大事,攸关国家安危、人民福祉。军事安全是国家安全至关重要的方面,军事安全失守对国家安全的影响是致命性的;军事安全又以自身的安全捍卫着总体国家安全。国防安全观在总体国家安全观中占有重要地位。习近平总书记统筹总体国家安全,着眼为实现中国梦提供强大军队的力量支撑和巩固国防的安全保证,强调国防和军队建设是国家安全的坚强后盾,提出党在新时代的强军目标,深化了总体国家安全观的内涵,拓展了国防和军队建设的视野。

总体国家安全观深刻阐释了强军兴军的时代背景。习近平总书记对我国国家安全内涵外延、时空领域、内外因素的基本判断,既点明了总体国家安全观的实践基础,也深化了实现强军目标的战略考量。今天,一些西方国家不断加大对我国实施西化、分化战略的力度,加紧策划“颜色革命”,千方百计对我

国进行战略遏制和围堵；我国周边领土争端、大国地缘竞争、军事安全较量、民族宗教矛盾等问题更加凸显，家门口生乱生战的可能性增大；各种敌对势力遥相呼应，各种民族分裂势力蠢蠢欲动，各种暴力恐怖势力磨刀霍霍，影响社会稳定的因素大量存在。应对和控制这样的安全形势，确保国家安全，必须建设一支听党指挥能打胜仗作风优良的人民军队。军事安全在国家安全中占有极为重要的地位，军事手段在维护国家安全中发挥着至关重要的作用。现在，虽然维护国家安全的手段和选择增多了，我们可以灵活运用、纵横捭阖，但军事手段始终是保底的手段。

总体国家安全观有力强化了全军官兵的使命意识。军人生死报国家，卫国护民责如山。我军长期处在相对和平时期，一些官兵不同程度地存在当和平兵、做和平官的想法，危机意识淡薄，思想和精神懈怠，甚至产生了仗打不起来、打仗也轮不上我的心态。习近平总书记提出的总体国家安全观，以深厚的爱国情感、强烈的责任意识、深刻的安全理念，为我军官兵注入了履行强军使命、勇担时代重任的强大精神动力。习近平总书记强调，现在，强军的责任历史地落在了我们肩上，要挑起这副担子，必须敢于担当，这既是党和人民的期望，也是当代革命军人应有的政治品格。我军要以对历史负责、对国家和民族负责的精神，自觉担当维护国家主权、安全、发展利益的重大责任。一旦发生战事，如果打不赢，那是要负历史责任的。在国家主权和领土完整遇到重大挑战时，在涉及国家核心利益的原则问题上，必须针锋相对、寸土必争，上得去、打得赢，以坚决有力的军事斗争有效维护我国战略利益。

总体国家安全观促进提升了打赢制胜的能力标准。国家安全形势越是严峻和复杂，国家安全需求越是增长和迫切，对军事安全和军事能力的要求和标准就越高。当代安全问题的广泛性和安全领域的交叉性，使得国防和军队建设不仅要保障军事和国防安全，而且要保障其他安全领域，如社会安全、信息安全、资源安全等。我军现代化水平与国家安全需求相比差距还很大，与世界先进军事水平相比差距还很大。安全使命激发我军尽快缩小、弥合这种隐含重大风险的差距，尽快形成提供坚强可靠安全保证的军事能力。有了这种强烈的危机感和责任感，就能够把战斗力标准在全军牢固立起来，形成有利于提高战斗力的舆论导向、工作导向、用人导向、政策导向，在纠治顽瘴积弊上下功夫，在解决突出问题上下功夫。要以国家核心安全需求为导向，全面提高我军以打赢信息化局部战争能力为核心的完成多样化军事任务能力，充分发挥军事力量在营造态势、预防危机、遏制战争、打赢战争方面的战略功能，把备战和止战、威慑和实战、战争行动和和平时期军事力量运用作为一个整体加以运筹，在国家安全需要时确保部队召之即来、来之能战、战之必胜。

新疆治理大局中的兵团使命※

在治疆、稳疆、建疆中发挥特殊重要作用的新疆生产建设兵团，走过了60年的历程，作出了不可磨灭的历史贡献。进入新的发展阶段，新疆工作在党和国家工作全局中的战略地位更加突出，维护新疆社会稳定和实现长治久安的任务更加紧迫，新疆治理成效对国家治理体系和治理能力的影响更加显著。习近平总书记从国家治理的高度统筹新疆治理大局，赋予兵团重大使命，要求兵团在事关根本、基础、长远的问题上发力，真正成为安边固疆的稳定器、凝聚各族群众的大熔炉、先进生产力和先进文化的示范区。这就明确规定了兵团建设发展的根本方向，是兵团服务、保障、推进新疆治理的基本遵循。

有效服务治疆方略的总目标，担当好安边固疆稳定器的重大使命

自西汉开始在西域行使国家主权时起，新疆就成为历代中央政府治理的一部分。地域广、距离远，民族多、人口少，宗教盛、经济弱等自然和历史文化原因，使得历朝历代都把屯垦戍边作为开发边疆、巩固边防的一项重要国策，这对维护国家统一、保证边疆安全、促进新疆经济社会发展，都发挥了积极作用。新中国成立后，中央决定在新疆组建生产建设兵团，劳武结合、屯垦戍边，

※ 写于2014年。

则是对治疆方略的继承发展。60年来，兵团广大干部职工扎根新疆沙漠周边和边境沿线，发挥建设大军、中流砥柱、铜墙铁壁的重要作用，充分证明了兵团在新疆治理大局中不可替代的战略地位。兵团受中央政府和新疆维吾尔自治区人民政府双重领导，实行党政军企合一体制，拥有人口、垦区、团场、企业、学校、金融、司法等多种社会要素，具有军事、经济、政治、文化、社会乃至生态等多重治理功能，是自治区的有机组成部分，已经深深融入并深刻影响新疆的建设发展。经验表明，兵团组织是新疆治理的一支重要力量，兵团制度是新疆治理的一种重要方式，兵团建设是新疆治理的一个重要样本。可以说，兵团应新疆治理需要而生，依新疆治理大局而动，随新疆治理完善而兴。兵团使命始终服务于党和国家的治疆方略，紧紧围绕每一阶段新疆治理的方向目标。

近年来，新疆发展势头良好，社会大局稳定，改革发展、民族团结、社会进步、民生改善、边防巩固取得历史性成就。但是，境内外"三股势力"不顾新疆各族人民福祉，鼓吹民族分裂主义，策划组织实施暴力恐怖活动，给新疆各族人民群众生命财产安全和社会稳定带来严重危害。新疆分裂和反分裂斗争是长期的、复杂的、尖锐的，有时甚至是十分激烈的。反对民族分裂，维护祖国统一，是国家最高利益所在，也是包括新疆各族人民在内的中华民族根本利益所在。在第二次中央新疆工作座谈会上，习近平总书记强调，社会稳定和长治久安是新疆工作的总目标。这就抓住了当前新疆发展的主要矛盾，确定了新疆治理的大政方针。维护社会稳定、确保长治久安，兵团责无旁贷、使命重大，必须坚决当好安边固疆的稳定器。稳定器是实现总目标的有生力量、有力武器、有效法宝。社会稳定和长治久安的总目标，决定了当好安疆固边的稳定器是兵团的第一要务，经济生产、文化发展、社会建设，都要有利于发挥稳定器的作用，新疆治理的大局就是兵团建设的大局。

兵团辖区面积大、分布范围广，部署在两大沙漠边缘地带和2000多公里国境线上，具有机动性强、辐射面大的特点，反恐维稳就近就便、反应及时。军警兵民四位一体的联合反恐维稳体系，在打击和抵御境内外分裂势力的破坏和渗透活动，保卫祖国边疆稳定和安全等方面，发挥着极其重要的作用。平时，兵团箭在弦上、引而待发，以强大力量存在作为威慑力量，有效遏制“三股势力”蠢蠢欲动。一旦有事，兵团作为中流砥柱，果断投入应急处突行动。在历次平息暴乱、处置突发事件的关键时刻，兵团都坚定勇敢地冲在反分裂斗争第一线。兵团按照军事化编制，设有军事部、武装部和武警指挥部，形成维稳专门力量和民兵应急力量，坚持开展职工全员军事训练。2009年乌鲁木齐“7·5”事件发生后，兵团迅速组织民兵担负起值勤、巡逻和对疆内重点目标的守卫任务。

新形势下担当好安疆固边的稳定器，对兵团建设发展提出新的更高要求。要在处理好屯垦和戍边、特殊管理体制和市场机制、兵团和地方三个重要关系中强化定位。以戍边牵引屯垦，以屯垦支持戍边；不管戍边，屯垦迷失方向，不顾屯垦，戍边难以为继。特殊管理体制保证兵团性质，市场机制增强兵团活力；特殊管理体制结合市场机制，市场机制充实特殊管理体制。兵团和地方融合发展，统一于总目标；兵团依托地方当好稳定器，地方借助兵团推进边疆安全治理，兵团经常性建设性作用的发挥就是一种稳定功能。要在壮大兵团综合实力、提高维稳戍边能力中履行使命。当好安疆固边的稳定器，就要具备相应的实力和能力。特别是“三股势力”有背后支持，暴力恐怖活动行动诡秘、手段残忍，与他们做斗争就要“道高一尺，魔高一丈”。目前，兵团的实力和作为还不完全适应新疆反分裂斗争形势的需要。必须健全突发事件应急处置机制，做好各方面应急准备，共同构建兵地一体、上下联动、应对迅速、处置有力的维稳反恐体系。关键时刻发挥好稳大势、定局势、控态势的作用。

促进解决新疆治理最难最长远的问题，发挥好凝聚各族群众大熔炉的融合作用

新疆自古就是多民族聚居的地区，各民族迁徙往来频繁。至19世纪末，形成了以13个世居民族为主的多民族聚居分布格局。因此，民族和则新疆治，民族仇则新疆乱，民族团结是新疆的稳定之基、治理之要、安全之本。新中

国成立后，新疆作为我国实行民族区域自治地方之一，积极促进各民族的平等、团结和共同发展，全面贯彻民族政策和宗教政策，维护了各族人民的根本利益，形成、发展和巩固了新型民族关系。正因为民族关系在新疆大局中的特殊地位，敌对势力图谋搞乱新疆、分裂祖国，就是从挑拨民族关系、破坏民族团结、制造民族分裂入手。加上复杂的历史、宗教、文化等原因，使得民族团结问题对于新疆治理格外重要。2014年4月，习近平总书记在新疆考察时强调："新疆的问题，最难最长远的还是民族团结问题……新疆最大的群众工作就是民族团结和宗教和谐"。增强民族团结，依靠新疆各族人民的共同努力，天山南北的中华儿女凝聚在实现中华民族伟大复兴中国梦的旗帜下；依靠党和国家的正确引导、积极促进、政策支持，各民族群众平等和谐、同舟共济；依靠新疆党和政府各级组织、各类团体发挥作用，成为民族团结的动力和纽带。更需要兵团弘扬自身优良传统，当好凝聚各族群众的大熔炉。

兵团作为促进新疆民族团结的大熔炉，有自身的独特优势。兵团60年的历史，就是中央支援地方、内地支援边疆、兄弟民族相互支援的历史，就是增进新疆各民族相互了解、相互尊重、相互包容、相互欣赏、相互学习、相互帮助，像石榴籽那样紧紧抱在一起的历史。兵团分布于新疆16个地（州、市）的69个县市境内，辖区7.43万平方公里，这种广泛、开放的区位性，形成了各民族相互嵌入的社会结构和社区环境，在天山南北构建起各民族交往交流交融的密切联系，十分有利于各民族团结和谐。兵团的发展，始终得到了各族人民的帮助与支持。同时，几十年来兵团坚持为新疆各族人民服务，积极支援地方建设，筹集资金帮助地方搞规划和建设，为各民族群众送医送药，把已经建设起来的规模较大的一批工交建商企业无偿移交给地方。在长期发展中，兵团密切了与各族群众的血肉联系，成员已有汉族、维吾尔族、哈萨克族、回族、蒙古族等37个民族。兵团充分尊重少数民族的风俗习惯和宗教信仰，各族群众在共同生产生活和工作学习中加深了解、增进感情。兵团人与新疆各族人民共同具有高度的国家意识、公民意识、中华民族共同体意识，高度认同伟大祖国、中华民族、中华文化和中国特色社会主义道路，像珍惜生命那样珍惜国家统一、民族团结。因此，兵团是中华文化的传播者。凝结中华民族5000多年文明成果的中华文化，是56个民族共同认同的文化根基、形成强烈爱国主义的文化纽带。兵团是多元文化的融合体。兵团奉行民族平等、文化平等，不搞文化歧视，融合各民族特色文化于一体，形成了文化的向心力。兵团是民族团结的大家庭。兵团人不论哪个民族都融洽相处，和新疆各族人民在长期的共同生产生活中情深意长。兵团是建设新疆的共同体。兵团离不开新疆，新疆也离不开兵团，兵团兴旺发达是新疆幸事，新疆繁荣昌盛则兵团如鱼得水。兵团是反对分裂的正能量。兵团人旗帜鲜明反对民族分裂，民族分裂势力在兵团没有任何市场，打击“三股势力”兵团决不手软。

民族的形成与交融是一个历史过程，促进解决新疆治理最难最长远的民族团结问题，更是功在当代、利在千秋，必须持之以恒、久久为功。这是全党、全国和新疆各族人民的共同责任。兵团与新疆生命相依、命运与共，当好凝聚各族群众的大熔炉任重道远。随着全面建成小康社会的进程、全面深化改革的推进，新疆的民族团结包含着新的内涵，促进民族团结需要新的方式，民族团结的形式和内容都要向广度延伸、深度拓展，从而夯实民族团结的坚实基础。兵团要具有更高的政治意识，从祖国统一、国家前途、社会和谐、民族复兴的战略高度，看待和促进民族团结，深刻领会、全力贯彻习近平总书记的殷切嘱托，当好民族团结的带头人、践行者。兵团要在依法治疆、团结稳疆、长期建疆上承担更大责任，为建设团结和谐、繁荣富裕、文明进步、安居乐业的社会主义新疆作出更大贡献。例如，生态环境、资源状况可以影响社会和谐，影响民族关系。为了保证新疆的永续发展，为民族团结创造一个可持续的生态环境、资源供给，兵团就要在生态文明建设上有更大作为，在沙漠周边区域大力实施天然植被保护恢复、人工防风林、防沙治沙、节水灌溉、农田林网为主的生态环境综合治理。兵团要进一步促进兵地融合发展，以此作为促进民族融合的重要途径。加强兵地经济、文化、社会、干部人才、维稳等方面融合，推动形成兵地经济融合发展、文化交融共建、维稳责任共担、民族团结共创的局面。力求实现资源共享、优势互补、共同繁荣，使发展成果更多地惠及新疆各族群众。

紧紧扭住新疆治理现代化的关键，履行好先进生产力和先进文化示范区的引导职能

习近平总书记在第二次中央新疆工作座谈会上明确提出，做好新形势下新疆工作，必须以推进新疆治理体系和治理能力现代化为引领。这是党的十八届三中全会后，中央第一次正式把一个地区作为治理体系和治理能力现代化的主体，表明对新疆治理的高度重视。国家治理现代化以各地区治理现代化为条件，新疆治理现代化以国家治理现代化为框架，为国家治理现代化提供有益经验。治理现代化是社会主义现代化不可或缺的有机组成部分，既是社会主义现代化的保障机制，又以先进生产力和先进文化的高度发展为基础。习近平总书记强调，发展仍是解决新疆一切问题的关键，必须切实抓好。发展同样也是实现新疆治理现代化的关键，不能离开发展抓治理。兵团是新疆发展的生力军，2013年实现生产总值1480亿元，约占新疆维吾尔族自治区比重17.4%，到2020年占自治区的比重预计将提高到20%左右。在新疆治理现代化的格局中，兵团应该而且能够走在前列，成为先进生产力和先进文化的示范区，成为新疆治理现代化的示范区。特别是要着力调节社会结构，使新疆社会的人口结构、民族结构、职业结构、城乡结构等更有利于社会稳定和长治久安。推动民族文化、地域文化、兵地文化、大众文化的广泛交流，增强新疆文化的多样性和包容性。促进区域协调，加强新疆与内地、新疆各地之间、兵团与地方的经济社会发展的统筹规划、资源互补、相互促进。优化人口资源，大力发展社会事业，提高人的健康水平、人口质量，增强职业技能、发展能力。

兵团组建60年来，在新疆建设发展中发挥了示范区的作用。以人民解放军十几万官兵为主体的兵团创建者，坚持继承和弘扬我党我军光荣传统和优良作风，以保卫新疆、建设新疆为终身使命。兵团成立后，按照工农商学兵相结合、农林牧副渔全面发展、工交商建服综合经营的发展模式，遵循“不与民争利”的原则，在天山南北的塔克拉玛干、古尔班通古特两大沙漠边缘和自然环

境恶劣的边境沿线，兴建水利，开垦荒地，在茫茫戈壁荒漠上建成一个个田陌连片、渠系纵横、林带成网、道路畅通的绿洲生态经济网络。几代兵团人接续奋斗，建成了机械化、规模化的大农业，引领着新疆现代农业发展；兴办新疆第一批工交建商企业，奠定了新疆现代工业基础；积极推进城镇化建设，加快了新疆城镇建设的步伐；大力发展科技、教育、文化、卫生等社会事业，促进新疆各族群众文明素质和生活质量的提升。目前，兵团有近4000个工交建商法人企业和14家上市公司，有国家级的石河子经济技术开发区和农业高新技术园区，有80家国家和兵团级农业产业化重点龙头企业，有7所普通高等学校和成人高等学校，539所各类职业、技工、中小学校和幼儿园，有197个广播电视播出机构、33种公开发行的各级各类报纸、期刊，有1356个卫生机构和18个科研与技术开发机构。可以说，兵团具备了担当先进生产力和先进文化示范区的底气、实力和潜力，是铺散在新疆大地上一颗颗的璀璨明珠。

治理现代化是改革的目标，也是改革的过程。当好先进生产力和先进文化的示范区，首先要当好全面深化改革的示范区。只有全面深化兵团改革，才能进一步解放和发展兵团的生产力，增强兵团的创造活力，激发文化要素的潜在活力。要丰富创新党政军企合一体制内涵和实现形式，强化党的领导核心地位，健全和转变“政”的职能，彰显“军”的属性，确立“企”的市场主体地位，把兵团体制的特殊优势和发展活力充分释放出来。人才兴则兵团兴，兵团现代化更加需要高素质人才队伍。兵团成立后，采取多种举措下大力广招人才、培养人才、保留人才、提升人才，造就了一支高素质兵团队伍，为先进生产力和先进文化示范区提供了人才支撑。高素质干部职工队伍是兵团发挥特殊作用的根本保证。要在政治上多关心、工作上多支持、生活上多关爱兵团干部职工，创造条件积极吸引兵团子女扎根兵团，吸引内地高素质人才和劳动力落户兵团，吸引地方各族干部人才到兵团工作。当年，一大批知识青年怀着理想和热情走进新疆、来到兵团，建功立业、奉献青春。今天，兵团的交通通信、居住生活、教育医疗、收入福利、人才制度等，与当年不可同日而语，在兵团更可以大有作为，兵团更应该成为人才高地。

决胜全面小康与着力防控风险相辅相成※

党的十八大以来，民族复兴进入由大向强的关键阶段。“十三五”时期是全面建成小康社会的决胜阶段，实现这一目标是实现中华民族伟大复兴中国梦的关键一步。我国仍处于可以大有作为的重要战略机遇期，也面临诸多矛盾叠加、风险隐患增多的严峻挑战。以习近平同志为核心的党中央，勇于实践、善于创新，形成一系列治国理政新理念新思想新战略，开创治国理政新实践新局面新境界。新的历史条件下治国理政，一个基本方略就是把决胜全面小康这一奋斗目标与着力防控风险这一底线布局紧密结合起来，用全面建成小康社会来从根本上遏制各种风险隐患，用维护总体国家安全来保证如期实现全面小康，统筹推进、协调发展。

自1840年鸦片战争以来近代中国170多年的历史，就是一代代中国人为实现中华民族伟大复兴中国梦，艰辛前行、不屈不挠、接力奋斗的历史。中国共产党的成立，将民族复兴的历史进程推进到以马克思主义为指导、以社会主义为旗帜的崭新时期。新中国的建立，为实现民族复兴构筑了制度基础和道路保证，中华民族走上了依靠社会主义制度实现民族复兴的必由之路。改革开放、走中国特色社会主义道路，标志着民族复兴伟大事业“潮平两岸阔，风正一帆悬”。一代代继往开来，一段段筑梦不止，一步步接近目标，谱写了在中国特色社会主义道路上实现中华民族伟大复兴的恢宏篇章。当前，我们前所未

※ 写于2016年。

有地接近民族复兴的目标，具有实现这一宏伟目标的强大能力和充分信心。经过改革开放近40年发展的丰厚积累，我国的物质基础扎实、制度基础坚强、国家能力强大，经济实力、科技实力、国防实力、国际影响力空前增强和提高，经济总量稳居世界第二位，成为世界第一货物贸易大国和主要对外投资大国。特别是经过党的十八大以来的励精图治、重整行装，党治国理政能力水平大大提高，党心民心更加凝聚振奋，决胜全面小康、实现奋斗目标的把握更大。

同时，我国在迅速发展的过程中，诸多矛盾凸显，城乡、地区、行业之间发展不平衡的问题突出，财产和收入差距拉大造成的社会分化显著，生态环境脆弱，资源支持不足，这些都构成了前进道路上的隐患。社会运行速度越快，失衡的风险越大；社会联系程度越紧，风险的震荡越大；社会复杂性质越强，风险的诱因越多。现代化的进程机遇和挑战并存、动力和风险共生、成功和失败都有可能。1986年，德国的乌尔里希·贝克在《风险社会》一书中提出，在现代化进程中，生产力的指数式增长，使危险和潜在威胁的释放达到了一个我们前所未知的程度。在13亿多人口的发展中国家，在几十年的时间里走完西方发达国家几百年走完的历程，包含的矛盾风险挑战前所未有。总体国家安全观提出维护12个领域的安全，包括政治安全、国土安全、军事安全、经济安全、文化安全、社会安全、科技安全、网络安全、生态安全、资源安全、核安全以及海外利益安全，实质上也是现实的国家安全风险。

因此，“两个一百年”奋斗目标和民族复兴中国梦，绝不是轻轻松松、顺顺当当就能实现的，外有阻力和压力，内有困难和风险，必须做好应对任何形式的矛盾风险挑战的准备。民族复兴的前景既不是铺满鲜花的坦途，也不是布满陷阱的绝境，而是重大机遇期与高风险期相互交织，是用伟大斗争赢得伟大胜利，破除重大障碍、战胜严峻挑战。风险是现代化进程之常态。面对风险，不是畏惧退缩、消极应对，而是敢于斗争、战胜风险、开创未来。习近平总书记带领全党开创治国理政新境界，是靠正义凛然、坚毅果敢，主动出击、善于斗争得来的。例如，在国际关系领域，正确把握开放发展与国际斗争的关系。顺应我国经济深度融入世界经济的趋势，坚持和平、发展、合作、共赢的国际战略；

同时坚定“三个自信”，坚决抵制敌对势力西化、分化图谋，决不牺牲国家核心利益，划出红线、敢于亮剑。在意识形态领域，正确把握文化繁荣与开展斗争的关系。歌颂光明、抒发理想、弘扬美好、引导道德；同时强化政治意识、政权意识、阵地意识，在大是大非、政治原则问题上勇于举旗亮剑，在风口浪尖上进行斗争。

新形势下治国理政的主要任务是建设和发展，是以积极性的建设和发展来防控各种风险，而不是单纯地、消极地进行风险防控。以习近平同志为核心的党中央从坚持和发展中国特色社会主义全局出发，立足中国发展实际，坚持问题导向，逐步形成并积极推进全面建成小康社会、全面深化改革、全面依法治国、全面从严治党的战略布局，是党在新形势下治国理政的总方略，是事关党和国家长远发展的总战略。“四个全面”把防控风险纳入治国理政体系之中，用治国理政总方略作为防控风险总战略，是一种积极主动、进取有为的防控风险总战略，是党勇于担当责任、敢于直面矛盾，不断解决问题、化解挑战的新法宝。“四个全面”战略布局，运用社会历史发展的基本逻辑，反映社会主义现代化的内在要求，着力解决发展进程的主要矛盾，营造向新向好向上的全面发展态势，是走向民族复兴的固本之道、破障之道、兴旺之道。

进入全面建成小康社会决胜阶段，诸多矛盾叠加要求我们统筹化解，风险隐患增多需要我们未雨绸缪。在经济下行压力加大的形势下，提高发展的平衡性、包容性、可持续性，在协调发展中拓宽发展空间，在加强薄弱领域中增强发展后劲，是对党把握规律水平、领导发展能力的检验。新发展理念为全面建成小康社会决胜阶段提供了的有力思想武器。新发展理念的提出，是在影响当代发展的各种因素中，抓住最为紧要和关键之点，这就是创新、协调、绿色、开放、共享，作为引领发展的枢纽；是在已有的多种发展理念基础上，经过精心比较筛选、科学排列组合，将五大要点提升出来组成新发展理念体系，形成系统发展理念，作为推动发展的总纲；是在系统发展、整体发展，防止片面发展、畸形发展的要求下，构建相互贯通、相互促进的发展理念集合体，作为统领发展的大逻辑。新发展理念扭住发展关键、破解发展难题。转变发展方式重在也难在克服发展瓶颈、摆脱路径依赖。新发展理念着重解决制约发展跃升的创新能力不强，发展不平衡，资源约束趋紧，用好两个市场、两种资源能力不够强，贫富差距较大等问题，形成了发展的强有力引擎。新发展理念统筹发展全局、规避发展陷阱。由大向强是一个跨越，也是一道难关，落入"中等收入陷阱"的国家为数不少。新发展理念全面把握发展的动力、结构、环境、空间、利益等关联性耦合性很强的要素，防止这些要素掣肘导致发展的停滞、衰败以至失败。新发展理念集成发展优势、创新发展战略。新发展理念基于中国新发展的制度优势、主体力量、改革支持、法治框架、政治保证，以新的发展战略塑造当代中国，促进全方位的社会变革。用新的发展理念引领发展行动，是对我国发展资源的深度开掘、发展潜力的极大释放、发展空间的多维拓展，必将转化为发展实践质的变化和提升。

把创新、协调、绿色、开放、共享作为发展理念提出来，并且构成一个整体，抓住了当代中国发展的核心之点，也是防控发展风险的关键之点。一是依靠创新发展，转变发展动力，防控停滞风险。我国进入经济发展新常态，主要依靠资源和低成本劳动力等要素的动力类型呈现衰势、难以为继，必须实现动力转化，转向创新驱动。创新发展着力实施创新驱动发展战略，注重解决发展动力问题，赋予发展新的内涵，这就是重质量讲效益的发展。

二是依靠协调发展，解决发展矛盾，防控失衡风险。我国发展不平衡、不协调、不可持续问题仍然突出，不平衡属于发展结构的不协调，不可持续属于发展阶段的不协调，都可依据协调发展的规律来解决。协调发展就是追求发展布局、发展关系、发展空间、发展要素、发展进程的协调性，防止和遏制孤立发展、片面发展、畸形发展、隐患发展。协调发展注重解决发展不平衡问题，赋予发展新的秩序，这就是整体性平衡性的发展。

三是依靠绿色发展，保证发展永续，防控透支风险。促进人与自然和谐共生，为全球生态安全作出新贡献，都是要告别以严重污染为标志的黄色、白色、灰色、褐色、黑色发展。绿色发展着力推进人与自然和谐共生，赋予发展新的面貌，这就是低碳化环境美的发展。美丽中国与富强民主文明和谐的中国并驾齐驱，不仅要避免落入“中等收入陷阱”，而且要避免落入“环境透支陷阱”。

四是依靠开放发展，拓展发展格局，防控封闭风险。封闭是停滞、僵化、衰败之道，开放是活力、进化、兴旺之道。在世界多极化、经济全球化、文化多样化、社会信息化深入发展的时代潮流中，顺应我国经济深度融入世界经济的趋势，开放才能发展、发展必须开放，发展更高层次的开放型经济是必然选择。开放发展着力形成对外开放新体制，注重解决发展内外联动问题，赋予发展新的格局，这就是互利型合作式的发展。

五是依靠共享发展，分配发展成果，防控冲突风险。当前，我国城乡区域发展不平衡，收入差距较大，消除贫困任务艰巨。共享发展才能使全体人民有更多获得感、公正感、主体感，从而增强人民的积极性、主动性、创造性，促进社会更加和谐、人民更加团结，在财富和收入分配的层面上保持经济社会持续健康发展。共享发展着力践行以人民为中心的发展思想，注重解决社会公平正义问题，赋予发展新的高度，这就是能获得保公正的发展。

新发展理念的核心是坚持以人民为中心的发展思想，这是防范脱离群众最大风险的根本理念。人民是发展的主体，也是发展的最大受益者。如果发展的成果不能由广大人民群众在更大程度、更高质量、更广范围上享有，人民的获得感不足、失落感加重，我们的发展就会逐步缺少广大人民群众的支持，就会酝酿社会矛盾和社会冲突，形成社会风险。这也是坚持发展以人民为中心的深意所在。

发展社会主义市场经济、社会主义民主政治、社会主义先进文化、社会主义和谐社会、社会主义生态文明，构成五位一体总布局。中国特色社会主义全面发展、全面进步，就能保证决胜全面小康、进而建成社会主义现代化国家历史进程稳健过渡，就能在美好前景和风险危机两种趋势、两种可能中，通过党和人民的努力奋斗，驱使发展前景向着最希望最有利的方向演化，将风险危机降至最低程度、最小可能。

适应、把握、引领经济发展新常态，防控经济风险。我国正处于跨越“中等收入陷阱”并向高收入国家迈进的历史阶段，矛盾和风险比从低收入国家迈向中等收入国家时更多更复杂。过去，经济高速发展掩盖了一些矛盾和风险。新常态下，伴随着经济增速下调，各类隐性风险逐步显性化。适应、把握、引领新常态，增长速度要从高速转向中高速，发展方式要从规模速度型转向质量效率型，经济结构调整要从增量扩能为主转向调整存量、做优增量并举，发展动力要从主要依靠资源和低成本劳动力等要素投入转向创新驱动。推进供给侧结构性改革，是适应和引领经济发展新常态的重大创新，是适应国际金融危机发生后综合国力竞争新形势的主动选择。我国经济发展长期积累的一些结构性、体制性、素质性突出的矛盾和问题，使得经济风险发生概率上升。要解决我国经济深层次问题，必须下决心在推进经济结构性改革方面作更大努力，使供给体系更适应需求结构的变化，实现由低水平供需平衡向高水平供需平衡跃升。

坚持中国特色社会主义政治发展道路，防控政治风险。我国的政治制度建设，要把坚定政治自信和不断改革创新统一起来，在坚持根本政治制度、基本政治制度的基础上，不断推进制度体系完善和发展。我们的民主法治建设同扩大人民民主和经济社会发展的要求还不完全适应，社会主义民主政治的体制、机制、程序、规范以及具体运行上还存在不完善的地方，在保障人民民主权利、发挥人民创造精神方面也还存在一些不足，必须继续加以完善。发展社会主义民主政治，关键是要增加和扩大我们的优势和特点，切实防止出现群龙无首、一盘散沙，选举时满天许诺、选举后无人过问，党争纷沓、相互倾轧，人民形式上有权、实际上无权，相互掣肘、内耗严重的现象。走中国特色社会主义政治发展道路，必须坚持正确政治方向。如果这一点把握不好、把握不牢，走偏了方向，不仅政治文明建设很难搞好，而且会给党和人民的事业带来损害。

培育核心价值观这一国家重要稳定器，防控文化风险。历史和现实都表明，核心价值观是一个国家的重要稳定器。如果没有共同的核心价值观，一个民族、一个国家就会魂无定所、行无所归。能否构建具有强大感召力的核心价值观，关系社会和谐稳定，关系国家长治久安。如果我们的人民不能坚持在我国大地上形成和发展起来的道德价值，而不加区分、盲目地成为西方道德价值的应声虫，那就真正要提出我们的国家和民族会不会失去自己的精神独立性的问题了。如果没有自己的精神独立性，那政治、思想、文化、制度等方面的独立性就会被釜底抽薪。培育和弘扬社会主义核心价值观必须立足中华优秀传统文化，抛弃传统、丢掉根本，就等于割断了自己的精神命脉。对我们来说，博大精深的中华优秀传统文化是我们在世界文化激荡中站稳脚跟的根基。当前，思想舆论领域大致有红色、黑色、灰色“三个地带”。红色地带是我们的主阵地，一定要守住；黑色地带是负面的东西，要敢抓敢管、敢于亮剑，大大压缩其地盘；灰色地带要大张旗鼓争取，使其转化为红色地带。

从传统社会管理向现代社会治理转变，防控社会风险。我国进入了社会矛盾多发期，各种人民内部矛盾和社会矛盾较多，而社会治理在很多方面还跟不上。必须深入研究人口大规模流动、利益多样化、社会信息化、思想文化多元化形势下的社会治理规律，坚持源头治理、系统治理、综合治理、依法治理，努力解决深层次问题，着力建设平安中国，确保人民安居乐业、社会安定有序、国家长治久安。要正确理解和处理好维稳和维权的关系，对涉及维权的维稳问题，首先要把群众合理合法的利益诉求解决好。单纯维稳，不解决利益问题，那是本末倒置，最后也难以稳定下来。社会治理是一门科学，管得太死，一潭死水不行；管得太松，波涛汹涌也不行。在具体工作中，不能简单依靠打压管控、硬性维稳，还要重视疏导化解、柔性维稳。要从制度、机制、政策、工作上积极推动社会矛盾预防化解工作，从源头上预防和减少社会矛盾的产生，预防和减少利益冲突，推动形成办事依法、遇事找法、解决问题用法、化解矛盾靠法的良好环境。

像保护眼睛一样保护生态环境，防控生态风险。经过30多年快速发展积累下来的环境问题，进入了高强度频发阶段，这既是重大经济问题，也是重大社会和政治问题。例如，水已经成为我国严重短缺的资源，成了制约环境质量的主要因素，成了经济社会发展面临的严重安全问题。我国的生态环境问题已经到了很严重的程度，非采取最严厉的措施不可，不然不仅生态环境恶化的总态势很难从根本上得到扭转，而且我们设想的其他生态环境发展目标也很难实现。生态兴则文明兴，生态衰则文明衰。要更加自觉地推动绿色发展、循环发展、低碳发展，决不以牺牲环境为代价去换取一时的经济增长，决不走“先污染后治理”的路子。随着经济社会发展和人民生活水平不断提高，环境问题往往最容易引起群众不满，弄得不好也往往最容易引发群体性事件。所以，环境保护和治理要以解决损害群众健康突出环境问题为重点。

在全面掌握风险成因中防控风险。任何风险如同其他社会现象，有其发生的原因，是有踪可寻、有迹可觅的。风险是关于未来的某种可能，它的发生有一定概率，需要一定条件，而这也是可以运用科学方法得以预见的。即使某些风险，例如自然界的地震、社会的突发性事件，存在着不可预料的性质，但也不是不可知的。现代社会，风险在增加，而认识风险的能力也在增加，如大数据技术，使得防控风险是可能的。我们对风险成因的认识越为全面准确，防控风险就越为自觉主动。

在及时中止风险演化中防控风险。风险有多种诱因，而且有多种路径。社会风险的演化路径，可以通过治国理政的科学研判、主动作为，中止风险的演化，或是改变风险的路径，使其对社会危害较轻。掌握风险辩证法，增强风险防控能力，是实现“两个一百年”奋斗目标、实现中华民族伟大复兴中国梦的重要条件。

全面提高党在新时代防范化解重大风险能力※

党的十八大以来，以习近平同志为核心的党中央在实现“两个一百年”奋斗目标、实现中华民族伟大复兴中国梦的新征程中，坚持底线思维，增强忧患意识，高度重视防范化解重大风险，在治国理政新实践中提高党在新时代防范化解重大风险能力，有力地保证了党和国家事业发生历史性变革、取得历史性成就，积累了丰富的经验。习近平总书记多次就防范风险挑战发表重要论述。2019年1月，中共中央首次举办以着力防范化解重大风险为主题的省部级主要领导干部专题研讨班，习近平总书记首次以着力防范化解重大风险为主题发表重要讲话，这标志着我们党防范化解重大风险的自觉意识达到了历史新高度。

实现伟大梦想与防控重大风险是党在新时代的双重使命

中国特色社会主义进入新时代，党的执政能力也要适应和引领新时代。新时代多种趋势并存、多种可能同在、多种矛盾交织。实现伟大梦想是不懈奋斗目标，防控重大风险也是应有之义，这就要求党在新时代担负起双重使命。

光明前景与风险挑战同时并存。进入新时代，中华民族迎来了从站起来、富起来到强起来的伟大飞跃，我们比历史上任何时期都更接近中华民族伟大

※ 写于2019年。

复兴的目标，比历史上任何时期都更有信心、更有能力实现这个目标，中国特色社会主义呈现出前所未有的美好未来和光明前景。同时，党清醒地认识到，我们现在所处的是一个船到中流浪更急、人到半山路更陡的时候，波谲云诡的国际形势、复杂敏感的周边环境、艰巨繁重的改革发展稳定任务，都使得风险隐患增多、风险挑战加大、重大风险潜藏。只看到光明前景、无视风险隐患，属于一厢情愿；只看到风险隐患、否认光明前景，则是短视浅见。正确的看法是承认两种趋势的共存关系，并且此消彼长，前途光明、道路曲折。未来前景取决于党和人民的共同奋斗，取决于党的创造能力和防控能力。

实现奋斗目标与防范化解重大风险相辅相成。实现社会主义现代化和中华民族伟大复兴，是新时代坚持和发展中国特色社会主义的总任务，是新时代党和人民的奋斗目标。全面建成小康社会和全面建设社会主义现代化国家，既具有充分条件，也面临艰巨任务，前进道路并不平坦，诸多矛盾叠加、风险隐患增多的挑战依然严峻复杂。如果应对不好，或者发生系统性风险、犯颠覆性错误，就会延误甚至中断实现“两个一百年”奋斗目标。必须在努力实现奋斗目标的同时，将防控重大风险作为保障性目标、战略性任务提出，实现奋斗目标不忘防控重大风险，以防控重大风险保证实现奋斗目标。防控重大风险不能脱离实现奋斗目标，必须紧紧围绕实现奋斗目标来部署和推动。党的十八大以来，习近平总书记将实现奋斗目标和防控重大风险这两大战略统筹布局、协同推进，使之相互加强、相互促进，党的十九大把防范化解重大风险作为全面建成小康社会三大攻坚战之首，保证了决胜全面建成小康社会在望，社会大局保持稳定。

提高党的执政能力与提高防控风险能力相互支持。实现奋斗目标是在党的领导下进行的，党的领导效果如何，很大程度上取决于党的执政能力。党的执政能力最重要的，就是在社会主义条件下为中国人民谋幸福、为中华民族谋复兴的能力，在中国特色社会主义新时代就是实现“两个一百年”奋斗目标的能力。实现奋斗目标要求提高党的执政能力。党的执政能力包括很多方面，其中防控风险能力是重要方面。我们党在内忧外患中诞生，在磨难挫折中成长，在战胜风险挑战中壮大，防控风险能力在实践过程中不断增强。改革开放以来，党领导人民应变局、平风波、战洪水、防非典、抗地震、化危机，成功应对一系列重大风险挑战、克服无数艰难险阻，充分显示了党的强大防控风险能力。在新时代，防控风险能力对于党的执政能力更加重要，提高党的执政能力必须更加注重提高防控风险能力，提高防控风险能力必须更加自觉地纳入提高党的执政能力之中，使之相得益彰。

提高党在新时代防范化解重大风险能力意义重大

党的十八大以来，习近平总书记突出强调底线思维，防范化解重大风险是底线思维的集中体现。面对新形势下各个领域的重大风险，全面提高党在新时代防控风险能力，关系到社会主义现代化和中华民族伟大复兴的总任务能否完成，关系到新时代中国特色社会主义能否长治久安，关系到党能否长期执政。如果发生重大风险又扛不住，国家安全就可能面临重大威胁，中国特色社会主义进程就可能被迫中断。

充分认识新时代重大风险的性质特点。新时代已经从“未发展起来”时期进入到“发展起来以后”时期，面对的风险既有因未发展起来而长期积累的问题，也有因发展起来以后新形成的问题，风险诱因叠加。新形势下，如果利益关系协调不好、各种矛盾处理不好，就会导致问题激化，严重的就会影响发展进程。当前，世界大变局加速深刻演变，全球动荡源和风险点增多，中国日益走近世界舞台中央，在信息网络化、网络全球化、全球一体化的条件下，国际风险有可能迅速传导为国内风险。经济、政治、文化、社会、生态领域联系更加紧密，“五位一体”同时也意味着风险的联动和放大效应，一个领域发生的风险有可能导致其他领域的风险，引发系统性全局性风险，“蝴蝶的翅膀”更具煽动性。现代社会，风险本身就更具复杂性、多样性、突变性、不确定性，既有小概率的难以预测的“黑天鹅”事件，也有大概率的可以预测的“灰犀牛”事件，对防范化解重大风险带来新的课题和严峻挑战。

充分认识防控重大风险能力的更高要求。新时代提出新要求。习近平总书记明确提出的"三个既要，三个也要"就是对全党提出的有效防控重大风险的基本要求。一是既要高度警惕"黑天鹅"事件，也要防范"灰犀牛"事件。无论风险来自何方、以什么样的样式出现，其危害都是巨大的，都是不容麻痹大意、不能临阵退却的，都是要以高度的政治责任感、科学理性精神和无私无畏勇气，全力以赴应对的。二是既要有防范风险的先手，也要有应对和化解风险挑战的高招。防范风险的先手，就是"消祸于未萌""治乱于未乱""消未起之患"，预防在先。同时，"道高一尺，魔高一丈"，无论是社会风险还是自然风险、内部风险还是外部风险、多发风险还是偶发风险，都能对症下药、应对有方。三是既要打好防范和抵御风险的有准备之战，也要打好化险为夷、转危为机的战略主动战。要把"抗洪"和"防洪"、"灭火"和"防火"、治标和治本统一起来，努力占据防控重大风险的主动和有利地位。

充分认识防控风险能力不足的危害后果。新形势下，党面临的"四大考验"内含着防控风险的考验，面临的"四大危险"包含着防控风险能力不足的危险。一些党员干部缺乏忧患意识，看不到显性的和隐性的风险；在风险冲击来临时，战略定力不够，手足失措；对各类风险的系统关联、演化规律把握不住，不能有效防控风险，甚至出现风险失控；自觉防控风险的能力不足、水平不够，往往是头痛医头、脚痛医脚，病急乱投医；等等。风险是安全的隐患，防控风险能力是安全的保证。防控重大风险能力不足，本身就成为国家安全的重大危险。坚持总体国家安全观，就必须全面提高防范化解重大风险能力，保证人民安全、政治安全、外部安全和内部安全、国土安全和国民安全、传统安全和非传统安全等。

在防范化解重大风险和全面推进伟大事业中提高防控能力

党的十九大开启全面建设社会主义现代化国家的新征程，2019年是全面建成小康社会、实现第一个百年奋斗目标的关键之年。新年伊始，党中央在这样的历史节点上部署着力防范化解重大风险，表明了全面推进伟大事业与防范化解重大风险的一体化，二者是同一个目的、同一个实践、同一个过程。

全面提高防范化解各个领域重大风险的能力水平。风险存在于各个领域之中，性质、形式、特点不同。防控重大风险首先就是要提高防范化解政治、意识形态、经济、科技、社会、外部环境、党的建设等领域重大风险的能力。比如，要加快建立网络综合治理体系，完善思想政治工作体系，做好稳就业、稳金融、稳外贸、稳外资、稳投资、稳预期工作，重组国家重点实验室体系，建设重大创新基地和创新平台，创新完善立体化、信息化社会治安防控体系，健全平安建设社会协同机制，坚决维护我国主权、安全、发展利益，坚决打好反腐败斗争攻坚战、持久战，等等。同时，特别要防止各领域风险连锁联动，不让局部风险演化为区域性或系统性风险。

深入把握防范化解重大风险的内在规律。要在全面掌握风险成因中防控风险。风险是关于未来的某种可能，它的发生有一定概率，需要一定条件，可以通过科学预见形势发展走势，发现隐藏其中的风险挑战，做到未雨绸缪。对风险成因的认识越为全面准确，防控风险就越为自觉主动。要在有效化解风险振荡中防控风险。风起于青萍之末，风险具有非线性机制，从萌芽到爆发，需要经过一定环节酝酿，经过一个过程演化。防控风险，不仅要求平息大的动荡，而且要求遏制于萌芽状态。对风险控制得越早，防范越为及时得力，效果就越好。要在及时中止风险演化中防控风险。风险有多种诱因，而且有多种路径。通过完善风险防控机制，建立健全风险研判机制、决策风险评估机制、风险防控协同机制、风险防控责任机制，主动作为，中止风险的演化，或是改变风险的路径，不让小风险演化为大风险，不让个别风险演化为综合风险。

勇于担当防范化解重大风险的领导责任。习近平总书记强调，防范化解重大风险，是各级党委、政府和领导干部的政治职责，要坚持守土有责、守土尽责，把防范化解重大风险工作做实做细做好。领导干部要加强理论修养，提高战略思维、历史思维、辩证思维、创新思维、法治思维、底线思维能力，善于从纷繁复杂的矛盾中把握规律，不断积累经验、增长才干。领导干部要具备充沛顽强的斗争精神，敢于担当、敢于斗争，保持斗争精神、增强斗争本领，应对好每一场重大风险挑战。

努力实现防范化解重大风险与全面推进伟大事业的良性转化。防范化解重大风险，保证总体国家安全，是为推进伟大事业、实现奋斗目标提供可靠保证。全面推进伟大事业，从根本上说，是防范化解重大风险的治本之策，是以积极性的建设和发展来防控各种风险。坚持新发展理念，创新发展转变发展动力，防控停滞风险；协调发展解决发展矛盾，防控失衡风险；绿色发展保证发展永续，防控透支风险；开放发展拓展发展格局，防控封闭风险；共享发展分好发展成果，防控冲突风险。统筹推进“五位一体”总体布局，协调推进“四个全面”战略布局，运用社会历史发展的基本逻辑，反映全面建设社会主义现代化国家的内在要求，着力解决我国社会新的主要矛盾，营造向新向好向上的全面发展态势，是实现伟大梦想的固本之道、破障之道、兴旺之道。

打好化险为夷、转危为机的战略主动战※

党的十八大以来，以习近平同志为核心的党中央在团结带领全党全国各族人民开创中国特色社会主义新时代的进程中，深刻认识和准确把握外部环境的深刻变化和我国改革发展稳定面临的新情况新问题新挑战，坚持底线思维，增强忧患意识，着眼为实现中华民族伟大复兴的中国梦提供坚强保障，作出一系列着力防范化解重大风险的重要论述，努力防控来自不同领域的各种风险挑战，有力保证了党和国家事业发生历史性变革、取得历史性成就。习近平总书记关于防范化解重大风险的重要论述，创造性地丰富和发展了党在执政条件下防控风险的理论，是习近平新时代中国特色社会主义思想特别是总体国家安全观的有机组成，是党在新时代防范化解重大风险的科学指导。

重大战略机遇期与重大风险积累期同时并存

改革开放以来，几代中国共产党人接续奋斗，中国特色社会主义实现了从创立、发展到完善，中华民族迎来了从站起来、富起来到强起来的伟大飞跃，我们比历史上任何时期都更接近中华民族伟大复兴的目标，比历史上任何时期都更有信心、更有能力实现这个目标。世界正处于大发展大变革大调整时期，国际力量对比更趋平衡，和平发展大势不可逆转。综合考察中国发展大趋势，

※ 写于2019年。

习近平总书记在党的十九大明确指出："国内外形势正在发生深刻复杂变化，我国发展仍处于重要战略机遇期，前景十分光明，挑战也十分严峻"。重要机遇期与重大风险期两种状态并存、光明前景与严峻挑战两种趋势同在，构成了中国特色社会主义新时代的显著特征。

从世情看，和平与发展仍然是时代主题，同时世界面临的不稳定性不确定性突出。当前，世界多极化、经济全球化、社会信息化、文化多样化深入发展，全球治理体系和国际秩序变革加速推进，世界和平合作、开放融通、变革创新的潮流滚滚向前，和平、发展、合作、共赢从来没有像今天这样成为不可阻挡的历史潮流，新一轮科技和产业革命给人类社会发展带来新的机遇，当今世界正在经历百年未有之大变局。世界大变局加速深刻演变，全球动荡源和风险点增多，我国外部环境复杂严峻。世界经济增长动能不足，贫富分化日益严重，地区热点问题此起彼伏，恐怖主义、网络安全、重大传染性疾病、气候变化等非传统安全威胁持续蔓延，人类面临许多共同挑战。全球安全问题早已超越国界。正如习近平总书记指出的，"任何一个国家的安全短板都会导致外部风险大量涌入，形成安全风险洼地；任何一个国家的安全问题积累到一定程度又会外溢成为区域性甚至全球性安全问题"[①]。全球发展深层次矛盾突出，保护主义、单边主义思潮抬头，多边贸易体制受到冲击，世界经济整体发展环境面临诸多风险和不确定性。

从国情看，中国特色社会主义进入新时代，同时诸多矛盾叠加、风险隐患增多。新时代是决胜全面建成小康社会、进而全面建设社会主义现代化强国的时代，全体中华儿女勠力同心、奋力实现中华民族伟大复兴的中国梦。全面深化改革啃下了不少硬骨头，闯过了不少急流险滩。党的十九大作出新时代中国特色社会主义发展的战略安排，从基本实现社会主义现代化到全面建成社会主义现代化强国，这是中华民族未来几十年的主潮流和大趋势。同时，以

---

① 习近平：《坚持合作创新法治共赢 携手开展全球安全治理》，载《人民日报》2017年9月27日。

习近平同志为核心的党中央清醒地看到，实现奋斗目标既具有充分条件，也面临艰巨任务，前进道路并不平坦，诸多矛盾叠加、风险隐患增多的挑战依然严峻复杂。如果应对不好，或者发生系统性风险、犯颠覆性错误，就会延误甚至中断中国特色社会主义进程。重大风险潜藏于政治、意识形态、经济、科技、社会、外部环境、党的建设等领域。就拿经济领域的金融风险来说，2016年底，我国宏观杠杆率达到247%，同2008年相比上升104个百分点。高杠杆和杠杆结构不合理容易带来宏观经济不稳定性和脆弱性，助长投机行为，扩大资不抵债的规模和压力，干扰社会预期，加大政策调控和市场调节难度。

从党情看，党内政治生态明显好转，同时反腐败斗争形势依然严峻复杂。党的十八大以来，全面从严治党成效显著，全党树牢“四个意识”，坚定“四个自信”，坚决做到“两个维护”，坚决改变管党治党宽松软状况，消除了党和国家内部存在的严重隐患，党内政治生活气象更新，党的创造力、凝聚力、战斗力显著增强。同时，受国际国内环境各种因素的影响，我们党面临的执政环境仍然是复杂的，影响党的先进性、弱化党的纯洁性的因素也是复杂的。习近平总书记在省部级主要领导干部坚持底线思维着力防范化解重大风险专题研讨班上指出，“清除了党内存在的严重隐患，成效是显著的，但这并不意味着我们就可以高枕无忧了。党面临的长期执政考验、改革开放考验、市场经济考验、外部环境考验具有长期性和复杂性，党面临的精神懈怠危险、能力不足危险、脱离群众危险、消极腐败危险具有尖锐性和严峻性，这是根据实际情况作出的大判断”[①]。一些腐败分子在党的十八大后仍然不收手，置中央的三令五申于不顾，一意孤行，甚至变本加厉，严重违纪违法，是隐藏在党内的政治隐患。

从民心看，人民获得感显著增强、幸福感追求提升、安全感得到保障，同时我国进入社会矛盾多发期。人民生活不断改善，一大批惠民举措落地实施，脱贫攻坚战取得决定性进展，城乡居民收入增速超过经济增速，中等收入群体持

---

①《提高防控能力着力防范化解重大风险 保持经济持续健康发展社会大局稳定》，载《人民日报》2019年1月22日。

续扩大。中等收入群体作为经济发展的稳定受益者，他们对社会秩序和主流价值观认同感较强，比较理性务实，一般不希望看到既定社会秩序受到破坏，对社会能起到稳定器作用。我国经济发展的"蛋糕"不断做大，但分配不公的问题比较突出，城乡区域发展和收入分配差距依然较大，群众在就业、教育、医疗、居住、养老等方面面临不少难题。我国劳动人口众多，又面临经济下行压力，如果就业问题处理不好，就会造成严重社会问题。失业的人口多了，社会稳定就面临很大危险。执政党的建设直接关系人心所向，如果管党不力、治党不严，人民群众反映强烈的突出矛盾和问题得不到及时解决，我们党就会失信于民，我们党执政的基础就会动摇和瓦解，党就会面临更大的危险。

坚持总体国家安全观与防范化解重大风险相辅相成

增强忧患意识，做到居安思危，是我们党治国理政的一个重大原则。面对实现奋斗目标和防控重大风险的使命任务，习近平总书记提出坚持总体国家安全观，以人民安全为宗旨，以政治安全为根本，统筹外部安全和内部安全、国土安全和国民安全、传统安全和非传统安全、自身安全和共同安全，保证这双重目标的实现。坚持总体国家安全观为实现奋斗目标提供安全保证，坚持总体国家安全观为防范化解重大风险夯实实践基础。坚持总体国家安全观是防范化解重大风险的安全之网，防范化解重大风险是坚持总体国家安全观的目的所在。

确保政治安全，防控政治风险。政治安全是关系中华民族前途命运、中国特色社会主义兴衰成败、中国共产党长期执政的根本性安全。中国是一个大国，决不能在根本性问题上出现颠覆性错误，一旦出现就无法挽回。在道路问题上，必须坚持走中国特色社会主义道路，既不走封闭僵化的老路，也不走改旗易帜的邪路，坚决反对一切削弱、歪曲、否定党的领导和我国社会主义制度的言行。在改革开放的方向问题上，不实行改革开放死路一条，搞否定社会主义方向的"改革开放"也是死路一条，要防止落入"西化分化陷阱"。在党的执政地位和领导地位问题上,不管党、不抓党就有可能出问题甚至出大问题,结果不只是党的事业不能成功,还有亡党亡国的危险。

确保意识形态安全,防控意识形态风险。意识形态关乎国家政治安全。一个政权的瓦解往往是从意识形态领域开始的,意识形态防线被攻破了,其他防线就很难守住。意识形态工作的领导权、管理权、话语权要牢牢掌握在手中,任何时候都不能旁落,否则就要犯无可挽回的历史性错误。互联网已经成为舆论斗争的主战场,是我们面临的"最大变量",搞不好会成为我们的"心头之患"。在互联网这个战场上,我们能否顶得住、打得赢,直接关系我国意识形态安全和政权安全。要持续巩固壮大主流舆论强势,加大舆论引导力度,加快建立网络综合治理体系。防控意识形态风险,要着眼于未来,高度重视对青年一代的思想政治教育工作,教育引导广大青年树立正确的世界观、人生观、价值观,确保青年一代成为社会主义建设者和接班人。

确保经济安全,防控经济风险。过去,经济高速发展掩盖了一些矛盾和风险。伴随着经济增速下调,各类隐性风险逐步显性化,地方政府性债务、影子银行、房地产等领域风险正在显露,就业也存在结构性风险。我们面临的风险总体可控,但化解以高杠杆和泡沫化为主要特征的各类风险将持续一段时间。坚持稳中求进工作总基调,"稳"的重点要放在稳住经济运行上,确保增长、就业、物价不出现大的波动,确保金融不出现区域性系统性风险。既要保持战略定力,推动我国经济发展沿着正确方向前进;又要增强忧患意识,未雨绸缪,精准研判、妥善应对经济领域可能出现的重大风险。各地区各部门要平衡好稳增长和防风险的关系,把握好节奏和力度。要稳妥实施房地产市场平稳健康发展长效机制方案,切实解决中小微企业融资难、融资贵问题,加大力度妥善处理"僵尸企业"处置中启动难、实施难、人员安置难等问题,稳妥处理地方政府债务风险。

确保科技安全,防控科技风险。新科技革命和产业变革将是最难掌控但必须面对的不确定性因素之一,抓住了就是机遇,抓不住就是挑战。高端科技是现代的国之利器。核心技术尤其是国防科技是花钱买不来的,我们在一些关键技术和设备上受制于人的问题,要从根本上改变,必须及早解决。只有把核心技术掌握在自己手中,才能从根本上保障国家经济安全、国防安全和其他安全。要加强重大创新领域战略研判和前瞻部署,抓紧布局国家实验室,重组国家重点实验室体系,建设重大创新基地和创新平台。要强化事关国家安全和经济社会发展全局的重大科技任务的统筹组织,强化国家战略科技力量建设。我国创新型科技人才结构性不足矛盾突出,世界级科技大师缺乏,领军人才、尖子人才不足,要加快建设一支规模宏大、富有创新精神、敢于承担风险的创新型人才队伍。

确保社会安全,防控社会风险。我国公共安全面临的形势仍很严峻,一些地区接连发生重特大公共安全事件,对群众健康和生命财产安全带来严重影响。各种人民内部矛盾和社会矛盾较多,而我们的社会管理工作在很多方面还跟不上。要深入研究人口大规模流动、利益多样化、社会信息化、思想文化多元化形势下的社会管理规律,坚持源头治理、系统治理、综合治理、依法治理,努力解决深层次问题,确保人民安居乐业、社会安定有序、国家长治久安。要从源头上预防减少社会矛盾,做好矛盾纠纷源头化解和突发事件应急处置工作,做到发现在早、防范在先、处置在小,防止碰头叠加、蔓延升级。在具体工作中,不能简单依靠打压管控、硬性维稳,还要重视疏导化解、柔性维稳。我国是世界上自然灾害最严重的国家之一,防灾减灾救灾是一项长期任务。要坚持以防为主、防抗救相结合的方针,坚持常态减灾和非常态减灾相统一,努力实现从注重灾后救助向注重灾前预防转变,从应对单一灾种向综合减灾转变,从减少灾害损失向减轻灾害风险转变,全面提高全社会抵御自然灾害的综合防范能力。

确保外部环境安全,防控外部环境风险。这些年来,随着中国快速发展,国际上有些人担心中国会走“国强必霸”的路子,一些人提出了所谓的“中国威胁论”。中国人民不接受“国强必霸”的逻辑,愿意同世界各国人民和睦相处、和谐发展,共谋和平、共享和平。构建人类命运共同体,是外部环境安全的根本。坚持对话协商、共建共享、合作共赢、交流互鉴、绿色低碳,建设一个持久和平、普遍安全、共同繁荣、开放包容、清洁美丽的世界，就能奠定外部环境安全的基石。无论从地理方位、自然环境还是相互关系看，周边对我国都具有极为重要的战略意义。我国周边外交，要以邻为善、以邻为伴，坚持睦邻、安邻、富邻，努力使周边同我国政治关系更加友好、经济纽带更加牢固、安全合作更加深化、人文联系更加紧密。习近平总书记指出："我们要坚持走和平发展道路，但决不能放弃我们的正当权益，决不能牺牲国家核心利益。任何外国不要指望我们会拿自己的核心利益做交易，不要指望我们会吞下损害我国主权、安全、发展利益的苦果。"①积极促进"一带一路"国际合作，要完善共建"一带一路"安全保障体系。我国企业在海外投资形成的资产规模迅速扩大，公民出境人数迅速增加。要逐步提高海外安全保障能力和水平，保护海外我国公民和法人安全，保护我国海外金融、石油、矿产、海运和其他商业利益。

全面从严治党，经受"四大考验"、防止"四大危险"。对我们这样一个大党、长期执政的党来说，管党治党一刻不能松懈。如果管党不力、治党不严，人民群众反映强烈的党内突出问题得不到解决，那我们党迟早会失去执政资格，不可避免被历史淘汰，这绝不是危言耸听。全党要牢记毛泽东同志提出的"我们决不当李自成"的深刻警示，牢记"两个务必"，牢记"生于忧患，死于安乐"的古训，着力解决好"其兴也勃焉，其亡也忽焉"的历史性课题。我们党取得了举世瞩目的成就，现在更需要"愈大愈惧，愈强愈恐"的态度。我们当前主要的挑战还是党的领导弱化和组织涣散、纪律松弛。不改变这种局面，就会削弱党的执政能力，动摇党的执政基础，甚至会断送我们党和人民的美好未来。近年来，一些国家因长期积累的矛盾导致民怨载道、社会动荡、政权垮台，其中贪污腐败就是一个很重要的原因。只要我们管党治党不放松、正风肃纪不停步、反腐惩恶不手软，就一定能够赢得反腐败这场输不起也决不能输的斗争。

---

①《习近平谈治国理政》，外文出版社2014年版，第249页。

推进伟大事业与防范化解重大风险相互支持

新时代中国特色社会主义，是改革开放以来中国特色社会主义伟大事业的继续和深化。新时代防控风险不是孤立进行的，不是与新时代中国特色社会主义平行的一条主线，而是新时代中国特色社会主义的有机组成和有力支撑。推进伟大事业要求防控重大风险，防控重大风险保障伟大事业推进，二者是同一个目标、同一个过程、同一个实践。全面推进伟大事业，从根本上说，是防范化解重大风险的治本之策，是以积极性的建设和发展来防控各种风险。推进伟大事业本身就是最为根本最为有效的防控重大风险，防控重大风险同时就是最为底线最为关键的推进伟大事业，二者相得益彰，实现全面推进伟大事业与防范化解重大风险的良性转化。

坚持新发展理念，构建防控风险的基本机制。发展理念是管全局、管根本、管方向、管长远的，习近平总书记提出新发展理念，既是关系我国发展全局的一场深刻变革，也是为防范化解重大风险构建基本机制。创新发展转变发展动力，防控停滞风险。我国创新能力不强，科技对经济社会发展的支撑能力不足，这是我国这个经济大个头的“阿喀琉斯之踵”。协调发展解决发展矛盾，防控失衡风险。经济发展一段时间跑得快之后，就要注重发展的整体性协调性，否则“木桶效应”就会愈加显现。绿色发展保证发展永续，防控透支风险。我国建设现代化国家，走美欧老路是走不通的。特别是一段时间全国大范围长时间的雾霾污染天气，也敲响了必须绿色发展的警钟。开放发展拓展发展格局，防控封闭风险。当今世界，开放还是封闭，是人类面临的重大抉择。开放带来进步，封闭必然落后，没有哪个国家能够退回到自我封闭的孤岛。共享发展分好发展成果，防控冲突风险。“天下之治乱，不在一姓之兴亡，而在万民之忧乐。”在我国现有发展水平上，社会上还存在大量有违公平正义的现象，人民群众对社会不公问题的反映越来越强烈。这个问题不抓紧解决，不仅会影响人民对改革开放的信心，而且会影响社会和谐稳定。

统筹推进“五位一体”总体布局，构建防控风险的坚实基础。“五位一体”总体布局，反映了中国特色社会主义全面发展、共同进步的规律，也是防范化解重大风险的基础建设。统筹推进“五位一体”总体布局成效越是显著，风险的发生概率就越低、程度就越轻，抵御化解风险的效果就越好。经济建设是防控经济风险的基础建设。不断适应、把握、引领经济发展新常态，推动我国经济转向高质量发展，是克服我国经济面临一定的下行压力和不少困难，如产能过剩和需求结构升级矛盾突出，经济增长内生动力不足，金融风险有所积累，部分地区困难增多的前提条件。政治建设是防控政治风险的基础建设。坚持正确的政治发展道路是关系根本、关系全局的重大问题。古今中外，由于政治发展道路选择错误而导致社会动荡、国家分裂、人亡政息的例子比比皆是。一些发展中国家照搬西方政治制度和政党制度模式，结果很多国家陷入政治动荡、社会动乱，人民流离失所。文化建设是防控文化风险的基础建设。坚定文化自信，事关国运兴衰、事关文化安全、事关民族精神独立性。舆论导向正确是党和人民之福，舆论导向错误是党和人民之祸。一个抛弃了或者背叛了自己历史文化的民族，不仅不可能发展起来，而且很可能上演一场历史悲剧。社会建设是防控社会风险的基础建设。西方工业化国家在二三百年里围绕工业化、城镇化陆续出现的城乡社会问题，在我国集中出现了。我国改革进入攻坚期和深水区，社会稳定进入风险期，各种矛盾和深层次矛盾交织叠加，一些重大问题敏感程度明显增大，处理不慎极易影响社会稳定。生态文明建设是防控生态环境风险的基础建设。习近平总书记指出，生态环境安全是国家安全的重要组成部分，是经济社会持续健康发展的重要保障。我国环境容量有限，生态系统脆弱，污染重、损失大、风险高的生态环境状况还没有根本扭转。要始终保持高度警觉，防止各类生态环境风险积聚扩散，做好应对任何形式生态环境风险挑战的准备。

协调推进“四个全面”战略布局，构建防控风险的重点方略。“四个全面”战略布局是从我国发展现实需要中得出来的，从人民群众的热切期待中得出来的，也是为推动解决面临的突出矛盾和问题提出来的。解决面临的突出矛盾和问题，正是防范化解重大风险的固本之道、破障之道。全面建成小康社会，是领域全覆盖、人口全覆盖、区域全覆盖的小康，是平衡性、协调性、可持续性的小康，是实现中华民族伟大复兴中国梦的关键一步。全面深化改革，总目标是完善和发展中国特色社会主义制度、推进国家治理体系和治理能力现代化。古往今来，大多数社会动荡、政权更迭，原因最终都可以归结为没有形成有效的国家治理体系和治理能力。东欧剧变、苏联解体有多方面原因，没有形成有效的国家治理体系和国家治理能力是其中一个重要原因。我国发展面临一系列突出矛盾和挑战，解决这些问题，关键在于全面深化改革。全面依法治国，是解决党和国家事业发展面临的一系列重大问题，解放和增强社会活力、促进社会公平正义、维护社会和谐稳定、确保党和国家长治久安的根本要求。法治兴则国家兴，法治乱则国家乱。什么时候重视法治、法治昌明，什么时候就国泰民安；什么时候忽视法治、法治松弛，什么时候就国乱民怨。我国人民内部矛盾和其他社会矛盾凸显，党风政风也存在一些不容忽视的问题，其中大量矛盾和问题与有法不依、执法不严、违法不究相关。全面从严治党，是党在新时代进行新的伟大斗争的根本保证。应对和战胜前进道路上的各种风险和挑战，包括各种各样的“拦路虎”“绊脚石”，关键在党。我们要赢得优势、赢得主动、赢得未来，就必须把党建设得更加坚强有力，使我们党能够团结带领人民有力应对重大挑战、抵御重大风险、克服重大阻力、解决这种大矛盾。

实现党在新时代的强军目标，构建防控风险的强大力量。建设一支听党指挥、能打胜仗、作风优良的人民军队，把人民军队建设成为世界一流军队，是党在新时代的强军目标。新形势下，我国周边安全风险在增多，特别是海上安全威胁日益突出，家门口生乱生战可能性增大，有的国家加大对我国战略遏制和围堵力度，维护我国核心利益和发展利益面临更复杂的挑战。世界新军事革命深入发展，武器装备远程精确化、智能化、隐身化、无人化趋势明显，战场不断从传统空间向新型领域拓展，新军事革命的本质是争夺战略主动权。从近年来军队现代化建设和遂行军事斗争准备任务的情况看，我军打信息化战争能力不够、各级指挥信息化战争能力不够的问题比较突出，军事斗争准备存在不少短板。习近平总书记指出，维护国家安全，我们要综合运用政治、外交、经济、文化、法理等多种手段，但军事手段始终是保底的，是起定海神针作用的。能战方能止战。军事这一手不过硬，就可能陷入战略被动。党的十八大以来，习近平总书记紧紧围绕新时代建设一支什么样的强大人民军队、怎样建设强大人民军队，开拓了中国特色强军之路，为国防和军事安全提供了坚强保证。重塑政治纲纪，有效解决了弱化党对军队绝对领导的突出问题；重塑组织形态，有效解决了制约我军建设的体制性障碍、结构性矛盾、政策性问题；重整斗争格局，有效解决了军事力量运用方面的问题；重构建设布局，有效解决了我军建设聚焦实战不够、质量效益不高的问题；重树作风形象，有效解决了不正之风和腐败现象滋生蔓延的突出问题。

全面建设社会主义现代化国家，构建防控风险的根本保证。党的十九大开启全面建设社会主义现代化国家的新征程，2019年处于实现“两个一百年”奋斗目标的历史交汇期，是全面建成小康社会、实现第一个百年奋斗目标的关键之年。党中央首次举办以着力防范化解重大风险为主题的省部级主要领导干部专题研讨班，习近平总书记首次以着力防范化解重大风险为主题发表重要讲话。这表明，全面建设社会主义现代化国家，必须坚持底线思维，着力防范化解重大风险。同时，全面建设社会主义现代化国家，本身就是防范化解重大风险的根本着力、根本防控。现代化建设的过程，既是风险形成的过程，也是风险化解的过程。不能脱离全面建设社会主义现代化国家的实践，去防范化解重大风险；也不能忽视现实的或潜藏的重大风险，去全面建设社会主义现代化国家。从基本实现社会主义现代化，到全面建成社会主义现代化强国，是我国物质文明、政治文明、精神文明、社会文明、生态文明全面提升的进程，是人民美好生活需要不断满足的进程，是人民军队全面建成世界一流军队的进程，是中国共产党始终走在时代前列、得到人民衷心拥护、勇于自我革命、经得起各种风浪考验、朝气蓬勃的进程，是人类文明交流超越文明隔阂、文明互鉴超越文明冲突、文明共存超越文明优越的进程，也是各种风险逐步减少减弱、化解消除，防控风险能力逐步增强的进程。

提高党的执政能力与提高防控风险能力融为一体

党是最高政治领导力量，坚持党对一切工作的领导，包括坚持党对防范化解重大风险工作的领导。党的领导效果如何，很大程度上取决于党的执政能力。党的执政能力包括很多方面，其中防控风险能力是重要方面。我们党在内忧外患中诞生，在磨难挫折中成长，在战胜风险挑战中壮大，防控风险能力在实践过程中不断增强。改革开放以来，党领导人民应变局、平风波、战洪水、防非典、抗地震、化危机，成功应对一系列重大风险挑战、克服无数艰难险阻，充分显示了党的强大防控风险能力。在新时代，防控风险能力对于党的执政能力更加重要，提高党的执政能力必须更加注重提高防控风险能力，提高防控风险能力必须更加自觉地纳入提高党的执政能力之中。提高防控风险能力，集中体现在习近平总书记在2019年省部级主要领导干部专题研讨班上提出的“三个既要、三个也要”上。

既要高度警惕“黑天鹅”事件，也要防范“灰犀牛”事件。“黑天鹅”事件是指“稀有性、极大的冲击性和事后（而不是事前）可预测性”的事件，例如特大地震就属于此类风险。“灰犀牛”事件是指“既是概率高的事件，又是影响大的事件。我们越是及早地应对处理，我们的损失就会越小。但不幸的是，这类事件离我们越是遥远，我们就越是会放松警惕，不做任何防范。当这类危险真的靠近的时候，我们能做的就非常有限了。”[①]例如生态危机就属于此类风险。新时代重大风险包括这两类风险，都在防范之列，但更要重视对“灰犀牛”事件的防范。现代社会，风险本身就更具复杂性、多样性、突变性、不确定性，对防范化解重大风险带来新的课题和严峻挑战。新时代提出新要求。无论风险来自何方、以什么样的样式出现，但危害都是巨大的，都是不容麻痹大意、不能临阵退

① ［美］米歇尔：《灰犀牛——如何应对大概率危机》，王丽云译，中信出版集团2017年版，第36—37页。

却的，都是要以高度的政治责任感、科学理性精神和无私无畏勇气，全力以赴应对。

既要有防范风险的先手，也要有应对和化解风险挑战的高招。要充分认识到防控风险能力不足的危害后果。要加强对各种风险源的调查研判、提高动态监测、实时预警能力，推进风险防控工作科学化、精细化，对各种可能的风险出手及时有力，力争不出现重大风险或在出现重大风险时扛得住、过得去。

既要打好防范和抵御风险的有准备之战，也要打好化险为夷、转危为机的战略主动战。深入把握防范化解重大风险的内在规律。要在全面掌握风险成因中防控风险。风险是关于未来的某种可能，它的发生有一定概率，需要一定条件，可以通过科学预见形势发展走势，发现隐藏其中的风险挑战，做到未雨绸缪。对风险成因的认识越为全面准确，防控风险就越为自觉主动。习近平总书记强调，防范化解重大风险，是各级党委、政府和领导干部的政治职责，要坚持守土有责、守土尽责，把防范化解重大风险工作做实做细做好。[①]各级领导要勇于担当防范化解重大风险的领导责任，全面提高防范化解各个领域重大风险的能力水平，具有充沛顽强的斗争精神，敢于担当、敢于斗争，保持斗争精神、增强斗争本领，应对好每一场重大风险挑战。特别要防止各领域风险连锁联动，不让局部风险演化为区域性或系统性风险。

---

①《提高防控能力着力防范化解重大风险 保持经济持续健康发展社会大局稳定》，载《人民日报》2019年1月22日。

统筹"两个大局" 应对风险挑战※

中华民族伟大复兴的战略全局和世界百年未有之大变局，是习近平总书记在2019年5月做出的"两个大局"重大战略判断。胸怀"两个大局"，是世界正经历百年未有之大变局，我国正处于实现中华民族伟大复兴关键时期的新形势下，对领导干部和全党的政治要求。"两个大局"是重大战略判断，胸怀"两个大局"是宽阔战略视野，而统筹"两个大局"，则是以习近平同志为核心的党中央，在当前国内外风险挑战明显增多的复杂局面面前，主动应对风险挑战、着力破解复杂局面的宏伟战略实践。最近，中共中央政治局"不忘初心、牢记使命"专题民主生活会强调，面对当今世界百年未有之大变局，面对错综复杂的国内外风险挑战，习近平总书记高瞻远瞩、统揽全局、运筹帷幄、指挥若定，展现了共产党人坚定的理想信念、人民领袖深切的为民情怀、马克思主义政治家高超的政治领导艺术。

中华民族伟大复兴的战略全局，是近代170多年来实现中国梦的历史进程，进入到最为接近实现这一目标的历史阶段，在实现"两个一百年"奋斗目标的新时代中国特色社会主义伟大实践中，在以习近平同志为核心的党中央的统筹推进下，所构成的一种战略态势、战略部署、战略工程。世界百年未有之大变局，是十月革命一百年来、"一战"结束一百年来、五四运动一百年来，世界政治格局、经济布局、军事棋局、科技进步等领域发生的全球历史性革命性变

※ 写于2020年。

化。中华民族伟大复兴的战略全局，是在世界百年未有之大变局的大环境下形成和展开的。世界百年未有之大变局，不是外在于中国的变局，不是置中国于局外的变局，中国也是塑造这一大变局的重要力量。“两个大局”二者相互交织、相互作用、融合交汇，为我们顺势而为、因势利导，抓住机遇、化解风险，提供了可以大有作为的空间。

新时代中国特色社会主义发展取得的重大成就前所未有。同时要清醒地看到，一段时间以来出现的国内外风险挑战明显增多的复杂局面，无论是国内经济结构性、体制性、周期性问题相互交织，经济下行压力加大，还是国际形势复杂多变，美国和伊朗之间报复升级、剑拔弩张，无论是香港修例风波以来的严重暴力事件，还是中美经贸斗争的波澜不断，等等，都表明我们面临的风险挑战之严峻前所未有。一是风险挑战的危害性极其严重，包括危害中国共产党领导和我国社会主义制度，危害我国主权、安全、发展利益，危害我国核心利益和重大原则，危害我国人民根本利益，危害我国实现“两个一百年”奋斗目标、实现中华民族伟大复兴的各种风险挑战，甚至会遇到难以想象的惊涛骇浪。二是风险挑战的长期性非比寻常，正如习近平总书记指出的，我们面临的各种斗争不是短期的而是长期的，至少要伴随我们实现第二个百年奋斗目标全过程。三是风险挑战的复杂性极为深刻，政治、意识形态、经济、科技、社会、外部环境、党的建设等领域重大风险交叉叠加，“黑天鹅”事件和“灰犀牛”事件同时存在，风险挑战的确定性和不确定性同时存在，在前进道路上我们面临的风险考验只会越来越复杂。

国内外风险挑战明显增多的复杂局面，从根本上讲，是“两个大局”交汇碰撞的产物。“两个大局”的历史交汇，既带来重大战略机遇期，也带来严峻风险挑战期。实现中华民族伟大复兴，是在世界两大制度体系的竞争较量中前行的。我们越是日益走近世界舞台中央，越是逐步接近实现这一伟大梦想，就越是会遇到美国等反华反共势力的遏制打压，就越是有可能遇到外部策划的“颜色革命”危险。新时代全面深化改革再出发，面对的是深层次体制机制问题，还要啃许多新的硬骨头，还要攻克许多新的难关，需要一个有利于有序稳步改革的国际环境。但波谲云诡的国际形势、复杂敏感的周边环境、艰巨繁重的改革发展稳定任务纵横交错，新时代改革开放走稳走远必须营造良好的国际环境。国际形势复杂多变，构成了世界百年未有之大变局的重要特征，我们既要治乱于未乱，也要有应对和化解风险挑战的高招，制定应对各种风险的治本之策，锻造战胜各种台风的“定海神针”。国内外风险挑战的相互传递、交互震荡，构成了复杂局面的重要原因。统筹“两个大局”，则是沉着应对风险挑战的战略运作。

牢牢把握“两个大局”的战略机遇，以复兴成就化解风险挑战。中华民族伟大复兴的战略全局，历经一代代中国人民矢志不渝、接续奋斗，历经一代代中国共产党人初心不忘、使命不弃，而终成宏伟气象。这一战略全局，依靠新时代中国共产党人精心谋划、科学布局而不断完善，依靠党和人民想在一起、干在一起而铸就辉煌。世界百年未有之大变局，新兴市场国家和发展中国家快速崛起，以美国为首的西方国家霸权主义、强权政治走向衰落，和平、发展、合作、共赢已成为时代潮流。“两个大局”是推动民族复兴进程的大局，是科学社会主义从曲折到复兴的大局，是夺取新时代中国特色社会主义伟大胜利的大局。即使出现国内外风险挑战明显增多的复杂局面，“两个大局”的基本面仍然是机遇大于挑战。机遇与挑战相互制约、相互转化，积极推进中华民族伟大复兴的战略全局，充分运用世界百年未有之大变局的发展空间，就能有效化解潜在的或已生成的风险挑战。

积极创造“两个大局”的有利态势，以主动作为应对风险挑战。中华民族伟大复兴的战略全局是中国共产党带领人民共同奋斗开创出来的，世界百年未有之大变局是世界各种经济、科技、政治、文化力量演化的结果。对于我们党、国家和人民来说，“两个大局”既是一种客观的存在，也是一种可以塑造的未来，是可以运势造势、形成变局中之变局，使之朝着有利于实现中华民族伟大复兴、构建人类命运共同体的方向演变。同样，在国内外风险挑战明显上升的复杂局面面前，不能消极被动、无所作为，要打好防范和抵御风险的有准备之战，特别是打好化险为夷、转危为机的战略主动战。统筹“两个大局”，包括防控“两个大局”交汇碰撞导致的风险挑战，控制各类威胁和挑战的联动效应，不让个别风险演化为综合风险，不让国际风险演化为国内风险。

切实解决“两个大局”的重大矛盾，以新的斗争战胜风险挑战。中华民族伟大复兴，绝不是轻轻松松、敲锣打鼓就能实现的，必须进行具有许多新的历史特点的伟大斗争，解决前进道路上的重大矛盾。如果解决不好诸多矛盾叠加、风险隐患增多的系统性风险，就会延误甚至中断中国特色社会主义进程。世界大变局加速深刻演变，美国已把中国作为最大战略对手，支持操纵“港独”势力反对“一国两制”制度。面对风险挑战，消极懈怠、回避退缩的思想和行为都是错误的，只能导致风险升级、挑战加剧。我国发展进入各种风险挑战不断积累甚至集中显露的时期，解决“两个大局”进程中的重大矛盾，必须发扬斗争精神，增强斗争本领。当严峻形势和斗争任务摆在面前时，骨头要硬，敢于出击，敢战能胜。

增强统筹“两个大局”的制度优势，以治理能力抗击风险挑战。党的十九届四中全会就我国国家制度和国家治理体系这个重大问题作出决定，是从政治上、全局上、战略上全面考量，立足当前、着眼长远作出的重大决策。制度优势是一个国家应对风险挑战的最大优势，制度稳固是在风险挑战面前保持国家稳定的基本保证。习近平总书记指出，我们要打赢防范化解重大风险攻坚战，必须坚持和完善中国特色社会主义制度、推进国家治理体系和治理能力现代化，运用制度威力应对风险挑战的冲击。加强制度建设和治理能力建设，坚定制度自信，充分发挥我国国家制度和国家治理体系多方面的显著优势，把我国制度优势更好转化为国家治理效能，是统筹“两个大局”的制度基础和治理基石。完善集中统一、高效权威的国家安全体系，提高防范抵御国家安全风险能力，正是沉着应对国内外风险挑战明显增多复杂局面的国家安全制度建设和国家安全治理能力建设。

完善和发展中国特色社会主义军事制度

推动军队现代化建设尽早转入创新驱动发展轨道※

深化国防和军队改革，必须解决好军队建设的发展方式问题。当前，新一轮科技革命和产业革命正在兴起，世界新军事革命加速发展，这就要求我军现代化建设审时度势，抢抓机遇、夺占先机。习近平总书记在视察国防科技大学的重要讲话中强调要推动军队现代化建设尽早转入创新驱动发展轨道，这既是对国防科技自主创新提出的新的更高要求，也是在更为广泛的范围、更为普遍的意义上，对新形势下国防和军队建设提出的新的更高要求，具有开拓视野、更新观念，把握方向、转变机制的重要作用，是国防和军队建设的重要方法论，必须深入领会，全面贯彻于军队现代化建设的总体筹划和各个领域。

创新驱动深刻揭示了国防和军队现代化的规律

创新驱动是经济社会的新型发展方式。人类社会大体上经历了资源依赖型、投资驱动型、创新驱动型几种发展方式，反映了经济社会发展主导要素和主要动力的变化。创新驱动型的发展方式成为主导方式，是传统发展方式难以为继，新的科技革命蓬勃兴起，发展寻求新增长动力的必然要求。

国防和军队发展方式从属于经济社会发展方式，一般来说，经济社会发展

※ 写于2013年。

方式达到什么阶段，国防和军队发展方式也就相应达到什么阶段。当前，我国经济社会发展方式正在向创新驱动型转变，这就为国防和军队发展方式向创新驱动型转变提供了环境和条件。同时，国防和军队发展方式的创新驱动型转变，也是经济社会发展方式转变的内容和动力。

创新驱动表明了国防和军队现代化的主导要素和内在动力，是国防和军队现代化的显著标志。创新驱动，就是要使创新成为国防和军队建设发展的不竭动力。当今时代，世界新军事革命加速发展，战争时空特性发生重大变化，军事创新不断推出。恩格斯的名言"在长久的和平时期兵器由于工业的发展改进了多少，作战方法就落后了多少"警示我们，军事创新是从武器装备到战法训法、从军事理论到战争准备、从体制编制到人才培养的全方位创新，不创新就会继续拉大与强敌的差距。创新驱动，就是要推动从外延式发展向内涵式发展的转变。既要根据国家安全形势需要和经济增长状况，加大军费投入，又要提高经费和资源使用效益，优化军队规模结构，加快新型作战力量建设。

习近平总书记提出推动军队现代化建设尽早转入创新驱动发展轨道，是总结我军现代化建设历史经验，洞察当代世界军事发展趋势，探索国防和军队现代化基本规律，着眼解决我军现代化建设矛盾问题的思想结晶。这一思想观点，深化了对国防和军队现代化聚焦点、着力点的认识，是推进国防和军队现代化的基本遵循。

创新驱动更加丰富了中国特色强军之路的内涵

党在新形势下的强军目标，是习近平总书记在新的历史起点上深入思考和全面推进国防和军队建设的重大战略思想。强军目标进一步明确了军队建设的灵魂、核心和保证，要求牢记强军之魂、强军之要、强军之基。强军目标引领中国特色强军之路。以强军目标为出发点和落脚点，习近平总书记不断探索"怎样实现强军目标、怎样推进国防和军队现代化"的重大问题，逐步深化和拓展强军之路。提出推动军队现代化建设尽早转入创新驱动发展轨道,正是强军之路的新认识新成果,对于沿着强军之路推进军队建设有着重要促进作用。

创新驱动发展轨道拓展了强军路径。强军之路是一条复合型、系统性和开放式的道路,既要从根本上解决听谁指挥、能否打胜、是否过硬的问题,也要在此基础上解决怎样发展、怎样打胜、怎样过硬的问题。创新驱动发展轨道确定了强军之路的一个维度,使我们从动力源泉的视角来实施强军战略。军事理论创新、军事技术创新、军事训练创新、军事制度创新,等等,都构成了强军之力、强军之源,成为强军之路的重要轨道。

创新驱动发展轨道完善了强军机制。机制决定系统运行的状况,改进和完善机制是发展提高的必要条件。依靠什么样的机制实现强军目标,是中国特色强军之路的关键问题。创新驱动发展轨道确定了强军之路的一个要道,使我们从发展机制的层面来推进强军实践。创新机制保证了不断解决强军征程上的新情况新问题,不断推出新办法新举措,勇于探索、开拓进取、防止停滞。

创新驱动发展轨道加快了强军速度。现代战争,时间要素不断升值,战争进入发现即摧毁的"秒杀"时代。因此,强军目标要有路线图、时间表,强军之路要引入时间之维、树立速度意识,有了路还要赶路。习近平总书记强调军队现代化建设尽早转入创新驱动发展轨道,这个"尽早"充满着忧患意识、机遇意识、责任意识。敌不由我、时不我待,能打胜仗也是军队现代化速度的较量。创新驱动发展轨道确定了强军之路的一个节奏,使我们从变革速度的要求来实现强军目标。而且创新驱动本身就是国防和军队现代化的发动机、加速器。

创新驱动明确指出了深化国防和军队改革的机制

党的十八届三中全会是全面深化改革以及深化国防和军队改革的动员令。改革包括创新,创新促进改革。习近平总书记强调推动军队现代化建设尽早转入创新驱动发展轨道,为深化国防和军队改革提供了重要机制。例如,着力解决制约国防和军队建设发展的突出矛盾和问题,既要有攻坚克难的勇气、统揽全局的智慧,还要有创新驱动的机制。无论是革除体制机制的障碍,还是破除利益固化的藩篱,都需要依靠创新化解难题、减少阻力、弱化弊端。党的十八届三中全会《决定》作出的深化国防和军队改革的决策部署,既是改革方针,也是创新方略。深化军队体制编制调整改革,这本身就包含着军队领导管理体制、联合作战指挥训练保障体制、新型作战力量领导体制、新型军事人才培养体系等方面的创新;推进军队政策制度调整改革,这离不开军事人力资源政策制度、军费管理制度、军事法规制度体系等方面的创新;推动军民融合深度发展也是如此。改革过程就是体制创新、制度创新的过程,改革与创新相辅相成。可以说,军队现代化建设转入创新驱动发展轨道越是及时、顺利和有效,国防和军队改革就越能推进、深化和成功。

创新驱动是决定我军前途命运的关键※

习近平总书记在十二届全国人大四次会议解放军代表团全体会议上发表重要讲话，强调全面实施创新驱动发展战略，下大气力抓理论创新、抓科技创新、抓科学管理、抓人才集聚、抓实践创新，推动国防和军队建设实施新跨越。“十三五”时期是全面建成小康社会决胜阶段，也是国防和军队建设的关键时期。在“十三五”的开局之年，习近平总书记提出把创新摆在我军建设发展全局的重要位置，具有重大意义。

党的十八届五中全会提出创新、协调、绿色、开放、共享的新发展理念，把创新作为引领发展的第一动力，摆在国家发展全局的核心位置，列在五大发展理念之首。习近平总书记强调，要着力实施创新驱动发展战略，抓住了创新，就抓住了牵动经济社会发展全局的牛鼻子。这表明，我国经济发展进入新常态，与之相适应，发展动力要从主要依靠资源和低成本劳动力等要素投入转向创新驱动。创新驱动作为“十三五”乃至更长时期的国家发展战略，是规律所驱、大势所趋。

军队发展战略与国家发展战略密切相关。国家层面的创新驱动发展战略，从发展环境、发展趋势、发展机制等方面，决定了新形势下国防和军队建设，必须从主要依靠数量规模转向创新驱动，全力增强创新对于强军兴军的推动力度，着力提高创新对于战斗力、制胜力增长的贡献程度，系统培塑创新对

※ 写于2016年。

于国防建设质量、军队运行效率的促进功能。

创新驱动表明了国防和军队现代化的主导要素和内在动力，反映了世界新军事革命加速发展的必然要求。信息化战争是科技创新运用于军事领域的产物，导致战争时空特性变化、制胜机理改变。何以打赢，唯有创新，创新是强军之道、制胜之基。围棋人机大战，谷歌围棋人工智能“AlphaGo”对李世石的胜利，说到底，是科技创新的胜利。要推进从武器装备到战法训法、从军事理论到战争准备、从体制机制到人才培养的全方位创新。盲目自大、故步自封，只能拉大与强敌的差距，绝不可能稳操胜券。

习近平总书记曾强调，创新能力是一支军队的核心竞争力，也是生成和提高战斗力的加速器。这是全面实施创新驱动发展战略的基本依据，扭住了军队竞争力和战斗力的关键。

军事竞争体现在军事领域的方方面面，其中，核心竞争力是创新能力。这种创新能力首先是国家创新能力，国家科技创新能力决定了军事科技创新能力、武器装备研发能力，决定了军队在世界军事竞争中的地位；国家改革完善军事制度、构建新型军事力量体系的能力，决定了军队的体制竞争力。从军队自身看，军队建设的各个领域，从军事理论、军事训练到军事管理、军事保障，军队体制的各个层级，从指挥机构到作战部队，都有创新的要求和空间，都要具有不同性质和内涵的创新能力。创新能力作为军队的核心竞争力，是指随着国防和军队发展方式的转变，创新能力成为军队各项能力的第一能力；是指在军队各项竞争力，如指挥能力、组织能力、作战能力、协同能力的相互关系中，创新能力赋予各项竞争力以生命和新质。

战斗力生成和提高有着多种路径、不同节奏。依靠数量的增加、渐进的过程，也能达到目的，但却是一个效率不高、速度不快的进程。现代战争时间要素不断升值，既包括进行战争，也包括准备战争。军事创新通过转变军事主体思维方式、改变军事要素组织方式、调整军事活动信息方式、提升军事组织学习方式，就能够实现战斗力生成和提高的换挡加速、快速变革。特别是战争爆发、战场较量、实战对抗没有预定的时间表，遏制战争、防范风险、占据优势没有固定的路线图,创新加速器就是制胜力。习近平总书记指出创新驱动是决定我军前途命运的一个关键,思想深刻,拓展了强军兴军路径,完善了强军兴军机制,加快了强军兴军进度。

实施创新驱动发展战略,要以重点突破带动和推进全面创新。抓理论创新、抓科技创新、抓科学管理、抓人才集聚、抓实践创新,指明了创新驱动发展战略在国防和军队建设的主要抓手,体现了以强军目标引领军事创新的特点规律,具有很强的科学性、针对性、指导性。

理论创新是先导,为强军兴军提供科学理论支撑。科学的军事理论是强军兴军的行动指南,融入军事实践之中,就是战斗力。大力推进马克思主义军事理论创新,是实现强军目标的必然要求和理论先导。习近平强军思想,是马克思主义军事理论创新的最新成果,是党的十八大以来国防和军队建设取得历史进展、创新发展的科学指导。不断开创强军兴军新局面,就要加深学习、着力践行、不断丰富这一军事理论创新成果,加快形成具有时代性、引领性、独特性的军事理论体系。

科技创新是核心,为强军兴军提供物质技术支撑。科技创新及其在军事领域的应用,是战争形态转变的技术动因,信息化战争是现代信息技术的产物。习近平总书记深刻指出,现代高新技术武器装备是大国地位的重要支撑,是维护国家安全的利器。因此,我军必须高度重视战略前沿技术发展,通过自主创新掌握主动。既要敢于亮剑,也要善于铸剑,加快构建适应信息化战争和履行使命要求的武器装备体系。

科学管理是保障,为强军兴军提供秩序效能支撑。创新在很多情况下是科学管理的结果,科学管理是创新的条件,同时军事管理本身也需要创新。军队能不能打仗、打胜仗,科学管理起着关键作用。目前,军队创新驱动的发动机和轮子运转的还不够高效,与科学管理的水平不高有很大关系,例如某些部门和单位粗放式、随意性、低效率的管理方式。要更新管理理念、完善管理体系、优化管理流程,推动我军向质量效能型转变。

人才集聚是基础,为强军兴军提供主体力量支撑。人才是创新的核心要素，军事创新在很大程度上是由军事人才所引发推动的，军事人才的数量和质量决定着创新驱动战略的成效，影响着强军兴军的进程。随着我军武器装备和新型作战力量快速发展，人才匮乏问题将越来越突出，加紧集聚大批高端人才是推动我军改革创新的当务之急。要把联合作战指挥人才、新型作战力量人才培养作为重中之重，努力培养造就宏大的高素质创新型军事人才队伍。

实践创新是目的，为强军兴军提供转化落实支撑。马克思的哲学是实践的哲学、改变世界的哲学。创新无论多少环节、多少机制，最终都必须转化为落实为实践创新，不能只停留在口头上、止步于思想环节。抓实践创新，就是要坚持问题导向，在发现问题、解决问题中实现创新。推动国防和军队建设实现新跨越，需要破解这样那样的矛盾、攻克大大小小的难关，这就要激励全军官兵争当创新的推动者和实践者，使谋划创新、推动创新、落实创新成为全军的自觉行动。

把创新摆在我军建设发展全局的重要位置，首先要让新发展理念深入人心，成为我军各级领导、广大官兵的自觉共识。要从发展方式转变的历史规律和军事革命发生的内在逻辑，从经济社会发展战略与国防和军队发展战略的统一布局，从我军建设发展面临的形势任务和主要矛盾等方面，深刻认识习近平总书记要求国防和军队建设全面实施创新驱动发展战略的理论根源和实践依据。要破除安于现状的守成思维、因循守旧的习惯思维、怕担风险的利己思维、为官不为的消极心理，各级领导带头解放思想、实事求是、与时俱进，推动创新、支持创新、引导创新，让创新创造在军营蔚然成风。

要以强军目标为引领，统筹改革强军和创新兴军，坚持战斗力标准，形成让创新在全军蔚然成风的动力机制。创新是发展动力，形成和产生创新、扩散和强化创新，是一定思想观念、体制机制的产出，同样要有动力驱动。强军目标确定了创新的目标驱动，为实现强军目标而坚定实施创新战略。改革强军激活了创新的内在动力，消除阻碍军事创新的体制羁绊，改革创新相得益彰。战斗力标准作为创新发动、创新指向、创新深度、创新检验的最高准则，保证了全面实施创新驱动发展战略，成为谋胜今天、制胜战场、决胜未来的坚实举措。

要大力弘扬创新文化，在强军兴军新征程中打造具有高度创新能力的军队。军事领域最需要创新，军事创新能力决定军队强弱胜败，创新文化是强军文化的重要构成，是创新能力的精神要素。要按照习近平总书记要求的那样，尊重官兵主体地位，发挥官兵首创精神，激发官兵锐意创新的勇气、敢为人先的锐气、蓬勃向上的朝气。创新文化存在于军队建设的各个方面、表现为各种形式，要把创新文化和制度保障统一起来，切实使创新成为我军发展壮大的不竭动力。

党对人民军队的绝对领导是人民军队的建军之本强军之魂※

军队是国家政权的重要组成部分，军事制度是国家制度不可或缺的方面。坚持和完善中国特色社会主义制度、推进国家治理体系和治理能力现代化，必然要求坚持和完善中国特色社会主义军事制度、推进军事治理体系和治理能力现代化。党的十九届四中全会的《决定》首次对我国国家制度和国家治理体系多方面显著优势作出全面概括，包括坚持人民军队听党指挥的显著优势；首次对制度建设和治理能力建设的目标要求作出系统部署，包括坚持和完善党对人民军队的绝对领导制度。党对人民军队的绝对领导是人民军队的建军之本、强军之魂，是中国特色社会主义军事制度的主体，是中国特色社会主义制度的一项根本制度，是国家治理体系的国之重器。把我国制度优势更好转化为治理效能，就要把党对人民军队绝对领导的制度优势更好转化为全面推进国防和军队现代化的铿锵步伐。

坚持听党指挥是我国国家制度和国家治理体系的显著优势

中国特色社会主义制度的最大优势是中国共产党领导。坚持党的集中统一领导是我国国家制度和治理体系多方面显著优势的首要优势，是我们的制

※ 写于2019年。

度和治理体系具有强大生命力和巨大优越性总的根源。这一优势在党与军队的关系上得到集中体现,在我国军事制度中得到充分展现。

人民军队完全区别于一切旧军队的政治特质和根本优势。我军是在中国共产党领导下建立起来的,党的先锋队性质铸就了军队的先进性,党的先进思想塑造了革命军人的思想,党员的不怕牺牲精神、先锋模范作用带动了部队的战斗力提升。党对人民军队领导的根本原则和制度,发端于南昌起义,奠基于三湾改编,定型于古田会议。党的思想、党的领导、党的力量,改造了我军成立初期部队内部一度严重存在的非无产阶级思想,逐步消除了旧军队的不良影响,锻造出第一支新型人民军队。90多年来,我军之所以能够始终保持强大的凝聚力、向心力、战斗力,经受住各种考验,不断从胜利走向胜利,最根本的就是靠党的坚强领导。历史告诉我们,党指挥枪是保持人民军队本质和宗旨的根本保障。有了中国共产党,有了党的坚强领导,人民军队前进就有方向、有力量。始终坚持党对人民军队的绝对领导制度,是人民军队永远不能变的军魂、永远不能丢的命根子。

全面建成世界一流军队的建军之本、强军之魂。建设一支听党指挥、能打胜仗、作风优良的人民军队,把人民军队建设成为世界一流军队,是党在新时代的强军目标。当今世界,新军事革命正在加速推进,军事技术和战争形态发生革命性变化,军事竞争战略主动权的争夺更加激烈。这给我军提供了难得的历史机遇,同时也带来了严峻挑战。新时代建设一支什么样的强大军队、怎样把人民军队建设成为世界一流军队,是强军兴军的重大课题。坚持党指挥枪,确保人民军队绝对忠诚于党和人民,是我军全面建成世界一流军队的思想优势、政治优势、组织优势、制度优势。在强军目标中,听党指挥是灵魂,这就从根本上保证了我军在党的坚强领导下,永葆人民军队政治本色,勇于为人民利益而战斗、为国家安全而献身。军事能力并不仅仅是武器装备能力,世界一流军队并不仅仅是武器装备一流。听党指挥作为建军之本、强军之魂,树立了我军为谁打仗、为谁打胜仗的高度政治觉悟,激发了我军永当英雄部队的一往无前精神,强化了我军高度集中统一、令行禁止的严格纪律,培养了我军有灵魂、有本事、有血性、有品德的新时代革命军人。

中国特色社会主义制度和国家治理体系的安全基石。我国国家制度和国家治理体系，是一个科学制度体系和治理体系，包含根本制度、基本制度、重要制度，覆盖党的领导和经济、政治、文化、社会、生态文明、军事、外事等各方面制度，要求全面实现国家治理体系和治理能力现代化。中国特色社会主义军事制度，是军队为实现中华民族伟大复兴提供战略支撑的制度保证，是中国特色社会主义制度和国家治理体系的安全机制。党对人民军队的绝对领导制度，是党的领导制度体系的重要构成，又是党的领导制度体系的坚强支柱。军强才能国安，军制强固国制。中国特色社会主义军事制度，是维护国家安全包括制度安全的军事制度。有力保障国家主权、安全、发展利益的显著优势，首先就要体现在保障国家主权、安全、发展利益一系列制度安排的安全上，决不允许任何势力在任何时候、以任何理由、用任何方式颠覆和破坏我国国家制度和国家治理体系。中国特色社会主义军事制度，是坚持和完善"一国两制"制度体系、推进祖国和平统一的坚强有力后盾，是坚持和完善独立自主的和平外交政策、推动构建人类命运共同体的维护和平制度。

坚持和完善党对人民军队的绝对领导制度

党对人民军队的绝对领导，是我军的红色基因和光荣传统，是我军建设的根本原则和制度，是中国特色社会主义军事制度的本质和命脉。党的十九大将坚持党对人民军队的绝对领导列入新时代坚持和发展中国特色社会主义的基本方略，党的十九届四中全会进一步将坚持党对人民军队的绝对领导制度作为中国特色社会主义制度体系的根本制度，与我国国家制度和国家治理体系融为一体。《决定》还对这一制度的核心、基础和展开提出明确要求，为新时代坚持和完善这一制度提供了基本遵循。

最高领导权和指挥权属于党中央是制度核心。执政必执军。坚持人民军队最高领导权和指挥权属于党中央，是我们党作为执政党的必然要求，是坚持党对一切工作的领导的必然要求。党是最高政治领导力量,必须掌握军权也就是军队的最高领导权和指挥权。中央军委实行主席负责制是坚持党对人民军队绝对领导的根本实现形式,在党领导军队的一整套制度体系中处于最高层次、居于统领地位。我们党的制度是党的领袖担任中央军委主席,就是为了确保实现党对军队绝对领导,保证党、国家和军队兴旺发达、长治久安。坚持军委主席负责制,就要坚持全国武装力量由军委主席统一领导和指挥,完善贯彻军委主席负责制的体制机制,严格落实军委主席负责制的体制机制。要牢固确立习近平强军思想在国防和军队建设中的指导地位,坚持用习近平强军思想武装官兵,坚决维护党中央、中央军委权威,坚决听从党中央、中央军委指挥。

党的建设制度体系是制度基础。坚持党对人民军队绝对领导是有一整套制度作保证的,这就是人民军队党的建设制度体系。经过长期发展,人民军队党的建设制度体系日臻完善,形成了包括坚持军队最高领导权和指挥权属于党中央,中央军委实行主席负责制,坚持党委制、政治委员制、政治机关制,坚持党委统一的集体领导下的首长分工负责制,坚持支部建在连上等在内的一整套制度体系。这就完善了党领导军队的组织体系,为坚持党对人民军队的绝对领导提供了系统完备、科学规范、运行有效的制度体系。在人民军队党的建设制度体系中,党委制、双首长制、政治委员制,是坚持党对人民军队绝对领导的一种制度安排,更是一种政治设计,起定海神针作用的是党委统一的集体领导下的首长分工负责制。健全人民军队党的建设制度体系,就是要坚决抵制“军队非党化、非政治化”和“军队国家化”等错误政治观点。西方在东欧、中亚、西亚、北非等地区策动所谓“颜色革命”,都把那里的军队作为渗透破坏的重点目标,而在发生政权非正常更迭的国家里,军队大多都出了这样那样的问题,我们必须引为镜鉴。如果不把军队牢牢掌握在党的手中,搞得兵散将离,最后的结果必然是国家四分五裂、人民生灵涂炭。

贯彻到军队建设各领域全过程是制度展开。党对人民军队的绝对领导,是制度体系和治理体系的统一。如同我国国家治理一切工作和活动都依照中国特色社会主义制度展开，人民军队忠实履行新时代使命任务的军事实践，也都是坚持党对人民军队的绝对领导的制度展开。坚持党对人民军队的绝对领导，既需要制度规范体系明确基本内涵，也需要治理实践体系贯通军队建设；既需要加强制度建设的顶层设计，也需要构建与之相适应相配套的各领域各层级的制度和治理体系。要按照《决定》的要求，建立健全基于联合、平战一体的军事力量运用政策制度体系，建立健全聚焦打仗、激励创新、军民融合的军事力量建设政策制度体系，建立健全精准高效、全面规范、刚性约束的军事管理政策制度体系，等等。要把党领导军队一系列制度贯彻到部队建设各领域和完成任务全过程，确保党指挥枪的原则落地生根。

把党指挥枪的制度优势更好转化为制胜优势

从党的十八届三中全会到十九届四中全会，历史逻辑一脉相承，目标指向一以贯之，其中重要方面就是高度重视从制度自觉到治理自觉，从制度功能到治理效能，从制度优势到治理的转化。党的十九届四中全会《决定》突出强调把我国制度优势更好转化为国家治理效能，对于军事制度建设和军事治理能力建设而言，就是要推动我国军事制度的显著优势更好转化为有效塑造态势、管控危机、遏制战争、打赢战争的军事能力。

转化为战之必胜能力。军事制度服务于军队使命。为巩固中国共产党领导和我国社会主义制度提供战略支撑，为捍卫国家主权、统一、领土完整提供战略支撑，为拓展我国海外利益提供战略支撑，为促进世界和平与发展提供战略支撑，是军队必须担当起的新时代使命任务。履行重大使命任务，能打胜仗是核心能力，召之即来、来之能战、战之必胜是能力要求。能打仗、打胜仗是军队使命职责之所在、军队存在的根本价值之所在。坚持和完善党对人民军队的绝对领导制度，就要走中国特色强军之路，全面推进国防和军队现代化，建设强大的现代化陆军、海军、空军、火箭军和战略支援部队，建设创新型人民军队，推动形成现代化战斗力生成模式，提高基于网络信息体系的联合作战能力、全域作战能力。要坚持战斗力这个唯一的根本的标准,使各项建设和目标向实现建设信息化军队、打赢信息化战争的目标聚焦。

转化为战略威慑能力。军事力量具有战略威慑功能。为国家和平发展营造有利战略态势,就要把备战与止战、威慑与实战、战争行动与和平时期军事力量运用作为一个整体加以运筹。这就要求在国家安全局势中,以国家利益为最高准则,采取多种举措,统筹军事力量运用,推动安全态势朝着有利于我的方向发展,牢牢把握战略主动权和军事主动权。在威胁国家安全的危机出现时,不能任其发展、蔓延、扩大、恶化,而是要主动出手、有效应对,缩小危机范围、控制危机程度、降低危机危害。要提高战争控制能力,通过武装力量的使用、国家意志的显示、军事实力的威慑,不战而屈人之兵,让对手不敢动武。中国特色社会主义军事制度,蕴含着我军强大的军事能力,是我国军事能力的高效激发器。在坚持和完善这一制度的过程中,必将更加释放和激发出人民军队的制胜能力。

转化为国家安全能力。新时代我国国家安全的内涵外延、时空领域、内外因素都在发生深刻变化,防范化解重大风险的重要性迫切性也在显著增强。军事安全在国家安全中占有极为重要的地位,军事手段在国家安全中发挥着至关重要的作用,军事斗争在维护国家安全的伟大斗争中具有强大威力。现在,虽然维护国家安全的手段和选择增多了,但军事手段始终是保底的手段。国家安全形势越是严峻和复杂,国家安全需求越是增长和迫切,对军事安全和军事能力的要求和标准就越高。我军素以能征善战著称于世,但能打胜仗的能力标准是随着战争实践发展而不断变化的,是随着国家安全内涵深化而不断拓展的。我军现代化水平与国家安全需求相比差距还很大,与世界先进军事水平相比差距还很大。坚持和完善党对人民军队绝对领导的制度,就是要大力提高我军在信息化战争条件下的制胜打赢能力,坚决保障军事安全和国防安全,为抵御和抗击来自不同方面和方向的重大风险提供军事盾牌,切实维护好国家安全,保证实现中华民族伟大复兴的伟大航程行稳致远、取得胜利。

更好发挥中国特色社会主义军事制度的优势[①]

中央军委深化国防和军队改革领导小组成立，习近平总书记任领导小组组长并在2014年3月15日第一次全体会议上发表重要讲话，标志着深化国防和军队改革在习近平总书记领导下进入新的发展阶段。党的十八届三中全会明确提出全面深化改革的总目标，这就是完善和发展中国特色社会主义制度，推进国家治理体系和治理能力现代化。习近平总书记就完善制度、推进治理、构建价值及其三者之间的密切关系，作出许多精辟深刻论述，抓住了全面深化改革的核心与枢纽，为推进中国特色社会主义迈上新台阶、达到新境界指明了前进方向。国防和军队改革是全面改革的重要组成部分，深化国防和军队改革要在总目标的大思路下展开，把握好总目标与军队特点规律的关系。习近平总书记强调指出，深化国防和军队改革是中国特色社会主义军事制度自我完善和发展，是为了更好发挥中国特色社会主义军事制度的优势。这一重要论述，要求我们牢牢把握坚持改革正确方向这个根本，同时也明确提出中国特色社会主义军事制度这一重要范畴，提出了完善发展军事制度和更好发挥制度优势的重大任务，表明了军事制度建设在军队改革中的基础作用。

对于这一重要论述，要放在党的理论创新持续推进的脉络中来理解把握，这是中国特色社会主义制度的深入展开；要放在习近平总书记重大战略构想的总体中来理解把握，这是制度体系、治理体系、价值体系三位一体的军事实践；要放在习近平总书记关于国防和军队建设重要论述的体系中来理解把握，这是深化国防和军队改革的基础工程。

从党的十七大到党的十八大，我们党推进中国特色社会主义理论创新和实践创新，提出了坚持和完善中国特色社会主义制度，使我们在道路、理论的基础上，对制度地位、意义、内涵的认识大大推进了一步。中国特色社会主义

---

① 写于2014年。

制度,包括根本政治制度、基本政治制度、法律体系、基本经济制度以及各项具体制度。中国特色社会主义军事制度,是中国特色社会主义制度的重要内容,从性质上说属于基本政治制度,从领域上说属于总体布局中的具体制度。根据马克思主义国家学说,军事力量是上层建筑不可缺少的组成部分,军事制度是国家制度巩固强化的有力保障。新中国成立以来特别是改革开放以来,我们党依据领导建设人民军队的成功经验,依据社会主义国防和军队建设的特点规律,依据建设社会主义现代国防的发展要求,自觉构建中国特色社会主义军事制度,形成了坚持党的领导、符合国情军情、体系科学有效的一整套军事制度模式及其运行机制。我们党、国家和军队,始终坚持这一制度体系的根本性质,坚决抵制“军队非党化、非政治化”“军队国家化”的改制图谋,保证了军事力量的运用紧紧服务于中国特色社会主义大局,充分发挥了为国家主权、安全和发展利益提供力量支撑的重大作用,在党和国家发展的重大关头经受了严峻挑战考验、显示了强大制度力量。我们党、国家和军队,以加强军事制度建设、深化军事制度改革为强军途径和动力,不断推进军队领导指挥体制、力量结构、政策制度等方面改革,为建设巩固国防和强大军队提供有力制度支撑。中国特色社会主义军事制度不断完善,与中国特色社会主义制度体系深度融合,与军事制度体系科学化要求逐步趋近。

深入领会贯彻习近平总书记关于完善发展中国特色社会主义军事制度、更好发挥中国特色社会主义军事制度优势的重要思想,对于中国特色社会主义制度的完善发展,对于国防和军队建设与改革,都有着极为重要的意义。

首先,增强中国特色社会主义的制度自信与制度自觉,其应有之义是增强军事制度自信与制度自觉。实行什么样的军事制度,怎样运用军事制度,是一个国家制度体系必须回答和解决的重大问题,事关国家生死安危。习近平总书记提出中国特色社会主义军事制度,本身就表明对我国军事制度有着高度的政治自信。我们独立自主地走中国特色社会主义军事发展道路,不断坚持完善和发展中国特色社会主义军事制度,决不跟在其他国家的军事制度后面亦步亦趋。提出中国特色社会主义军事制度范畴,表明我们党在军事制度自觉上达到了新的理论高度和实践高度。这就促使我们在中国特色社会主义军事制度的层面上和框架内，思考和筹划新的历史起点上的国防和军队建设，大大拓展了视野、提高了层次、加大了深度。

其次，深化国防和军队改革，从根本上说就是完善发展军事制度体系，更好发挥军事制度优势。国防和军队改革的深刻性、长久性、稳固性，都要通过军事制度的构建、变革、创新来实现。战争形态的转变，本身就包括军事制度的转变，以适应打赢现代战争的需要。牢牢把握能打仗、打胜仗这个聚焦点，军事制度是保障。因此，必须加快实现军队组织形态现代化，解决制约国防和军队建设的体制性障碍、结构性矛盾、政策性问题，建立健全联合作战指挥体制。改革的重点，如优化军队规模结构，调整军事人力资源政策制度，在国家层面推动军民融合深度发展，等等，说到底，都是与军事制度密切相关的问题，都要在制度设计与改革的层面加以推进。

最后，军事制度的完善发展，要通过军事治理的完善发展来贯彻来深化。习近平总书记指导全面深化改革，把制度与治理综合考察、统筹运作，展现了推进中国特色社会主义的新思路、大视野、深实践。国家治理体系和治理能力是一个国家制度和制度执行能力的集中体现，中国特色社会主义制度的优势发挥、功能体现，是中国特色社会主义治理的根本任务。由此给我们的重要方法论启示是，完善发展中国特色社会主义军事制度，更好发挥中国特色社会主义军事制度的优势，必须着眼于军事治理、军队治理，改进军事体制的运行，增强军事制度的效能，提高军事资源的效率，促使强军目标的落实。

后　记

党的十八大以来，中国特色社会主义进入新时代，开启了全面深化改革、系统整体设计推进改革的新时代。以习近平同志为核心的党中央，作出全面深化改革的决定，提出完善和发展中国特色社会主义制度、推进国家治理体系和治理能力现代化的总目标；作出坚持和完善中国特色社会主义制度、推进国家治理体系和治理能力现代化的决定，把制度建设和治理能力建设摆到更加突出的位置，推动各方面制度更加成熟更加定型，把我国制度优势更好转化为国家治理效能，确定了全面建设社会主义现代化国家的制度基础和治理基石。

这些年来，我先后在国防大学马克思主义教研部、天津大学马克思主义学院从事习近平新时代中国特色社会主义思想和新时代中国发展实践的教学研究工作，在报刊上发表了一些文章，在研讨会上作了一些发言。其中，关于全面深化改革、全面依法治国、新发展理念、全面从严治党、中国特色社会主义制度和国家治理体系方面的文章，逐步也达到一定数量。在党的二十大即将召开之际，在迈上全面建设社会主义现代化国家新征程、向第二个百年奋斗目标进军的关键时刻，以《中国之治：深化改革　完善制度　推进治理》为书名，按照一定的逻辑顺序，将党的十八大以来写作的相关文章辑录成册、出版发行，也算是为新时代中国特色社会主义作出了一点理论贡献。

本书收录的文章绝大多数已公开发表。各篇文章中，一些数据比如我国人口、党员人数和基层党组织数量，是在不断增长的，有些时间比如党的成立周年、新中国成立周年，也是每年不一样的，还有一些重要表述也在不断调整。为此，每篇文章都注明了写作年份，与现在不一致的一些数据、周年和表述，基本上保留原文，与历史背景相吻合。

本书的出版，得到了马克思主义理论研究和建设工程重大项目、国家社科基金重大项目的支持，得到了教育部人文社科基金的支持，得到了天津大学马克思主义学院的支持，得到了浙江人民出版社的支持，在此表示衷心感谢！

本书的不足之处，恳请各位读者批评指正。

颜晓峰

2022年8月于天津大学马克思主义学院